汽车先进技术译丛
汽车技术经典手册

汽车车身设计
下卷：系统设计

The Automotive Body
Volume II : System Design

[意]
洛伦兹·莫雷洛（Lorenzo Morello）
洛伦兹·罗斯特·罗西尼（Lorenzo Rosti Rossini）著
朱塞佩·皮亚（Giuseppe Pia）
安德里亚·托诺利（Andrea Tonoli）

王文伟　林程　译

机械工业出版社
CHINA MACHINE PRESS

本书为国外经典汽车技术类著作，分为上下两卷。下卷主要讲述了汽车设计过程中，消费者需求和设计规范之间存在的联系，以及系统规范和零部件规范之间存在的联系。本卷从车身的要求和功能开始，讲述了人机工程和总布置设计、温度舒适性及其影响因素，还讲述了车身结构的完整性和被动安全性。本书适合从事车身设计、汽车研究相关工作人员阅读参考。

Translation from English language edition:
The Automotive Body(Volume Ⅱ:System Design)
by Lorenzo Morello, Lorenzo Rosti Rossini, Giuseppe Pia, Andrea Tonoli.
Copyright© 2011 Springer Netherlands.
Springer Netherlands is a part of Springer Science + Business Media.
All Rights Reserved.

This title is published in China by China Machine Press with license from Springer. This edition is authorized for sale in China only, excluding Hong Kong SAR, Macao SAR and Taiwan. Unauthorized export of this edition is a violation of the Copyright Act. Violation of this Law is subject to Civil and Criminal Penalties.

本书中文简体版由Springer授权机械工业出版社在中国境内（不包括香港、澳门特别行政区以及台湾地区）出版与发行。未经许可之出口，视为违反著作权法，将受法律之制裁。

北京市版权局著作权合同登记　图字：01-2014-2868。

图书在版编目(CIP)数据

汽车车身设计. 下卷，系统设计/(意)洛伦兹·莫雷洛（Lorenzo Morello）等著；王文伟，林程译. —北京：机械工业出版社，2018.5

（汽车先进技术译丛. 汽车技术经典手册）

书名原文：The Automotive Body（Volume Ⅱ：System Design）

ISBN 978-7-111-59311-9

Ⅰ.①汽… Ⅱ.①洛…②王…③林… Ⅲ.①汽车-车体-系统设计 Ⅳ.①U463.820.2

中国版本图书馆 CIP 数据核字（2018）第 041500 号

机械工业出版社（北京市百万庄大街22号　邮政编码100037）
策划编辑：何士娟　　责任编辑：何士娟
责任校对：张晓蓉　　封面设计：鞠　杨
责任印制：张　博
河北鑫兆源印刷有限公司印刷
2018年5月第1版第1次印刷
169mm×239mm·27印张·2插页·550千字
0 001—1900册
标准书号：ISBN 978-7-111-59311-9
定价：168.00元

凡购本书，如有缺页、倒页、脱页，由本社发行部调换

电话服务　　　　　　　　　　　　网络服务
服务咨询热线：010-88361066　　　机 工 官 网：www.cmpbook.com
读者购书热线：010-68326294　　　机 工 官 博：weibo.com/cmp1952
　　　　　　　010-88379203　　　金　书　网：www.golden-book.com
封面无防伪标均为盗版　　　　　　教育服务网：www.cmpedu.com

译 者 序

近年来，我国汽车工业得到了飞速的发展，已连续多年蝉联世界汽车产销量第一，跻身世界汽车生产大国行列。汽车车身系统及部件设计是车辆工程领域非常重要的一项内容，因其涉及多个知识领域，如美学设计、材料、制造及生物学，因此目前这方面的专著并不多。

这两本关于车身的原著是由ATA（意大利汽车工程师协会）赞助的关于汽车工程主体系列丛书的一部分，这门课程从1999/2000学年在意大利都灵开设，2004/2005学年在那不勒斯开设，该课程的目的不仅是为企业提供新的资源，还为在全球化进程中争取一席之地——只有通过零部件商或供应商以及相关环节的负责人之间的文化认同，这个目标才能实现。

这两本书作为菲亚特集团下许多公司的培训材料，涵盖了汽车车身的各个方面，是菲亚特集团众多专家持续五年多努力的重要成果。这两本原著是在诸位作者大量实践经验的基础上的积累，图文并茂，深入浅出，有着非常严谨的风格和翔实的数据验证。

本书主要围绕车身设计来展开，涵盖了车身总体设计、概念设计、工程设计等各个阶段，既有空气动力学、计算几何理论、结构力学性能分析方法等基本理论与方法，又建立了各种模型，明确了测试评价方法，内容涉及车身总布置设计、车身造型设计、车身建模技术、车身结构性能设计、车身材料、车身制造工艺、车身部件设计、人机工程等。

我们从事汽车设计和新能源汽车技术研发工作多年，也曾前往国外访问交流汽车技术。在翻译该著作的过程中，力争展现原书的知识内涵，向读者介绍有关国外对于汽车车身设计的根本思想，同时也结合我国汽车车身设计的特点，融入了团队在相关领域的研究和实践经验。

本书由北京理工大学机械与车辆学院王文伟和林程翻译，在此感谢程雨婷、范佳宁、刘志山、杨盛、魏畅、高越、李宜丁、张汉禹、张伟、张志鹏、潘红在本书翻译过程中所做的工作。全书由王文伟统稿。

本书可供企业及科研单位的相关工程技术人员参考。通过学习本书，希望大家可以了解车身的基本构造与特点，掌握车身及其部件设计的基本理论、方法、技术、手段和流程，为从事汽车车身设计打下理论基础。

本书是汽车技术领域的专业著作，内容精深，译者的知识局限性会给译文带来很多不足之处，望广大读者多提宝贵意见。

王文伟　林　程
2017年10月1日

目 录

译者序
第 7 章　下卷简介 …………………… 1
第 8 章　功能和规范 ………………… 3
 8.1　交通统计 ……………………… 5
  8.1.1　交通量 ………………… 7
  8.1.2　能源消耗 ……………… 11
  8.1.3　运行车队 ……………… 14
  8.1.4　基础设施 ……………… 19
  8.1.5　社会影响 ……………… 20
 8.2　车辆功能 …………………… 28
  8.2.1　系统设计 ……………… 28
  8.2.2　消费者认知的功能 …… 30
  8.2.3　技术规范 ……………… 33
  8.2.4　车身系统设计 ………… 35
 8.3　需求的测量 ………………… 36
  8.3.1　将主观判断转化为可测量的参数 ……………… 36
  8.3.2　欧洲 NCAP（新车评价规程）评级 …………… 42
  8.3.3　保险公司评级 ………… 49
  8.3.4　抗老化性 ……………… 52
 8.4　法规 ………………………… 58
  8.4.1　通用车辆 ……………… 60
  8.4.2　车身造型 ……………… 63
  8.4.3　人工外部灯光 ………… 67
  8.4.4　外部视野 ……………… 73
第 9 章　人机工程学和车身总布置 … 99
 9.1　生理学概述 ………………… 99
  9.1.1　脊柱 …………………… 100
  9.1.2　关节 …………………… 102
  9.1.3　振动对舒适性的影响 …………………… 104
 9.2　内部布置用人体模型 ……… 105
  9.2.1　人体测量学要点 ……… 105
  9.2.2　二维人体模型 ………… 109
  9.2.3　头廓包络 ……………… 110
  9.2.4　三维人体模型 ………… 113
  9.2.5　SAE 引用系统 ………… 114
 9.3　乘客定位要点 ……………… 115
  9.3.1　基本姿势 ……………… 116
  9.3.2　汽车中采用的位置参数 ………………… 118
  9.3.3　评估姿势舒适性的验证工具 ………………… 120
 9.4　踏板的功能和定位 ………… 121
  9.4.1　轮罩尺寸 ……………… 121
  9.4.2　踏板 …………………… 123
 9.5　内部布置 …………………… 125
  9.5.1　前排 …………………… 125
  9.5.2　转向盘 ………………… 127
  9.5.3　座椅和转向盘调节 …… 127
  9.5.4　后排 …………………… 128
 9.6　座椅特性 …………………… 129
  9.6.1　静态舒适性 …………… 129
  9.6.2　动态载荷下的舒适性 ………………… 132
 9.7　乘车方便性 ………………… 133
  9.7.1　上车和下车 …………… 133
  9.7.2　定义开口尺寸参数 …… 135
 9.8　手伸及 ……………………… 137
 9.9　货物装卸 …………………… 138

9.10 视野 …………………………… 139
  9.10.1 车用玻璃光学
    特性 ………………………… 141
  9.10.2 眼椭圆 …………………… 143
  9.10.3 直接视野和双眼
    盲区 ………………………… 146
  9.10.4 间接视野 ………………… 151

第10章 气候舒适性 ……………… 153
10.1 生理学概述 ……………………… 153
  10.1.1 体温控制 ………………… 153
  10.1.2 热舒适条件 ……………… 156
  10.1.3 热舒适性评价 …………… 164
10.2 乘客舱能量平衡 ………………… 167
  10.2.1 交换热 …………………… 167
  10.2.2 辐射热 …………………… 169
  10.2.3 乘员新陈代谢 …………… 169
  10.2.4 动力系统功率 …………… 169
  10.2.5 空调系统 ………………… 169
10.3 HEVAC 系统设计与
  测试 ……………………………… 170
  10.3.1 概述 ……………………… 170
  10.3.2 制冷系统 ………………… 172
  10.3.3 加热系统 ………………… 173
  10.3.4 设计实例 ………………… 174
  10.3.5 测试 ……………………… 177

第11章 NVH ……………………… 180
11.1 噪声敏感性 ……………………… 182
11.2 振动噪声源 ……………………… 190
  11.2.1 路面 ……………………… 190
  11.2.2 车轮 ……………………… 199
  11.2.3 发动机 …………………… 205
  11.2.4 变速器 …………………… 209
  11.2.5 制动器 …………………… 212
  11.2.6 空气动力 ………………… 213
11.3 车身结构动力性能和
  模态分析 ………………………… 216

  11.3.1 动力学方程 ……………… 216
  11.3.2 自由响应 ………………… 219
  11.3.3 模态坐标变换 …………… 221
  11.3.4 汽车车身振型 …………… 223
  11.3.5 激励响应 ………………… 225
  11.3.6 随机激励响应 …………… 227
  11.3.7 黏性阻尼和结构
    阻尼 ………………………… 227
  11.3.8 模型缩减 ………………… 230
  11.3.9 空腔模态 ………………… 237
  11.3.10 板壳的辐射 …………… 240
11.4 发动机悬置 ……………………… 241
  11.4.1 发动机悬置概述 ………… 243
  11.4.2 阻尼在发动机悬置中
    的作用 ……………………… 245
  11.4.3 发动机悬置的
    布置 ………………………… 249
  11.4.4 安装点在汽车车身
    骨架中的位置 ……………… 252
11.5 声音传播和隔声 ………………… 254
  11.5.1 透射损失 ………………… 254
  11.5.2 隔声壁 …………………… 262
  11.5.3 吸声材料 ………………… 264
  11.5.4 吸声系数的测量 ………… 272
  11.5.5 吸声处理在车身中的
    应用 ………………………… 274

第12章 结构完整性 ……………… 276
12.1 内部和外部载荷 ………………… 276
  12.1.1 驻车 ……………………… 277
  12.1.2 操纵极限 ………………… 279
  12.1.3 路面不平度 ……………… 280
  12.1.4 内部载荷 ………………… 282
  12.1.5 安全系数 ………………… 285
12.2 薄壁结构的特性 ………………… 286
  12.2.1 假设和定义 ……………… 287
  12.2.2 弯曲 ……………………… 288

12.2.3 扭转 …………………… 289
12.2.4 剪切和弯曲 …………… 295
12.2.5 梁的屈曲 ……………… 303
12.2.6 平板的屈曲 …………… 304
12.2.7 复杂形状的屈曲 ……… 307
12.2.8 薄壁圆筒的屈曲 ……… 309
12.2.9 平板的剪切屈曲 ……… 310
12.3 简化结构模型 ……………… 312
  12.3.1 方盒模型
      （Box Model） ………… 316
  12.3.2 车身底板结构
      形式 …………………… 319
  12.3.3 车身中部模型 ……… 329
  12.3.4 车身结构的功能
      要求 …………………… 330
12.4 结构分析的数值模型 …… 331
  12.4.1 形状函数和
      自由度 ………………… 332
  12.4.2 运动方程 …………… 333
  12.4.3 车身结构的有限
      元模型 ………………… 337
12.5 车身刚度的测量 …………… 343
  12.5.1 测试装置 …………… 344
  12.5.2 测试车辆 …………… 345
  12.5.3 弯曲载荷 …………… 346
  12.5.4 扭转载荷 …………… 346
  12.5.5 刚度测量 …………… 346

第13章 被动安全性 ………… 350
13.1 生物力学 …………………… 350
  13.1.1 生物力学方法 ……… 350
  13.1.2 损伤标准 …………… 356

13.2 碰撞的简化模型 …………… 366
  13.2.1 冲击模型：全重叠
      碰撞 …………………… 366
  13.2.2 约束系统的作用 …… 369
  13.2.3 速度—时间图 ……… 371
13.3 碰撞吸能器 ………………… 375
  13.3.1 矩形截面梁 ………… 377
  13.3.2 稳定压溃：变形
      力学 …………………… 380
  13.3.3 触发器 ……………… 386
  13.3.4 梁的全局压缩
      失稳 …………………… 387
  13.3.5 弯曲失稳 …………… 388
  13.3.6 圆形截面管的
      破裂 …………………… 392
  13.3.7 圆管的轴向压溃 …… 394
  13.3.8 应变率的影响 ……… 397
  13.3.9 结构泡沫 …………… 398
13.4 前端结构设计 ……………… 401
13.5 车辆测试 …………………… 408
13.6 碰撞测试设备 ……………… 414
  13.6.1 整车测试设备 ……… 414
  13.6.2 部件测试：HYGE
      台车 …………………… 415
13.7 非线性有限元分析 ………… 416
  13.7.1 非线性静态问题的
      求解 …………………… 417
  13.7.2 非线性动态问题的
      特点 …………………… 419

参考文献 …………………………… 422

第7章 下卷简介

《汽车车身设计》下卷主要是阐述汽车设计过程中消费者（驾驶员和乘客）需求和设计规范之间存在的联系，以及系统规范和零部件规范之间存在的联系。

这样的一个研究视角必须将汽车作为一个完整的系统进行考量。因此本卷会讨论更多的功能特性，考量的零部件类别比上卷更多，有时还会涉及汽车底盘和动力总成的部分内容。

汽车设计需考量一系列的因素。第一个要考量的因素就是人。了解人的生理条件有助于更好地理解汽车设计时应满足的需求和应控制的参数。

第8章讨论车身的功能和规范。首先介绍欧洲统计汽车使用情况的一个基本框架。然后分析汽车的功能，尤其是与车身设计相关的功能：人机工程和总布置、温度舒适性、声学和振动舒适性、结构完整性和被动安全性。

本书不具体讨论市场营销活动，但对从定性地评估客户需求从而输出定性的技术规范这个市场营销活动的程序作了举例说明。另外还介绍了关于车身及其零部件的相关欧洲法规，因为这些法规与汽车的总体设计相关，特别是有关汽车主动和被动安全性的法规。

第9章是关于人机工程和总布置设计，主要是乘、驾舒适性方面需重点考量的因素，比如座椅的舒适度、直接和间接视野，尤其是安装机械部件所需的空间。这些考量活动的输出结果是内部空间以及座椅和控制元件布置的初步设计标准。

第10章的主题是气候舒适性，主要是人体生理温度舒适性的条件以及相关的主要参数。然后是分析新陈代谢活动与环境条件和热量交换的关系以及对舒适性的影响，进而评估热平衡状态与空调系统之间的关联。最后是总结性地回顾上卷中分析过的空调系统，说明其主要组成部分的设计和测试标准。

第11章主要分析影响舒适度的因素。首先是分析人对噪声和振动的感知以及主要的激励源，比如轮胎和动力总成在汽车内部产生的噪声和振动、路面撞击和空气动力在汽车外部产生的噪声。另外还介绍了描述车身动态行为的主要参数，以及可减少激励传递到车身的技术措施。

第12章主要讲述车身结构的完整性，阐述车身主要零部件的作用及其最低设计标准。首先介绍汽车在正常使用寿命中所受的准静态载荷。接着介绍一些有助于认识车身结构的重要作用以及车身弯曲和扭转变形的概念。最后介绍车身有限元建模的不同方法以及需要考虑的关键因素。

　　最后一章主要讨论了被动安全性。首先介绍生物力学以及事故伤害的评估标准。这个话题涉及很广，本书仅讨论经验数据的分析结果以及相关的政府法规对严重事故伤害的限制。车身设计要解决的主要问题就是高度保护人的安全和减轻事故伤害的程度。这一章其实就是介绍为减少事故对驾驶员和乘客的伤害最常用的解决方案和现行的设计标准。这一章还用简易的数学模型描述约束系统的功能和事故中车身变形部件的结构变化。有限元分析因其结果可靠性很高，不仅用于预估部件在事故中可能产生的大位移，也用于模拟塑性变形，因此这一章还简要介绍了建模用的计算机代码。

第8章　功能和规范

了解汽车是如何构造和生产的以及汽车零部件是如何设计的，这是上卷的主要内容；了解零部件是如何集成为一个系统的，这是下卷所涉及的范围。但要构思和开发一款商业上可行的汽车，这些知识还不够，因为实际上许多关于功能的问题不是单纯从技术角度就可以回答的。

这些知识对于确定一款产品的整套设计目标是必不可少的。然而，汽车发展至今已经是一个成熟的产品，这意味着汽车的基本特性差不多都已经标准化了。同时，技术卓越已经不再是广告语而是"必须"。我们不能低估这些知识和根据这些知识确定产品设计目标的重要性，这样我们才可以认识到一款产品的成功主要取决于如何将消费者的需求转化成设计目标。

在汽车行业中，产品技术目标及其系统架构的总体描述就是人们通常所说的产品概念或概念设计。

产品概念是研发一款汽车及其生产工具的起点。可以用草图或者简化的三维模型来描述产品概念，主要是说明产品的外观及其主要功能。造型的美学效果必须要考虑，而且要与潜在客户的期望一致。仅此还不够，还要尽可能量化所有的技术和经济特性，这些特性要可行且相互协调。

概念设计其实是一种创新过程，通常由市场营销人员主导。但是要实现目标，必须要让产品开发所涉及的每一个职能部门都参与。事实上，产品概念的特性必须源于对消费者需求及消费满意度的良好把握。这确实是市场营销专家的特长，但成功的关键是产品每项功能所涉及的每个人都能胜任其工作并提供创新性的输入。

因此，定义一个概念意味着：
- 从技术功能和规范角度描述一件产品。
- 确定产品结构以及选择主要的零部件。
- 从消费者的角度确定新产品的特性、个性、感觉以及其他特点。

不同的汽车制造商会强调产品概念的不同方面，从而在研发过程的开始就确定了汽车的特征和潜在的市场。例如，可能会从便利、豪华和运动这几个类别去定义汽车最明显的特性。

概念定义过程中的核心问题就是争取全员参与。概念定义过程的驱动力部分来自于客观的、可衡量的事实以及技术人员的工作，部分来自于市场专业人员的洞察力以及其他有创造力、工作经验丰富的参与者的洞察力。

负责详细产品设计、部件规范、产品风格、生产（即研发、销售和售后服务）的人员必须也参与其中，因其专业性将左右顾客满意度。

然而，市场专家的强大领导力仍必不可少；而且如果在概念设计过程中忽略了上述步骤的任一环节，都会造成极大的不便，但是太多人的过多参与会引起过早的冲突以及妥协，可能导致产品特点平庸乃至无价值。

要推出一款新车，不能只依靠对消费者过往需求的观察，也不能只评估现有产品的流行度。成功的车型往往满足了产品发布前的潜在需求。

为了强调这一点，有必要回顾一下首次问世的运动型多功能汽车、轿跑车、小型货车以及其他一系列创新产品，尽管一开始它们可能不被其他汽车制造商看好，但是却取得了商业上的成功。

欲定义一个全新概念，以下几步很重要：
- 关注顾客的需求
- 了解现有产品已发掘的需求和潜在的需求
- 全面理解消费者需求

在这个阶段，区分消费者需求和产品规范很重要。

在研发阶段，消费者需求独立于产品，因此不受概念约束。必须了解并关注消费者需求，但不必去考虑是否能如何去满足它们。

另一方面，产品规范又依赖于已经确定的产品架构与组成部件的种类。只有通过解读市面上已有类似产品的成功之处，才可以理解产品规范与消费者需求的联系。

如果消费者和产品研发负责人之间有很好的沟通渠道，那么就可以更好地了解消费者需求。

可以通过以下方法来了解消费者：
- 市场调查。
- 直接访谈。
- 产品使用监控。

这些方法也可以用来研发量化评估消费者的测试系统，本书将拿出单独一节来专门讨论此话题。

本章目的不在于介绍完整的营销技巧，而是要为未来的汽车工程师提供技术之外的不同视角，以增进营销专家和消费者的互动。

在接下来对不同专题的分析中，将会特别对汽车车身及其部件设计有重要影响的方面。

1. 交通统计

交通统计是了解车辆使用的起始点。这些统计数据参考了意大利和欧盟的做法，也涉及了旅客和货物的运输。值得一提的是，本书将会分析不同运输方式之间的交通量上限，以确定车辆平均预期寿命。

不同国家的读者可以参考这些数据，并适当地调整本分析方法。

2. 车辆功能

本章将会介绍车辆系统的设计，其中包括决定消费者需求满意程度的技术特征的确定。

既然我们研究的领域限于车身，那么系统设计就应该着眼于组装、人体舒适性和安全性。

由于话题宽泛，本书仅使用大纲示例的方法来主观定性地表明消费者需求和客观技术特征之间的相关性。

本书将会定义车辆功能，来描述在车辆使用期内人们的期望功能。这些数据对于预测车身的抗老化性以及制定车身维修计划十分必要。

3. 法规

政府强制实施的立法和监管总体上会对车辆产生深远的影响，从而也会对车身特性产生影响。这些规定在不断地更新发展，并且这些法规现在在欧盟已经以总则的形式标准化，且各成员国的技术法规必须与之相符；其次，鉴于其他国家的立法在许多方面都很相似，欧洲的法规也被用作参考。符合现有法规并且与车身设计直接相关的问题一般包括被动安全、主动安全系统、污染和排放、能源的消耗和再利用。

此外，我们也必须考虑到，就其重要性而言，很多受消费者协会和专业杂志支持的其他技术组织对产品设计的影响力也等同于法规。

8.1 交通统计

本节中所使用的数据摘自意大利汽车工业协会（ANFIA）、欧洲汽车工业协会（ACEA）、意大利国家统计局（ISTAT）以及欧盟统计局（Eurostat）等公共机构的文档。

① 意大利汽车工业协会（ANFIA）是意大利全国汽车制造商协会，成立于1912年，负责所有关于人口和货物流动性的事务，包括科技、经济、财政、立法以及定性分析和统计。

意大利汽车工业协会（ANFIA）的目标之一就是收集数据和信息，为该产业部门提供官方统计数据。

意大利汽车工业协会（ANFIA）出版了一份名为Autoincifre（《汽车数字》）的年报，作为意大利和欧洲汽车统计数据的基本参照之一。该报告中的很多数据均来自由ACI（意大利驾驶者协会）管理的公共汽车注册机构PRA（政府公共的汽车注册）。

点击www.anfia.it可查询更多信息。

② ACEA（欧洲汽车工业协会）在欧盟中的作用和 ANFIA（意大利汽车工业协会）在意大利的作用很相似。在欧洲设有总部的 13 个主要汽车制造商（宝马集团、荷兰 DAF 卡车公司、戴姆勒集团、菲亚特集团、欧洲福特有限公司、通用汽车欧洲公司、曼商用车辆股份公司、保时捷汽车公司、标志雪铁龙公司、雷诺公司、斯堪尼亚汽车公司、德国大众汽车公司、沃尔沃公司）都与 ACEA 有关联。

在广泛的业务范围内，ACEA（欧洲汽车工业协会）代表了欧盟的欧洲汽车生产制造商，包括成立研究小组；为制造商提供客观数据；在汽车、安全和环境保护领域形成新的立法提案。

点击 www.acea.be 可查询更多信息。

③ ISTAT 是意大利负责统计的政府机构，1926 年成立于意大利，是市民和公共部门决策者了解官方统计数据的主要来源。ISTAT 完全自主运作，与学术界及科学界一直保持互动。

本着公平、可靠、高效、隐私和透明的基本原则，ISTAT 直接收集欧洲统计数据（按照 R322 法规）和数据采集。

点击 www.istat.it 可查询更多信息。

④ Eurostat 是欧盟统计局，其任务是提供来自相应国家服务部门的统计资料。欧洲统计服务（ESS）也采用类似方法，允许公众获得可比较的数据。该服务机构成立于 1953 年。

公众可获得的数据有：
- 欧盟政策的关键指标。
- 通用统计资料与国别统计资料。
- 经济与金融。
- 人口与社会情况。
- 工业、商业和服务业。
- 农业和渔业。
- 国际贸易。
- 运输。
- 环境与能源。
- 科技。

点击 epp.eurostat.cec.eu.int 可查询更多信息。回车本书有关欧盟的更多信息来源于不同总局的公共文件，对于欧盟来说，这些总局相当于部委。

和本书话题直接相关的部门有环境部、能源部以及交通运输部。与其相关主题有关的诸多文件和手册都可以登录 bookshop.europa.eu 免费下载。

关于这些问题的所有数据很快就会过时，所以感兴趣者可定期访问上述公共网站，获得原始文档。

这些年随着欧盟迅速扩张，想要编写同类别的历史丛书很困难。因此本书的相关数据,主要参考 E15(多年前的 15 个欧盟成员国)或者是 E25(最近扩展的 25 个欧盟成员国)的统计数据。

8.1.1 交通量

通常来说,交通量是由运输单位乘以该运输单位所行驶的距离得出。因此:
- 客运量是用每千米的乘客数来计量[乘客数×千米]。
- 货运量是用每千米的货物吨数来计量[吨×千米]。

需要指出的是,吨(1t=1000kg)是质量单位;在任何情况下,相关的是运输材料的数量,也就是说,是质量而非重量。

然而,人们更习惯把把千克当作重量单位而不是质量单位。因此,有时会发现交通量的表示和能量有同样的单位,这说明是把千克当作是重量单位使用了。

也可以这么说,如果我们为重力加速度假定一个值,并且车辆阻力系数已知,则交通量就与为克服与有效负载相关的运动阻力所消耗的能量成比例。

上述做法也适用于计算客运量,通过用相对应的质量(通常乘客平均质量为 70kg)来取代乘客的数量。

这些考量事项都没有考虑到起点与终点的高度差,或行驶中速度的变化,而这些因素与运动阻力及一次能源消耗量有关。

1. 旅客运输

图 8-1 所示为 1970~2004 年的欧洲客运量,并根据乘客乘坐的主要运输工具进行分类,例如,乘用车、公共汽车、火车、飞机以及地铁、城市有轨电车。

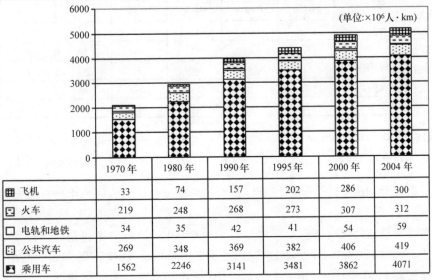

图 8-1 1970~2004 年欧洲的客运量,主要有以下类型的交通工具:飞机、火车、城市有轨电车、地铁、公共汽车、乘用车【数据来源:欧盟统计局】

在众多交通工具当中，轿车处于主导地位。2004年，汽车的交通量占了总数的79%，而有轮交通工具（汽车、公共汽车）的交通数量占了总数的88%，这种分类在这段时期内少有变化。

在此图表中，前20年总的交通量以年平均4%的速度增长。在最近几年里，增长速度放缓并接近于零。

航空运输持续增长是个例外，最近一系列航空运输的数据是从运输乘客数的增加中推断出的。

图8-2所示为意大利情况的类似图表。

总体上，意大利的情况与欧洲并无很大区别。2004年，意大利汽车运输数量占总数的80%，同时，有轮运输工具（汽车、公共汽车）占了总数的94%。该百分比在最近几年中有些许增长，主要因为铁路运输有所减少。

在最近几年里，意大利交通运输总量的增长已经超过欧盟的平均水平。同时，在该时期内，意大利的航空运输数量的增长也超过的了欧盟的平均水平。

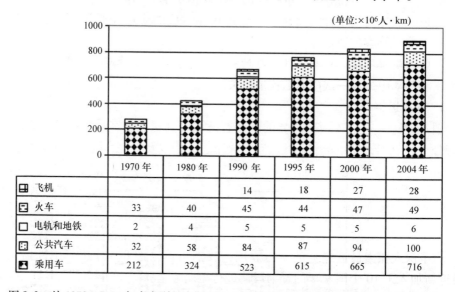

图8-2 从1970~2004年意大利的客运量，主要有以下类型的交通工具：飞机、火车、城市有轨电车、地铁、公共汽车、乘用车。【数据来源：意大利汽车工业协会】

根据意大利国家统计局的统计，意大利的交通总量与其国内生产总值有很大的相关性。

意大利总的路面交通运输系统是由大约6500km的收费高速路、超过46000km的国道、大约120000km的乡间道路以及大约20000km的铁路所构成的网络体系，它们连接着8100个社区、146个港口、101个机场以及诸多铁路站点。

约有4300万辆汽车在使用中，再加上轮船、火车以及飞机，它们服务于约5700万居民，每人年均行驶总距离约15000km。

2. 货物运输

图 8-3 所示为 1970 年到 2001 年欧洲的货物运输总量，在本例中根据主要的运输工具类型细分为：公路运输、铁路运输、内陆和海上的水路运输以及管道运输。因为抽样的方法不同，此处所考量的时间与乘客运输的时间有所不同。

在货物运输方面，同样也是公路运输占据主导地位，从 1970 年的 35% 逐渐增加至去年该时期总量的 45%。而铁路运输所占比重从 1970 年的 20% 逐渐减少到 2001 年的 8%。由于海洋运输具有更长的平均行驶距离，因此在统计时也予以考虑。

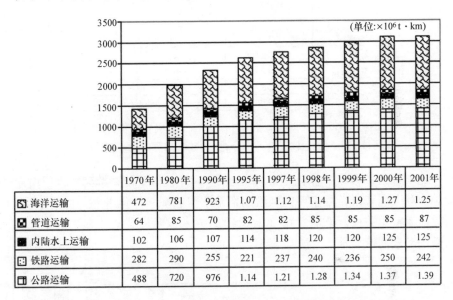

图 8-3　1970（由 15 个国家构成的欧盟）～2001 年欧盟的货物运输总量
（根据不同的运输工具细分为：公路、铁路、内陆水上运输、
石油管道以及海洋运输）【数据来源：欧盟统计局】

为了深入探索最近趋势的背后原因，我们可以对图 8-4 中提到的欧盟 25 国（最近新加入了 10 个国家）的货物运输进行短期考量。

从 1995 年到 2005 年，货物运输总量增长了 31%。2005 年的交通量相当于每个欧盟市民载着 1t 货物行驶 23km。这种增长主要归因于道路和海洋运输，这两项分别占了总量的 38% 和 35%。

图 8-5 所示为意大利国内的情况。

公路运输在意大利所起的作用比在欧盟要重要得多，从 1970 年的 70% 逐渐增长，到 2001 年占了总量的 89%。类似地，铁路运输量从开始的 16% 减少到 2001 年的 6%。因为该数据只包括国内的运输，所以海洋运输的贡献就并无很大相关性。

在最近的几年，所有发达国家的交通运输需求持续增长。刺激其增长的因素有

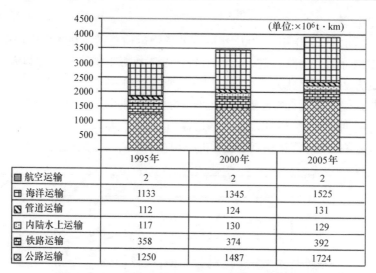

图8-4 1995~2005年欧盟（由25个国家构成）的货物运输总量
（根据不同的运输工具进行分类）【数据来源：欧盟统计局】

很多（比如经济和财政一体化、市场全球化），并且似乎能持续到本世纪中期。

  对于意大利来说，最主要的刺激因素是欧盟经济一体化进程，直接导致了欧盟境内货物运输免关税。欧盟货币（欧元）的引入以及欧盟进一步的扩张都预示着该趋势在未来的持续性。

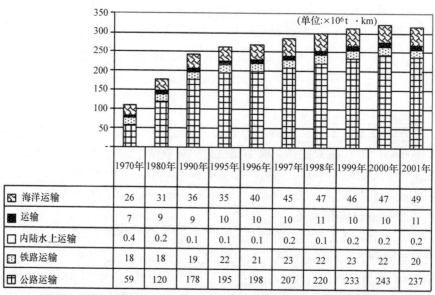

图8-5 1970~2001年意大利货物运输总量
（根据不同的运输工具分为：公路运输、铁路运输、内陆水上运输、
管道运输以及海洋运输）【数据来源：意大利汽车工业协会】

8.1.2 能源消耗

能源消耗通常是用石油当量吨来表示（也就是TEP）。1TEP通常等效于41.87GJ或者11.63MW·h，这些数值大致为燃烧1t中等质量的石油所产生的等效热量。

该单位也可以用来测量除石油外的其他能源，以及用来评估其生产过程中的能量消耗。

例如，铁路运输组合使用电能和石油精炼产品；电能本身部分来自消耗石油产品或天然气的热电站，部分来自水力发电站。还有部分来自核能、地热能或者风能。

在考虑了生产损耗以及热等价的情况下，将每一个部分贡献值转化为等效的石油值。

图8-6所示为一段时期内欧盟（25个国家构成）最重要的交通运输方面以及其他领域的能源消耗。

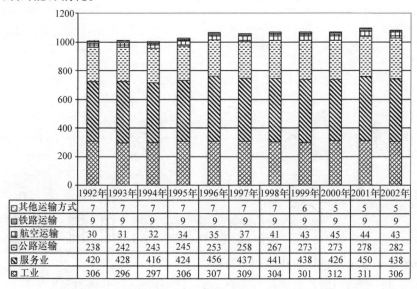

图8-6 欧盟（25个国家构成）最重要的运输系统及其他领域的能源消耗。能耗的测量单位为等效的百万吨油当量【数据来源：欧盟统计局】

交通运输方面的能源消耗占了总量的32%，此份额可被分为：
- 2.7%用于铁路运输。
- 83.2%用于公路运输。
- 12.7%用于航空运输。
- 1.7%用于剩余运输方式，包括内陆水上运输。

上述最后一项数据不仅包括欧盟内陆上的河道、湖泊以及沟渠运输，还包括海上运输。因此，该数据包括海洋运输。这个修正对于意大利来说尤其重要，因为其海岸线漫长。

海洋航行所消耗的能量，即所谓的海港上油库里的燃油，部分用于运输到欧盟外国家，它们通常被当作是一种石油出口。2004 年，该数量约为 4840 万 t 石油，大约占整个运输消耗总量的 14%。

运输系统主要依赖于石油产品，铁路运输柴油的使用数量大约占了整个能源消耗的 30%，还有很可观的一部分电能来自于石油的燃烧。

公路运输主要使用的是石油精炼产品。1999 年，意大利和荷兰是例外，分别消耗了 9% 和 7% 的液化石油气用来驱动车辆，那时，煤炭和天然气的贡献可以忽略不计。石油产品消耗占主体的情形可能会在近期保持不变，最近几年的总消耗也出现了上升。

在意大利，公路运输的能源消耗似乎有着不同的趋势，可以参见图 8-7。该图关注的是陆上运输所消耗的石油产品。

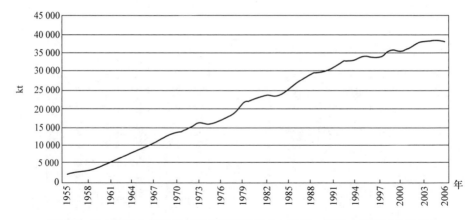

图 8-7　意大利陆上运输消耗的总的石油产品。汽油、柴油、润滑油的数量
其中润滑油占了总量的 1%【数据来源：意大利汽车工业协会】

而图 8-8 显示的是柴油和汽油的份额。

很明显，柴油的增长趋势在汽油之上。一是因为两种燃料的零售价不同，二是因为柴油机的燃油效率更高。一定要谨记，测量数量的单位是质量而不是重量，但是消费者是以体积单位来购买。在体积相同的情况下，柴油所蕴含的能量比汽油的高出 12%。

通过已有数据，我们可以对比出不同运输方式的能源消耗。如果能效 E_e 定义为用来完成一个单位的交通量所必需的能源数量而且作为一个通用指标，那么货物运输单位（t·km）可以用于作为一个单一的度量来涵盖货物和乘客运输。假设每位乘客的质量为 70kg（包括了所携带的行李），那么有下面的表达式：

第8章 功能和规范

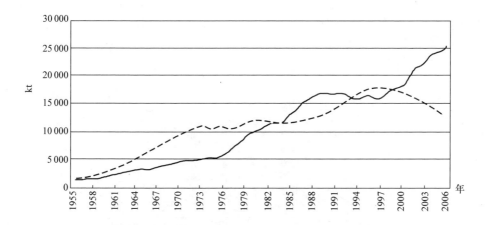

图 8-8　意大利路面运输所使用的汽油量和柴油量【数据来源：意大利汽车工业协会】

$$E_e = \frac{C_e}{V_t}$$

式中，E_e 为单位能量消耗；C_e 为给定的运输方式一年内能源消耗总量；V_t 为同时期的运输量。

这些参数没有考虑运输速度的平均值、车辆停止、交通环境，包括它们在底线图中的影响。

通过这个尚存疑问的等式，我们可以得到图 8-9 所示的图表。

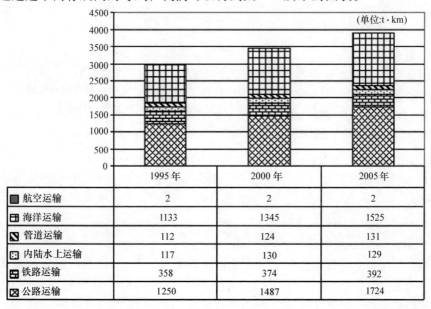

	1995年	2000年	2005年
航空运输	2	2	2
海洋运输	1133	1345	1525
管道运输	112	124	131
内陆水上运输	117	130	129
铁路运输	358	374	392
公路运输	1250	1487	1724

图 8-9　欧盟（由15个国家组成时）不同运输方式的交通总量【数据来源：欧盟统计署】

13

图 8-10 中第二个时间系列表示的是单位能量消耗（E_e），单位为 gep/(t·km)（每单位交通所消耗的等值石油的克数），可以认为这个参数的倒数与效率成比例。

图中数值显示了公路运输大约增长 12%，同时航空运输大约增长 16% 的一段时期，时间跨度约为 10 年。

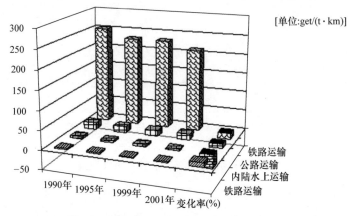

	1990年	1995年	1999年	2001年	变化率(%)
铁路运输	2.5	3.0	2.9	2.8	11.1
内陆水上运输	6.0	5.9	5.1	3.9	−34.5
公路运输	17	16	15	15	−12.2
铁路运输	252	230	230	212	−15.8

图 8-10 欧盟（由 15 国家组成）不同运输方式的单位能量消耗，最后一列显示的是变化率

8.1.3 运行车队

1. 数量

2002 年，欧洲本地或者合法居民的汽车保有总量达到了 2.15 亿辆，它们构成了所谓的运行车队。

图 8-11 所示为一段时期内的私人车辆数量，主要指轿车；而图 8-12 所示为公共交通工具的数量，包括商用车、轻型、中型和重型载货车以及公交车。

图中也有 2000 年总交通量数据（来源于欧盟统计署）：

- 铁路方面包括 40 000 个火车头、大约 76 000 节客运车厢以及 500 000 节货运车厢。
- 海洋运输方面包括 15 000 艘船舶。
- 航空运输方面包括 4900 架飞机。

私家车用户群的数量占据了支配地位，2000 年，每 1000 名市民就有约 496 辆汽车。该用户群在近 30 年的时间里，增长了约 184%，年平均增长率为 3.5%。这种增长趋势虽然已经逐步放缓，但并未停止。

在美国，汽车保有量已经达到了每千人拥有 750 辆，该数据现已趋于稳定。事

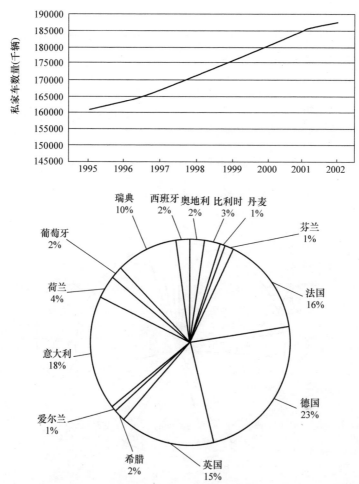

图 8-11 欧盟（15 个国家时）一段时期内私家车的数量，下面的扇形图显示的是欧盟 15 国的数据，根据国际车牌进行统计【数据来源：欧洲汽车工业协会】

实上，有统计表明，全新汽车的销量大体上已和报废车辆的数量保持一致。

对于欧盟来说，尽管汽车保有量不一定会达到美国那种程度，但是欧盟车辆用户群的规模仍然在增加，并且经济快速增长的国家的增长速度较高。例如，希腊的年增长率为 9.2%、葡萄牙为 7.3%、西班牙为 6.9%，而经济更成熟的国家的增长率反而低一些，例如丹麦为 1.8%，瑞典为 1.9%。

2000 年，欧盟汽车拥有量最高的是卢森堡，每千人有 616 辆（即每 1.62 人就有一辆车），意大利是每千人有 563 辆，德国是每千人有 522 辆。

图 8-13 所示为一段时期内意大利公民数量与车辆数量的比值。在这个图表里，如果从汽车时代之初进行统计的话，那么在 1899 年，每 30 万人才有 1 辆车，从那时开始，除了两次世界大战期间总的车辆用户群规模减少了，该指数持续变小。

2003 年，该指数已经减小到每 1.5 个市民就有一辆车。

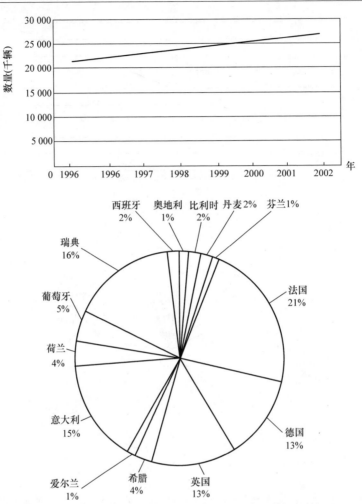

图 8-12 欧盟（15 个国家时）一段时期内公共交通工具数量。下面的扇形图展示的是 2002 年欧盟 15 国的数据，根据国际车牌进行统计【来源于欧洲汽车工业协会】

2. 特性

为了更好地了解车队的组成，考虑图 8-14 所示的直方图，该图显示的是 1996~2006 年间根据不同的细分市场和车身类型划分的已登记汽车所占的比例。

所谓的大型、中型、中小型以及小型车，是根据其总体长度定义的。总长超过 4.5m 为大型车，超过 4m 的为中型车，超过 3.5m 的为中小型车，小于等于 3.5m 的为小型车。

这些细分没有显示实质性的变化，就种类而言，可以注意到四门轿车持续减少，同时一度作为空白市场的车型却在增长，特别是微型货车。

四驱汽车的百分比已经从 1996 年的 2.6% 增加到了 2007 年的 7.7%。

第 8 章 功能和规范

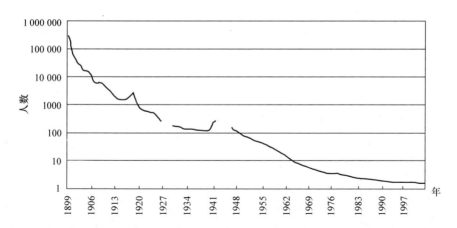

图 8-13 意大利平均拥有一辆车的人数,该指标在这段时间内持续减小,除了在两次世界大战期间间断外。
【数据来源:意大利汽车工业协会】

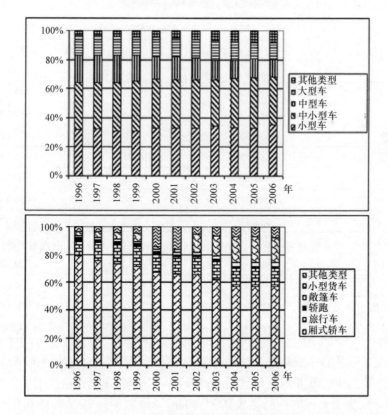

图 8-14 1996~2006 年根据细分市场和车身类型对已登记的汽车进行种类划分,包括:大型车、中型车、中小型车以及小型车,主要是依据它们的长度:超过 4.5m 的为大型,超过 4m 的为中型,3.5m 以下为中小型,小于等于 3.5m 的为小型车【数据来源:欧洲汽车工业协会】

17

第二次世界大战之后，大量生产的柴油发动机已经受到了财政和监管干预的影响。现在，它们的用户群规模占比24%，而其市场份额却是44%（来源于意大利汽车工业协会）。

而且在欧洲，登记的汽车发动机的平均排量已经慢慢地从1996年的1.66L增加到了2006年的1.73L。与此同时，平均额定功率也从65kW增加到了83kW（来源于欧洲汽车工业协会）。排量增加的部分原因是柴油份额的增加。

通过分析和阐述车辆用户群的特性，我们可以获得一些关于车辆预期寿命的信息。这项任务相当困难，因为过去的许多相关数据已经消失或者与现在的信息出入太大。

我们可以把表8-1中的数据当作一个例子来分析，表中关于意大利车辆的数据是根据车辆种类以及它们的登记使用年限进行分类的。在意大利，车辆的平均行驶年限是相当长的，2002年，32.8%的轿车行驶超过了10年，而货车相应的比例已达到了46.1%。

表8-1 根据使用年限对意大利运行车队的路面车辆进行分类统计（来源于意大利国家统计局）

使用年限	轿车（辆）	公共汽车（辆）	货车（辆）
0	2 033 296	3819	222 443
1	2 541 933	6056	260 116
2	2 518 499	5381	243 297
3	2 391 709	5485	197 700
4	2 399 014	4569	173 021
5	2 381 000	3936	136 940
6	1 667 344	3409	142 841
7	1 619 341	2610	136 149
8	1 533 972	1898	108 402
9	1 497 088	1866	102 005
10	1 993 366	2852	134 100
>10	11 068 915	49 519	1 563 077
其他	60 376	316	9761
总计	33 705 853	91 716	3 429 852

我们也可以从表中观察到，使用超过10年的轿车和货车的比重较前几年有所增加，这主要是因为几年前鼓励购买新款及污染更小的车辆并可从中受益。新的轿车（使用年限少于1年的）已经从2000年的7.2%减少到2002年的6.0%。然而，货车领域却呈现不同的趋势，新的车辆从2000年的5.1%增加到了2002年的6.5%。

意大利汽车工业协会的数据不仅提供了关于登记时间的组别，而且还估计出

2002 年汽车平均登记使用时间为 8.9 年。通过分析这些数据，我们可以知道汽油发动机汽车的登记使用时间更长（9.4 年），但是必须要针对近期柴油发动机取得市场成功进行权衡。

在欧盟，汽车平均登记使用时间接近 8 年，70% 的用户群要小于 10 年【数据来源：欧洲汽车工业协会】。

意大利的工业用车平均使用年龄约为 10.5 年。

很难预计车辆的预期寿命，除非发生重大变故，否则预言"轿车预期寿命为 15 年，工业用车预期寿命为 20 年"比较合理。

关于排量和被动安全的相关法规的预期发展，会倾向于推广更加短暂的车辆寿命，即加速车辆的废弃。当然宏观经济学的影响也不容忽视。

车辆一年内行驶的平均距离可以依据营运车辆数及其车辆座椅数进行划分的交通量来进行估算。

例如，在欧盟，假设每辆车有 5 个座位，每辆车每年行驶 4000km，则 18740 万辆汽车（见图 8-11）所产生的交通量为 377900 万人·km（图 8-1）。但是我们也应该考虑所谓的载客系数（已使用座位与空闲座位的比值），统计调查测量得到的该值仅为 26.5%，即将车辆实际座椅的使用数减少到了每辆车只有 1.33 名乘客。

因此，1 年所行驶的平均距离大约为 15000km【来源于欧洲汽车工业协会】。

因此，汽车预期寿命的合理估计应该接近 20 万 km。

用同样的方法对其他车辆种类进行分析，我们可以得到：
- 公共汽车的寿命超过 40 万 km。
- 长途货车的寿命超过 80 万 km。

8.1.4 基础设施

与美国或者日本进行对比，欧盟拥有非常密集的交通运输网络，包括公路、铁路、管道以及人口稠密的内陆水上运输路线。

最近的欧盟扩张是在 2004 年，主要是向东扩张，为此，欧盟需要开发新的沟通方法。

如果只考虑高速公路的路面交通网络，根据图 8-15 的数据显示，那么将有大约 30 万 km 用来进行基础设施扩建。

值得注意的是，那些数据指的是 25 国时的欧盟，但是内陆水上运输线路指的是 15 国时的欧盟。

如果考虑国家和地区公路，那么，1990 年通行的有 396 万 km，而 2003 年有 482 万 km。

总交通网络增长约为 20%，高速公路主要贡献了 41% 的份额，然而同时期的铁路网络减少了 8%。

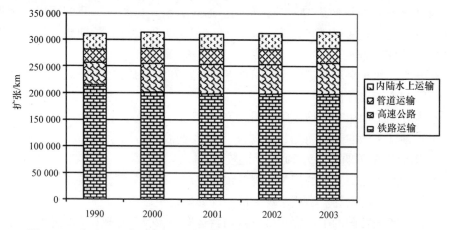

图8-15 欧盟（25个国家）地面运输网络的扩张，包括：高速公路铁路以及管道；内陆水上运输线路指的是15国时的欧盟【数据来源：欧盟统计署】

通过这个数据可以得出一个结论，即铁路持久的重组是为了使其适应国际和中距离人员运输以及长距离货物运输的需要。事实上，在2001年，这个减少的趋势已经出现了转机。关于原产国以外的车辆利用还是出现很多问题，导致新增长仍然放缓。

因此，我们不得不考虑建设铁路以取代重型公路车辆来翻越阿尔卑斯山或者比利牛斯山，而这样的方式，现在已经被横跨海峡的高铁证明可行。

欧洲高铁网络1990年始于法国，起始距离只有约700km。在2003年时，跨欧洲网络（TEN）已经达到了2800km，连接了比利时、德国、西班牙和意大利。

内陆水上运输路线包括能够容纳至少载重50t的船舶、主要用来进行货物运输的河流、湖泊以及人工运河。这些线路具有非常巨大的发展潜力，尤其是莱茵河-多瑙河以及易北河-奥得河流域，需要大量投资来建设港口、陆路与海洋运输系统的立体交叉网络，尤其是在东欧。

欧洲的天空是最拥挤的，包括了大量的航线。

把航线纳入有效的基础设施的做法是欠妥的，尽管空中走廊的存在构成了虚拟的运输网络。其他很多线路也是根据交通需求而灵活使用。

在这个案例中，机场的数量通常被当作一种指标，下面的数据是2004年的25个国家时的欧盟：

- 370个机场，每年接待的交通数量超过15 000名乘客。
- 255个机场，每年的接待量超过15万名乘客。
- 112个大型机场，每年的接待量超过115万名乘客。

8.1.5 社会影响

众所周知，交通运输对我们的日常生活有着非常巨大的影响。在欧盟内部，每天早晨，欧盟交通服务要把 1.5 亿人送去上班，然后晚上下班时再把他们送回家中，长途运输服务也一样。此外，每天运输近 5000 万 t 货物。

只考虑乘客运输的话，每名市民每年通过乘坐所有可用交通运输工具走了大约 12 700km。因此，交通运输与人们的生活质量有着非常高的相关性。

下面的内容会考虑以下几个方面：
- 交通工具所带来的事故。
- 车辆基本污染物的排放。
- 由交通相关的经济部门所提供的工作岗位。
- 交通运输系统产生的税收。

上一节已经讨论过能源消耗的话题。尽管其他交通工具的一些相关数据也会被提及，但主要是考虑汽车，它是我们主要兴趣所在。

1. 事故

如同所有涉及人类的活动一样，公路运输所包含的危险以及由机动车所引发交通事故的数量在所有的国家都引人注目。其经济和社会成本很高，并且从社会和技术的角度来讲，增加车辆的安全性通常要最优先考虑。

为了弄清这种破坏的程度，我们可以参考一下美国关于致死原因的数据，这些数据和其他发达国家的数据很相似。

表 8-2 所示为 2002 年的相关数据。公路运输发生的死亡数高于其他运输方式，大概占了交通事故死亡数的 44%○。

表 8-2 不同原因的死亡风险（参考 2002 年的美国人口）

原因	总的死亡人数	占比（%）
所有原因	2 403 351	100
心脏病	936 923	39.0
癌症	553 091	23.0
意外事故（总的）	97 900	4.1
机动车	43 354	1.8
一般事故	17 437	0.73
坠落	13 322	0.55
中毒	12 757	0.53
溺亡	3 842	0.16
烧伤	3 377	0.14

在欧盟，2000 年，交通事故造成的死亡数为 41 500 人，其中 98% 是死于公路事故。对于 45 岁以下的人来说，公路事故是主要的死亡原因。

○ 数据来源：http://www.the-eggman.com/writings/death_stats.html

图 8-16 概述了这种令人担忧的情况。

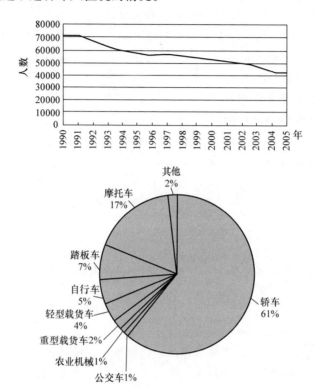

图 8-16 一段时期内欧盟（2004 年 25 个国家时）内由公路事故引发的死亡数。扇形图展示的是欧盟（15 个国家时）内不同交通车辆的占比。（来源于欧盟统计署）

尽管总交通量在增加，但是总死亡数却在减少，这种结果的原因是驾驶教育的完善、基础设施的改善、车辆被动安全性的提高，以及相关法规越来越严格。

公路交通事故造成死亡数的 61% 来源于轿车的乘员，29% 来源于两轮车使用者，这些数据指的是事故中涉及的车辆乘员。其中 18% 的死亡数是行人，而 82% 是车辆的乘员。

欧盟平均死亡率是每百万居民中有 90 个人死亡（即概率为 0.9×10^{-4}）。意大利和奥地利死亡率的数值很接近于平均值，最低数值是荷兰的 0.46×10^{-1}，最高数值是立陶宛的 2.23×10^{-4}。

瑞典、荷兰以及英国（死亡率最低的国家）的调查表明，低数值的原因主要是：

- 15%～20%，车辆被动安全性的增强。
- 15%～20%，安全带的使用。
- 15%～20%，酒驾相关法规的实施。

- 30%～40%，弱势使用者安全意识的提高。
- 5%～10%，基础设施的改善。
- 7%～18%，教育和交流。

下面为不同乘客运输量的死亡率：

- 对于公路运输：$10 \times 10^{-9} \times$ 死亡数/总人口·km。
- 对于铁路运输：$3 \times 10^{-9} \times$ 死亡数/总人口·km。
- 对于航空运输：0.27×10^{-9} 死亡数/总人口·km。

对于这样的分析而言，航空运输会提出额外的挑战。例如，一个人可能考虑发生在欧盟边界内部的事故，或者发生在欧盟内部或外部的、涉及欧洲航空公司的事故。也可能仅考虑事故中涉及的欧洲居民或者任何人。

如果我们注意到大部分事故发生在机场附近，那不同的统计方法会产生不同的结论。此外，对于随时间波动的事故（所幸的是少部分），很难做出有意义的平均估计。

报告数据指的是 1999 年发生在欧盟边界内的所有意外事故。

再回到公路运输方面，我们可以从图 8-17（所示为一段时期内的死亡数与非致命伤害数的比例）中了解到事故的严重程度有所降低。

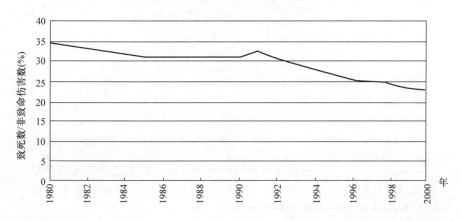

图 8-17 欧盟一段时期内由公路事故引起的死亡数与非致命伤害数的比率【来源：欧盟统计局】

2. 排放

石油精炼产品燃烧（通常指的是公路运输）而产生的主要污染物，特别是那些已被证明对公共健康有危害的污染物主要包括以下几类：

- 一氧化碳（CO）。
- 氮氧化物（NO_x）。
- 非甲烷有机化合物（NMOC）。
- 悬浮颗粒物（PM）。

在最近一段时间内，还有其他气体被添加进该名单，它们并不是对人体健康直接有害的，但是却造成了所谓的温室效应，因此它们也被称为温室气体。

一氧化碳是无色无味的有毒气体，如果被人吸入肺中并溶于血液里的血红蛋白，会减少输送到人体器官和组织的氧气量。

排放的一氧化碳一大部分是由汽油机汽车或者柴油机汽车工作燃烧产生的。有机燃料燃烧的过程中，所有组分在少氧条件下都会产生一氧化碳。相应地，CO的产生源也有很多，包括所有汽油机或者柴油机的车辆、焚烧炉以及家用的加热和发电设备。

图8-18所示为2000年欧盟根据来源划分的一氧化碳排放图。

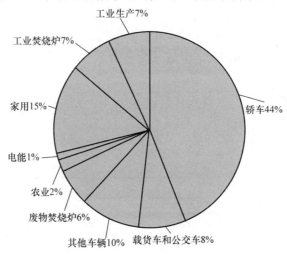

图8-18　2000年欧盟根据不同来源划分的一氧化碳排放【数据来源：欧洲汽车工业协会】

这些排放数值在持续减少，因为许多木材取暖炉转换成了天然气炉，以及降低汽车排放上限的法规日渐严厉。例如对于汽油机汽车来说，1992年的排放标准是4.05g/km，而到了2005年是1g/km。1992年由于催化剂的引入，使得一氧化碳的排放降低了一个数量级。

氮氧化物指的是氧化亚氮和二氧化氮的混合物，它们是大气中氮和氧成分在高温高压情况下燃烧产生的。通常来说，燃烧的效率越高就会产生越多的氮氧化物。基于这个原因，降低油耗和二氧化碳排放与减少氮氧化物排放是冲突的。

氮氧化物的第二大来源是农业中使用的硝酸盐，其溶于水的时候会产生酸并释放出氮。

二氧化氮会刺激肺部，并且会减弱肺部对传染细菌的抵抗力，从而提高支气管炎和肺炎的发病率。

氮氧化物的来源有很多，如图8-19所示（也是基于2000年的数据）。

需要注意的是，氮氧化物和非甲烷有机化合物也是导致低空大气形成臭氧（被证明对人体健康有害）的复杂化学反应的前驱体。

这种污染物的人为来源有很多，但也存在明显减少的趋势。车辆管理法规的完善使得氮氧化合物的上限从1992年的0.78g/km减少到了2005年的0.25g/km。

图8-20所示为有关非甲烷有机化合物的类似图表，燃料和溶剂的挥发是一个主要的来源。

非甲烷有机化合物的排放也有减少的趋势。车辆相关法规的实施也导致了从1992年到2005年，汽油发动机的排放从0.66g/km减少到0.10g/km，柴油发动机的排放从0.2g/km减少到0.05g/km。悬浮颗粒物指的是不同大小颗粒的混合，对人体健康也有害，还会损害暴露在空气中的材料以及降低大气能见度。

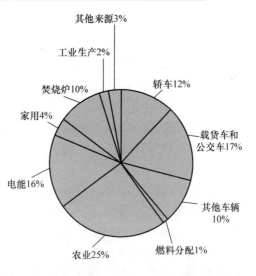

图8-19　2000年欧盟根据来源划分的氮氧化物排放【数据来源：欧洲汽车工业协会】

通常根据所含颗粒平均直径进行分类，颗粒尺寸越小，对人体健康危害越大。对人体最有害的是悬浮在大气中、沉淀非常缓慢的颗粒，长时间暴露在这些颗粒中会影响呼吸道，并会恶化已有的肺部疾病，以及增加致癌风险。

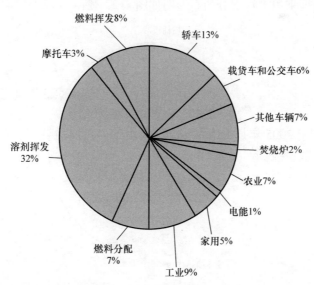

图8-20　2000年欧盟根据来源划分的非甲烷有机化合物的排放【数据来源：欧洲汽车工业协会】

PM10指的是那些直径小于10μm的悬浮颗粒物，而PM2.5指的是直径小于2.5μm的颗粒物。

除了燃烧产物，颗粒物也包括尘埃、灰烬、烟雾以及空气中的水滴。路面上的固体粉末如果没有被雨水或者其他人工方式冲洗走，就会被自然风或者过往车辆带起的风带入空气得以传播。

图 8-21 所示为 PM10 的主要来源。

在京都议定书文件中定义了六种温室气体：二氧化碳（CO_2）、甲烷（CH_4）、二氧化氮（NO_2）、氯氟烃（HFC）、全氟化碳（PFC）以及六氟化硫（SF_6）。

如果上述六种气体中的任何一种扩散到大气中，都会限制红外辐射，从而提高大气的平均温度。它们是根据其加热潜力进行测量的，报告中把二氧化碳作为测量当量，其数量要乘以其权重，该权重表达了二氧化碳当量在全球变暖方面的潜能。

其权重分别为：$p_{CO_2} = 1$，$p_{CH_4} = 21$，$p_{NO_2} = 310$，$p_{SF_6} = 23900$，氯氟烃和全氟化碳包括两大不同气体家族，每一种都有各自的权重。

温室气体根据来源进行划分的扇形图如图 8-22⊖所示。

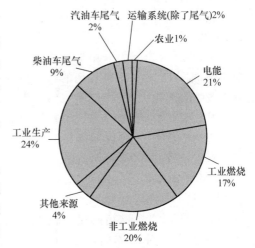

图 8-21 2000 年欧盟 PM10 颗粒物的来源【来源：Auto – Oil II】

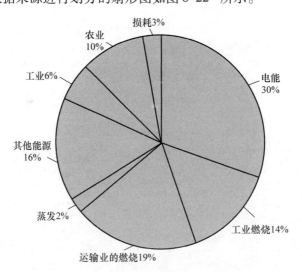

图 8-22 以二氧化碳为当量进行测量的温室气体的来源划分

⊖ 很不幸，这些数据和其他的不一致，因为它们指的是扩充到 25 个国家的欧盟。

温室气体的排放与污染的规模有着非常大的关联，法国、德国、意大利以及英国占欧洲排放总量的比例超过50%。可以通过避免使用化石燃料来减少这些温室气体的排放。

在汽车出现前，空气污染就已经成为一种现象，尤其是城市的环境质量已经多年持续下降。尤其最近几年，由于政治和立法的演变，使得公众对该问题也越发关注。

图8-23展示的是在过去4个世纪里，关于伦敦空气中二氧化硫和烟雾浓度演变记录的图表。直到1920年，数据都是基于煤炭燃烧数量进行的估计，然而1920年之后的数据都是测量值。

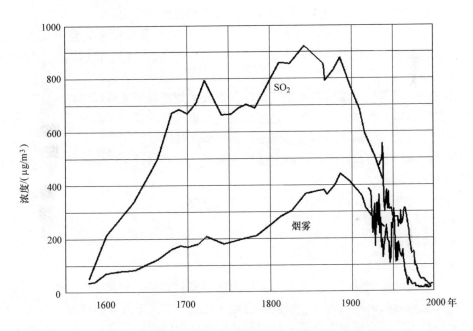

图 8-23　伦敦二氧化硫和烟雾浓度与时间的函数图像

所有主要城市的类似图表都可以查得。有一个需要注意的有趣现象是，在20世纪后半叶，城市污染大大减少，并且低于过去400年里的任何时期。然而，最近发展更快的乡镇则仍在增长。

3. 经济数据

数据仅限于公路运输方面。2006年，欧洲汽车工业协会生产商生产了大约1860万辆车，其中的1800万辆在欧盟登记，其余的则出口到欧盟之外的国家。

这一生产活动在车辆和零部件生产商里产生了230万个工作岗位。此外，更多的相关工作包括运输、服务、零部件和燃料运输、汽车租赁、保险、废料处理、驾校、专用出版物以及基础设施管理。这些则为1230万人口创造了工作岗位。

同年，欧盟的车辆年销售额达到了5600亿欧元，投资约占销售额的7%，研发约占4%，给贸易收支带来的积极贡献约为416亿欧元。

2003年，车辆销售、财产转让、车辆所有权、通行费以及石油产品带来的税收总额为3600亿欧元，约占欧盟生产总值的3.5%（占总税收的8.2%）。

8.2 车辆功能

8.2.1 系统设计

车辆设计的系统方法（系统设计）是用来定义每个组成部件的技术规范。这样一来，车辆就作为一个整体，依据其指定程序和目标来完成功能。

技术规范指的是，不用详细的图纸而用一系列物理测量量来完整定义每个部件，有时候技术规范也可以用来补充说明传统的详细图纸，但它也可以作为传统图纸的替代品。

详细图纸只是用来说明如何生产部件，而技术规范是用来解释部件的功能，用来解释如何测试其性能以及说明该性能的可接受值。很明显，详细图纸和技术规范之间必须要一致，但后者必须能够保证达到性能指标。

因此技术规范可以作为设计指定部件的起点，同时通过说明如何执行其功能来简单描述一个部件。

例如，对于车身车门，其功能可分为以下三类：
- 美观。
- 人机工程学。
- 被动安全性。

只考虑被动安全性时，仅需要考虑在侧向碰撞时如何保护乘客免受伤害。

在可能的侧向碰撞场景中，假设车门碰撞达到了所规定尺寸的极值，那么，抗侧撞梁的技术规范应该考虑在该碰撞期间其塑性变形的作用。该技术规范会要求抗侧撞梁在给定的变形空间内达到最小值。

尽管该技术规范不需要考虑如何设计抗侧撞梁和其加工材料，但在开始设计该部件之前，它确实代表了一个必要的逻辑步骤。

系统设计方法就是要通过把设计工作安排给并行工作的团队，使每个团队都要分配一个可理解的目标，而这些目标涉及车辆的总体性能，且每个团队都能够对其进行自主检查并完成，从而使得即使是最复杂的项目也能顺利完成。系统设计方法也应该允许团队通过使用供应商生产的标准部件来开展项目，这些部件可能为了达到要求而需单独研发或者从商品目录中选择。

最后验证既定目标的可行性时，系统设计是每个项目的起始阶段，这个阶段通常称为可行性研究。主要部件的技术规范是概念文件的一部分。

在这一点上，我们应该考虑如何分配和测量车辆总体性能和功能。

我们不能绝对定义产品性能和功能，因为它们要以消费者对于产品的期望为条件，而消费者期望又依赖于主观和客观的参数。进一步讲，这些期望又以产品预售时市面上已经存在的同类竞争产品为条件，而在项目开始实施的时候，我们对这些竞争产品的细节知之甚少。

为了强调这个问题的复杂性，可以参考空调系统，使一些最重要的功能能够轻松定义。例如，我们可以推测出气候系统的目标就是使乘客舱在给定的时间内达到指定的舒适温度，且不取决于当前的车外温度。

事实上，制冷或加热的时间只是一个近似参数。理想的舒适温度不应迅速达到，因为皮肤上强烈的气流或者空气中很高的温度梯度可能会引起乘客的不适感。

乘客热通量似乎仍然是经验上的判断，进一步使现象理解复杂化了。

在豪华车里，自动获得热舒适的功能可能是强制性的，只需要乘客对控制温度进行调整。几年之前，为中型或小型轿车设计多区域气候系统很大程度上是经验主义，并且很大程度上似乎是在浪费时间和金钱。然而，这一功能开始广泛应用，并且可能会在不久的将来成为标准。

我们可以展望一下未来。例如，在下一代的中型轿车里，外部异味的自动消除可能会必不可少。如果发生这种情况的话，那么作为参照物的各种异味的消除效率就将需要被定义和测量。

因此应该记住，一个规范如果过于严格，可能会增加产品的生产成本，且可能无法从售价里赚回。

同样，还有其他次要的但不能忽视的功能，这些功能可能会偶尔影响其他系统的性能。因此，气候系统的设计目标应该包括：
- 要把气候系统带来的额外燃油消耗降到最小。
- 要把发动机所需的额外燃油消耗降到最小，尤其是突然加速的时候。
- 要把进入乘客舱的气流噪声降到最小。
- 控制湿度以避免前风窗玻璃或者侧窗凝结水汽等。

因此即使是简单的案例，我们都很难去定义其功能和规范，并且这种定义只应该在仔细调查消费者预期之后完成，而且这种定义应该部分先行定义，余下部分要考察完同类竞争产品再进行定义。

定义气候系统的边界或者通过其行为辨认出影响气候系统的部件很困难。事实的确如此，按照传统的方法，气候系统将限于：
- 热交换系统，包括加热器和蒸发器，直接把空调空气引导到乘客舱的空气管道和出风口，这是车身的一部分。
- 压缩机，是发动机系统的一部分。
- 电子控制器，是电气系统的一部分。

然而，为了加强对气候系统的控制，应该对上述清单进行扩展，使之包括侧窗和前风窗玻璃等负责辐射热量的重要部分，车门面板等负责传递热量的部分，座椅等影响身体热交换的部分,以及变速器传动比等影响发动机预热的部分。

因此,我们可以看出影响某些功能的技术规范的界限很宽泛,且超出了该功能部件的已有界限。

我们建议正确的系统设计的方法至少应包括以下几个步骤:

① 定义该系统所执行的功能。

② 定义最能衡量该功能的参数以及能够让乘客满意的目标值。

③ 确定哪些部件是系统的一部分并能对目标值的实现产生影响。

④ 识别可能与第一步中提到的功能相冲突的其他系统功能。

⑤ 为各个部件创建一系列与系统功能目标值相一致的技术规范。

因此,系统工程蕴含着对部件的研究,这些部件通常是在不同的车辆工程学科下进行分类的。在气候系统的这个例子中,这些部件包括车身、动力总成以及电气系统的一部分,这些部件也位于汽车的不同子系统中。

本书中描述的车身系统设计方法和上面很相似,例如,从声学舒适度来进行设计,正确的系统方法不仅要考虑噪声如何传递到乘客舱(属于车身结构设计的部分)、如何通过绝缘和抗震材料来减弱噪声的传递(属于内饰设计的部分),还需要考虑噪声是如何由发动机和传动系统(动力总成部分)以及车轮和悬架(底盘部分)激励产生的。

工程学科就其性质来说是跨学科的,因此系统工程同样也必须要超过其个别学科的界限。另一方面,传统的拓扑方法根据以下三个主要子系统来进行分类和研究:

• 底盘,车辆路径控制的部件总成,包括传动系统、悬架、制动器、车轮和转向机构,以及它们的专门支撑结构。

• 动力总成,产生牵引力的部件总成,包括发动机、燃料供应以及进气排气装置。

• 车身,用来支撑所有其他部件,包括乘客舱和行李舱。

本书着重介绍车身系统设计方法,会考虑到对于车身系统很重要的所有功能。然而,当研究一个功能例如舒适度时,也会考虑发动机和底盘的某些方面,如自动控制系统方面,会解决与电气和电子系统相关的问题。

既然需要考虑包含在系统内部的所有部件的基本规范,那么系统设计就必须是总体的,这些部件的设计细节应分别留给相应的专家。这种方法对于工程师以及其他所有参与新型车辆研发的人员都非常有用。

8.2.2 消费者认知的功能

让我们考虑车辆执行的所有功能,尤其是关于汽车方面的。

车辆功能可以被定义为消费者评估车辆性能的类别。

完整的功能清单(或许会在未来进行扩展)应该包括以下几个方面:

- 外观。
- 有效空间。
- 人机工程学。
- 气候舒适性。
- 动态舒适性。
- 动力性。
- 操控性。
- 安全性。
- 抗老化性。

各功能都应该通过某些特定的需求进行解释，这些需求都是定性和定量的属性，并且车辆必须要具备这些属性以能正确执行各功能。本书会对这些需求进行简述。

上面提到的第一个功能（排名不分先后）是车身的外观，它是车辆吸引客户的能力。尽管有吸引力的车身设计超出了本书的范围，但本书还是会提及一些在外形、体积、材料和细节方面的重要需求。

这些需求似乎没有大幅影响研发过程中分配给工程设计的传统任务。然而，进行优先级分配或者决策时，必须要对其进行适当考虑。

必须以正确的方式把车身工程师、生产工程师以及造型师的创新活动集成起来，保证汽车外观审美绝不让位于任何技术需求。因为，人们已经证实了外观是决定汽车商业成功的最关键特征之一。

从设计者的角度出发，宽敞或者使用空间十分重要，因为它明确了车辆的首要目标是载客和载货。

消费者不期待汽车有无限的空间，但是内部空间的大小是与汽车类别联系到一起的，重要的是有效空间有多大（尽管是有限的）。既然汽车部件所占有的空间对于使用者来说是无用的，那么在进行部件的布置设计时就应该尽可能的限制其进入乘客舱。本书上卷中也说明了有多少空间可用于车身结构主体和部件布置。

其他重要的需求也取决于车身设计，例如用来收纳小物件的有效空间。另一个重要的需求是空间要适应可变性，例如倾斜或者移动座椅（为了使消费者可以通过改变汽车内饰来适应不同的运输需求）。

汽车的人机工程学可以被定义为当对汽车进行某个操作时，操作员所需身体活动最小化的能力。该功能通常考虑了驾驶乐趣，还有消费者驾驶时的诸多感受。

该功能涉及车身方面的需求包括以下几方面：

- 驾驶员和乘客出入汽车的便利性，开关车门、储物箱、发动机罩和行李箱的便利性。
- 易于以最小动作完成识别和操控最重要部件。
- 驾驶员姿势的舒适性。

● 对运输货物装卸的便利性。

关于控制操作的需求，例如，设计底盘时通常要考虑转向盘、变速器、离合器和制动器；包括操作员执行某个控制时所需做的努力，操作杆的几何形状以及它们在车身内部的位置，可以参照人体解剖学对其进行布置设计。

在车身工程中进行研究的二级控制，例如打开门把手，不需要过多关注，但是需要给操作员一个明确的反馈，以确定完成意向动作。

在气候系统的案例中，相关的需求会影响车身设计，以及部分影响汽车发动机的设计。

动态舒适性的功能是抑制来自外部（路面和其他车辆）和内部（发动机工作和零部件振动）的所有噪声和振动干扰的能力。

动态舒适性的相关要求涉及几乎所有的产生噪声及可能传播噪声的车辆部件。

噪声和振动同时也为驾驶员和乘客提供了有用的信息。一辆没有振动完全安静的车辆可能会很危险，该说法已被主动噪声控制的经验所证明。此外，噪声也可能被当作某些特殊车型的特征，例如跑车。所以设计目标不全是抑制噪声，而是构造与消费者期待一致的声学环境。

过滤零部件的振动通常是车身系统的任务，但通常利用轮胎和悬架来过滤来自路面的噪声和振动。

动力总成的噪声（发动机运行时）过滤涉及动力总成的支架和进气排气系统。不平衡参数要分配给所有潜在的振动源。

动力性的功能包括一些易于进行测量的需求，例如，最高车速、爬坡能力和加速能力。难于进行有效评估的需求包括汽车的操纵性和燃油经济性。

动力性的要求涉及从发动机到车身的所有部件，车身方面主要是指其空气动力性和重量。

车身重量正确分配要以满足车辆各部件要求为目标。尽管车身重量不是消费者能够直接观察到的，但却是初步设计的最重要任务之一。

操控功能通常被定义为当驾驶员变速或者变道时，车辆执行驾驶员控制输入的能力。这些控制包括单独或联合操作转向盘、制动踏板和加速踏板。

操控功能的要求不仅涉及悬架、轮胎、转向机构和制动器，还包括发动机和传动系统。车辆总体的惯性性能（质量和动量）对于此功能来说至关重要。

安全功能通常分为以下三种：

● 预防性安全。例如，车辆使驾驶员不断地纠正将要执行的行动的能力。这种类别的典型例子包括外部视野、主要仪器和汽车内饰（例如速度表、车外温度计等）的可视性。

● 主动安全性。例如，车辆应该对驾驶员的指令做出快速、稳定、线性的响应，同时又能避开障碍物和危险的情况。

● 被动安全性。例如，当碰撞无法避免的时候，减轻汽车乘员、行人、卷入碰撞的其他车辆乘员的伤害程度的能力。

仅靠定义的安全性是不够的，还应该通过统计数据确定相关需求。认证需求以及制造商的技术政策是这一方法的重要组成部分。

在被动安全类别里，最近添加了对低速碰撞后维修成本限制的要求。

安全性涉及了所有主要的汽车部件，尤其是车身涉及预防性安全（内外部的可视视野和光线）和被动安全性（结构、主动和被动的防护系统、部件的布置、表面材料和涂装）。

底盘必须遵守对于悬架、制动器和轮胎的所有主动安全以及被动安全要求，例如，碰撞时对乘客舱的侵入情况。

就撞击后燃油出现泄漏并随之引发火灾的情况而言，发动机系统是包括在被动安全中的。

抗老化的功能是车辆系统和部件维持其功能不变或者维持其老化退化在可接受范围内的能力。系统和部件可靠性要求也属于该功能。

抗老化要求涉及所有车辆部件，显然也包括所有车身部件。

8.2.3 技术规范

可以通过一系列可测量的要求来描述各车辆功能，并且该功能要能保证消费者对车辆的满意度。

这些功能的要求决定了所有部件的技术规范。

可以通过一张包含所有相关几何尺寸和材料信息的工程图来完全定义车辆上的每个部件或者子系统。

实际上，复杂部件的详细细节是与汽车生产商无关的。相比细节，生产商更加注重部件的性能。非常详细的工程图并不总能保证完全实现部件的预期性能，并且现有的技术能力可能不足以实现部件某些复杂的细节。

只有提供全局的、简洁的技术规范信息才能解决此类问题。因此对于与系统功能相关的确定部件，必须要为之建立相应的技术规范。其中应该列出：

- 能够描述对部件提出要求的物理属性。
- 测量此类属性所需要的条件。
- 为了能获得预期系统性能的该属性对应的数值（允许有公差）。

这些技术规范以及简单的轮廓图纸，是汽车生产商管理与零部件供应商间联系所需要的唯一技术文件。在这种情况下，单单一张图纸就可能包含所有的必要信息。

因为零部件生产商间的观点未必相同，所以就必须要建立与生产所需部件一致的技术文件。确实如此，一些二级供应商经常生产不符合最终组装要求的零部件。因此，一级供应商必须要最大限度地使用技术规范。

我们可以通过密封垫来阐明这个观点。

使用在车门上的密封垫，要防止外部的水、空气以及灰尘进入乘客舱，其弹性性能必须要能补偿由于车身变形和生产公差带来的尺寸变化。

必须要保证在密封垫间隙范围内的充足空间有足够的接触力，技术规范就主要负责解决这类问题。我们将会考虑在车身寿命里出现允许的最大位移时，密封垫最小接触压力的数值。另外，我们必须要确定允许的公差。

确定这些数值时，应该要记住这个压力也会影响关门所需的力。允许的最小压力将会是乘客舱密封度和开关车门所涉及的人机工程学问题之间的平衡值。

对密封垫的其他要求是关于其使用寿命和耐久性，例如，由于老化作用，接触压力的衰减程度。

对于汽车生产商来说，定义密封垫几何尺寸所必需的唯一信息，就是车门和车身侧围之间间隙内所允许的空间量。

技术规范所包括的共同特征信息是：
- 它们应该与相应的车辆功能相关（密封性、关闭力等）。
- 供应商应该能够在不需要直接掌握其即将组装的车辆信息的情况下，对它们进行测量以检查其设计和制造过程。

密封条的其他信息（例如，应用到密封条的弹性体的化学组成）和系统运行以及供应商专有的技术组成部分之间没有相关性。

总之，技术规范定义的是所需的性能，而不是如何获得该性能的细节。另一方面，技术规范不应该太过表面或肤浅，例如，必须要避免在不参照驾驶条件和典型性旅行的情况下为供应商提供有关道路耐久性的技术规范。好的技术规范应该能够使供应商独立评估其努力成果。

继续以密封垫作为例子，我们很清楚："供应商可用的技术文件比汽车生产商使用的如技术规范类文件更加详细"；供应商可以使用一套完整的零部件图纸，包括详细的尺寸、金属芯的描述、材料、卡具以及生产设备等。供应商的设计工具将能够使这些参数与车辆系统的压力性能进行关联，这是技术规范最相关的问题。

对密封条的一些细节，例如，为了在车身上夹紧密封条而插在其上的金属芯（金属芯的夹紧性能不仅仅依赖于尺寸基准，还依赖于在其钢厂的生产过程），应该通过只包括所需要的尺寸和夹紧力的技术规范，给二级供应商描述金属芯的性能。

技术规范代表的是一个通用的简化语言，它允许不同的工业组织（例如最后的生产商和供应商）进行合作，以达到最终使消费者满意的共同目标。

在一个公司内采用同样逻辑去整合不同部门间的活动也十分有用，尤其是对于车辆生产商。

尽管从头开始研发每一个部件不存在任何概念上的障碍，但在接受这个决定之前，最好弄清楚车辆上部件执行的功能、如何量化以及什么数值能够满足消费者。

在这种方式下，我们很有可能需要管理许多人参与的相对简单、复杂的活动。

例如，把各目标分解成许多能够被不同人员测量和理解的子目标。

8.2.4 车身系统设计

如前所述，车辆上有关于车身的主要功能包括：
- 人机工程学和总布置。
- 热舒适性。
- 声学和振动舒适性。
- 结构完整性。
- 被动安全性。

相应地，本书所介绍方法的目标是设计能在车辆系统层面上满足上述功能的车身零部件。

本书将会用专门的一章来一一解释这些功能，从人体的生理需求到相关设计方法的开发。

前面已经解释如何验证指定汽车能够执行哪些功能，还有确定哪些部件决定这些功能，但不包括解释如何通过定义这些部件使其以预期水平执行这些功能。尽管一个先前验证的方法将会很有利，但这个问题只能进行过后验证。

这个条件可以应用到所有的设计课程，如果设计意味着去定义一件尚未存在的产品，那么实际上，示教的是如何验证一个已定义的产品是否能够执行一个所要求的功能。因此，设计师的工作就是假设一个假说以及验证这一假说能够实现的结果。如果结果偏离了既定目标，那么设计师会再去定义一个不同的假说，并进行验证。如果第一个假说很接近于答案，那么这个设计师就能以更高的效率完成设计。无论如何，产品设计将会是反复试验的过程。

由于最终评判产品的是消费者而不是设计师，而消费者的判断有时很难被具体表达出来，并且会受到不可测量的参数影响，再加上在研发过程起始时，可能不了解市面上现有的替代品，所以一个技术规范的定义往往会更加复杂。

人们依据不同的策略来发展和决定技术规范。根据过程，可以将技术规范分为两阶段，即目标设置和目标分解。目标设置阶段包括为每个由消费者感知的功能设定目标。如果避免了主观判断，而只使用客观测量参数，那么这个阶段将会更加成功。

如果某个要求在某些功能上出现了相对简单的情况，例如最高车速、加速度、爬坡能力，那么它对于人机工程学（靠人的主观感受来发挥作用）等功能来说将会十分困难。在下一阶段，我们将展示如何将主观感受转换成客观的测量量，以及如何通过很少的数据总结包含多重要求的功能。

在目标分解这一阶段，第一步是根据功能定义车辆的子系统，以及初步设置其规范。这一阶段将会验证目标的规范充足性，纠正规范中的所有错误。

可能会通过使用车辆的数学模型来进行验证。在某些情况下，也可以通过制造和测试简化的样机（骡子车），这些样机可以验证复杂的子系统。

8.3 需求的测量

到目前为止，人们已经发现，需求就是把客户对给定产品的期望翻译成物理的、可以测量的参数。在我们的例子中，就是指车身这个产品。

在这一点上，需要解决的问题就是确定如何测量这些参数。

解决这个问题所涉及的过程和方法，大部分是对消费者和汽车相关行为的统计性分析。

尽管这些分析通常构成科学营销的一部分，但考虑到需求正确描述的重要性以及着眼于提高未来不同学科专家间的交流，我们也应该为工程师介绍这些方面。

为了避免解释超出本书范围的相关通用方法，下面的介绍仅限于涉及不相同但典型的、反复出现的问题的案例，关于：

- 如何把对一个客户样品的主观判断转换成工程上的定量要求。
- 如何通过它们超过监管规范的能力来评估竞争产品。
- 如何从整个系统的实验测试中提取出零部件要求。

本书将会在下面章节对本节中所提到的一些内容进行更好的解释说明。因此，就目前而言，我们鼓励读者将其兴趣放在这些不同方法的理解上。

8.3.1 将主观判断转化为可测量的参数

本节考虑了两个不同的例子：第一个是关于车辆的二级控制（车载信息系统），关注其人机工程学以及可见性；第二个是座椅的舒适性姿势。虽然这些例子远非详尽，但确实为我们提供了可以应用于不同环境的两种分析方法。

1. 二级控制的人机工程学

这一部分特别参考二级控制和车载信息系统，将集中讨论车辆控制任务以及关注认知负荷的测量，选择用来评估驾驶员位置的整体人机工程学数值参数。

所采取的方法源自 Toffetti A.，Nodari E.，Zoldan C.，Rambaldini A. 的研究。

驾驶员通过使用主要控制元件与车辆进行互动，例如，转向盘、变速杆、脚踏板以及二级控制元件（如电器开关、导航系统开关）等。此外，驾驶员通过检查仪表以及识别由视觉、听觉、触觉传来的外界信息来掌握车辆的状态。如此一来，就可以认为驾驶员和车辆是一个变化环境下的、与交通、天气和照明条件有关的动态系统。

用来描述驾驶任务的参照就是在表 8-3 里列出的由 Michon 提出的分层模型，可以将车辆的驾驶描述为一种活动，即由驾驶员执行的涉及不同水平困难度、知识以及能力的不同任务。

表 8-3 由 Michon 提出的车辆控制的分层模型。驾驶可以被描述为一种活动，该活动包含了涉及不同知识和能力的不同复杂性的任务

层级	反应时间/s	任务	行为基础
战略层面	100	沟通 导航 诊断 监控 识别	知识
战术层面	10	分类 识别 执行	规则
操作层面	0.1	检测 反应 稳定	能力

人们的思维工作方式分为两种不同的模式，通常可以归类为两个极端：自动的和有意识的模式。

有意识的模式涉及决策、对所采取行动的结果进行关键的分析以及根据预定义的参照模型来进行调整。而自动模式执行快速行动，几乎是无意识的，以便留着思维来执行其他活动。

总体来说，驾驶隐含两种模式。在表 8-3 中我们可以识别出三种不同的行为模型：

- 基于能力的行为。基于能力的行为是指自动无意识地执行任务，因其深深扎根于脑海，是过去所学规则的结果。该行为的一个重要特性是对外部刺激做出反应的时间很短。例如，在红灯前，将会立即踩下制动踏板停车。由于这个原因，与安全相关的操作应该是完全基于能力的行为。这一类行为就是发现关键情况，并立即做出反应，稳定车辆以及避开障碍物。
- 基于规则的行为。基于规则的行为是指从先前经验或者专项训练中获取经验进行支配的行为。当基于能力的行为不适用时，这种行为就会发挥作用。人们要负责操作检查、解释当下的情况，以及选择能更好匹配问题的规则（例如，如果在同一车道上有许多车在行驶，那么我们可以应用这一规则，即规定使汽车行驶在不那么拥挤的车道上）。这一类行为包括检测具体的情况或者执行复杂的操作。
- 基于知识的行为。基于知识的行动包括论证、推理、判断和评估。如果之前两种行为均无法解决问题，那么我们要对从先前经验中获得的知识进行再处理。遇见一个新状况及现有规则不充分时就会发生这种情况。这一类行为包括使用导航系统、发现不正常情况以及使用通讯系统。

从上述三种行为中可以看出，我们从纯粹的物理接触递进到大脑活动参与越来越多的情况。

由于产品的演化，和过去的车辆相比，当下的车辆要求驾驶员物理活动不断减少，同时大脑活动不断增加。此外，驾驶员获取的来自外界环境的信息量也已经有显著增加，信息的适当使用需求也在显著增加。为了能满足车辆性能方面提高的期望和要求，人们可以使用很多通讯工具，例如，收音机、便携式手机、电子日记本以及最近几年汽车上引入的导航系统。

驾驶员的精神资源经常不得不在相互干涉的并行任务间共享。驾驶员空间的合理设计必须要能避免这些精神资源被不可接受地使用。

认知负荷测量可认为是评估控制部件人机工程学的方法。一般来说，是评估驾驶环境的方法，并且对应于个体以可接受水平的性能执行任务所付出的努力。

在驾驶员的例子中，可接受的水平就是能够在随机改变的外界环境下安全控制车辆。

既然人的精力是有限的，那么研究其如何部署、如何通过足够的人机接口来提高利用率，才是最重要的。

一方面，空闲精力可利用时，不单可用于普通驾驶任务，例如，旅行计划、了解车载设备使用情况、与其他乘客或者应急演习的互动。另一方面，当驾驶员不再能够完成所有的任务，且没有更多可用的精力时，认知即超出阈值。该阈值取决于驾驶员特性以及他/她的心理和情感状态。

有时候，驾驶员在一个太过放松的环境下驾驶时（例如在交通流量较小或较低限速的高速公路旅行中），会产生较低的心理负荷，以至于达到认知负载不足的相反阈值。此时，驾驶员就会有注意力分散以及瞌睡的危险。

驾驶员在一个危险状况下行驶时，例如在雾中或者交通流量较大时，认知负荷就会增加。

驾驶员执行次级任务时（例如接打电话），除了由驾驶时主要任务引起的认知负荷，还出现了额外负荷。

如果这些次级任务太过复杂，驾驶员可能会接近认知超载。

已经演化出许多方法来评估认知负荷，它们可以分为三类：

- 基于性能的测量。评估主要任务（如在一条放着橡胶交通锥的路上驾驶汽车）和次级任务（如使用车载信息系统）的成功率。特别是，可以通过驾驶参数进行客观评估主要任务的成功率（如打翻的橡胶交通锥数量或者横向加速度），同时次级任务用于处理驾驶员的需求努力。
- 主观评定。可以开发使用标准评价检查表，通过对完成测试的驾驶员采访来估计其认知负荷。
- 生理参数测量。有时优先使用生理参数。这是因为现在可以使用非侵入性仪器（即可以在不改变操作环境下使用，如心脏跳动、眼球运动、瞳孔放大）。它们与认知负荷有着很好的相关性，并且可以通过摄像机很轻易地进行测量。

进行对驾驶主要任务产生最小化干扰的次级控制时，使用这种方法是尤其适合的。

初步设计期间（控制装置尚未被确定），确定驾驶员进行该控制时的心理模型很有帮助。这是该控件在驾驶员方面的功能表示，包括预期功能、布置设计、应该及如何显示哪一部分信息。这个初始阶段很重要，记住驾驶员的预期，同时设计要能减少驾驶员的认知负荷。因为新控制将避免使用基于知识的行为，而倾向于更节省资源的、基于能力的行为。

这段时间内，可以开发简化的或者虚拟的样机。

可以选定一组客户，在实验室里通过驾驶模拟器来测试这些样机，同时可以让他们尝试执行建议的次级任务。

应该详细记录驾驶员的反应，以便根据建议标准选择最好的解决方法。

最终制造一个全尺寸样机，同时安排潜在客户在一辆真实汽车上进行测试，以便进一步完善设计。

在这两个测试中，会安装标准摄像机记录驾驶过程中驾驶员眼睛的位置。一个有价值的评价指标就是在评测时驾驶员为了能读取信息或者确定新控件位置，其视线可以从马路上转移的时间。

可以将经验以及主观评价转化为客观的定量测试。

2. 座椅舒适度

这一部分内容基于 Demontis S. 和 Giacoletto M. 的研究。

座椅的诸多特征，如温度和动态特性、座垫和靠背的形状，都对乘客感知的舒适性有重要影响。舒适座椅的定义需要已知不同参数及其相互影响。

传统上，这一问题可以通过实物测试进行研究，同时，在开发过程中会涉及潜在客户。在这些测试中，研发过程中的每一个相同阶段，都要使用相同数量的汽车（供潜在客户使用）来评估可替代样机，可以通过使用专门开发的问卷来进行评估。

这种方法中的不足之处就是因为真正的样车还未发布，消费者只能在一个非常简易的环境下评估座椅。而如果使用真正的样车，那么测试的成本又会增加，同时，针对建议做出的改进就会迟滞或者成本太过高昂。

因此建立数学模型很重要，可以减少实物测试的次数，或者至少减少失败测试的次数。

最好是经常性地对市面上可得的充足样本车辆进行大量测试，以帮助开发设计标准，而不是在接近生产开始阶段才对产品设计进行修正。

许多研究已经论证了主观舒适度评价依赖于测试的持续时间。

我们要把样本研究的测试时间限制在小范围内，同时要能给出消费者对于经销商展示厅里汽车的初步反应，座椅评测中要包括以下参数：

- 外观。
- 易于调整座椅的位置。
- 姿势的舒适性。
- 填充物的柔软性。
- 内饰。

若仅仅考虑坐姿的舒适性，该研究的目的就是把消费者的主观评价和有物理意义的可测参数联系起来，这可以通过使用任意可用的建模工具来完成。

在该例中，许多作者把乘客和座椅接触面间所谓的体压分布（BPD）当作是一个参数，对于评估坐姿的舒适性很重要。

对于经济型轿车来说，座椅舒适性的分析中考虑了 32 个不同的因素，以便能评价六种不同的带有布料垫衬物的座椅。为了同质性，只考虑能够进行机械调整纵向位置和靠背倾角的座椅。

通过压力传感器来获得乘客和座椅间的体压分布，压力传感器能够根据 48×42 的传感点网格线测得接触压力，其厚度很薄（大约 0.1mm），因此不会对乘客的感受产生明显影响。

图 8-24 所示为上述测试的结果。我们已经准确的调查了测量误差的影响和得到稳定输出的时间。

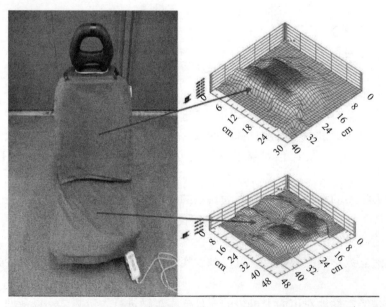

图 8-24　左图：在座椅上放置压力传感器。右图：乘客和座椅接触处的体压分布图示例

为了确定所有可用的因素，按照美国汽车工程师协会仿真实验（用于确定 H 点的位置，下一章会解释）的要求，已经进行体压分布测量。通常用舒适角度确定座椅倾角和腿部角度值。

已经通过专门的调查问卷收集了主观评价，包括有关坐姿舒适性、内饰和其他问题，同时也给出了一个总体评分。

我们也像往常一样，依据采访中收集到的来自不同潜在客户的自由评论设置问卷里的问题。

测试草案提供了以下步骤：
- 关于测试目的的信息。
- 座椅自动调节到最佳位置。
- 座椅评价。
- 体压分布的测量。
- 人体测量科目。

我们已经根据不同评价标准对体压分布的获得区域进行了分组，在下一章节会有专门部分进行解释。这些区域在人体解剖结构方面尤其重要，包含坐骨、腘窝、侧面、腰部和骶骨。其基本思想就是确认参数和确定得分最高的解决方案。

可以应用线性回归方法来确定已得到的参数间存在的关系。

已经确定了参数间的相关因数为76%，并且最终得分表明，应该使用更多参数来解释消费者的判断。然而，76%的相关因数也是可以接受的。

要接受这种处理方案，即它呈现出的总得分受到静态舒适影响的因子为50%，受到剩余参数影响的因子为25%。

考量参数的评估权重见表8-4，表明座垫的重要性略高于靠背。对于其中每一个相关性，其相关因素令人相当满意，超过了95%。

表8-4 对座垫和靠背在坐姿舒适性、柔软度和内饰方面的整体评级的权重评估

	坐姿舒适性	柔软度	内饰
座垫	0.60	0.55	0.55
靠背	0.40	0.45	0.45

考虑到身体和座椅间压力分布不同，可以得到下面的定性结论：
- 坐姿舒适性等级越高，腘窝与坐垫间的体压分布就越低，背部和靠背间的体压分布就越低，但是腰部的体压分布会增加。
- 如果腘窝里的体压分布减小，且侧面和坐骨区域体压分布随之增加，那么该座椅就被判断为柔软的。
- 如果腘窝和侧面区域的体压峰值和平均值间的比值很高的话，那么内饰的评级就较高。

这种方法使我们能够通过参数来设计座椅。这些参数可以用传统的数学模型进行计算。同时，期待着消费者临床测试的书面结果。

然而，有必要记住这种方法的纯粹经验本质，以及该评级受到产品之间相互比较的影响。对于这一问题，为了能得到技术发展的最新水平，我们建议对其进行偶

尔的重复研究。

这个例子将会在下面章节进行进一步扩展论述。

8.3.2　欧洲 NCAP（新车评价规程）评级

汽车被动安全的一部分就是使乘客免受碰撞带来的可能伤害，其最小可接受水平受法律规范限制。然而，很多制造商在最近几年里都发布了新车型，并声称这些车型的被动安全保护水平远超法律要求，同时确立了新的市场趋势，即把高水平的被动安全当作是品牌间竞争的一个重要因素。

相应地，产生了一个新问题，即如何客观地以一种严格的、可比较的方式测量一辆车的实际保护水平。很显然，这种测量不能由消费者直接进行。

自从 1970 年以来，基于美国 ESV（实验性安全车辆）计划的研究，许多欧洲政府和组织机构已经合作开发了测试流程和测试仪器，以便对汽车的被动安全性进行评估和分类。尤其是为了达到这一目的而建立了 EEVC（欧洲实验车辆委员会）。

直到 20 世纪 90 年代初以后，才有一种新被动安全测试可用来在正面和侧面碰撞中全面测试车辆上的安全设施，随之被全体成员接受，紧接着成功地开发出了行人被动安全性的测试方法。

那时，欧洲的法规仅要求车辆进行刚性壁障的碰撞测试。碰撞使用的是没有假人的样车，以测量车辆的加速度水平。测试后，只需要测量转向柱的位移来证明其符合法规要求。

然而同一年，美国已经要求使用能够满足生物力学性能的假人，同时国家公路交通安全局（NHTSA）设立调查机构，用来评估从传统经销商购买的大量汽车的被动安全性。该调查机构的目标是评测超过法规要求的碰撞所产生的影响，以便为潜在客户提供关于车辆安全余量的额外信息。这个项目也被称为 NCAP（新车评价规程）。

在欧洲，德国汽车俱乐部（ADAC）、德国汽车车主协会和《汽车与运动》杂志发起车辆对刚性壁障的偏置碰撞，以便告知客户"测试中考量的汽车安全性比法律要求的 100% 正面碰撞更加符合实际情况"。

同一时间，英国消费者协会使用交通部基金执行了车辆对可变形障碍的碰撞测试项目。该项目同样也是为了告知消费者，测试更加符合实际情况。1994 年，TRL（英国交通研究实验室）建议交通部从英国国家层面上启动一个的新项目[⊖]。该项目也叫 NCAP（新车评价项目），其意图就是随后在欧洲扩展该测试。随后各国相继启动该项目。

尽管汽车制造商协会官方对该提议态度消极，但是汽车制造商本身对该提议的反应证明了其具有高度建设性，考虑到商业影响，每一个汽车制造商都奋力去获取

⊖　英国汽车测试很特别，因为驾驶员座椅在右手位置。

第 8 章 功能和规范

积极评价。事实上，尽管法律要求强制执行 NCAP，但是成功获取积极评价已经被纳入最近几年发展的所有项目的要求中。

在英国，NCAP 项目是 1995 年正式发起的。同年，欧盟欲在整个欧洲推广该项目。1997 年，瑞典国家公路管理局（SNRA）、国际汽车联合会（FIA）和国际测试机构第一批加入和赞助该项目。同年，沃尔沃 S40 在欧洲 NCAP（新车评价规程）中第一个获得了四星级评分。

其他国家组织也相继加入了该项目，之后欧盟立即支持了该项目。

欧洲的 NCAP 测试程序改变了原有测试，从原先的认证测试转变为了一个更适合进行车辆的评估工具，通过以更加严格的控制参数来执行认证测试。它仅用一个指数来总结整体结果，且没有遗漏单项测试的结果。

NCAP 要求汽车进行对可变形障碍的偏置碰撞和侧面碰撞。2000 年通过一个新测试项目引入侧向圆柱碰撞。该测试是用来评估在碰撞中受到撞击的乘客所受伤害的危险性。

测试和评估程序、部分和整体评分标准、汽车测试结果都可以在官网（www.euroncap.com）上查到。官网上可以查询更多详细信息，这里只展示简短摘要。

欧洲 NCAP（新车评价项目）对汽车分配一定数量的星标，以代表其在正面碰撞和侧向碰撞中提供的整体保护水平。星标数量取决于在这些测试中获得的分数：在这些测试中最高可得 34 分，两个测试类别中的每一个都有 16 分。

通过这些分数，评估其是否满足当下的标准，是否达到了卓越的保护水平。

根据具体标准，假人每一个身体区域都被分配一些分数。考量完假人在碰撞中的移动之后，对该分数进行修正，这些移动由高速摄像机记录。这个修正会考虑到假人位置或者尺寸变化对测量结果的影响。

碰撞后也会对车身结构的机械特性进行评估，尤其是轮罩、A 柱、踏板和转向盘的变形。

修正后的分数如图 8-25 所示，不同颜色分配给不同的车身区域（没有在图片中呈现出来）。这个测试程序会对前排有驾驶员和乘客的车辆进行正面碰撞和侧面碰撞。不同颜色代码分配给汽车上可能撞击行人的前端区域。

从展示中可以看出，驾驶员和乘客会得到一个总体得分，而行人会有单独得分。

同样的测试程序也用来评估后座区域的保护水平，通过使用假人分别代表占据指定后排区域的 18 个月和 3 岁的孩童。

对于每个测试的评估尺度，最大值代表性能卓越，最小值代表符合法律要求，低于这个极限就没有得分。

为了提供关于这个方法的更多细节，我们只考虑 64km/h 以下的正面碰撞。记住所有细节都可以在上述网站得到。

碰撞之后，评估以下身体区域。

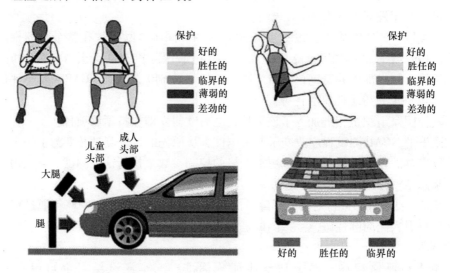

图 8-25 关于评估欧洲 NCAP 中生物力学测试结果的例子。左上图：正面碰撞对驾驶员和乘客保护的影响；右上图：侧面圆柱碰撞的影响；下图：行人保护

1. 头部

如果车辆提供安全气囊，且头部与刚性部件间没有直接的接触，那么就给以 4 分。测试后假人头部皮肤上如有可见的接触痕迹或者头部的负加速度大于等于 $80g$，那么会被欧洲 NCAP 的程序鉴定为直接接触。

如果存在直接的接触，则最大保护性能为 $HIC_{36} = 650$，而可接受的最小性能为 $HIC_{36} = 1000^{\ominus}$。

如果没有安全气囊并且数值超过了 $HIC_{36} = 1000$，那么必须要评估撞击的种类。通过使用蜂窝状脸部轮廓模型来鉴定最关键的受撞击区域。该区域通常是转向盘轮缘与轮辐相交的位置。在这个例子中，最好性能的减速度为 $80g$（不超过 $65g$，持续 3ms），然而最差性能对应减速度为 $120g$（不超过 $80g$，持续 3ms）。

在没有安全气囊的所有案例中，最好性能的得分为 2 分，这意味着一辆没有安全气囊的汽车测试时能得到的最好分数只可能是最大分值的一半。

2. 颈部

当符合以下条件时达到最佳性能：

- 剪切力小于 1.9kN；或者小于 1.2kN 持续 25～35ms；或者 1.1kN，持续 45ms。

- 张力小于 2.7kN；或者小于 2.3kN 持续 35ms；或者为 1.1kN，持续 60ms。

⊖ HIC：头部伤害指标，和头部的减速度有关，将在本书的最后章节中对其进行解释。

- 牵引小于42N·m。

允许的最差性能为：
- 剪切力小于3.1kN；或者小于1.5kN，持续25~35ms；或者为1.1kN，持续45ms。
- 张力小于3.3kN；或者小于2.9kN，持续35ms；或者为1.1kN，持续60ms。
- 牵引小于57N·m。

3. 胸部

当符合以下条件时，达到最佳性能：
- 压缩变形小于22mm。
- 黏性指标小于0.5m/s。

允许的最差性能为：
- 压缩变形小于50mm。
- 黏性指标小于1.0m/s。

4. 膝盖、股骨和骨盆

当符合以下条件时，达到最佳性能：
- 股骨压力小于3.8kN。
- 膝关节压缩变形小于6mm。

允许的最差性能为：
- 股骨压力小于9.07kN；或者为7.56kN，持续超过10ms。
- 膝关节压缩变形小于15mm。

5. 腿部

当符合以下条件时，达到最佳性能：
- 小腿伤害指标（TI）小于0.4。
- 小腿压力小于2kN。

允许的最差性能为：
- 小腿伤害指标（TI）小于1.3。
- 小腿压力小于8kN。

6. 足踝

当符合以下条件时，达到最佳性能：
- 踏板位移小于100mm。

允许的最差性能：
- 踏板位移小于200mm。

测量每个踏板的位移时，注意不要施加载荷。在这些例子中，踏板设计为碰撞期间从接合处分离开，如果在碰撞期间发生了分离现象，并且分离的踏板不会产生对其运动有重要影响的阻力，那就不考虑已有位移。如果踏板被设计为在碰撞时向前移动，那么只考虑其最后所在位置。

7. 评分

注意与所述允许最差性能有关的数值是否符合认可限值。未来，也可能建立与轮罩位移相关的限制要求。

每个身体区域被分配一分代表最佳性能。如果不止一个评估标准适用于相同身体区域，那么最低分值用于综合评估。

在由撞击差异或乘客体型差异所导致性能变差的情况下，可以修改生成的总分。

如果在追尾碰撞运动过程中，假人头部重心在充满气的安全气囊所占据空间外的任意位置，那么头部和安全气囊之间的接触就判定为不稳定接触，并且总得分也会减去1分。

如果安全气囊保护受转向盘破裂或者刚体干扰破坏，那么同样会减去1分。

如果前窗最低点上高100mm的A柱处的位移判断为过量，那胸腔得分就会被扣分。不会导致扣分的可接受位移量是100mm或者更少；反之，如果位移超过200mm就会扣除2分。

若乘客舱的结构看上去不完整，则对其扣除1分。这种情况取决于是否出现下列情况：

- 门铰链或者门锁破裂，除非车门能通过它们框架形状牢牢保持其位置。
- 车身面板屈曲。
- 防撞梁分离。
- 车门无法用手打开。

对于类似情况以及撞击导致车门打开的结果，可能会进行其他扣分，因为它可能会导致乘客被弹出乘客舱。

可通过假人的草图来呈现可视化的整体结果，假人的不同身体区域依据其得分进行上色，如图8-25所示。

颜色代码如下：

- 绿色代表4.0分。
- 黄色代表2.67~3.99分。
- 橙色代表1.33~2.66分。
- 棕色代表0.01~1.32分。
- 红色代表0分。

正面碰撞总结的类似处理方法也适用于评估侧面碰撞的测试结果。如果车辆在侧面圆柱碰撞中获得了最高分，那么假人素描头部就涂成绿色。如果结果是临界或者消极的，那么颜色就会涂成黄色或者白色。

最后，行人碰撞测试结果通过彩色方块矩形进行展示。每个方块颜色的意义分别是，绿色代表2.00分，黄色代表0.01到1.99分，红色代表0.0分，该结果如图8-25所示。

通过考虑驾驶员和乘客每一身体区域的最差结果来总结概述车辆正面和侧面碰撞的总体结果。

身体区域分为以下几组：
- 头部和颈部。
- 胸部。
- 左右膝盖、股骨和骨盆。
- 左右腿和脚。

对于正面和侧面碰撞来说，每组得分是该组相关区域的最低分。对于侧面碰撞，只考虑头部得分。

最高总得分是 34 分，包括，正面碰撞和侧面碰撞的每一个测试，四个考量区域最高得分均为 4 分，再加上侧面圆柱测试最高可得 2 分。

若有安全带佩戴提示信号，则可以额外获得 3 分，这是因为对于尚未被法规规定的有重大意义的创新安全设备，有额外附加的 3 分。

行人撞击的测试中撞击区域有 18 个，因此该评估类别最高可得 36 分。

乘客和行人测试结果通过星级进行概述总结。

乘客保护测试评分的总结如下：
- 5 星对应于总体得分在 33～40 分，在任意单项测试中得分不少于 13 分。
- 4 星对应于总体得分在 25～32 分，在任意单项测试中得分不少于 9 分。
- 3 星对应于总体得分在 17～24 分，在任意单项测试中得分不少于 5 分。
- 2 星对应于总体得分在 9～16 分，在任意单项测试中得分不少于 2 分。
- 1 星对应于总体得分在 1～8 分。
- 0 星对应于 0 分。

8. 结果可靠性

A. Lie 和 C. Tingvall 开展了研究，确定车辆在欧洲 NCAP 测试中得分与发生在瑞典道路上的真实交通事故结果之间的相关性（如果有的话）。这个研究还没有考虑行人和儿童的测试结果。

应用的分析技术包括考虑发生在几组汽车间的事故；通过比较某辆汽车里乘客与其他汽车里乘客的真实受伤情况，评估受伤风险。

结果需要结合同一组汽车的不同质量进行修正，因为大家都知道，汽车质量会直接影响碰撞的严重程度。

根据调查，结果被分为以下四组：
- 两辆汽车里乘客均受伤（案例记为 x_1）。
- 所考量汽车的乘客受伤，但是与其相撞的汽车里乘客没有受伤（案例记为 x_2）。
- 所考量汽车的乘客没有受伤，但是与其相撞的汽车里乘客有受伤（案例记为 x_3）。

- 两辆汽车里的乘客都没有受伤（案例记为 x_4）。

汽车里乘客的受伤风险，即报告的和潜在的受伤间的比值，由以下比值给出：

$$R_1 = \frac{x_1 + x_2}{x_1 + x_3}$$

如果 $R_1 = 1$，则表明测试汽车和对方汽车有着相同的受伤风险；如果 $R_1 < 1$，则表明测试汽车比对方汽车有着更低的风险，反之亦然。

如果一组中两辆汽车的质量不同，那么质量轻的汽车将会发生更大的速度变化，而较重汽车会发生相反的变化。因此质量差异在增加和减少受伤风险方面扮演起双重作用，这依赖于汽车车型。

先前为了解决该问题而进行的研究表明，同一组汽车的平均质量每增加 1000kg，风险就减少 7%。

在此基础上，可由下面的公式定义修正的风险：

$$R_c = R_1 \frac{1.07^{\frac{M_s - M_m}{100}}}{1.07^{\frac{M_c - M_m}{100}}}$$

式中，M_s、M_c、M_m 分别为被测车辆的质量、与其相撞的汽车的质量和平均质量。

1994~1999 年期间研究了所有发生的两车相撞且已报警并被确认的所有事故案例。乘客受伤被分为 3 种类别：轻微的、严重的以及致命的。共有 1779 例案件被鉴定为严重和致命的伤害，还有近 12214 例被鉴定为轻伤。

然而案例中的车辆没有 5 星等级的，那时的欧洲 NCAP 规则的最高评级为 4 星。涉案车辆的检测结果为：

- 8460 辆汽车没有评级。
- 1534 辆汽车为 2 星。
- 1866 辆汽车为 3 星。
- 354 辆汽车为 4 星。

表 8-5 总结了该研究结果。表中 R_1 为综合风险，$R_{1,gf}$ 为严重和致命伤害风险的总和。欧洲 NCAP 得分为 P 和有星级评价的数量为 S。反之，M_s 为被测汽车的平均质量，M_c 为对方汽车的平均质量。根据上述公式进行计算，没有进行数据修正。

表 8-5 受伤风险（R_1：综合风险；$R_{1,gf}$：严重和致命伤害的风险），以及欧洲 NCAP 测试得分（P）及其星级（S）。M_s 为被测汽车的平均质量，而 M_c 为与其相撞的汽车的平均质量

S	$R_{1,gf}$	R_1	M_s/kg	M_c/kg	P
—	0.92	0.99	1332	1287	—
2	0.92	1.10	1260	1288	13.09
3	0.61	0.91	1450	1297	21.06
4	0.65	0.96	1362	1304	25.98

图 8-26 用图表生动解释了对质量差异影响进行修正后的结果。

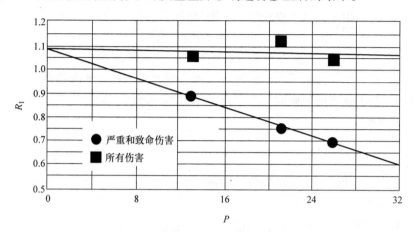

图 8-26 受伤风险图及欧洲 NCAP 得分

我们可以看出,在欧洲 NCAP 得分和减少乘客严重和致命受伤风险之间存在很强的相关性。

相比于没有评级的汽车,得分更高的汽车减少了大约 30% 的受伤风险。

8.3.3 保险公司评级

为使自己的汽车能顺利上路,消费者不得不支付的主要费用就是保险费。就民事责任保险而言,是强制人们购买的,并且人们日益要求其要尽可能多地覆盖不同风险,例如,碰撞、盗窃或者火灾。

本节将论述车辆轻微碰撞的维修费用问题,同时让读者认识到经济方面的重要性。

维修期间,维修费用直接由车主或是保险公司支付;然而归根结底,维修费用实际由车主支付,只不过它们变为了长时间内的分期付款。尤其是,就覆盖全部风险的保险而言,即欧洲所谓的全险或者"kasko"保险,这个保险费也只是在汽车维修费用方面为车主提供更稳定保障。

消费者考虑买车时很大程度上会受上述事实的影响,相应地在产品研发阶段也必须要充分考虑这一事实。

保险公司对保险费的评估参照前几年对投保人偿还的总费用确定。

在欧盟许多国家,保险费为受保汽车定制。因此,定制标准对汽车设计有着明显影响。

因为在这个主题上没有国际标准,所以我们可以借鉴德国保险公司计算保险费所采用的方法。具体细节可以在 Allianz 的网站上查询:

www.allianz–autowelt.de

该问题对于德国市场来说很重要。

此主题其他相关信息可以查阅以下网站：

www.thatcham.org

网站里报道了英国保险公司所采用的标准。我们可以在上述网站上找到一个非常有趣的手册，其中介绍了如何实现汽车的低维修成本和高维修品质。

Allianz 制定标准的规则时会考量以下 3 种不同测试：

- 正面碰撞。
- 后面碰撞。
- 侧面碰撞。

三种测试标准都改编自被动安全标准。

1. 正面碰撞

被测汽车撞击非对称障碍，如图 8-27 所示。

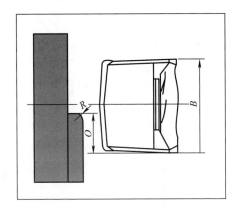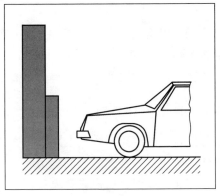

图 8-27 保险公司的非对称障碍低速正面碰撞的测试模拟方案

显然障碍的高度必须要高于车辆上撞击区域的高度。障碍圆角处的半径 R 必须为 150mm，偏距 O 必须是车辆宽度 B 的 40%（宽度的测量不考虑两侧后视镜）。

车辆和障碍唯一可能接触的区域必须加厚。

车辆测试条件如下：

- 必须在点火起动状态：各被动安全装置必须能正常工作，包括安全气囊、安全带预紧装置、车窗安全气囊等，因为需要考虑它们可能的维修成本。
- 对应于 50th 百分位并系有安全带的男性假人的有效载荷。
- 满箱油，制动踏板松开时，变速器变速杆在空档位置。
- 撞击速度为 15~16km/h。

撞击后，测量车轴几何尺寸及其车身部件间的间隙来评估不可见的损坏。

正在研发新障碍模型，障碍存在 10° 的倾斜角（俯视图），以使车辆和障碍接触的首个区域为车身外部件。

2. 后面碰撞

此测试采用移动障碍,如图 8-28 所示。

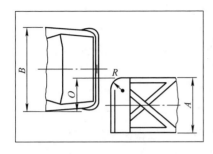 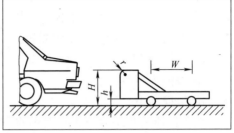

图 8-28　保险公司的非对称障碍低速后面碰撞的测试模拟方案

必须要符合以下规范:
- 偏距 O 和正面碰撞的相同。
- 移动障碍总质量为 1000kg。
- 障碍宽度 A 为 1.2m。
- 障碍轴距 W 必须大于 1.5m。
- 障碍总高 H 为 700mm,而离地高度 h 为 200mm。
- 障碍垂直方向圆角 R 为 150mm,而水平方向圆角 r 为 50mm。
- 撞击速度为 15~16km/h。

测试条件和正面碰撞的相同,被测车辆为正面碰撞后的同一辆车。

正在研发一个新的障碍模型,该障碍发射方向与车辆对称面呈 10°夹角,以使车身外部件首先碰撞。

3. 侧面碰撞

目前,没有实际的测试程序可用;损坏可以作为参考,汽车左侧的以下部分必须要进行维修:
- 车门玻璃、门锁和密封条。
- 车身外板和车门底部。

然而,正在开发一个新程序,即测试中采用一个移动障碍撞击汽车,如图 8-29 所示。

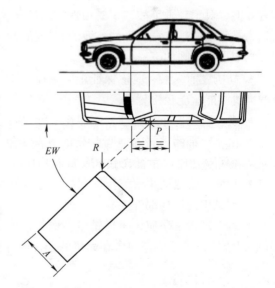

图 8-29　保险公司正在研发的测试方案,该测试模拟仿真的是移动非对称障碍的低速侧面碰撞

4. 结果评估

在三个测试之后对汽车的损坏程度进行评估并估算维修成本。这些成本评估依据汽车生产商服务网站上的官方价格表，包括配件、标准工时和每小时人力成本。

根据其发生的相关频率对三种维修成本进行加权，权重如下：
- 正面碰撞为54%。
- 后面碰撞为30%。
- 侧面碰撞为16%。

用结果除以所有投保汽车维修费用的平均值，可以得到平均损坏指数。

对于给定的汽车类型，可以从已经投保的类似汽车的实际事故数量着手估算平均频率指数的平均值。这个指数要考虑统计资料，即通常驾驶习惯特殊的消费者拥有的汽车可能会有更高或更低的风险。

采用比给定汽车提供的平均TRN（总维修需要）高两个百分比的数值来估算保险费。假设，一辆总维修成本完全处于平均水平的TRN值为100。例如：
- 若TRN<40，则保险费为320欧元。
- 若60<TRN<69，则保险费为580欧元。
- 若90<TRN<99，则保险费为840欧元。
- 若TRN>800，则保险费为10000欧元。

对这些数值进行宣传使其能被大众所用，这一做法已经创造了一个非官方但非常有效的、对于轻微事故汽车易损性的测量方法。正如欧洲NCAP一样，这一数值被认为是驱动卓越汽车设计的有效的新产品规范。

相应设计规则如下：
- 高刚度前纵梁，应该保证正面碰撞后不发生大的变形，并确保前保险杆后方的廉价吸能盒能轻松替换。
- 发动机舱要布局合理，能够在不拆卸动力总成的情况下替换损坏部件。
- 汽车前部部件间的空间要充足，以避免出现损坏。例如，散热器、风扇及其支架在保险公司碰撞测试中不应损坏。
- 相同理念也适用于汽车前照灯，它应放置在相对受保护的空间内。
- 测试中的损坏部件要易于替换。
- 备件定价策略应该考虑销量。例如，为了避免昂贵的维修费用，易损部件（外后视镜外壳）不应该包含在昂贵的部件中（外后视镜内部部件）。

8.3.4 抗老化性

汽车的耐久性或抗老化性能可以通过驾驶车辆行驶指定距离后有无发生失效来客观评估。关于这点，必须要弄清什么是失效。在汽车的寿命期内，相比于新车，消费者要求汽车尽可能少地出现故障和性能变差。

对于车身来说，主要涉及以下性能：
- 人机工程学和总布置。
- 热舒适性。
- 声学和振动舒适性。
- 结构完整性。
- 被动安全性。

上述需求只能在可接受的公差范围内发生恶化。此外，不能影响车辆可用性（即随时可用），只有在汽车按时保养时除外。

因此，从这种意义上来说，失效不仅包括机械或电子器件的故障，也包括新车所没有出现的车辆噪声、润滑油泄漏、外观腐蚀、动力性的改变、燃油消耗增加、控制反馈的改变等。

因为车辆使用以消费者生活和驾驶风格为条件，所以很难预言一辆车将如何使用。此外，车辆负载也是不可预测的。

因此，耐久性参数一般是统计意义上的，一般使用参数 B10，它表示生产的车辆中至少有 10% 的车辆不会发生失效所能行驶的距离。

作为该参数的参考值，它可以近似假定为适用于目前产品的值为：
- 对于轿车和商用车来说，$B_{10} > 200\ 000$km。
- 对于客车来说，$B_{10} > 400\ 000$km。
- 对于重型载货车来说，$B_{10} > 800\ 000$km。

随着技术和市场不断发展，这些数值可能会在未来发生改变。

新车完成设计和样车试制后，几乎不可能有如此长的时间（3/4 年）来行驶如此长的距离来评价车辆的耐久性，也不能完全可信地利用数值模拟的方法。

对于汽车而言，在正常使用条件下，行驶 200 000km 的距离大约需要 4000h，通常这需要 6 个月的时间来完成。一般情况下，要在两代样车上完成，完整的测试（第二代样车是对第一代样车的修正改进），测试时间必须要至少缩短 3/4。

影响车辆耐久性的因素可以分为以下几种类型：
- 疲劳。
- 磨损。
- 腐蚀。
- 冲击和碰撞。

能对车身部件产生应力的外部疲劳载荷有两个不同来源：轮胎和发动机。

轮胎加载到底盘纵向、横向和垂直方向上的力随着时间不断改变，前两个方向的载荷的频率较低，与车辆沿道路行驶的加速、制动和转弯有关，而最后一个方向的载荷的频率较高，取决于障碍的形状和空间密度。

发动机通常既会以很低的频率对底盘施加应力，该频率与车辆操纵动作（加速、制动、换挡）有关，又会以较高频率对底盘施加应力，该频率与发动机活塞反复运动有关。

这些力与不同子系统和结构的固有频率共振时，其他的周期力可能会被放大。对于底盘结构和传动系统尤其重要。

由金属制成的大多数车身部件易于疲劳，它可以根据 Wöhler 模型来描述。这些材料存在载荷幅值的阈值，若不超过阈值，可以在无损情况下无限加载。

对于这一类零件，通过一些方法可以减少测试时间，比如移除载荷历程中低于疲劳极限的时间段。台架测试过程中分析加载时间历史记录或者通过在更加苛刻的测试中（应用更加剧烈的加载）驾驶车辆，能明显减少测试时间。

使用上述后面一个方法，在繁重使用情况下，一辆汽车真实寿命期间总的行驶里程会被压缩到大约 50 000km。

磨损，即相对运动过程中部分材料的损耗，与零件之间摩擦力水平有关。在车身上，磨损主要发生在弹性零件（轴套、密封条、滑动密封等）和小的机械件上。

根据 140 年前 Theodor Reye 提出的假说，磨损取决于无用的摩擦能，因此可随负载增加而加剧，同时注意温度对材料机械特性的影响。

可以在测试平台上可靠地进行部件磨损测试，接触条件根据经验程序设定得更加恶劣。

腐蚀是由暴露在空气中或者被车轮溅湿的零件上由许多因素（湿度、盐、其他化合物和气溶胶等）化学作用所引起的；因为腐蚀在汽车整个生命周期中不稳定，因此可以通过把整车或者部件置于专业的腐蚀房内一段时间的方式加快测试进程。

另一种同样有效的测试方法，就是在疲劳测试的某一时段，驾驶车辆穿过酸水池。

加速磨损和腐蚀测试依旧是经验主义的，是根据车辆制造商以往的经验进行定义的。

必须要通过人为重复活动来检查车辆对撞击和腐蚀的抵抗性。

这也应用在车辆对障碍的碰撞测试中。按照规定的要求，碰撞之后，底盘零部件一定不能对乘客产生干涉。

还有一些不可控的振动冲击用以检验是否会对乘客造成伤害，一个典型的例子就是由于误操控而导致车轮意外撞上路沿；很明显，在这些情况下，不会对车身安装界面的结构完整性提出要求。

设计者必须保证没有驾驶员无法察觉到的部分或者隐藏的断裂。连杆和悬架安装支座的断裂载荷至少比极限载荷（会产生永久变形）高 50%，变形、断裂之前，必须使悬架几何尺寸以易于被驾驶员察觉的方式发生改变，以便及时终止行驶，进行必要的维修。

可以通过重复某一工况的方式测试车辆的使用寿命；疲劳测试则更加困难，因为测试结果不仅与持续时间有关，而且也与车辆使用条件有关。

各制造商决定为了满足最苛刻的使用条件而设计车辆,对一般使用条件采取较高的安全余量;已开发出来测试使用的循环路线,其特征是弯道多、崎岖且路面不平(人为损坏的柏油路、石头路、泥泞路等)和铁路交叉口,这些路线的部分路段需要穿过积水路面。

这样的道路,如果高速驾驶的话,能够把车辆 200 000km 的实际寿命缩短到 50 000km,大约需要驾驶 1000h。假定在同一汽车上有三个档位,包括测试中为了维护和检查测试样车而中断的时间,那么这个时间大约为两个月。

使用数学模型分析时的载荷状况,或者在台架测试过程中施加的载荷也是来源于这种道路的载荷。

普通测试跑道包括一个直道,要足够长以允许汽车达到最高的加速和减速工况,要以侧滑极限驶过弯道。

与循环路线长度无关,因为可在两个方向重复,可以避免以一种选择性的方式对车辆施加压力,直到达到总行驶里程。然而循环路线的长度要受到需求的制约,就是要满足模拟最苛刻驾驶工况的测试。通常这一循环路线长度为 20~30km。

测试路面必须要有较高的摩擦系数,以便尽可能对悬架和底盘施加应力。有时候,在长直道上,可以对车辆发出信号要求进行额外操控(减速、加速、蛇形穿桩)。

图 8-30 所示为中等尺寸汽车上的主要承力部件在这种循环路线上的记录。

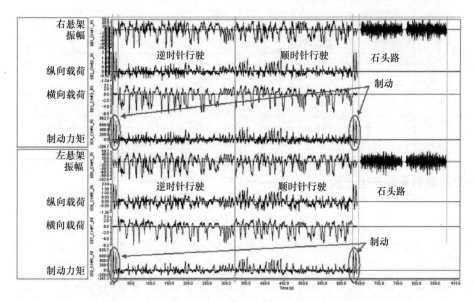

图 8-30 悬架振幅记录,展示的是纵向和横向载荷施加到中等尺寸汽车后悬架上,
在疲劳循环路线上顺时针(CW)和逆时针(CCW)行驶

图中展示的不是垂直方向力,而是测量的悬架振幅,垂直方向力可以通过振幅

计算出来。施加制动力矩将传递效果以与制动器上的纵向力隔开。

这些记录来源于测试平台载荷条件的数学阐述，同样的条件可以被应用到有限元分析中。有限元分析通常集成到多体模型中从而模拟整个车辆。可以根据雨流法对测试循环进行重组，结果为一组负载直方图，如图 8-31 ~ 图 8-33 所示，其分别代表了悬架振幅以及纵向和横向的加速度。

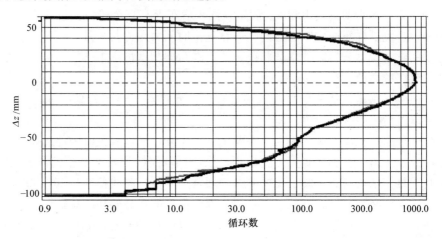

图 8-31 直方图展示的是在疲劳循环中后面左右悬架的不同振幅级别 Δz 的循环计数

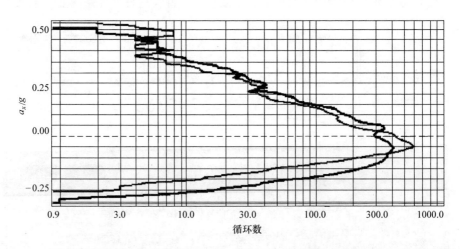

图 8-32 直方图展示的是在疲劳循环中后面左右悬架的不同纵向加速度级别 a_x 的循环计数

加速度由力和簧载质量推导出，也可以作为第一近似值应用到不同汽车上。

这些直方图定义了整个循环路线的所谓的加载段，循环路线长度大约为 30km，一次顺时针方向，一次逆时针方向。大约应用加载段 2000 次来模拟整个车辆生命周期。

应该注意加速度与簧载质量有关。加速度数值明显与实际摩擦系数不一致，但

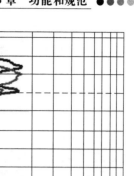

图 8-33 直方图展示的是在疲劳循环中后面左右悬架的不同横向加速度级别 a_y 的循环计数

这并不令人惊讶，因为由于横向加速度通过转移增加了垂直方向上的载荷。

图 8-34 所示为车身疲劳测试台，可完成对底盘主要部件的测试。也展示出了用于施加不同载荷和力矩的加载器。可以类似地对前轮施加应力。

图 8-34 车身疲劳测试台，可完成对最重要底盘部件的测试。加载器对后悬架施加力和力矩

如果想确定在指定驾驶条件下特定部件的疲劳载荷，那么对这些力的动态分析显得特别重要。

通常采用多体建模技术来模拟整个车辆，尤其是关注位移水平时，这个方法很有用。这些模型能够计算出系统中任何部件的位移和交换力。

在多体建模中，系统单元是指被弹性或者黏弹性联轴器连接的刚性体。在某些情况下，对于需要更加精确确定的载荷，必须还要考虑一些部件的弹性，例如车身或者后悬架的扭转梁。

利用 Craig – Bampton 理论可以通过模态综合法来确定车辆结构的弹性，模态综合可以通过有限元计算模态变形得到。

实际上，对于一个特定结构：
- 结构位移以及自由度可以作为施加统一力的结果进行评估。
- 计算出 100Hz 以内的振动模态。

将这些数据输入到多体模型中，以确定不同部件间的内力交换。

车辆系统的多体模型应该至少包括：
- 车身，根据正在研究的情境来确定是作为刚体还是柔性体。
- 动力总成的质量及其悬置。
- 完整的前后悬架。
- 轮胎，当载荷是从一个感兴趣的开环操作中计算出来时：

不同部件通过具有弹性和黏弹性特性的节点连接，计算出每一个节点的质量和惯量特性。

如果参照之前情境，则图 8-34 测试台的同一输入可以作为多体模型的输入。

这个分析的输出应该是力，可以在车身悬架接合点处进行交换。

这些力可能被施加到有限元模型上用来计算部件的应力历程，以确定该部件的疲劳寿命。

因为部件的固有频率和力的频率之间有一些重叠，所以这一计算可以以两种不同方式来执行。

如果没有重叠，那么这些力可以进行准静态加载。可以通过不同结果的线性累加轻松获得某个应力的时间历程。相反，若有重叠，则必须采用动态模态技术。

8.4 法规

除非依据法律规范进行生产制造，否则一辆车将不能销售，无法取得在公用道路上行驶的必要登记。在欧洲，这些规范和现有法律间的一致性是通过两个官方文件来呈现的：许可证和合格证。

第一个文件证明车辆依据法律规定进行设计。它由各国负责此职能的公共权力机关颁发。例如，在意大利，这一权力机关是交通运输部。许可证是基于制造商的技术报告和在完成给定测试后（在样车上完成）颁发的。

第二个文件证明任何生产车辆在认可要求方面和被测试以及被批准的样车一

致。这一文件是由制造商的指定代表颁发的,如总装厂的总经理。任何时候,主管的公共权力机关都可以来查实车辆的合格性,通过对已生产车辆的抽样检查并按许可证的要求对其进行测试。

许可要求是由政府法律规定的,它会明确最小和最大的可接受值,以及用来核实的相关测试方法。制造商可以自主确定最适合的技术来实现它们。

这些要求和之前已经介绍的部分车辆功能是相关的,尤其是:
- 外部视野。
- 满足安全驾驶所必需的最低动力性。
- 发生碰撞时的乘客保护。
- 减少由车辆通行导致的环境载荷,尤其是污染的气体、二氧化碳、外部噪声和对老款汽车废弃处理产生的垃圾。

上述法律由各个国家的政府颁布。过去,一些法律也由国际机构制定,以提高车辆在非产地国的自由流通和销售。

20世纪60年代,为了使货物在欧洲共同体内自由流通,使成员国的公民购买到最先进的汽车,欧洲共同体面临着成员国间这类法律的协调问题。这个任务最近已经由欧盟接管和完成。

欧盟就像一个超越国家的机构,要求所有成员国制定并遵守共同的标准法律。这些超越国家的法律称为"指令",用字母 D 引出。字母 D 后面跟随一个数字表明颁布的年份,后面再跟随编号。例如,D70/156 指令是指 1970 年批准的第 156 号关于车辆认可的法律。20 世纪末和现在,已使用完整数字来表明年份。

为了推动新技术的应用,通常要对指令进行频繁更新。在这种情况下,每次每个更新可能只去关注新声明,而不是那些一直保持不变的规定。然而,有时候,会根据新的规定重新定义所有已发布的指令,从而颁布新的指令。

为了使指令更容易被查询,以编号组的方式对其进行组织安排,每组编号关注一个给定主题。组号根据该组中第一条指令发布的时间而增加。

和指令作用相平行的法规也已经发布,在单独文件中汇总,给出认可功能相关的所有批准测试程序。这些文件用字母 R 来表示,后面接着一个渐进数字,每个标题都独一无二,并且不能进行任何添加或者修改。

指令的建立必须先于国家法律,因此在执行时间之前它们必须可用。在其规划中,提供一年时间来执行新的认可和注册。

如果车辆注册或者流通都遵守现行的指令,那么任何成员国不得禁止其销售。本章会考虑影响车身设计和在车辆系统中功能的指令与法规。

下面的段落会总结法律,关于:
- 通用车辆。
- 车身造型。
- 人工外部灯光。

- 外部视野。
- 对乘客和行人的保护。
- 热舒适性。

涉及车身部件以及将在下面章节介绍的问题。

这里讨论的信息是本书写作时更新的汇总,并且仅作为一般参考。相应地,建议任何需要更新指南的人去浏览主要文件和检查新版本。这很容易实现,即通过访问欧盟相应的网站,每个人都能下载官方公报的节选。

网址是:

http：//ec.europa.eu/enterprise/automotive

网站中包含搜索引擎,可以通过使用关键词或者其识别编号来查询相关指令和法规。

8.4.1 通用车辆

D70/156指令定义了在上一段落中简要提及的认可程序。依据这一指令,制造商有义务去服从指令中提及的所有车辆特性的信息表,并且没有新认可规范就不能改变这个信息表。该信息表包含了以下信息：制造商的数据、车辆识别码（VIN）的位置、底盘和发动机,以及车辆类别。

车辆分为以下几类：

- M1：车辆乘客座椅数少于8座,不含驾驶员座椅。
- M2：车辆乘客座椅数超过8座,不含驾驶员座椅,最大总质量为5t⊖。
- M3：和上述一样,但是总质量超过5t。
- N1：车辆运输货物的最大质量超过1t,但小于3.5t。
- N2：车辆运输货物的最大质量超过3.5t,但小于12t。
- N3：车辆运输货物的最大质量超过12t。
- O1：最大质量不超过0.75t的挂车。
- O2：最大质量超过0.75t但小于3.5t的挂车。
- O3：最大质量超过3.5t但小于10t的挂车。
- O4：最大质量超过10t的挂车。

信息表里还附有图片和车辆主要尺寸图,表中还包含了车轴和车轮数量,并标出了全时或短时驱动轮。如果有的话,也应该包括车架结构图,标明侧梁的材料。

主要尺寸中,要有车辆满载条件下的轴距和所有轴间距（多于两轴的车辆）。对于挂车来说,必须要标明挂钩与第一轴中心点间的距离。对于公路牵引车来说,拖具支点的纵向位置和高度位置必须要在车辆中标明。所有尺寸都依据ISO 586标准定义。所有轮距也要标明。

⊖ 在强制性介绍的SI测量系统前被发布。更加新的更新报道的是质量,而不是重量。

如果有的话，必须要标明车架的净重，这其中不包括驾驶室、流体、备胎、工具箱和传动器，也必须要标明车轴的载重量。

还必须标明具有完整车身或驾驶室（依赖于制造商销售的产品）的车辆质量和其他物品以及分配到每根车轴上的重量。如果车辆是半挂车，那么必须要阐明挂钩上的重量。

最后，必须要声明所允许的最大重量以及车轴和挂钩（如果有的话）允许载质量。

要对传动系统进行概述，包括其重量、构型（单级、双级等）、换档类型（手动或自动）、传动比（变速器传动比和最终传动比）发动机转速在1000r/min时所有档位对应的车速。

必须要附上悬架方案，包括减振器和弹簧的阻尼和弹性特性，必须要标明所允许的车轮尺寸。

必须要包括转向机构和转向柱的结构形式，必须标明转向盘上最大设计力以及车轮和转向盘最大转向角。必须要标明和这些角度所对应的车辆右转和左转的转弯半径。

必须要对行车制动、紧急制动和驻车制动进行完整描述。

最后，要描述车身，包括照明装置、信号装置、被动安全和主动安全装置。这一主题将会在下面部分进一步阐述。

许可表用来证明信息表中的每一个特性都已发布了认可和报告，包括：

- 提供的车辆样车符合项目描述。
- 哪些特性符合法律要求。
- 测试的积极结果。
- 必要的图纸。

D70/156指令也包括了所有信息表格和合格证书表格。

D87/403指令完成了越野车上述文档的定义。M1和N1类别的车辆，有下面的特征：

- 至少一个前驱和一个后驱车轴，其中一个可以由驾驶员控制断开。
- 至少有一个自锁或锁止差速器。
- 在没有挂车的情况下，爬坡度至少为30%。
- 至少满足下面要求中的一个：

—接近角 α_a 至少为25°。

—离去角 α_u 至少为20°。

—纵向通过角 α_r 至少为20°。

—前车轴离地间隙 h_2 至少为180mm。

—后车轴离地间隙 h_2 至少为180mm。

—前后轴之间的离地间隙 h_1 至少为200mm。

图 8-35 所示为上述尺寸的示意图。

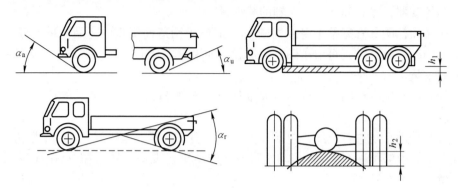

图 8-35　接近角 α_a 和离去角 α_u；纵向通过角 α_r；离地间隙 h_1 和 h_2

接近角和离去角反映的是车辆在正常的前后行驶中分别遇到坡度改变时车辆的通过能力；而纵向通过角指的是在两个方向上都有坡度改变时车辆的通过能力。

前后车轴之间的离地间隙是指可以插入车轴和底盘之间理想平行四边形的最大高度；车轴下的离地间隙指的是同根轴上和车轮两个接触点之间较低点的离地高度。

D91/21 指令是前一指令的更新版，指出 M1 类型车辆的最高车速应该要至少为 25km/h。此外，采用质量而非重量作为测量参数。

D91/21 指令制定了最大车辆外形尺寸：
- 总长为 12m。
- 总宽为 2.5m。
- 总高为 4m。

允许的最大车辆质量必须至少要是整车整备质量加上车辆乘客座椅数乘以 75kg。75kg 被认为是一名乘客的标称质量，包括其行李及有效负载。

可以通过把乘客参考重量的位置标记在每个座椅上的 R 点处来计算轴荷分配；可移动座椅必须要设置在其最靠后的位置上。允许的行李和有效负载必须要均匀分布在行李舱或者行李箱地板上。

在样车认可或者相符性控制上，允许车辆的实测质量与标称质量有 ±5% 的偏差。

D92/53 指令在表格内容和认可程序方面对 D70/156 做出了许多更新。在这个版本里，介绍了有关小批量产品和即将停产产品的具体规定，以及有关车辆报废的规定，也介绍了不同成员国授予的认可之间的等价性。

D92/53 指令也提出，每个颁布认可证书的成员国必须要在运营车辆上安排统计控制计划，以便检测到可能存在的、与被认可样车不符合的地方。出现不一致情况时，颁布证书的国家必须把该事件通知给其他国家，必须组织计划强制召回现有车辆。

所有适用的指令和法规都在这个文件的附件 IV 中。

指令 D2000/53 规定，通过对部件和材料的回收利用来控制车辆报废处置产生的废品。

在欧盟，每年有大约 1200 万辆报废车辆，大约相当于总产量的 0.5%。

为了防止有害废物的产生，已经出台了一系列法律来限制车辆和部件制造商使用某些物质，以便更容易循环利用和避免处理危险废弃物。

成员国必须要采用达到以下总体目标的法律：

- 报废车辆的回收比率（即不被送到垃圾掩埋场的材料）必须至少达到车辆平均重量的 85%，至少平均重量 80% 的材料可以被再使用。对于在 1980 年之前生产的车辆，可以为其设定较低目标，但是回收率不能低于 75%，再循环率不能低于 70%
- 2015 年，回收率必须达到 95%，再循环率要达到车辆平均重量的 85%。

为了实现这个目标，必须要在部件和材料上标记代码，以提高回收时的鉴定和分类效率。

报废车辆的处理必须包括：

- 拆除蓄电池和液化石油气容器。
- 拆除爆炸性材料，例如安全气囊。
- 移除并分开收集液体，像燃油、润滑油、冷却液、制动液、空调制冷剂等，除非它们需要重复使用。
- 拆除所有含水银的组件。

其他规定操作还包括：

- 移除催化剂。
- 选择性的拆除含有铜、铝、镁的部件。
- 拆除轮胎和大型塑料部件（保险杠、仪表板、散热器）。
- 拆除玻璃。

这些操作带来的经济收益暗示着一些额外的设计规则：

- 禁止使用某些材料，例如石棉、铅、镉、铬等。
- 用不能擦掉的材料标记任何组件。
- 用减少材料的数量来设计组件。
- 要易于拆卸。
- 确定组件适合二次使用。

在不久的将来，制造商很有可能会负责报废车辆并进行拆解。

8.4.2 车身造型

1. 第 4 组：车牌架

第 4 组中相关指令只有 D70/222，它规定了车牌架必须是至少 520mm（宽）×120mm（高）或者 340mm（宽）×240mm（高）的矩形平面。

车牌架中垂线必须要位于车身左半部分（参照车辆行驶方向）。

车牌架左边缘必须要在平行于车辆对称面平面内，其最大宽度点要与车身相切。

车牌架垂向边缘必须要平行于车辆纵向对称面，车牌架垂直公差必须不超过 $5°$。然而，对于特殊车身造型，允许有更高的倾角，即：

- 如果车牌上边缘离地不高于 1.20m，上仰角度不大于 $30°$。
- 如果车牌上边缘离地高于 1.20m，下俯角度不大于 $15°$。

车牌下边缘离地高度不小于 0.30m，上边缘离地高度不大于 1.20m。如果不能满足这种要求，则允许有更高高度，但是应该尽量接近限定值。无论如何，禁止离地高度超过 2.00m。

车牌必须要能在四个平面内的任意点处可见，四个平面为：通过车牌两侧边并呈向外 $30°$ 的两个铅垂平面；通过车牌上边缘与水平面呈向上 $15°$ 的平面；经车牌下边缘水平较低的平面。如果车牌上边缘离地高度大于 1.20m，最后一个平面应与水平面呈向下 $15°$。

所有上述高度必须要在空载车辆上测量。

2. 第 6 组：车门和脚踏板

D70/387 指令规定了所有车辆的设计必须允许乘客安全进入和离开。

乘客必须要能方便地开闭所有车门且不存在任何危险。车门和门锁必须要设计为关闭时无噪声。

门锁的设计必须要防止车门自动打开。

侧面车门铰链必须要固定在车门前部（参照车辆行驶方向）。对于对开车门（即铰链在两个相邻门的相对侧，之间没有 B 柱），该要求只适用于一个门。对于对开车门，除非第一个门已经被打开，否则后面一个门不能被打开。

门锁和其机构必须能承载：

- 在局部锁定的情况下，纵向和横向负载均为 4440N。
- 在完全锁定的情况下，纵向负载为 11110N，横向负载为 8890N。

在纵向和横向方向承受小于 $30g$ 加速度的情况下，门锁必须要保持关闭状态。铰链必须能抵抗住施加到门锁上的力。

D70/387 指令展示了用来证明符合规定的测试程序。

D98/90 指令是关于 M 和 N 类车辆的类似应用要求，并为其脚踏板和扶手设置要求。

如果车辆地板离地间隙大于 600mm（只有越野车辆该数值增加到 700mm），必须要提供合适数量的脚踏板，以方便人员进出车辆。

较低的脚踏板的离地高度必须要小于 600mm，且必须采用防滑设计。

不能用轮罩或车轮其他部分作为脚踏板，除非是技术原因不允许在车身上安装脚踏板。

此外,参照图 8-36,脚踏板必须要满足下列条件:
- 脚踏板的深度,$D \geq 80$mm。
- 乘客脚迈过的距离(包括 D),$E \geq 150$mm。
- 脚踏板的宽度,$F \geq 300$mm(只有越野车,才可减少到 200mm)。
- 最小脚踏板宽度,$G \geq 200$mm。
- 脚踏板突出量要一致($H = 0$)。
- 纵向重叠,$J \geq 200$mm。

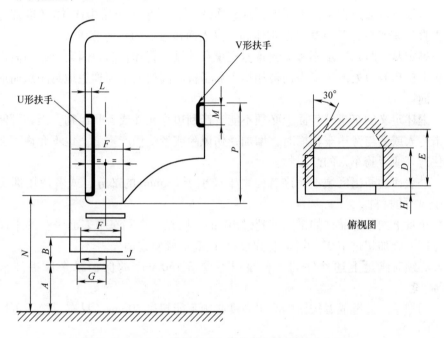

图 8-36　M 和 N 类车辆进入的相关规定的尺寸方案

为了确保上车更加安全,必须要提供一个或多个扶手。必须要将扶手置于易于抓住且不会阻碍人员进入的位置。

如果车辆脚踏板超过一个,那么扶手的数量和位置必须要允许上车的乘客站在 3 点支撑的位置上,至少要是:两只手和一只脚或者一只手和两只脚支撑。扶手必须要被安置于能使乘客上下车时防止其脸部对外的位置上。

转向盘可以视为扶手。

扶手最低点的离地高度,N 类车必须低于 1850mm(对于越野车,允许上限为 1950mm)。

此外,U 形扶手在客舱地板上的最大距离 P 必须要低于 650mm,然而对于 V 形扶手,必须低于 550mm。

此外,必须要满足下述条件:

- 扶手管直径为 16～38mm。
- 最小扶手长度 M 大于 150mm。
- 尺寸 L 大于 40mm。

关于这类问题的其他要求由 D 2001/31 规定。

3. 第16组：车身凸出物

指令 D 74/483 的规定应用于车身外表面，外表面是指车身上离地面与车身基线高度低于 2.00m，可以通过拖动直径为 100mm 的球体触摸到的部分。

基线可以通过在车身表面上，理想拖动一个半角为 30°的圆锥体（锥轴与水平面垂直）来确定；基线就是圆锥体和车身表面接触点的几何迹线。

确定基线时，一定不考虑起重器支承点、排气管和轮胎等因素。必须假设靠近车轮上拱形开口处的车身表面被相切于翼子板圆圈处的平面理想地封闭从而形成连续表面。

上述定义的车身外表面上必须不能有锋利边缘元件或者凸出物，因其可能会在撞击行人或者与旁边车相撞时，增加受伤风险或者受伤严重度。也不允许存在能够勾住行人或者骑车人的凸出物。

外表面的凸出区域不允许有曲率半径小于 2.5mm 的部分，或者使用邵氏硬度大于 60°的材料。

车身上的装饰品，如果凸起超过 10mm，则在一个和车身表面平行的平面内任意方向上施加超过 100N 的作用力时，该凸起应倾斜或消失。

必须有满足上述条件的、表面积不少于 $150mm^2$ 的保护罩来保护刮水器的转轴。

门把手、铰链或者按钮的凸出高度必须不能超过 30mm（只有门把手可以不超过 40mm）。

如果是旋转式车门手柄，则手柄的自由端必须要朝向车辆后方，且向车门表面弯曲，打开时，手柄和车门表面平行旋转。

每个车身面板边缘半径必须不小于 2.5mm，同时不小于其凸出部分高度 1/10 的圆过渡。

D79/488 指令规定了必须要保护不平行于车门表面的旋转门把手。在关闭位置时，门把手应该安置在一个保护套或是嵌在凹槽中，并且手柄自由端必须要朝后或朝下。

D79/488 指令还规定了测试中使用的信息表和应用的测试程序。

其他次要细节由 D87/354、D2006/96 和 D2007/15 指令规定。

4. 第45组：高大车辆的侧面保护

D89/297 指令是该组中的唯一相关的指令，应用于 N2、N3、O2 和 O3 类车辆。

本标准不适用于半挂牵引车和用来运输长货物的挂车（如运输木材、钢材棒料等货物的车辆）。在这些车辆中，货物本身就属于车辆结构的一部分。

D89/297 指令规定使用侧面保护装置，目的就是用来保护行人或者防止骑车人员被拖动或者卷走。

侧面保护装置本质上就是连续的平板，或者一个或多个横向防撞栏，或者两者的组合。

对于 N2 和 O2 类车辆，防撞栏相对距离必须为 50~300mm，对于 N3 和 O3 类车辆，间距是 100mm。平板或者防撞栏数量超过 1 个时，必须要加强连续性保护。

防护装置一定不能增加车辆宽度，其表面位置也一定不能窄于车辆最大总体宽度 120mm（每一侧）。前端必须要在车辆内进行弯曲，而后端不能窄于整体后轮宽度 30mm（每一侧）。

保护装置外表面必须光滑且平整。相同防护装置的相邻元件可以重叠，但是上侧必须安置在车辆近前端或者顶部。纵向上允许有空间，对于长度方向允许有不超过 25mm 的空间。后面部件不能宽于其前面的相邻部件。

螺栓和铆钉头必须是圆形的，其凸出部分不能超过 10mm。这些保护装置的任意部分必须也要服从 D74/483 指令。

8.4.3 人工外部灯光

1. 第 20 组：照明和灯光信号装置的安装

这一组包括指令 D76/756 和其更新版本 D80/233、D82/244、D83/276、D84/8、D89/278、D91/663、D97/28 和 D2007/35。

它们是用于照亮道路（前照灯）或者发出灯光信号的装置（制动灯、闪光灯和危险报警闪光灯）。牌照灯和反射灯也属于这个类别。

这个指令会介绍一些定义：

① 独立灯，具有分开的发光面（当发光面不存在时，用透光面取代）、分开的光源和分开的灯体装置。

② 组合灯，具有分开的发光面（当发光面不存在时，用透光面取代）、分开的光源和共同的灯体装置。

③ 复合灯，具有分开的发光面（当发光面不存在时，用透光面取代）、共同的光源和共同的灯体装置。

④ 混合灯，具有不同的光源，但有共同的发光面（当发光面不存在时，用透光面取代）和灯体装置。

上述类别中的每一种都只允许进行特定应用。

车身上灯光位置和可视角的安装条件

可视角确定了车身上最小尺寸的视表面（发光的表面），即观察者可以看见灯光的位置。如果假定一束直线为光源中心（光学中心），通过发光面轮廓发出的光线，那么我们会在离光学中心特定距离的位置处，得到一个光线锥体即定义一个球形部分（球心位于灯具的基准中心）。

先通过光学中心的赤道面（与地面平行）切开这个球形部分，然后再用子午面切开这个球形部分。可视角 β 在赤道上测量，从光线水平轴和可视表面的交点开始，而可视角 α 是在子午线上测量。

确定可视角的区域不存在阻碍光传播的障碍物。

(1) 远光灯

汽车上强制装有远光灯，但不允许在挂车上使用。允许安装远光灯的数量是 2 个或 4 个。

不能将远光灯发光面的外部边缘定位于任何近光灯发光面的外侧。

必须要将远光灯安装在前轴的前面，其光线一定不能直接或间接地（通过后视镜或其他反射面）干扰驾驶员。

必须在至少 5°的锥面区域内（以通过灯泡的轴为基准，在 x 方向上）以保证灯光的可视性。

由于静态负载的变化，车辆上必须要配备能够调节灯光光轴的装置。但装有两对远光灯时，其中一对可以在水平面上自动旋转，作为转向角的功能。

远光灯可以同时或成对打开。远光灯开启时，允许打开近光灯。

(2) 近光灯

汽车上强制装有近光灯，但不允许在挂车上使用。

近光灯发光面外缘到车身最宽点的距离不能超过 400mm，其发光面内部边缘间的距离不能低于 600mm。

近光灯离地高度必须要在 500~1200mm 之间。

近光灯必须要安装在前轴的前面，其光线必须不能直接或间接地（通过后视镜或其他反射面）干扰驾驶员。

近光灯的可视角为向上 $\beta = 15°$，向下 10°，向外 $\alpha = 45°$ 和向内 10°。

汽车前部反射面或者明亮表面一定不能干扰其他道路使用者。

近光灯轴线倾角是在车辆满载且处于静止条件下测量的。在没有手动调节的情况下，光线倾角必须被设定在 0.5%~2.5%，而在 1%~1.5% 时必须要可以进行调整，并且只有驾驶员能够进行调整。

必须在车辆标签上标明初始倾角。

必须通过使用自动调节装置满足之前的条件。应用这种装置时，在其失效的情况下，必须要降低光束角度（参照失效发生之前光束的位置）。

近光灯不可以和其他灯光进行复合，但它们可以和其他灯光进行组合或者混合。

D82/244 指令规定了如何测量光束倾角，使其作为实际静载荷的函数。

(3) 前雾灯

在汽车上前雾灯可选，不允许在挂车上使用。只允许配备一对。

前雾灯发光面外边缘距离车身最宽点不能超过 400mm。

前雾灯离地高度至少要为 250mm。

前雾灯发光面上不允许任何一点高于近光灯发光面上的最高点。

同样，对于前雾灯，其光线一定不能直接或间接地（通过后视镜或其他反射面）干扰驾驶员。

前雾灯的可视角为向上 $\beta = 5°$ 和向下 $5°$，向外 $\alpha = 45°$ 和向内 $10°$。

雾灯不允许和其他灯复合，但它们可以和车辆上其他前端灯具进行组合或者混合。

（4）倒车灯

倒车灯是用来提高驾驶员的后方可视性，向其他道路使用者发出车辆正在向后移动的信号。

汽车强制安装倒车灯，但不允许在挂车上使用。车辆后部允许安装一只或两只倒车灯。

倒车灯离地高度必须要在 250~1200mm 之间。

倒车灯可视角为向上 $\beta = 15°$ 和向下 $5°$，向左和向右均为 $\alpha = 45°$（在单独一只倒车灯的情况下），或者向外 $\alpha = 45°$ 和向内 $\alpha = 30°$（两只倒车灯的情况下）。

倒车灯可以和其他灯具进行组合，但它们不能复合和混合。

（5）转向灯

转向灯是用来通知其他道路使用者驾驶员将要改变方向。当同时打开时，它们也可以用作危险警示灯。

所有道路车辆都强制安装转向灯。转向灯可以分为三类（1、2 和 5 类），有两种安装方式（A 和 B）。

方案 A 适用于所有机动车，它配备有两只前转向灯（第 1 类）、两只后转向灯（第 2 类）和两只侧转向灯（第 5 类）。

方案 B 只适用于挂车，它只配备两只后转向灯（第 2 类）。

转向灯照明表面外边缘距离车身最宽点不能超过 400mm。两只相邻灯具发光面内边缘之间的最小距离至少为 600mm。

前转向灯发光面和近光灯或者雾灯（如果有的话）发光面的距离不能小于 40mm。如果在其光学轴上的闪烁光强度在 400cd 以上的话，那么允许更短的距离。

对于第 5 类转向灯的离地最小高度为 500mm，对于其他类为 350mm。对于所有类别的转向灯的离地最大高度为 1500mm。

如果车辆结构无法满足最高限制，那么对于第 5 类转向灯，最大高度可以增加到 2300mm，以及对于第 1 和第 2 类，可以增加到 2100mm。

侧转向灯发光面的中心（方案 A）和与车身前边界相切的横向平面之间的距离必须不能超过 1800mm。如果车辆的结构不能保证最小可视角，则这个距离可以增加到 2500mm。

转向灯可以和其他灯进行组合或者和驻车灯进行混合，但它们不能被复合。

(6) 制动灯

制动灯用来告知其他道路使用者驾驶员正在操作制动装置。每一辆车都要强制安装。

两只制动灯之间最小距离必须大于 600mm。如果车辆总宽小于 1300mm，那么这个距离可以减少到 400mm。

制动灯离地最小高度为 350mm，最大高度为 1500mm 或者 2100mm。如果车身外形不能允许 1500mm 的最大高度，则变为 2100mm。

制动灯的可视角为向外和向内均为 $\beta = 45°$，向上和向下均为 $\alpha = 15°$。如果离地高度小于 750mm，那么向下角度可以减至 5°。

制动灯可以和位置灯进行混合或者组合。

(7) 前示廓灯

前示廓灯是用来发出车辆存在的信号及标记其宽度，可以在车辆的前方看见它们。

在汽车和总宽度超过 1600mm 的挂车上，要求强制性安装前示廓灯。

前示廓灯发光面的外边缘到车辆侧外缘端面的距离不能大于 400mm。

对于挂车来说，这个尺寸可以减小到 150mm。

两个位置上的前示廓灯发光面间的最小距离为 600mm。离地高度要大于 350mm、小于 1500mm 或者 2100mm、如果车身外形无法满足 1500mm，则为 2100mm。

前示廓灯的可视角为向内 $\beta = 45°$ 和向外 $\beta = 80°$，向上和向下均为 $\alpha = 15°$。如果前示廓灯的离地高度小于 750mm，那么向下角度可以减至 5°。

前示廓灯可以和其他前灯进行组合或者复合。

(8) 后示廓灯

后示廓灯用来发出车辆存在的信号，标记它的宽度，可以在车辆的后方看见它们。每一种车辆都必须强制性安装后示廓灯。

后示廓灯发光面间的最小距离要大于 600mm（如果车辆的宽度小于 1300mm，则可以减至 400mm），然而其发光面外边缘到车身侧外缘端面的距离不能超过 400mm。

后示廓灯的离地高度要大于 350mm 并小于 1500mm 或者 2100mm。如果无法满足 1500mm，则为 2100mm。

后示廓灯的可视角为向内 $\beta = 45°$ 和向外 $\beta = 80°$，向上和向下均为 $\alpha = 15°$。

如果后示廓灯离地高度小于 750mm，向下角度可以减至 5°。

后示廓灯可以和其他后灯复合、组合或者混合。

(9) 后雾灯

后雾灯用来提高在浓雾或者薄雾中从后方看到车辆的可能性。

车辆必须强制性使用至少一只雾灯，可以选装第二只对称的雾灯。

如果只安装一只后雾灯的话，它必须安装在靠近道路的中线一侧，这依赖于车辆行驶所在的道路一侧。

后雾灯和制动灯发光面之间的距离必须大于100mm。

后雾灯的离地高度必须要在250~1000mm之间。

后雾灯的可视角为向内和向外均为$\beta=25°$，向上和向下均为$\alpha=5°$。

后雾灯不能和其他后灯进行复合。

（10）驻车灯

驻车灯用来在人口稠密区域停放车辆时发出信号。可以不作为位置灯使用。长度小于6m和宽度小于2m的车辆可以选装，其他车辆禁止使用。

车前必须装有两只驻车灯，车后两只或者车辆两侧各一只。

驻车灯发光面的外边缘到车身侧外缘端面的距离不能超过400mm。

驻车灯的离地高度应该大于350mm，小于1500mm或者2100mm。如果无法满足1500mm，则为2100mm。

它们不能和其他灯具进行复合。

（11）示高灯

示高灯位于大型车辆两侧的最高点处，用来将车辆高度的信息传达给其他道路使用者。

总高大于2100mm的车辆强制性使用。两只用来标记车辆的前侧和两只用来标记车辆的后侧。

示高灯应该尽可能地对称安装在车辆外部的最大高度处。

示高灯的可视角为向外$\beta=80°$，向上$\alpha=5°$，向下$\alpha=20°$。

它们不能和其他灯具复合、组合和混合。

（12）非三角形后反光灯

它是一个通过反射临近车辆发出的光线从而表明车辆存在的反光灯。

车辆除了挂车必须强制性安装非三角形后反光灯。

反光灯发光面的外边缘到车辆侧外缘端面的距离不能超过400mm，然而两反光灯发光面内边缘间的距离不能小于600mm。

如果车身总宽小于1300mm，则这个距离可以减至400mm。

反光灯的离地高度必须要在350~900mm之间。

反光灯的可视角为向外和向内均为$\beta=30°$，向上和向下均为$\alpha=15°$。

它们可以和其他的灯具进行组合。

（13）三角形后反光灯

挂车强制安装三角形后反光灯，在牵引汽车上禁止使用。

反光灯发光面的外边缘到车辆侧外缘端面的距离不能大于400mm，然而两反光灯发光面内边缘间的距离不能小于600mm。

如果挂车的总宽小于1300mm，则这个距离可以减至400mm。

反光灯的离地高度在350~900mm之间。

反光灯的可视角为向外和向内均为$\beta=30°$，向上和向下均为$\alpha=15°$。

如果反光灯离地高度小于750mm，那么向下的角度可以减至5°。

它们不能和其他灯具进行组合。

(14) 非三角形前反光灯

非三角形前反光灯只对于挂车强制性安装。

反光灯发光面的外边缘到车辆侧外缘端面的距离不能大于150mm，然而反光灯两发光面内边缘间的最小距离必须要大于600mm。

如果挂车总宽小于1300mm，那么这个数值可以减至400mm。

反光灯的离地高度必须大于350mm和小于900mm或者1500mm。如果无法满足900mm，则为1500mm。

反光灯的可视角为向外和向内均为$\beta=30°$，向上和向下均为$\alpha=15°$。

如果反光灯离地高度小于750mm，那么向下的角度可以减至5°。

它们可以和前示廓灯进行组合。

(15) 非三角形侧反光灯

非三角形侧反光灯在挂车和汽车上都强制性安装，对于长度大于6m的M类车辆可以选装。

配备反光灯的数量取决于应用以下条件。将车身理想等分为地分为三个部分：一侧上最前面的侧反光灯距离车辆前端不大于3m（对于挂车，车长应包括牵引杆的长度）；两个相邻反光灯的距离不能大于3m；最后面的侧反光灯距离车辆的后端不能超过1m。至少一个反光灯要位于车辆一侧的第三部分上。

反光灯的离地高度必须要大于350mm和小于900mm，或者1500mm。如果车身外形无法满足900mm，则为1500mm。

反光灯的可视角为向前和向后均为$\beta=45°$，向上和向下均为$\alpha=15°$。

如果反光灯的离地高度小于750mm，那么向下的角度可以减至5°。

2. 第21组：反光灯

D76/757、D87/354、D97729和D2006/96指令提及了关于任意种类反光灯外形、尺寸和光度性能的法令。

指令中也包括光度性能测量的测试程序，但为求简洁在此不加叙述。

3. 第22到30组：灯光

上面已经介绍过，许多指令都有关于任何种类灯光的外形、尺寸和光度性能的规定。

指令中也包括光度性能测量的测试程序，在此不再赘述。

8.4.4 外部视野

1. 第8组：间接视野装置

这一组包括指令 D71/127 和它的修改和更新版：指令 D79/795、D85/205、D86/562、D87/354、D88/321、D2003/97、D2005/27 和 D2006/96。

间接视野装置是用来观察直接视野无法看见的、临近车辆的道路部分。

它们可以是传统的光学视镜或者摄像机 – 监视器装置。

就视镜而言，可以分为以下类别：
- 内部视镜：安装在汽车乘客舱内。
- 外部视镜：安装在车身外表面上的某点。
- 观察视镜：安装在乘客舱内部或者外部用来查看特定的区域，不同于上述两种视镜。

视镜也可以分为以下类别：
- 类别Ⅰ：内视镜。
- 类别Ⅱ和Ⅲ：主后视镜。
- 类别Ⅳ：广角外视镜。
- 类别Ⅴ：补盲外视镜。
- 类别Ⅵ：额外的外部前视镜。

不同类别的视镜有着特定的视觉区域，我们将在后面进行描述。

类别Ⅰ

内视镜的反射面必须能够容下一个高40mm、宽 a 的矩形。a 由下面公式确定：

$$a = \frac{150}{1 + \frac{1000}{r}}$$

式中，r 为反射表面的平均曲率半径，根据指令中相关的规定进行测量。

类别Ⅱ和Ⅲ

这些外视镜的反射面必须能够容下一个高40mm、宽 a 的矩形和一根平行于矩形高度，长为 b 线段。

对于类别Ⅱ：

$$a = \frac{170}{1 + \frac{1000}{r}}, \quad b = 200\text{mm}$$

对于类别Ⅲ：

$$a = \frac{130}{1 + \frac{1000}{r}}, \quad b = 70\text{mm}$$

每个外视镜必须以可折叠支架的方式固定到车身上，并且必须通过下面的步骤来测量支架工作的有效性。

测试装置是一个依据两根垂直轴进行摆动的钟摆,其中一根轴垂直于钟摆的发射路径。测试机构如图 8-37 所示。

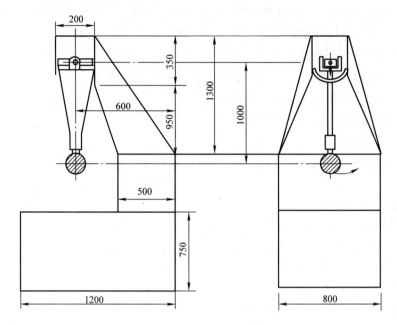

图 8-37　用来验证视镜支架折叠性的测试机

钟摆上带有一个锤头,是直径 165±1mm 的刚性球体,表面上覆盖一层 5mm 厚、邵氏硬度为 50A 的橡胶壳。

球形锤头的中心到摆动轴的距离为 $l=1m±5mm$。钟摆的等效质量为 $m=6.8±0.05kg$。

视镜必须放置在实验装置同一位置处,实际上将其将假定在车上。测试包括让钟摆从与垂线成 60°的地方下落再加上击打钟摆铰链和视镜。

需要对内视镜进行两种测试:
- 测试一:锤头必须要撞击视镜反射面。
- 测试二:锤头必须从与反射面成 45°的一侧撞击视镜防护罩的边缘。

此外,外部视镜也需要进行两种测试:
- 测试一:锤头必须撞击视镜的反射面。
- 测试二:锤头必须撞击反射面相反的一侧。

在类别Ⅱ和Ⅲ与类别Ⅳ视镜使用共同支架的情况下,只需要对较低的部件进行测试。

所有这些测试结果均要求钟摆必须能够克服视镜至少 20°±1°(参照垂线)。

如果内部视镜胶合在前风窗玻璃上,那么测试之后,部分破损支架残留在前风窗玻璃上的凸出部分距离玻璃表面一定不能超过 10mm。

测试后，视镜反射面应该完好无损。而如果镜子碎片保持附着在其支撑物上，则允许表面破裂。只允许撞击点处有非常小的碎片脱离表面。

下面的表格总结了上文提到的视镜种类配备到不同种类车辆上的规定。缩写 Opt、Comp 和 Proh 分别代表选装、强制安装和禁止安装。

驾驶员的眼点被定义为驾驶员 R 点垂直上方 635mm 处的两点，在过头部转动点的纵向平面垂向距离 32.5mm 的两侧，一侧一个眼点。过它们的直线垂直于这个平面⊖。

双眼视野是通过左右单眼的视野叠加获得，见图 8-38。

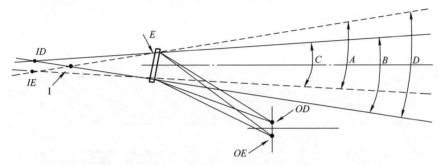

图 8-38 确定视镜双眼视野的方案

（1）内视镜（类别Ⅰ）

驾驶员借助内视镜应能在水平路面上看见一段宽度至少为 20m 的视野区域，其中心平面为车辆对称面，并从驾驶员的眼点后 60m 处延伸至地平面（图 8-39）。

车辆种类	类别Ⅰ（视镜）	类别Ⅱ（视镜）	类别Ⅲ（视镜）	类别Ⅳ（视镜）	类别Ⅴ（视镜）	类别Ⅵ（视镜）
M1	Comp	Opt	Comp	Opt	Opt	Opt
M2	Opt	Comp	Proh	Opt	Opt	Opt
M3	Opt	Comp	Proh	Opt	Opt	Opt
N1	Comp	Opt	Comp	Opt	Opt	Opt
N2（≤7.5t）	Opt	Comp	Proh	Opt	Opt	Opt
N2（>7.5t）	Opt	Comp	Proh	Comp	Comp	Comp
N3	Opt	Comp	Proh	Comp	Comp	Comp

（2）外视镜（类别Ⅱ）

驾驶员通过外视镜应至少能看到 5m 宽，由平行于车辆垂直纵向中间平面，并且通过距驾驶员一侧车辆最远点的平面所界定，并延伸至驾驶员眼点后方 30m 的水平路面部分。

同时，驾驶员应能够看到从其两眼点的垂面后方 4m 处开始，宽 1m，由平行于车辆垂直纵向中间平面，并通过车辆最远点的平面所限定的路面（图 8-40）。

⊖ R 点的定义会在下一章节给出。

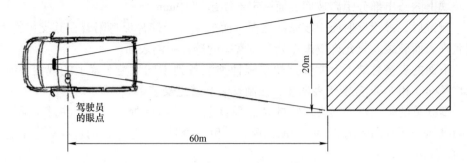

图 8-39　类别Ⅰ视镜的视野，虚线区域为地面

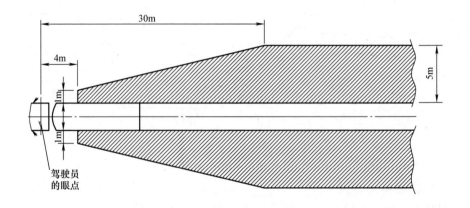

图 8-40　类别Ⅱ视镜的视野，虚线区域为地面

(3) 外视镜（类别Ⅲ）

驾驶员通过这类视镜应至少能看到 4m 宽，由平行于车辆垂直纵向中间平面并且通过距驾驶员一侧车辆最远点的平面所界定，并延伸至驾驶员眼点后方 20m 的水平路面部分。

同时，驾驶员应能够看到从通过驾驶员两眼点的垂面后方 4m 处开始，宽 1m，由平行于车辆垂直纵向中间平面并通过车辆最远点的平面所限定的路面见图 8-41。

(4) 广角外视镜（类别Ⅳ）

驾驶员借助外后视镜应能在水平路面上看见一段宽至少为 15m 的区域，由平行于车辆垂直纵向中间平面，通过距驾驶员一侧车辆最远点的平面所界定，并延伸至驾驶员眼点后方至少 10～25m 的水平路面部分。

同时，驾驶员应能够看到从通过驾驶员两眼点的垂面后方 1.5m 处开始，宽 4.5m，由平行于车辆垂直纵向中间平面并通过车辆最远点的平面所限定的路面（图 8-42）。

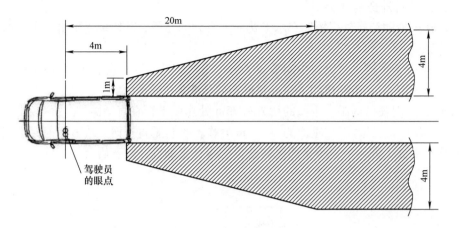

图 8-41　类别Ⅲ视镜的视野，虚线区域为地面

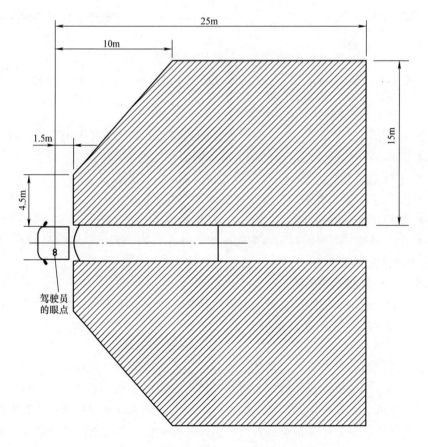

图 8-42　类别Ⅳ视镜的视野，虚线区域为地面

(5) 补盲外视镜（类别Ⅴ）

驾驶员借助补盲外视镜能在水平路面上看到的路段，其约束界限由以下方面来确定（图 8-43 a 和 b）：

- 平行于车辆垂直纵向中间平面、通过距驾驶员一侧车辆最外端的平面。
- 平行于上一个所述的平面，并横向向外 2m 处的平面。
- 在过驾驶员两眼点垂面的后方 1.75m 处作一平行垂直平面。
- 在过驾驶员两眼点垂面的前方 1m 处作一平行垂直平面，或者和前保险杠相切的垂直平面，如果后一个平面离驾驶员的眼点更加近，则选后者。

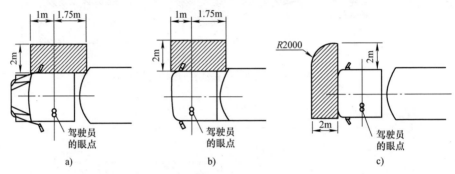

图 8-43　类别Ⅴ的视野（a 和 b）以及类别Ⅵ的视野（c），虚线区域为地平面

(6) 额外的外部前视镜（类别Ⅵ）

驾驶员借助该视镜能在水平路面上看到的路段，其约束界限由下面来确定：

- 过车身前部最外端前点的垂直于车辆对称面的平面。
- 平行上一个所述平面，且位于其前方 2m 处的平面。
- 平行于车辆对称面，且过车身最外部点的平面。
- 平行于过车身最外部点的平面，且再向外 2m 处的平面。
- 在车身前，并且前排乘客侧驾驶室最外端点 2m 处的视野区域，允许有半径 2m 的圆角过渡（图 8-43c）。

(7) 其他间接视野装置

倒车时，使用其他间接视野装置可以让驾驶员观察到直接视野装置无法提供的景象。使用这样的装置可以提高车辆的安全性，但是它们无法替代上面列出的视镜。

这些间接视野装置可以是传统的光学视镜或者摄像机－监视器，但是必须至少要能显示部分的水平路面，即位于过车身最后端点的垂直面后方 2m 处的车辆对称面的垂直平面，其他界限是位于车辆两侧最外部点处的两个对称面的垂直平面。

如果使用的装置不是视镜或者摄像机，那么它们必须要能使驾驶员观察到一个放置在上述定义的视野区域内的任何位置处的、离地高 50cm、直径为 30cm 的柱状物。

2. 第32组：前方视野

指令 D77/469 和它之后的修改版 D81/643、D88/366 和 D90/630 规定了 M 类车辆驾驶员前方视野需要满足的条件。尽管这些指令适用于左舵车辆，但是它们的对称数据也可用于右舵车辆。

本书将会在下面章节对这些要求进行完整介绍。

3. 第34组：玻璃表面除霜和除雾

指令 D78/317 规定安装除霜和除雾装置的。

除霜装置就是指通过融化前风窗玻璃上的霜以确保驾驶员直接视野的装置。除霜区域 A 是指一个霜完全或者部分融化的区域。这样的话，可以使用刮水器完全去除外部的冰残留物。

除雾装置是指能够去除前风窗玻璃内表面上冷凝的水汽层，以保证驾驶员直接视野的装置。

指令 D78/317 给出了在间接视野装置中提到的眼点 V 的定义，并在此基础上，定义了两个视野区域 A 和 B。

前风窗玻璃表面上的 A 区域是通过下面过眼点 V 的平面来定义的，它位于车辆前端：

- 一个通过眼点 V_1 和 V_2 并在 x 轴左侧与 x 轴成 13°角的垂直平面。
- 一个与 y 轴平行，通过点 V_1，并在 x 轴上方与 x 轴成 3°角的平面。
- 一个与 y 轴平行，通过点 V_2，并在 x 轴下方与 x 轴成 1°角的平面。
- 一个通过眼点 V_1 和 V_2 并在 x 轴右侧与 x 轴成 20°角的垂直平面。

可见区域 B 被草绘在前风窗玻璃上，并且由下面的线和面进行限定：

- 风窗外部表面上平行于透明区域外边缘且距离为 25mm 处的一条直线。
- 一个与 y 轴平行，通过点 V_1，并在 x 轴上方与 x 轴成 7°角的平面。
- 一个与 y 轴平行，通过点 V_2，并在 x 轴下方与 x 轴成 5°角的平面。
- 一个通过 V_1 和 V_2 点，并在 x 轴左侧与 x 轴成 17°角的垂直平面。
- 一个以车辆纵向对称面为基准面，且与上一个所述平面对称的平面。

此几何构造的结果如图 8-44 所示。

任何车辆都必须要配备一个能在低温环境中去除前风窗玻璃上雾和霜的装置，满足下面的最低性能要求：

- 除霜测试开始 20min 后，区域 A 中必须要去除 80% 面积上的霜。如果区域 A 与乘客视野相关，那么其必须要在 5min 之后满足相同的条件。
- 除霜测试开始 40min 后，区域 B 中必须要去除 95% 面积上的霜。
- 除霜测试开始 10min 后，区域 A 中必须要去除 90% 面积上的雾。
- 除雾测试开始 10min 后，区域 B 中必须要去除 80% 面积上的雾。

除霜测试可以在 $-8℃ \pm 2℃$ 或者 $-18℃ \pm 3℃$ 的温度下进行，具体依据制造商的规定。

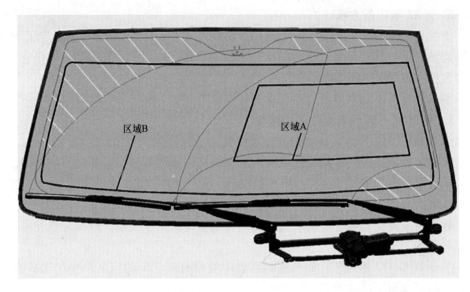

图 8-44 在前风窗玻璃表面上草绘的可视区域 A 和 B。同时展示了前风窗玻璃透明部分的最小轮廓和刮水器覆盖的区域

测试必须要在一间能够容纳整车的低温房内进行,在整个测试过程中房间的温度要能维持上述数值,并且房间内的冷空气能够循环。车辆测试开始前,房间内的温度必须要持续稳定至少 24h。

在车辆内部温度稳定之后,用水压至少为 3.5bar 的水枪喷射到前风窗玻璃上,使之表面散布着至少 $0.044g/cm^2$ 的冰。

除霜测试期间,除霜装置应调到最大档位。只有当刮水器不需人工介入而能自行移动和返回到起始静止位置时,方可在测试期间使用刮水器。

每隔 5min,车内的观察人员必须要在前风窗玻璃内表面上描绘透明表面的轮廓。

除雾测试要在和上面类似的气候房间内进行,测试期间室内温度必须要维持在 $3℃±1℃$。

车辆内的蒸汽发生器需要产生的蒸汽量为 $70±5g/h$ 乘以乘客舱内的座椅数。

在蒸汽发生器工作 5min 后,安排 1 名或 2 名观察员进入车辆,并且蒸汽量要依据实际被占有的座椅数减少(也就是用空的座椅数乘以 70g/h)。

发动机起动 1min 后为测试开始时间。

4. 第 35 组:前风窗玻璃刮水器和洗涤器

这一组包括指令 D78/318 和其更新版 D94/60 和 D2006/96。

前风窗玻璃上的刮水器和配件用来清洁前风窗玻璃外表面。

刮水器刮扫区域是指刮水器可以覆盖的前风窗玻璃潮湿外表面的部分。

前风窗玻璃洗涤器是用来在前风窗玻璃外表面上喷洒洗涤液的装置。

每一辆车都必须要配备一个刮水器和一个洗涤器，且它们要能在车辆行驶时工作、开启和关闭。

刮水器刮扫区域必须要覆盖80%的B区域和98%的A区域，区域A、B和上述定义的一样，如图8-44所示。

刮水器必须要有至少两个工作频率：一个等于或者大于45次/min摆动（一次摆动是指刮水器向外和返回的运动）和第二个频率在10~55次/min摆动之间。两个频率间的差值至少要是15次/min摆动。

当刮水器关闭时，刮水器臂必须能自动的返回到起始静止的位置。

最高速度时，刮水器系统必须能够承受15s的锁定。

在车辆最高车速的80%或者160km/h时（最低条件适用），处于最高速度的刮水器必须要能以低速时同样效率满足上述要求。

人们必须要能抬起刮水器臂，从而可以手动清洁前风窗玻璃。

在 $-18℃\pm3℃$ 的稳定环境下，刮水器必须能在干燥的前风窗玻璃上正常运行2min。

每辆车都必须要配备一个洗涤器，并能够抵挡住由喷嘴阻塞引起的压力，而不出现任何损坏，同时要满足以下测试规格。

（1）测试1

完全充满水的洗涤器要能在 $20℃\pm2℃$ 的环境温度下至少暴露2h。

阻塞住所有的喷嘴后，开启洗涤器系统电动泵6次，每一次至少3s。

最后验证洗涤器工作是否正常。

（2）测试2

完全充满水的洗涤器要能在 $-18℃\pm3℃$ 的环境温度下至少暴露4h。

用冰将喷嘴阻塞住后，开启洗涤器系统电动泵6次，每一次至少3s。然后将这个装置暴露在 $20℃\pm2℃$ 的温度下，直到冰融化。最后验证洗涤器工作是否正常。

（3）测试3

完全充满水的洗涤器要能在 $-18℃\pm3℃$ 的环境温度下至少暴露4h。

然后将这个装置暴露 $20℃\pm2℃$ 在的温度下，直到冰融化。

循环冻结和解冻6次，验证洗涤器工作是否正常。

（4）测试4

完全充满水的洗涤器要能在 $80℃\pm3℃$ 的环境温度下至少暴露8h，然后暴露在 $20℃\pm2℃$ 的环境温度下。最后温度稳定时，验证洗涤器工作是否正常。

（5）测试5

在前风窗玻璃的外表面上涂抹一层测试混合物并晾干。该混合物是将悬浮的颗粒（化学成分和尺寸大小都由指令指定）混到水中，以模拟泥浆。

洗涤器必须要充满水，且能够至少清洁60%的A区域。

可用洗涤剂液体的体积必须至少为 1L。

（6）乘客和行人保护

本书将在有关被动安全性的章节里详细介绍该类别中的一些法规，例如法规 R94 是关于车辆在前面撞击时对乘客的保护，而法规 R95 是关于车辆在侧面撞击中对乘客的保护。因此，这里不再对它们展开进一步的讨论。

5. 第 12 组：内部表面

这一组中包括关于乘客舱内部表面的指令，例如 D74/60 和它的更新版 D78/632 和 D2000/4。

根据指令 D 2000/4，内部表面是指：
- 乘客舱的覆盖物。
- 控制装置。
- 车顶和天窗。

（1）基准区

首先要考虑乘客头部潜在的撞击区域。

为此，将用一个直径为 165mm 的球体装置来模拟头部。这个装置会连接到一个模拟臀部的铰接支撑上，连接的长度必须要能在 736～840mm 之间进行连续调整。

代表臀部的铰接点必须要被设定在任意坐姿位置上。应该记住，一个长条座椅可能包括不止一个坐姿位置。

必须要遵守以下规定：
- 对于可调节座椅，铰接点必须要设定在 H 点处及前方 127mm 处。对于第二个位置，高度随着座椅的调节而增加或者增加 19mm。
- 对于不可调节座椅，铰接点必须设定在 H 点处。

把装置设定在车辆上的某个位置后，要求装置和乘客舱内壁间不能有接触，在装置调整所允许的垂直尺寸内，要在所有可得到的位置上向前倾斜该装置，直到和过 H 点的垂直面成 90°。

头部装置和内部表面（除了玻璃表面）的切点就是潜在的撞击点。

基准区的定义是指潜在撞击点的包络区域，除去转向盘外轮廓，径向增加 127mm 的环带水平向前投影的区域。

基准区域内不允许有危险的不均匀（不平顺）或者锋利边缘。

为了确定一个凹凸元件的凸起高度，需要沿着内表面移动一个直径为 165mm 的球体。要考虑球心在垂直于内表面上的位移间的梯度和切向位移：如果这个梯度小于 1，那么这个表面大体上是平坦的；如果梯度超过 1，那么这个凸起高度就是球体的垂直位移。

基准区内所有表面必须要覆盖上弹性材料，与随后规定相同。

若覆盖材料的硬度小于 50A 邵氏硬度，则上述过程要在移除材料后进行。

凸起高度在 3.2~9.5mm 间的按钮、控制柜或者其他刚性部件必须要有至少 2cm^2 的横截面积（在距凸起部分顶端 2.5mm 处测量），及半径不少于 2.5mm 的圆形边缘。

如果凸起高度大于 9.5mm，那么在受到 378N 的力时，它们应该缩回（缩回时，凸起高度小于 9.5mm）或者脱落。

进行以下试验来测试该表面的弹性性能。

把要被测试的内表面的一部分放置在车内的测试平台上。用一个摆锤撞击该表面，摆锤在撞击中心的折算质量为 6.8kg，速度为 24.1km/h，外形通常是一个直径为 165mm 的球体。摆锤所允许的最大减速度为 80g，持续时间不超过 3ms。

（2）其他表面

其他表面指的是那些低于仪表板和在 H 点之前的表面，除去门和踏板或者前排座椅靠背的后面区域。

所有这些表面必须遵守关于凸出物的规定。

当设定在仪表盘或者低于仪表板时，驻车制动手柄的安置方式须使得在其释放的位置上，任何乘客在碰撞期间都无法触摸到。如果无法满足这个条件，那么其表面必须遵守控制台的相关规定。

控制台或者类似元件的设计必须不能出现任何凸起或者锋利边缘，必须至少遵守下面规则中的一条：

● 后侧必须要有 25mm 高的边缘，且边缘圆角不小于 3.2mm。这个表面必须是弹性的，和基准区域内弹性的规定相同。

● 在施加 378N 的横向和纵向力时，控制台必须能易于破裂、脱落、变形或者缩回，同时不出现新的凸起物。

当这些表面存在硬度小于 50A 邵氏硬度的一层材料时，上述列出的规定应该在移除那些材料后再应用。

（3）车顶

车顶的内表面要符合以下规定，而这些规定不适用于直径为 165mm 的球形探头无法触摸到的内表面部分。

乘客头部上方或者前方表面一定不能出现任何的凸起物或者锋利边缘。

凸起部分的高度一定不能超过其宽度，且边缘圆角半径不少于 5mm。

框架或者肋状物的凸起高度不能超过 19mm，必须有圆角过渡，圆角半径不少于 5mm。

对于软顶敞篷车，只要求金属拱形支架和挡风玻璃框架符合上述规定。

天窗必须要遵守和传统车顶相同的规定。

6. 第 15 组：座椅

第 15 组包括一系列关于座椅和其与车身固定装置的指令。关于该主题的第一个指令是 D74/408，后来的修正和实施的指令包括 D81/577、D96/37 和 D2006/96。

此时，应该弄清一些定义。座椅固定装置是指连接车身的机械系统，然而座椅调整装置是指能够调整整个座椅或者其部件，使其适合乘客坐姿和身体构造的机械装置。

座椅上的调节装置尤其要能允许进行以下调整：
- 纵向位移。
- 垂直位移。
- 角位移。

此外还有所谓的座椅移动装置，能够调整整个座椅或其部件进行纵向或者旋转位移，以利于乘客的出入。这种装置和调节装置一样没有固定的中间调节位置。

锁止装置是用来确保座椅以稳定的方式固定在其任一可能的位置上。

任何调节或移动装置必须要包含自动锁止装置。

要将移动装置的手动分离部分安装在靠近车门的座椅外侧，并且要能够被这个座椅和后面座椅上的乘客触碰到。

一般来说，座椅结构不允许出现永久性移动，本书将在随后描述座椅的固定、调节、移动装置和它们的锁止装置，以及测试结果。

如果在最大载荷碰撞的情况下不会增加乘客的受伤风险，那么可以接受座椅发生永久性位移。

测试结束后，锁止装置必须要处于关闭状态。

移动装置在下面测试中必须能正常运行，或者必须能至少工作一次以便乘客离开车辆。

（1）强度实验

在整个车身或者重要部分前端施加一个纵向加速度，至少为 $20g$，时间为 $30ms$（模拟撞击后的突然减速），依据具体的测试规定。

车内物件必须不能妨碍锁止装置的开启。

（2）吸能实验

座椅通过其固定装置安装在测试平台上，以模拟在车辆上的使用情况。

如果提供头枕，那么必须安装在座椅靠背上（和车内布局一样）。如果头枕没有被安装在座椅上，那么连接车身的固定装置也必须安装在平台上。

如果头枕是可调节的，那么它必须要被放置于其调节装置所允许的调节范围内最不利的位置上（这个位置大概是其允许最大变形处）。

用一个摆锤（通常是一个直径为 165mm，折合质量为 6.8kg 的球体）来模拟头部撞击头枕。钟摆必须在纵向平面内从后向前撞击座椅，撞击速度为 24.1km/h。

这些测试也可以通过使用全尺寸汽车撞击刚性障碍来完成，车辆撞击速度为 48.3～53.1km/h。

7. 第 19 组：座椅安全带固定装置

第 19 组包括所有关于座椅安全带固定装置的法规，它们是指令 D76/115 和其更新版 D81/575、D82/318、D90/629、D96/38 和 D2005/41。

已经在上卷中广泛描述的、关于固定装置位置和工作角度的规范就不在这里进行阐述了。

任何种类的车辆内，每一个座位上必须要配备 3 个安全带固定点，只在以下情况中允许两个固定点：
- 座椅面向车辆的后方。
- M1 类车内的外侧座椅，如果它们和临近车身一侧间有通道。
- M1 类车内前排中间座椅，如果前风窗玻璃位于基准区以外。
- M3 和 N 类车内的后排座椅，如果它们的固定装置在基准区以外。

要求进行以下测试。

牵引测试

座椅在测试平台上进行分组时，同一组座椅上的所有固定装置应该同时进行测试。

测试载荷应该尽可能快地施加。固定装置必须要至少承受载荷 0.2s。

对于带有卷收器的三点式安全带，应该在安全带上安装适配器，以通过牵引装置施加测试力。

对于 M1 和 N1 类车，通过牵引装置对每个安全带的上方固定装置（8-45b）施加大小为 13500 ± 200N 测试载荷，每个安全带上都应配备能够再现与上身躯体相互作用的安全带几何特征的牵引装置。

在两个下方固定装置上施加同样的测试载荷（图 8-45a）。

对于 M2 和 N2 类车，上述测试载荷要减至 6750 ± 200N，然而对于 M3 和 N3 类车，要减至 4500 ± 200N。

在两点式安全带的测试中，要通过一个牵引装置施加 22250 ± 200N 的测试载荷，如图 8-45a 所示。

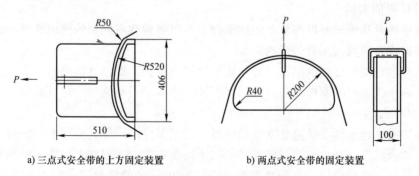

a) 三点式安全带的上方固定装置　　b) 两点式安全带的固定装置

图 8-45　安全带固定装置的牵引装置

对于 M2 和 N2 类车，上述测试载荷要减至 11100 ± 200N，然而对于 M3 和 N3 类车，要减至 7400 ± 200N。

如果这些固定装置中的一个固定在座椅结构上，那么要额外增加其测试载荷进行；对于 M1 和 N1 类车，这个力是整个座椅重量的 20 倍；对于 M2 和 N2 类车，这个力要减至整个座椅重量的 10 倍。以及对于 M3 和 N3 类车，该力要减至整个座椅重量的 6.6 倍。

所有的固定装置必须要能承受住这些测试载荷。如果每个载荷都维持了既定的时间，那么允许装置出现永久变形或者局部破裂。

8. 第 31 组：乘员约束系统

第 31 组包括关于安全带和乘员约束系统的法令，包括指令 D77/541 和其更新版 D81/575、D82/319、D87/354、D90/628 和 D96/36。它们全都被指令 D2000/3 替代，做了进一步的修改，更多的更新条例见 D2005/40 和 D2006/96。

根据这些指令，安全带是指包含织带、带扣、调节装置和固定装置的系统，安装在车辆内，在碰撞或者车辆突然减速情况下，降低乘客的受伤风险。安全带是通过限制乘客身体移动的自由性来降低风险。

有以下几种安全带：
- 腰带：环绕着乘客盆骨部位的安全带。
- 肩带：从臀部斜跨前胸至另一侧肩部的安全带。
- 三点式安全带：大致上是由一根腰带和一根肩带组成的安全带总成。
- 四点式安全带：由一根腰带和两根垂直织带组成的安全带。

乘员约束系统必须要至少包括一个固定在车上的座椅和一根安全带，其中安全带上至少有一个固定装置固定到座椅上。

儿童约束系统是由一系列组件构成，包括带有安全带扣的安全带或者其他灵活连接件、调节装置、固定装置和一个可以安装在车辆上的座椅或者座位适配器。这个系统也是通过限制乘客身体移动的自由性来减少乘客在碰撞或者车辆突然减速情况下的受伤风险，不过适用于儿童。

（1）一般要求

乘员约束系统的刚性部分，包括带扣、调节装置或者固定装置，必须不能有破坏、磨损或者撕裂安全带的锋利边缘。

所有潜在的易受腐蚀的部分必须要进行适当保护。腐蚀测试之后，不允许出现能够影响系统运行的腐蚀，包括任何能够被合格检测员观察到的可见腐蚀。

（2）带扣

带扣的设计必须要能避免乘客任何可能的错误使用，尤其必须要保证带扣不能处于半啮合状态。必须要对如何解开带扣进行明确解释。带扣上可能接触到乘客身体的任何部分必须保证"在距接触面不超过 2.5mm 处的接触区面积不小于 20cm^2，长度不小于 46mm"。

当按压按钮或者一个类似装置时，必须要能开启带扣。按压表面必须要满足以下最小尺寸（沿着按钮运动轨迹投影）：

- 凹陷式按钮（无法通过一个直径为 25mm 的球体进行按压），面积不小于 4.5cm²，宽度不小于 10mm。
- 非凹陷式按钮，面积不小于 2.5cm²，宽度不小于 10mm。

按钮的表面必须要是红色的，且带扣其他部分不能是红色。

动态测试前，带扣必须要进行 5000 次的开关循环。测试之后，开启带扣所必需的力不能超过 60N。

（3）卷收器

当安全带扣紧时，卷收器允许安全带自动调整织带长度以适应乘客体形。

卷收器在织带上至少每 30mm 处必须要有锁止位置。乘客向前和向后运动后，安全带必须要能自动返回起始位置。

如果卷收器是腰带的一部分，那么在假人和卷收器之间的自由织带长度上测量的卷收力必须为 2~7N。如果织带穿过导向轮或导向装置，那么在导向轮或者导向装置和假人间的安全带也必须要满足这一条件。

如果约束系统包括手动或者自动防止织带全部卷回的装置，那么在测量卷收力时，这个装置必须要处于非工作状态。

在进行完规定的腐蚀和粉尘测试后，必须要对安全带进行 5000 次反复拉出回卷测试。紧接着再进行 5000 次反复拉出回卷测试。完成这些测试后，卷收器必须要能继续正常工作。

（4）紧急锁止式卷收器

带有紧急锁止功能的卷收器是指在正常行驶条件下，不限制乘客活动自由的卷收器。这种卷收器包括根据乘客体形自动调节织带长度的装置，与在紧急情况下锁止安全带的锁止装置。有两种类型的紧急锁止式卷收器：

- 类型 1：在车辆减速时发生锁止。
- 类型 2：当出现车辆减速和安全带出现移动时发生锁止，或者其他自动装置进行锁止。

这类卷收器必须要满足：

- 对于 M1 类车，减加速度达到 0.45g 或者对于 M2 和 M3 类车，减加速度达到 0.85g 时，必须要锁止。
- 对于上面类型 1，当织带遭受的减加速度小于 0.8g 时，不得锁止。或者对于类型 2，当织带遭受的减加速度小于 1.0g 时，不得锁止（加速度是沿着织带移动方向测量的）。
- 当锁止传感器在制造商定义的安装位置沿着任意方向的倾斜小于 12°时，不得锁止。
- 对于类型 1，当锁止传感器在制造商定义的安装位置沿着任意方向的倾斜大于 27°时，必须要锁止。对于类型 2，当锁止传感器在制造商定义的安装位置沿着任意方向的倾斜大于 40°时，必须要锁止。

在上述任何测试中，卷收器锁止之前，织带允许拉出的长度不能超过50mm。

如果这种卷收器是腰带的一部分，那么在卷收器和乘客身体间织带上测量的卷收力要大于7N。如果这个卷收器是三点式安全带的一部分，当用同样方式进行测量时，卷收力不能小于2N或者不能大于7N。

安全带必须要进行40 000次拉出回卷测试以及进行腐蚀和粉尘测试，然后再进行5000次拉出回卷测试。完成上述测试后，这个系统要能正常工作。

（5）预紧装置

腐蚀测试后，预紧装置（和其传感器）必须要能正常工作。

无意识操作该装置后，一定不能给乘客带来任何受伤风险。

优秀的预装置必须要能经受高压测试，测试后预紧装置不能出现意外状况或者不能遭受影响其操作能力的破坏。

（6）织带

织带外形尺寸必须保证其作用在乘客身体上的压力，在其整个接触长度上尽可能均匀分布，而且在任何情况下不能出现扭曲。在其工作期间，必须要能吸收能量以及要能避免磨损。

在9800N张力下，测量的织带最小宽度为46mm。该测量应在拉伸强度测试过程中进行。

允许的最小抗拉力为14700N。任意两件织带样品间抗拉力的差值必须要小于所测较大抗拉值的10%。

（7）动态测试

每个组件进行规定的老化和调节测试后，包括腐蚀、磨损、高温和低温、光照和湿度测试，将安全带总成或者整个约束系统安装在下面的测试夹具上。

动态测试的目的是验证在测试期间或者测试之后，约束系统中没有部件被破坏以及没有带扣、调节或者紧急系统出现锁止。

此外，对于腰带来说，测试后假人盆骨位置向前位移应大于80mm，小于200mm。

对于四点式安全带，上一个位移数值可以减少50%。

对于剩下类型的安全带，盆骨位置的位移必须为80~200mm，躯干位置的位移为100~300mm。

参考测量点是T（躯干）和P（盆骨），如图8-46所示。

将约束系统安装在一辆滑车上，上面有座椅和安全带固定装置，就像它们在汽车上一样，如图8-47所示。

如果安全带是约束系统的一部分，那么必须要使用和真实车辆上相同的结构部件将其安装在滑车上，且这个部件必须要固定在滑车上。

根据车辆用户手册，将座椅调整到适合假人尺寸的位置上。如果没有给任何说明，对于M1和N1类车，座椅靠背的倾斜角应尽可能接近25°，对于剩下类型的车，应尽可能接近15°。

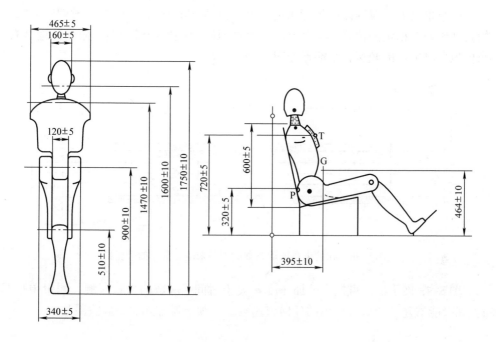

图 8-46　约束系统测试中的假人

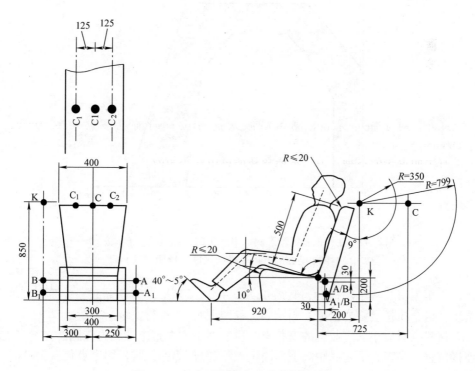

图 8-47　约束系统动态测试的滑车方案

滑车推出方式应确保模拟撞击时，其速度为50km/h，同时在发射期间，假人始终处于一个稳定的位置。这个撞击是通过压碎吸能器或者一个等效的减速装置，来模拟车辆突然的减速，吸能器如图8-48所示。

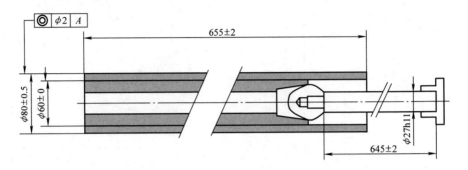

图8-48　在约束系统动态测试中用来停止滑车的吸能器

图8-49展示的是可接受的加速度 a 关于时间 t 函数的带状区域，测量单位是 g。在吸能器建议位置处使用的任何减速装置必须要遵守相关的验收限制。

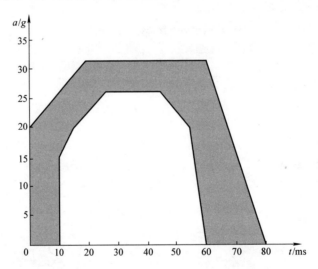

图8-49　在约束系统动态测试中应用的，加速度 a（单位 g）和
时间 t 函数的可接受带状区域（即阴影区）

滑车上安装一个座椅后，其质量为（400±20）kg。对于超过一个座椅的约束系统，这个质量会随之增加。固定装置参照图8-47进行安装。

这些点对应于固定装置的安装点，也表明了安全带末端和力传感器在滑车上的连接位置。当带扣上边缘距离下面固定点不超过250mm时，固定点位置为 A_1、B_1 和K；否则使用A、B和K。

沿着纵向对上方固定装置施加 980N 载荷的时，其纵向位移不能超过 0.2mm。在滑车测试中，应保证测试中装有固定件的部件不会发生永久变形。

吸能器的组成：
- 钢制套管。
- 聚氨酯吸能管。
- 穿透聚氨酯吸能管的抛光钢制螺母。
- 轴和碰撞盘。

上述部件的主要尺寸如图 8-48 所示。这个指令规定了所应用材料的特性。

R44 法规描述了这些特性，以及儿童约束系统需要完成的测试。简洁起见在此就不加以描述了，但是必须记住儿童约束系统是根据乘客质量级别进行分类的：
- 0 组：质量小于 10kg 的儿童。
- 0+组：质量小于 13kg 的儿童。
- 1 组：质量为 9~18kg 的儿童。
- 2 组：质量为 15~25kg 的儿童。
- 3 组：质量为 22~36kg 的儿童。

9. 第 36 组：头枕

这一组包括了与头枕相关的所有指令，D78/932 和其修正版 D87/354 和 D2006/96。法规 R 25 也对该类问题进行了总结。

头枕是用来限制乘客头部向躯干后方相对移动的装置，其用途是降低碰撞时乘客颈椎受伤的风险。这个装置可以集成、也可以不集成到座椅靠背上。

头枕的使用必须不能给乘客带来额外的受伤风险，特别是不能存在危险凸起或锋利边缘等危险部位。

头枕所在撞击区域中的任何部分必须要能够依据下面规定进行吸能。

在头枕测试期间，固定在座椅上的头枕必须不能出现刺穿垫衬物的刚性部件或者凸起物。

头枕到 R 点间的高度差至少要为 700mm。

如果头枕高度可调，那么这个装置的高度至少要为 100mm。头枕最低位置和靠背之间间隙的最大值为 50mm。如果头枕高度不可调节，那么允许的最大间隙为 50mm。

头枕的宽度必须要够大，以便为乘客提供舒适支撑。头枕两侧到中间对称面之间的最小距离为 85mm。头枕必须要能承受住所要求的载荷而不出现永久变形。

头枕的设计必须要能满足头部的最大位移量为 102mm，该位移量是依据相关测试程序测得的。

（1）静态测试

测试方案碰撞如图 8-50 所示。

碰撞区域由两个垂直面进行限定，两个垂直面在座椅中间对称面的两侧，且每个垂直面到对称面的距离为 70mm。在另一方向上，这个区域由一个平面进行限定，这个平面垂直于基准线 r，在 R 点上方 635mm 处。

直线 r 为 R 点和第 50 百分位的男性假人颈部和胸部的结合点的连线。

使用一个直径为 165mm 球体的刚性头型绕 R 点对头枕施加 373N·m 的初始力矩，载荷作用方向垂直于直线 r_1，且位于头枕上边缘切线（垂直于 r_1）下方 65mm 处。

图 8-50 中距离 X 必须要小于 102mm。

然后，将上述初始力增加到 890N，头枕没有出现任何破损。

若为了改善后方视野而在头枕上开有视窗，那么头枕在视窗轮廓处的每一个部分必须要在其最大位移的位置上进行这个测试，如图 8-51 所示。

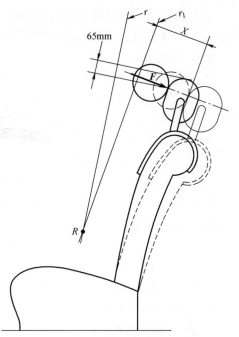

图 8-50　头枕静态载荷加载的方案

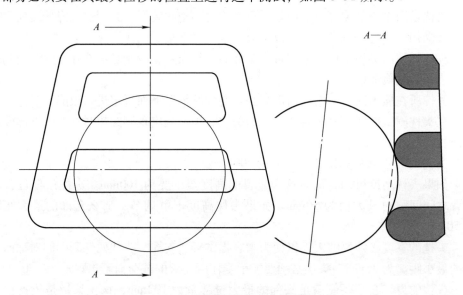

图 8-51　对于带视窗头枕的载荷加载方案

(2) 吸能测试

将头枕安装在座椅上，然后将该座椅安装在测试平台上，同时要求座椅不会因为撞击而发生移动。

这个测试装置包含一个摆锤,其撞击中心的折合质量为 6.8kg。这个摆锤的质量就是一个直径为 165mm 的刚性球体头型的质量,头型的几何中心就是摆锤的撞击中心。

摆锤必须要以 24.1km/h 的速度垂直撞击头枕表面。

摆锤减加速度不超过 80g,持续时间必须要超过 3ms。

(3)行人保护

这个法规还尚未强制执行。然而,指令 D 2003/102 则提及了车辆依据所安排的测试程序对行人撞击后,被撞击行人的最大受伤严重度的指标。指令 D 2004/90 规定了测试程序和相关测试假人的要求。

尽管 2004 年 7 月结束的一段测试表明这些法规在技术上不适用,但制造商仍自愿频繁应用,并且在 2007 年 10 月 3 号已经以草案的形式(便于讨论做进一步修改)出台一个新法规对其进行规定总结。

这里我们可以参照欧盟 NCAP 为了产品评级采用的两个原始指令。

车辆是在基准条件下进行测试的,即前排有两名 75kg 的乘客。依据制造商的建议,将具有主动或者可调悬架的车辆测试速度设置为 40km/h。

车辆前端潜在撞击行人的区域是依据下面程序进行定义的。

保险杠上的一条基准线(靠近上方的线)是指保险杠和一把长 700mm 尺子接触点的迹线,该尺子是放在纵向垂直平面内,向后倾斜 20°;然后向着任意方向移动,直到尺子下面末端和地面接触。基准线如图 8-52a 所示。

第二条基准线(较下方的线)使用同样的方式获得,但是尺子沿着相反的倾斜方向(向前)移动,如图 8-52b 所示。

保险杠的高度是指上方和下方基准线之间的垂直距离,保险杠的边缘是指保险杠和一个垂直面的接触点的迹线。该垂直面与一个横向垂直平面成 60°倾斜角,如图 8-52c 所示。

前端撞击表面是指车身的外表面,除了前风窗玻璃和 A 柱。因此,它包括发动机盖、翼子板、散热器罩、刮水器关节和前风窗玻璃框架的下方。

发动机盖的基准线是指一把长 1000mm 尺子和发动机盖接触点的迹线,该尺子在垂直面内向后倾斜 50°。移动尺子至其下方末端到地面距离为 600mm,如图 8-52d 所示。

其他的基准线是用一把长 700mm 的尺子,向车辆内侧倾斜 45°,在横向平面内绘出,如图 8-52e 所示。

(4)假的小腿

假的小腿是由两个模拟股骨和胫骨的刚性元件组成,其表面覆盖一层泡沫,并用一个模拟膝盖的变形关节进行连接。

这个装置的总长为 926±5mm,总质量为(13.4±0.2)kg,其他尺寸和条件见上述指令。

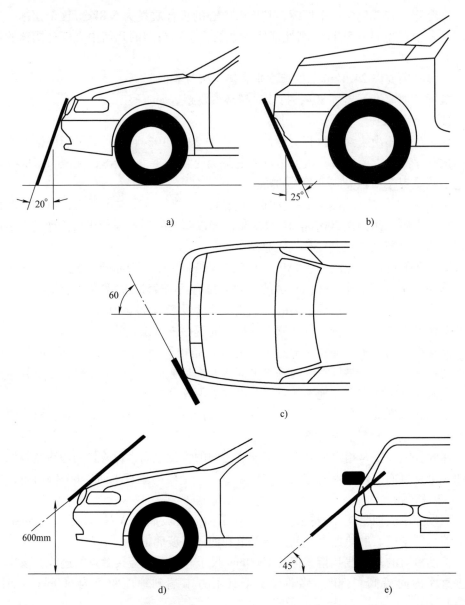

图 8-52 车辆对行人潜在碰撞区域的边界定义

在撞击测试期间,如图 8-53 所示,假腿在弹道上发射并飞向汽车,如图中所示的方案那样。自由飞行阶段与车身的初始距离应满足:在加速度测量前,假腿没有反弹回发射装置。如果这些条件都满足的话,可以使用任何装置进行发射。

撞击速度为 40km/h。

在假腿反弹后,允许的最大膝关节弯曲角度为 15°,允许的最大膝关节位移为 6.0mm 和最大的胫骨加速度要小于 150g。

第 8 章　功能和规范

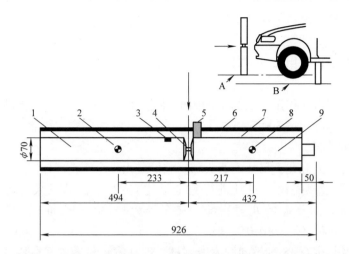

图 8-53　假腿上方的较小缩图代表撞击测试的方案；A 是真实的地平线，B 是实验地面
1—胫骨　2—胫骨的重心　3—加速度测量仪器　4—变形元件
5—阻尼器　6—人造皮肤　7—泡沫材料　8—股骨重心　9—股骨

（5）假的大腿

假的大腿也是由刚性材料制成的，在用于碰撞的暴露一侧覆盖上泡沫。长为 350 ± 5 mm，并根据上述指令中的规定进行制造。这个装置如图 8-54 所示。

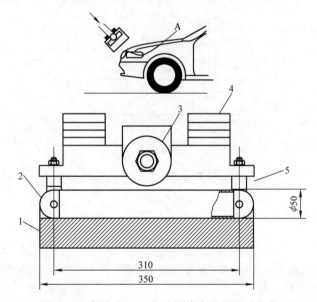

图 8-54　假大腿，上方的图代表的是测试方案
1—膨胀泡沫　2—假股骨　3—推力元件关节　4—压舱物　5—压式传感器
A—发动机盖前基准线

用于模拟碰撞的假腿如图 8-54 所示。它安装在只允许此装置沿着指定路径移

动的低摩擦的发射滑板上。这个发射装置可以是任何能够获得40km/h撞击速度的发射器。

同样的假腿也被用来进行对发动机盖前边缘的撞击测试，如图所示。撞击速度同样也是40km/h。

对于两个测试，作用于假腿上的瞬时冲击力的总和必须不能超过5.0kN以及冲击弯矩必须不能超过300N·m。

（6）假的头部

测试需要成人和儿童尺寸的假头部。它们是由一个刚性球体以及外部覆盖合成层制成（会在法规提议中对其进行完全描述）。对于假的成人头部，其直径为（165±1）mm，对于假的儿童头部，其直径为（130±1）mm；其质量分别为（4.8±0.1）kg和（2.5±0.05）kg。

至少要对其进行18种不同的撞击测试，即在发动机盖中间段以及两侧各三分之一段最容易造成伤害的位置上各进行6次测试。

图8-55所示的成人尺寸的假头部，在撞击的同时还在弹道上飞行。自由飞行阶段距车辆的初始位置应能够保证测试结果不会受到假头部反弹回发射装置的影响。

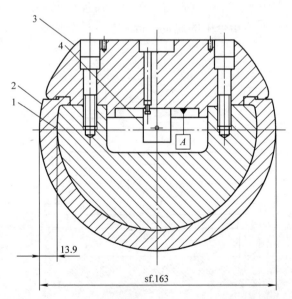

图8-55 成人假的头部的方案。儿童的假头部除了尺寸和质量，其他均和这个类似
1—内部元件 2—人造皮肤 3—后板 4—加速度测量仪器

可以使用任何能够获得40km/h撞击速度的装置作为发射装置。

对于上述所有测试，HIC⊖值不能超过1000。

⊖ HIC的定义，即头部伤害指标，见本卷的最后一章。

只需要对成人的假头部进行前风窗玻璃较低处框架的撞击测试，测试程序和可接受的要求均与上述一样。

(7) 前保护系统

前保护系统也指零件市场上可以买到的车辆前端保护装置，相关的指令有 D2005/66 和 D2006/368。

一个前端保护是指安装在原有保险杠的上方或者下方的、用来保护车身外表面免受撞击损坏的一个或多个分离式结构。例如一个管状的刚性保险杠或者一个附加保险杠。

单独设计用来保护车灯的、质量小于 0.5kg 的机构，不包含在此定义内。

这些指令还将行人保护的规则扩展到了此类装置的应用上。

(8) 热舒适性

第 36 组包含了所有关于供暖系统的法规，包括指令 D78/548 和它的更新版 D2001/56。

供暖系统是指任何设计用来增加车辆内部温度包括行李箱温度的装置。

这些指令给出了使用专门液体或气体燃料的独立燃烧式供暖系统，和那些使用车辆动力总成产生的剩余热量或者使用动力总成冷却液、废气或者燃油热量的供暖系统之间的区别。

M 和 N 类中的所有车辆上必须要配备有一个供暖系统。

一般规则要求确保进入乘客舱内的加热气体要比车辆外的气体更加清洁，且乘客不能接触到车辆上能灼伤自己的相关部件或者热的气体。

必须要将由于使用供热装置而给环境带来的额外污染保持在可接受的范围内。

供暖系统需要满足乘客舱内污染指数的规则，包括通过废气或者污染气体供热的热交换器，如果所有下面的对策都应用到通过加热气体洗刷器壁的热交换器上：

- 要保证气密密封的压力至少为 2bar。
- 要用一个单独部件制成，不能有可拆卸部件。
- 对于非合金钢部件，最小厚度为 2mm。

如果没有热交换器，直接应用发动机冷却气体的供暖系统也要满足同样的规则：

- 冷却气体要和不包含可拆卸部件的发动机器壁相接触。
- 部件间的任何连接部分要是气密的和耐油腐蚀的。

需要进行验证乘客舱内空气质量的测试。

开始这个测试之前，供暖系统必须要在最大温度、车窗关闭的平静风速（风速小于 2m/s）下工作 1h。独立燃烧式供暖系统必须要在发动机关闭的情况下进行测试。如果供暖系统在工作两小时之前自动关闭，那么这个测试要在系统关闭前进行。

在车辆外部进行 CO 浓度测量时，尽可能靠近供暖系统吸入空气的地方，以及在车辆内部，距离加热气体排放处 1m 的地方进行采样。

CO 浓度的记录时间至少要为 10min。每次读数之间的差值不能超过 20×10^{-6}。

必须要进行第二个测试来评估温度。

在开始这个测试之前，供暖系统必须要达到最高温度，车窗关闭平静风速（风速小于2m/s）下工作一个小时。独立燃烧式供暖系统必须要在发动机关闭的情况下进行测试。如果供暖系统在工作两小时之前自动关闭，那么这个测试要在系统关闭前进行。

如果被加热的气体来自车辆的外部，那么环境温度不能低于15°。

在道路上正常行驶期间，可以通过一个接触式温度计来测量驾驶员能够触摸到的部件的表面温度。

对于裸露的金属材料，其允许的最高温度为70℃。对于其他材料，允许的最高温度为80℃。对于座椅后方的部件，所允许的最高温度为110℃。

对于M1和N类车，在道路上正常行驶期间，驾驶员能够触摸到的部件的温度不能超过110℃，除了出风口。对于M2和M3类车，裸露金属材料所允许的最高温度为70℃，其他材料最大温度为80℃。

出风口中心吹出热风的温度不能超过150℃。

独立燃烧式供暖系统的污染指数依据以下程序进行测量。

在开始这个测试之前，供暖系统必须要在最高温度，车窗关闭的平静风速（风速小于2m/s）下工作一个小时。如果供暖系统在工作两小时之前自动关闭，那么这个测试要在系统关闭前进行。

排放指标不能超过下面的数值：

- CO 的体积分数≤0.1%。
- NO_x ≤ 200×10^{-6}。
- HC ≤ 100×10^{-6}。
- 对于气体燃料，烟雾不透明度≤1°B；对于液体燃料，烟雾不透明度≤4°B。

为了防止发生紧急情况，供暖系统上必须要配备安全装置。这些装置必须要能满足以下要求，即如果在供暖系统开启后，没有出现火焰或者在运行期间，火焰熄灭，那么在4min之内不能向燃烧器内添加燃料；如果有一个热电的火焰控制装置的话，那么在1min之内不能向燃烧器内添加燃料；如果有一个火焰自动控制装置的话，那么在1s之内不能向燃烧器内添加燃料。

对于使用水作为热交换介质的供暖系统，其相关的热交换器必须要能承受住的最小压力为正常工作压力的2倍，同时不超过2bar。

如果应用通风设备，则在过热或者燃料供给中断的情况下，通风设备必须要有智能延迟关闭的功能。

系统工作时，必须要亮起一盏提示灯。

供暖系统必须要具备防火功能，以防出现过热的情况。如果供暖装置远离潜在的危险部件，以及如果在有足够通风、且有防火材料热保护的情况下，则可以实现供暖系统的防火。

对于M2和M3类车，必须要将独立燃烧式供暖装置安装在乘客舱的外部或者在一个密封的容器内。

第9章 人机工程学和车身总布置

将人机工程学应用于车身设计，目的就是减少驾驶员和乘客在不同条件下，特别是驾驶车辆时所需要的精力。人机工程学在车辆安全领域的重要作用证明在不同国家相关问题的法规存在的合理性：实际上其中有些是由法律强制执行的，比如在欧洲有关直接和间接视野的评估。

在车身设计的初始阶段，首要任务就是定义乘员的位置，这需要和下列这些方面之间相互妥协：
- 优化姿势舒适性。
- 易于操作（转向盘，踏板，变速杆……）。
- 方便上下车辆。
- 在不太影响车内乘员空间的条件下保证动力系统和其他机械子系统的位置合适。
- 遵守直接和间接视野的标准法规。

本章的目的是概述影响乘员定位的基本因素，并且同时满足其他功能和要求的约束条件。

SAE和欧洲的标准和法律要求可作为参考。在欧洲，指令和法规是由法律强制执行的。另一方面，在美国，所有待售车辆都必须满足SAE标准。

9.1 生理学概述

在车中的舒适度受到多种因素的影响，包括安全、生理和心理健康的状态。因此舒适程度的客观测量远非一个简单的问题（参考文献[3]）。相反，不适的感觉可以与不同的生物力学因素联系起来，其中涉及乘员的肌肉、骨骼和血液循环系统。

汽车人机工程学的一个特点是乘员的位置相当长时间固定，而驾驶员在很长一段时间内必须具有可控的行动能力，并且要时刻观察附近的环境。这意味着：

① 在不影响驾驶员按要求驾驶的情况下，可以长时间保持一个姿势。这就要求身体主要部分之间的角度必须要包含在由关节和肌肉系统的解剖学确定的范围之内。

② 驾驶员应能随时地轻松地转动头部。这就要求头处于垂直位置，并且与头

枕等支撑部件不接触。

驾驶员必须能够随时踩下踏板,这就要求腿能自由移动。这意味着它们基本不会起到承受载荷和保持姿势的作用。因此带来如下要求:

③ 座椅是主要的物理支持并且承载乘员大部分的重量。作用在上半身的负载转移到脊柱上,所以相应地,在所有有关坐姿舒适的问题上,脊柱都有特别重要的作用。

④ 踏板力相对较小。

⑤ 驾驶员的胳膊按照命令操作(例如转向和换档)。与过去相比,具有现代汽车特征的伺服系统的广泛使用,已经让操纵汽车更加轻松(转向、制动和换档)。现在来看,造成不舒适的原因主要是保持姿势而不是操纵汽车的需要。

所有这些因素得出的结论是,脊柱是身体上最明显承载的区域。因此,它在决定不适程度上起着基础性的作用。除此之外,腿和手臂承载较小的载荷,只有当关节的角度超过允许的范围时,它们才会产生不适的感觉。

对影响身体主要部分(如脊柱、腿和胳膊)不适程度的因素进行分析,有利于解释进行乘员车内定位的基本原则。

9.1.1 脊柱

人体包括骨架,其主要功能是给所有软体提供支持,并且传递载荷(内部和外部)以保持平衡,共同形成一个灵活的多自由度系统。在这种背景下,脊柱(图9-1)是一个非常重要的部分,因为它是最脆弱的部分之一,并且承受很大的力。脊柱是由一系列的骨头(称为椎骨)借韧带、关节及椎间盘连接而成,借助椎间盘实现相对运动。椎骨被分为四个部分:

- 颈椎。
- 胸椎。
- 腰椎。
- 盆腔。

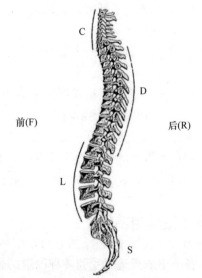

图9-1 脊柱侧视图。前面在左侧(F),后面在右侧(R)。颈椎段(C);胸椎段(D);腰椎段(L);盆腔段(S)

椎间盘由四周围绕着凝胶组织(髓核)的外部软骨(纤维环)组成,凝胶组织主要由悬浮着松散蛋白质的水组成。当纤维环配合关节来保证椎骨的相对运动时,髓核充当减振器的角色,衰减来自外部负载的能量。它的液态性质还可以使脊椎上的负载实现均匀分布,从而最大限度地减少应力集中。

由于大量的小型和大型负载和创伤，椎间盘的尺寸、机械和几何特性会发生改变。当身体能够自我再生时，这样的改变可以逆转。从长远来看，随着年龄的增加，重复加载会引起不可逆转的改变：椎间盘的厚度和适应性有减小的趋势，主要是因为细胞核的脱水，使其失去吸收冲击和柔性关节的能力。这种退化的过程通常会伴随很多痛苦。退出脊髓的神经被压缩在椎骨之间。从长远来看它可能会有损坏，并导致功能性损失。

脊柱的运动由专门的肌肉控制，这些肌肉用于传递外部负载。和其他肌肉类似，当驾驶员疲劳时会自然而然的改变姿势，并且做一系列倾向于自发地减少应力集中的小动作。而驾驶过程中，这些小动作会影响驾驶因为驾驶员需要保持一个固定姿势。

腰椎是脊椎的一段，主要影响其功能和长期健康。因为头部和上半身的大部分重量作用于腰椎，而且由于反复加载，是最容易疲劳和损伤的部分。其位置会影响驾驶员操作和长时间保持坐姿的耐力。因此对脊椎特别是腰椎段提供有效的支撑，是一个非常有效地增加驾驶员在驾驶舱的耐力的手段。这是现代座椅设计的主要目标之一。

增加座椅相对于垂直方向的倾角可以让负载直接从上身传输到座位，减少腰椎上段的负载。但是，如果座位有一个很大的倾角（比如，相对于垂直方向超过25°），会降低可见性和操纵便捷性。因此座椅倾斜会考虑到各方面的需求。

为了避免在开车时脊柱过载，应该检查的因素是：

- 脊柱肌肉既不要活动得太多也不要太少：一方面，活动太多会导致疲劳；另一方面肌肉活动太少的话，主要的负载集中在同一部位的关节，会感到疼痛。
- 如果可能的话，最好减少作用于腰椎段的压缩载荷。考虑到这些负载并不容易测量，几项研究已经表明，在座椅靠背和座垫处的接触压力可能是作用于脊柱的压力的可靠指标，它可以在设计阶段作为标准。

关于肌肉活动和作用于椎间盘负载的不同研究表明，这些参数在人站着时比坐着时更低。此外，影响椎间盘上负载主要有三个因素：垂直载荷、腰椎段的曲率和肌肉力量（图9-2）

垂直载荷和肌肉力量都是坐姿低于站姿，这是因为一部分负载直接由座位支撑。如果座位倾角大于20°，肌肉力量减少，进而减少了椎间盘上的负载。

对于给定的垂直载荷，作用于椎间盘的压力取决于曲率。曲率的变化会改变作用在连接韧带的椎骨应力。韧带上增大的张力增加了作用在椎骨上的压缩力，这与由张力单元（韧带）和压缩单元（椎骨）组成的复合结构中发生的情况相似。由于与站姿相比坐姿韧带的张力更小，不同的作者（参考文献[4]、[5]）建议将站姿曲率的典型特征复制到坐姿。如图9-2 B姿态所示，在前面的一部分，或向内的方向（脊柱前弯症）对应于一个相当大的腰椎凸起（约50mm）。其他作者（参考文献[6]）表明一个略小的曲率更适合减小坐姿压力。

和站姿相比，驾驶员保持坐姿时：①大腿躯干角度更小；②垂直载荷传递到座位而不是腿部。这些都证明了，坐姿腰椎段的曲率比站姿要小。然后，脊柱前弯症可以减少到约 20mm。推荐姿态应与侧卧时的自然姿态相似（D 姿态，图 9-2）。

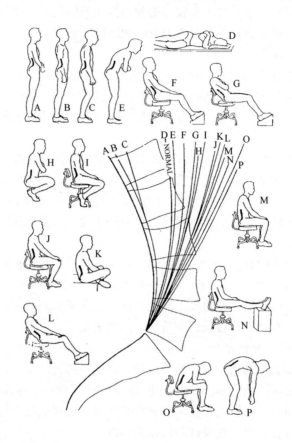

图 9-2　脊柱腰椎部分的姿态。当坐下时，自然放松的状态会使椎间盘的压力最小（姿态 D）

9.1.2　关节

人体不同部位是由能进行复杂运动行为的关节连接而成，不能简单用铰链与固定转动轴的组合来表示。唯一的例外可能是髋关节，可近似看做球铰链。

相反在膝盖处，铰链轴不是固定的，而是根据股骨和胫骨之间的角度变化。类似的情况也发生在踝关节。当考虑人体各部分的可靠性时，所有这一切都必须考虑在内。

在胳膊和腿的关节处负载都相对较小。事实上，这让驾驶员更加容易操控。另一方面，转向和制动助力系统的推广使用使得操纵更轻便，甚至在重型车辆上也是如此。手臂和腿的角度可以设定在允许最大活动范围的中点。这能让驾驶员准确和迅速地找到位置控制转向盘和加速踏板,而且也能在紧急制动时用较大的力踩下制动踏板。

为了在人机工程学分析中确定姿势,一些特征点(H、G、E、C……)被设置为容易识别的位置,离那些可以隔着衣服轻易地触摸识别出的关节很近,已经总结在图9-3中,其符号意思为

① SD:和赤脚平行的线。

② Ch:外侧踝。

③ G:外侧髁。

④ H:大转子。

⑤ E:肩膀。

⑥ C:外上髁。

⑦ P:尺骨茎突。

⑧ M:小手指指骨。

这些点是定义所谓坐姿角度的前提:也就是身体各部分之间的相对角度。图9-3 表示出这些坐姿角度:踝关节(α)、膝关节(β)、躯干-大腿角(γ)、肩关节(ε)、肘关节(τ)和腕关节(η)(参考表9-1,参考文献 [9])。

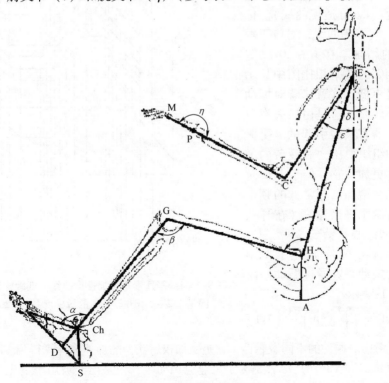

图9-3 姿势角度和基准点

表9-1 在车辆的对称平面 xz 上主要关节允许的角度　　[单位：(°)]

关节	符号	角度范围
踝关节	α	70~120
膝关节	β	40~180
躯干－大腿角	γ	60~200
肩关节	ε	10~45
肘关节	τ	35~230
腕关节	η	135~203

9.1.3 振动对舒适性的影响

车辆上的乘客受到不同振幅和频率的振动的影响。一般来说，振动的主要影响是降低舒适性，或者，如果长期暴露在高振幅振动，结果可能是身体的各个部分出问题。不同的国家已经出台不同规范来限制振动从而保持健康，包括：D2002/44、ISO 2631、英国标准 6841。

对人体影响最重要的频率范围是 0.5~80Hz。低于 0.5Hz 时，身体实际上会有效跟随车辆的振动而振动。高于 80Hz 时，振动会产生重要性有限的局部影响。在中间频率范围内，还存在内部器官的共振。如果振幅太高了，可能导致临时甚至永久性的伤害。

图 9-4 中的每条曲线都是频率的函数，振动振幅对应于给定的舒适度（Iso 舒适度曲线）。标以 o、a、b、c 等曲线，对应于舒适程度的增加。在 6~20Hz 范围，和相邻的频率相比图中显示的加速度更低，这意味着对振动的敏感性较高。这是由该频率范围的内部器官共振引起的。受振动影响的组织中压力和疲劳的增加证明这更加敏感。低于 1Hz 时敏感性也会增加。非常低的频率的运动会激励平衡器官（在耳朵内），导致恶心和晕车。

英国标准 6841 量化了作用于人体的振动。这通过振动暴露值（VDV）表示

$$VDV = \left(\int_0^T \alpha_\omega^4 dt \right)^{1/4} \quad (9-1)$$

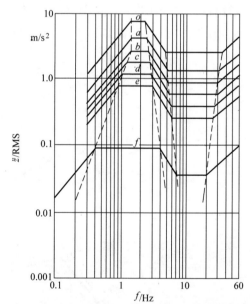

图 9-4　Iso 舒适度垂直加速度曲线。低敏感度的范围是 1.2~1.6Hz。更高的敏感度是 6~20Hz

为了考虑对振动的不同敏感性，它是由加权后获得的加速度计算得到（图9-4）。

振动暴露值（VDV）尽管是为了工业应用而生，但是已经被用来量化车辆乘客受到振动而引起的疲劳。

9.2 内部布置用人体模型

9.2.1 人体测量学要点

为定义一个乘客的体型或人体器官，通常引入百分位的概念。给定的人体测量指标（l）对应于一个百分位 x（表示为 l_{xth}），表示等于该百分位的人口比例不超过测量值，即 $l < l_{xth}$。例如，对应于第 95 百分位的高度是指有 95% 的人没有超过该高度。

人体测量数据通常如图 9-5 所示。对于图 9-5 中引用的每个人体尺寸，表 9-2 和表 9-3 列出了某些百分位对应的男性和女性的人体测量尺寸（通常是第 5 百分位、第 90 百分位和第 95 百分位）。尤其要注意，每个测量尺寸与其他尺寸无关，独立于其他测量尺寸（参考文献 [10]）。例如，一个有着对应 99 百分位高度的人可能有对应 60 百分位的肩宽和对应 75 百分位的手臂。

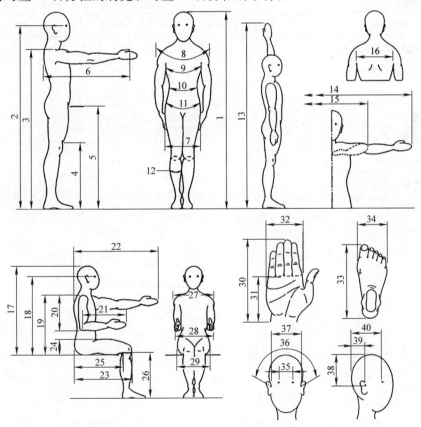

图 9-5　人体测量数据。所有引用的数值可由表 9-2 和表 9-3 得到

表9-2 根据百分位的主要人体测量数据，男性人口（美国）。这些数据以 cm 为单位（明确标示除外）

尺寸	5th	50th	95th
1. 身高	161.6	173.5	184.9
2. 眼睛高度	151.9	162.6	173.5
3. 肩膀高度	134.1	143.8	152.9
4. 膝盖骨高度	49.0	54.4	59.4
5. 胯部高度	77.2	83.3	90.7
6. 功能性前伸	75.4	82.0	88.9
7. 臀宽	32.3	35.3	39.1
8. 肩围	105.7	114.6	125.5
9. 胸围	89.2	98.3	109.7
10. 腰围	70.4	80.5	95.3
11. 臀围	87.1	95.8	106.2
12. 小腿围	32.8	36.6	40.6
13. 手举起最高点	197.6	—	227.3
14. 两臂伸展距离	167.4	—	192.0
15. 两肘伸展距离	79.4	85.7	92.4
16. 胸宽	27.4	30.5	34.0
17. 坐高	84.3	90.7	96.5
18. 眼高	74.7	80.0	85.1
19. 肩高	54.1	59.2	63.8
20. 肩膀–肘部高	33.4	36.3	39.1
21. 前臂手长	44.7	48.0	51.3
22. 前臂伸展长	78.7	—	94.0
23. 臀膝距	54.1	59.2	64.0
24. 坐姿大腿厚	10.9	14.5	17.5
25. 臀–腘距（坐深）	43.9	49.5	54.0
26. 腘高	39.4	43.9	49.0
27. 肩宽	41.9	45.5	49.3
28. 两肘间宽	34.8	41.9	50.5
29. 髋部	31.0	35.6	40.4
30. 手长	17.5	19.1	20.3
31. 手掌长	9.9	10.7	11.7

(续)

尺寸	5th	50th	95th
32. 手宽	8.1	8.9	9.4
33. 脚长	24.9	26.7	28.2
34. 脚宽	8.9	9.7	10.4
35. 瞳孔间距	5.5	6.1	6.8
36. 头冠状弧	33.5	35.5	37.5
37. 两耳屏间距	12.6	13.5	14.5
38. 头-耳高	11.9	13.2	14.5
39. 耳屏至枕后点距	8.5	10.2	12.4
40. 眼睛至枕后点距	15.7	17.2	18.9
41. 质量	57.2kg	75.4kg	98.5kg

表9-3 根据百分位的主要人体测量数据，女性人口（美国）。这些数据以 cm 为单位（明确标示除外）

尺寸	5th	50th	95th
1. 身高	150.0	160.0	170.4
2. 眼睛高度	142.2	150.4	150.6
3. 肩膀高度	123.0	132.9	143.4
4. 膝盖骨高度	45.4	50.0	54.6
5. 胯部高度	66.2	73.6	81.4
6. 功能性前伸	67.7	74.2	80.4
7. 臀宽	31.6	34.8	36.8
8. 肩围	92.6	100.0	107.4
9. 胸围	78.2	88.5	103.3
10. 腰围	58.8	66.3	79.0
11. 臀围	85.4	94.4	107.3
12. 小腿围	30.6	34.1	37.9
13. 头举起最高点	185.1	199.2	213.3
14. 两臂伸展距离	149.4	164.3	178.3
15. 两肘伸展距离	74.2	79.5	85.1
16. 胸宽	31.2	35.0	39.2
17. 坐高	78.5	84.8	90.7
18. 眼高	68.7	73.7	78.6
19. 肩高	53.7	57.9	62.5
20. 肩膀-肘部高	30.2	33.2	36.2
21. 前臂手长	38.9	42.4	45.7

(续)

尺寸	5th	50th	95th
22. 前臂伸展长	55.9	—	83.8
23. 臀膝距	51.9	56.9	62.4
24. 坐姿大腿厚	10.4	13.7	17.5
25. 臀–腘距（坐深）	43.2	48.0	53.3
26. 腘高	35.6	39.9	44.5
27. 肩宽	35.0	40.6	45.8
28. 两肘间宽	31.2	38.4	49.0
29. 臀宽	31.3	36.3	43.4
30. 手长	16.1	17.9	20.0
31. 手掌长	8.8	9.9	10.8
32. 手宽	6.9	7.6	8.6
33. 脚长	22.2	24.0	26.0
34. 脚宽	8.0	8.9	10.0
35. 瞳孔间距	4.9	6.1	7.4
36. 头冠状弧	31.7	33.9	36.3
37. 两耳屏间距	12.1	12.9	13.7
38. 头–耳高	11.6	12.7	14.1
39. 耳屏至枕后点距	8.9	10.1	11.8
40. 眼睛至枕后点距	15.0	16.3	18.1
41. 质量	47.2kg	62.2kg	90.3kg

若设计过程只包括有人体的其中一个尺寸（例如设计门的高度时考虑人的身高），百分位的方法是简单和准确的。然而，当设计涉及不同的身体尺寸时需要更加注意。例如车内驾驶员的位置，则不仅仅只关注身材，还有其他尺寸像腿、上身和头部，这些必须同时考虑。如果使设计驾驶员位置时考虑的相关尺寸在一个很大范围内（例如，从第5百分位到第95百分位），可能会更好地解决这个问题。有人认为这种方法会满足大部分人，不考虑5%的身材矮小者和5%的身材高大者。由于人体测量数据彼此并不相关，很多人（本案例中多达50%）会认为驾驶位置不舒服。实验测试表明，许多人会被设计的座舱排除在外。一方面有些人认为头或腿的空间太小，而另一些人觉得踏板太远或者座位太窄。

尽管领域不同，但服装是这种理念的一个很好的例子。虽然裤子通常以腰围为尺码卖出，但是腿长也可以作为尺码。事实上长腿并不一定对应于粗腰。例如，衬衫的同一领口尺寸可对应不同的袖子长度。

为了避免这些风险，有必要考虑通过一组人的真实尺寸来验证设计，而不仅仅是对一个给定的人口统计分析。这可以通过实验或软件工具实现。第一种情况下需要构建模型。

而且重要的是要认识到,百分位的数据不是在每个地方都有效。例如,欧洲的人体测量数据和远东地区的不一样。此外这些尺寸还会随时间增加,这种现象称为长期增长。第二次世界大战结束后,欧洲和北美的人体测量尺寸稳步增长,尽管目前这种趋势已经名义上稳定。而在发展中国家增长更为明显,表明相关尺寸的增加可能与更好的生活水平和营养相关。

综合来说,重要的是要运用最新的人体测量数据并且关注汽车的消费市场。

9.2.2 二维人体模型

车辆的内部布置必须保证乘客有良好的人体工程学定位,以提高其乘坐舒适性。从这个角度看,有必要考虑以下几个重要的方面:

- 即使在同一类人中人体及其所有部分的尺寸,人与人之间差别很大。
- 身体各部段之间的关节允许非常复杂的运动,很难用一个简单的形式表达出来。

这很容易解决,因为二维人体模型已经被引入来简化设计过程。在设计过程的初级阶段这尤为重要,因为绝大多部分参数的管理可能进入无休止重复才能得到一个令人满意的解决方案。二维人体模型在侧视图中表现了内部布置过程中更为重要的人体段。这是通过少数表示主体段刚体组成的专用工具(人体模型)以一个普通的基本形式实现的。图 9-6 所示为标准 SAE J826 定义的人体模型。

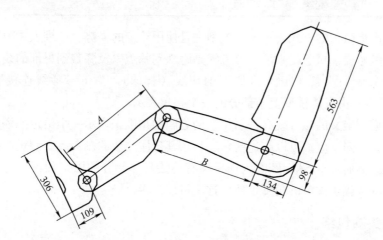

图 9-6 SAE J826 标准的二维人体模型,推荐用于内部布置。只有与腿(脚踝到膝盖的距离 A)和膝盖到臀部距离 B 相关的尺寸才和百分位有关,其他都是固定值。脚和躯干的尺寸都是固定值,尽管当腿是小百分位的时候(5 甚至 50)可能会产生相当荒谬的情况,但这个选择是想保证躯干和脚的最小活动范围。人体模型的这四个部位是铰接在一起的。所有尺寸都是用毫米表示的。

该人体模型表示一个坐在车内驾驶员位置的成年男性侧面轮廓（xz 平面），车内有代表着脚、腿、大腿、躯干的 4 个刚体，每个均通过固定轴铰链铰接。头部不包括在这个人体模型内，而是在后面章节引用 SAE J1052 时会进行介绍。

人体模型的平面（xz）和连接髋关节的轴的交点被定义为 H 点。H 点被认为是定位车辆内人体模型的参考点，因此也成为几个定位程序的起点。美国和欧盟关于直接和间接视野的标准就是一个典型的例子。

另一个特定的点是所谓的踵点（HP），位于脚跟的下部，当踩下加速踏板时，HP 点表示脚与地面的接触点。HP 的重要性将在后面的小节中指出，因为它成为所有布置过程的起点。

不管膝盖、脚踝关节和几乎无限自由度的脊柱多么复杂，二维人体模型只有三个固定铰链，分别代表脚踝、膝盖和臀部关节，而躯干是刚体。这些假设是基于汽车整车布置的背景。因此这个人体模型除了表示车内的个体，不能用于其他目的。

如图 9-6 所示，只有与腿（脚踝到膝盖距离 A）和膝盖到臀部距离 B 相关的尺寸才与百分位相关，见表 9-4。相比之下，躯干和脚的尺寸（穿鞋）是固定值。尽管当腿是小百分位的时候（5 甚至 50）这可能产生相当荒谬的情况，但这个选择是想保证躯干和脚的最小活动范围。事实上，如果穿的鞋很大，类似靴子的话，空间太小会很危险。例如，脚会卡在踏板或仪表板下面。

表 9-4　SAE J826 推荐的做法。根据百分位数的尺寸，A 为脚踝到膝盖距离；B 为膝盖到臀部距离

距离	10th	50th	90th	95th	99th
A/cm	39.0	41.6	44.3	46.0	47.6
B/cm	40.8	43.1	45.6	45.7	47.5

为了用更简化的方式表示人体模型并且使用给定的姿势，二维人体模型所有部分有一个参考线：对于腿来说，参考线是脚踝到膝盖以及膝盖到臀部的线，而对于脚来说参考线是踵点（HP）和脚底的切线（脚球）。主干参考线连接髋关节点（H）到肩点，由人体模型上半部分的一个拐角表示。

人体模型定义的参考线允许引用它们之间的角度来表示一个给定的姿势。通过观察图 9-3 可知，应该可以将这些角度和从其身体测量的参考点中测量的坐姿角度进行比较。然而由于 SAE J826 人体模型有连接身体部分的固定轴铰链，而且人体回转铰链轴依赖于关节的角度，所以这不可以直接比较。

9.2.3　头廓包络

如前所述，SAE J826b 标准定义的人体模型不包括头部，只包括躯干、腿和脚。SAE J1052 标准推荐的方法说明了如何通过图 9-7 和图 9-8 显示的轮廓，把头部考虑在内进行车辆布置（参考文献 [11]）。此轮廓已经考虑头部所需的空间，包括从前方看时的头发。如图 9-7 和图 9-8 所示，每个轮廓对应给定的百分位，每

个给定的百分位是由50%的男性和50%女性的人口统计分析得到的。每个人被要求相对于垂直线后倾25°坐着并且双眼沿水平线注视前方。对应于给定百分位的轮廓的切线，以第95百分位为例，留下低于切线等于第95百分位（95%）一小部分人口。剩余部分的头部（在第95百分位情况下的5%）越过平面上面的部分。头廓包络因此作为平面的包络获得（在每个视图），而平面的包络将平面分为两个部分。字母m的轮廓同样显示于图9-7和图9-8，表明统计意义上平均的头廓包络不包括头发。相对应地，更大尺寸的头廓包络需要考虑更多给定坐姿下影响头部位置的因素，但这个给定坐姿在头廓包络定义中并不存在。事实上每个人在同一个座位也会少许不同，这是因为他们有不同的体型、姿势、骨骼和肌肉系统、心理状态等，这里仅仅列举这些主要的影响因素。另一方面讲，平均头廓包络是同一位置的平均头部尺寸。

根据这一定义，头廓包络允许评估车辆内表面和乘员的头部之间的最小距离，并且提供了一个重要的工具来评估人体工程学设计对于车辆的上部结构包括所有的内部装饰选择的影响。

图9-7所示为可纵向调整的座椅上的乘客，就像大多数驾驶员座椅一样。相反，图9-8所示为固定座椅上的乘客。

给定百分位的头廓包络定位步骤如下：

侧视图：

① 画一条竖直线通过H点。

② 在H点上方635mm处，画一条水平线。

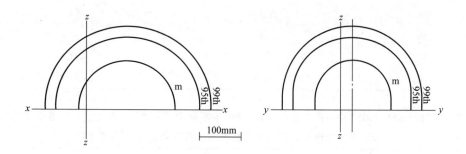

图9-7　SAE J1052：水平位置可调的座椅的头廓包络。包络线是百分位的函数。包络线m代表头部的平均尺寸。点画线（---）代表一条通过两眼中间位置的垂线

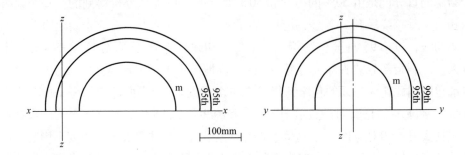

图 9-8　SAE J1052：固定座椅的头廓包络。包络线是百分位的函数。包络线 m 代表头部的平均尺寸。
点画线（---）代表一条通过两眼中间位置的垂线

③ 定位头廓包络参考系 $xx-zz$，这样它的原点就是上面定义的两条线的交叉点，轴 xx 和 zz 分别为水平和垂直。

④ 如果躯干的倾角 $\delta = 25°$，（图 9-3），这是头廓包络的位置，没有必要修正。但如果 $\delta \neq 25°$，表 9-5 和表 9-6 显示如何根据后倾角 δ 修正之前得到的位置。

表 9-5　针对 SAE J1052 中头廓包络和 SAE J941 中眼睛活动范围的水平位置和竖直位置的修正。修正主要根据后背相对于垂直线的倾角（角 δ）——水平可移动座椅

$\delta/(°)$	纵向调整 (x)/mm	垂向调整 (z)/mm
5	−186.4	27.6
10	−137.4	25.1
15	−90.0	19.7
20	−44.2	11.3
25	0.0	0.0
30	42.6	−14.3
35	83.6	−31.5
40	123.0	−51.8

表 9-6　针对 SAE J1052 中头廓包络和 SAE J941 中眼睛活动范围的水平位置和竖直位置的修正。修正主要根据后背相对于垂直线的倾角（角 δ）——固定座椅

$\delta/(°)$	纵向调整 (x)/mm	垂向调整 (z)/mm
5	−114.6	47.8
10	−51.1	45.2
15	9.6	39.0
20	67.6	29.5

(续)

$\delta/(°)$	纵向调整 (x)/mm	垂向调整 (z)/mm
25	122.7	16.5
30	175.1	0.0
35	224.6	-19.8
40	271.4	-43.1

前视图：

定位参考线 yy，使参考线和 H 点的垂直距离与侧视图保持一致。

对于可调整的座椅，必须确定轮廓以便眼睛中部的参考线通过 H 点（或 R 点）。

9.2.4 三维人体模型

SAE J826b 和 SAE J1052 推荐的二维人体模型方法已经作为绘图工具使用，特别是对车身布置阶段和涉及人体工程学的初步决定有帮助。因此它的应用局限于设计过程的初始阶段。

当车辆被定义为一个三维物体的时候，有必要引入一种人体模型，它可以考虑乘客真正的空间属性。根据需要完成的任务，三维人体模型可能有不同的特点：

- 三维绘图和设计。
- H 点的实验定义以验证是否符合各种标准，例如，直接和间接视野，双眼盲区。

三维 CAD 工具的普遍使用已经促进了三维虚拟人体模型的引进（RAMSIS，SAMMIE，JACK，这里仅列举包含虚拟人体模型在内的三种商业标准）。

三维虚拟人体模型使三维设计期间的设计选择对人体工程学的影响得到验证，并能够确定为达到指令和控制所需的努力，以及对直接和间接视野及相应的障碍物进行评估。从人体测量学的角度来看，三维 CAD 工具使符合百分位数据库或真正的个人的尺寸的人体模型尺寸得到配置，并且允许设置在一个虚拟环境中使用百分位数据验证，以确保它适用最多的人。这允许在虚拟层面上进行许多测试，而之前这种对许多潜在的用户的测试都需要设置昂贵的实验模型和测量活动。

目标用户数据库的创建，及在其基础上的大量的不同配置测试本质上是一种对基于百分位的方法的改进。现在设计可以直接针对目标用户，目的是确定一个能够满足大多数用户的解决方案。这种方法克服了基于百分位方法的大部分关键问题，即隐含的假设：一个人身体各部分的尺寸彼此无关。甚至在百分位方法中，除了"设计"的那个，灵活性和大多数虚拟工具的参数特性，可以测试不同的百分位。对于姿势而言，以及相比于参考的过小或过大百分位的可见性和可及性（参考文献 [10]），这达到了很好的平衡。

图 9-9 所示为 D71/127 规定的三维人体模型，类似的人体模型也是 SAE J826 推荐的做法。这两个人体模型是所谓的物理对象，其目的是要找到 H 点的位置（或 SgRp SAE）和躯干相对于车中驾驶员的座椅垂直线的倾角（δ）。这些数据构成关于直接和间接视野的认证测试的起点。由于这对认证过程中的汽车制造商至关重要，相同的标准显示人体模型详细的定位过程来将这一措施的不确定性降至最低。

9.2.5 SAE 引用系统

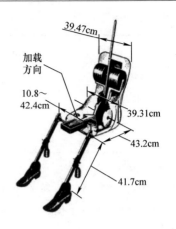

图 9-9 欧盟标准 D71/127 规定的三维人体模型，用于确定 H 点的位置和躯干相对于现有车辆或样车中驾驶员座椅垂直线的倾角（δ）

为了比较不同汽车的尺寸和几何特征，设计师有时会面对很多不同的选择，有时候这些选择之间的转换很复杂，而使用独特的引用系统非常有助于避免这种复杂转换。在这种背景下，SAE J1100（参考文献 [12]）推荐标准定义了如何标注车辆的主要尺寸，从总体尺寸到相对次要的细节。其中的一些尺寸如图 9-10 和图 9-11 所示。一些尺寸与乘客的坐姿有关，而其他尺寸与总体尺寸和布局有关。SAE 建议角度和特征尺寸的测量要基于二维人体模型和三维人体模型，而不是直接测量真正的人。正如前面提到的，这避免直接比较真正的人类（来自图 9-3 的特征点）和在人体模型上测量的类似（但不等于）尺寸。例如，尽管明显相同，图 9-11 的角 L40 和图 9-3 的 δ 是以不同方式定义的不同量。第一个是使用指定的人体模型测量的，第二是通过定位在身上的标记实现的。该标记可以很容易地确定甚至隔着衣服找到。为了克服这个困难，一些规则提出了将人的测量与人体模特相关的数量联系起来，与 SAE J826b 和 J1100 推荐做法一致。

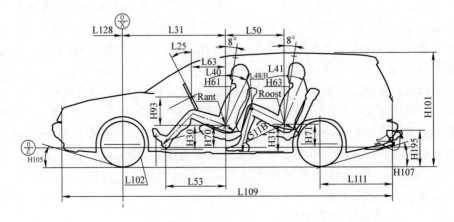

图 9-10 车辆内部布置图。主要尺寸符合 SAE J1100 推荐的方法

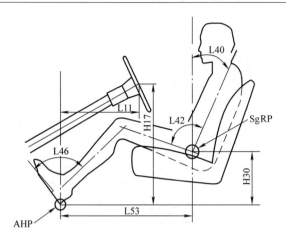

图 9-11　SAE J1100 关于驾驶员坐姿的尺寸

9.3　乘客定位要点

　　本节目的是概述影响车内乘员定位的主要因素，考虑到主要约束来自车辆结构、操控，以及需要保证一个人体工程学可以接受的位置。车辆的布置是一个过程，它必须安装许多不同的子系统，包括动力系统、操纵系统、悬架系统和车身结构、仪表板、行李，但是不含驾驶员和乘客。因为体积相对较小，从某种意义上说，乘员定位就是妥协的结果。然而定位过程中，对以下需求不能折中：

- 舒适。
- 安全。
- 功能和操纵方便性。
- 直接和间接视野。

　　在车中，就好像一个人可以承担许多其他任务（从办公室工作到建筑工程这样的大体力劳动）一样，脊柱的正确姿势对减小受力、负荷和振动十分重要。脊柱的正确位置对于避免长期损害骨骼系统也很重要。更具体地说，以汽车为例，需要考虑以下因素：

- 脊柱是将垂直载荷从上半身传递到腿的结构。传递的载荷从颈椎到腰椎呈逐渐增长的趋势。相比之下，腰椎是载荷最大的地方，就如图 9-1 中显示的那样。
- 为了减少疲劳的影响和永久性损伤的可能性，有必要减少垂直加速度。
- 驾驶员必须对外部环境有一个很好的视野，这个位置必须允许驾驶员保持其头部竖直且不需要支撑。同时也建议前排乘客头部保持竖直，甚至休息在头枕上时，尽管这种限制可能会阻碍其外部视野。

　　座椅略微倾斜是减少腰椎负载的好方法。这允许将上半身的一部分负载直接加载到座位上，从而缓解腰椎部分的负载。然而，倾斜不应过度，以免需要费力保持头部竖直。过度倾斜的位置会限制便利性和施加到操纵机构上的力（例如转向盘）。

115

9.3.1 基本姿势

图 9-12 所示为与汽车使用相关的三个基本姿势：SE 坐姿、RC 躺姿和 CR 蜷缩，每个都允许驾驶员头部自然地保持竖直。

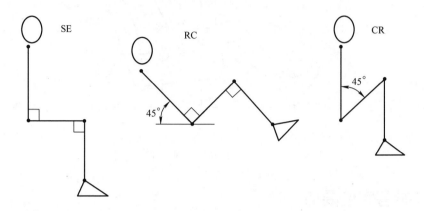

图 9-12 汽车用的基本姿势
SE—坐姿 RC—躺姿 CR—蜷缩

原则上，其他位置可以被采纳。例如在卧姿中，驾驶员看起来靠前，但是非常不舒服，操纵车辆十分费力，具有明显的安全隐患；这种姿势仅在赛车上应用。站姿仅需脚掌大小的区域，但竖直方向上占用空间较大。除了少数著名的应用外（如 Segway 公司的平衡车），其使用主要限制于城市公共交通领域的车辆（例如公交客车和地铁）。

1. 躺姿（RC）

如图 9-12 所示，躺姿的特点是躯干和腿段垂直且有 45°倾斜。尽管有些困难，但头部和颈部可以竖直。

优点：

- 能够承受大载荷的垂直加速度，因为大多数载荷由座位支撑。
- 减少血液循环系统上的负载。有限的垂直高度使得心脏几乎不需要费力就可以泵血到所有器官。
- 减少垂直高度。车身的有限截面会使空气动力学性能得到改善。

缺点：

- 阻碍视野：一段时间后，脖子需很费力来维持竖直位置防止头部的自由旋转，因此引入直接视野的严格限制条件。沿相反的方向转动时（例如在停车期间），后方的视野也被严重限制。这是因为为了向后看，驾驶员被迫将其上半身保持在几乎垂直位置，然后转动其颈部和肩膀，只有肩膀不与座椅接触才能实现。
- 降低操纵的简便性：手臂的延伸位置不容易达到，减小了传递到转向盘上的转矩。

- 纵向尺寸：在两排座椅的内部布置中，可以通过前排身下和后排大腿部分的重合来减小较大的纵向尺寸。

应用情况：这种姿势很少采用。虽然有上半身的小倾角可以扩大视野和改善驾驶员的操控，近乎斜倚的姿势却是赛车中的典型姿势。

2. 坐姿（SE）

这个基本姿势为身体各部分之间成 90°，靠在座椅靠背的垂直位置。

优势：

- 视野：与斜倚的姿势相比，颈部直接在竖直位置支撑头部。此外，后向视野在反向运动时要求更简单地旋转上半身（相对于斜倚的姿势），因为它不涉及从座椅靠背起身。
- 纵向尺寸：纵向尺寸远小于斜倚姿势时的纵向尺寸。
- 方便性：和其他姿势相比，转向盘轴线垂直时驾驶员施加的转矩最大，其他机构（例如变速杆和开关）的可用性也较之其他姿势更为简便，而且这种情况下上下车更加方便。由于上半身已经处于直立状态，并且特别是和斜倚姿势相比，重心和站立姿势时大约在同一水平面，进出更加轻松。

缺点：

- 降低了抵抗垂直加速度的能力：座椅靠背不会缓和脊柱上的垂直载荷。要解决这个问题，座椅可以通过柔性悬挂连接到车辆底盘，使脊柱腰椎段的动态载荷减小，并且避免对脊柱长期的损坏。这种悬架的刚度和阻尼设计的目标是将尽可能减缓传递给驾驶员的动态激励。
- 垂直尺寸：垂直尺寸大于斜倚姿势的垂直尺寸。对于正面部分很大的车辆（即工业车辆）这可能不是一个限制因素，而在其他情况下，如大多数汽车，这会是限制因素。

应用情况。操纵机构的简便性和视野使本坐姿最适合工业车辆。此外，由于纵向尺寸缩短可以增加载货量，而由于这种车辆具有较大的截面积因而垂直尺寸也不会存在问题。

3. 蜷缩（CR）

意味着大腿躯干角为小角度（45°，如图）。

优点：纵向和垂直尺寸小。

缺点：

- 这种姿势很不舒服且只能维持很短的时间。
- 降低抵抗垂直加速度的能力：由于大腿姿态引起的脊柱有限曲率增加了腰椎段的负载。
- 简便性：几乎不可能进行常规的操纵动作，例如转向盘和踏板，而且上下车也极度不舒服。

应用情况。由于占用空间小，因此这种姿势主要用于第二排，特别是小型车的后排乘客。

9.3.2 汽车中采用的位置参数

在汽车应用中，前排乘客的姿势通常是躺姿和坐姿的折中方案。目标显然是要结合这两种基本姿势的主要优点，同时限制缺点。尤其是对紧凑型车，为了限制纵向尺寸，第二排的姿势相对拘束，大腿和躯干之间角度更小。然而这对大型轿车不适用，因为它为了舒适优化了第二排座椅。

表 9-7 列出的是在实际汽车和实验室中进行的不同调查所得出的角度范围，此范围可用来让驾驶员执行最小化姿势应力的任务。角度在图 9-3 中定义。

表 9-7 不同作者建议的主体段间的角度。Rebiffe 和 Grandjean 采用允许范围。Porter 和 Park 采用平均值和标准偏差（在括号中） [单位：(°)]

	Rebiffe （1969 年）	Grandjean （1980 年）	Porter/Gyi （1998 年）		Park （2000 年）	
			男性	女性	男性	女性
γ	95~120	100~120	101 (6)	99 (5.2)	116 (7.6)	119 (7.6)
β	95~135	110~130	121 (8.1)	117 (8.6)	133 (9.5)	135 (6.6)
τ	80~120	—	128 (20.3)	113 (17)	119 (13.7)	106 (10.9)
ε	10~45	20~40	50 (2.4)	40 (2.8)	—	—
α	90~110	90~110	93 (6.4)	92 (5.3)	102 (8.2)	99 (9.0)
δ	20~30	20~25	18 (3.2)	14 (3.8)	—	—
L40	—	—	18 (3.2)	14 (3.8)		
L42	—	—	94 (3.8)	91 (3.9)		

考虑姿势角度，需要注意以下几点：

β：为了使得踏板容易踩到，也为了腿部伸展，这个角度既不应太大（β 增加），也不能小到无法屈腿（β 减少）。在所有情况下 β 不是临界角，并且具有很宽的平均值变化范围。建议膝盖置于转向盘的平均面之前，以免制动时发生干涉。从制动踏板（非踩下状态）到与转向盘前部相切的面的距离通常是 600~660mm 之间。

γ：建议这个角不能小于 90°，尤其是对肥胖人士来说。在 SAE J826 的二维人体模型中，证明肚子上的凸起可能会干涉大腿。

δ：斜倚姿势（$\delta > 25°$）意味着相对于更"正坐"姿势来说斜倚姿势离转向盘更远和视野更受限，但是会更好地抵抗垂直加速度。根据 Grandjean，δ 的推荐值意味着上半身的相对垂直位置。另一方面，为了在座位上获得更好的重量分布，Rebiffe 建议一个更斜倚的姿势。上半身的重量将会更多作用在椅背上，同时为了获得更好的整体上的舒适感，减少座垫上的负载。正如我们已经提到的，更加倾斜的位置会增加操控系统的难度，并且需要转向盘轴线更加水平。（通常情况下转向盘轴线对水平线的角度是30°~35°；更低的在20°左右)。在所有情况下，都必须保证紧急制动时膝盖不会受到妨碍。

α：脚踝处于一个相对固定的位置时会比较舒服，但会在平均值附近小范围变化。通常是考虑到加速踏板在中期行程的位置，以确定相当重要的角α。考虑到正常的脚踝不需很费力所能达到的最大旋转角度大约 $\Delta\alpha = 40°$，α的变化范围在70°~120°。此外，由于加速踏板行程约50~60mm，这对应绕HP点±8°的旋转角度。如果在加速踏板的中间行程，α = 85°或90°，脚踝的变化区域如下：

$$\alpha_1 = 85° \pm 8° = 77° \sim 93°$$
$$\alpha_2 = 90° \pm 8° = 82° \sim 103°$$

这些角度处于踝关节允许的范围内（70°~120°，见表9-1）。

表9-7中列出的角度彼此无关且和体型无关。伸腿姿态（$\gamma = 130°$）与垂直躯干（小的大腿躯干夹角 $\gamma = 95°$）关联时很不一样。较高的人往往需要更大的大腿躯干夹角，而较矮者采用小的膝盖角度和躯干的竖直状态。这两个简单的案例表明，姿势的选择在很大程度上取决于身体的尺寸及其各部分之间的相对比例。数据（表9-8）的使用需要有一个实验性的检查来验证设计的选择。

表9-8 Porter和Gyi在实验室使用乘坐模型测量的H点位置（参考文献［8］）

SAE 尺寸	L11/mm	L40/(°)	L53/mm	H30/mm	H17/mm
最小	322	5	577	283	580
平均	438	16	738	301.1	628
最大	602	25	889	335	689
偏差	48	4	67	11	24

另一个重要因素是，姿势也取决于驾驶员的座椅配置。驾驶员需要观察仪表板上的仪表面板，透过前风窗玻璃和侧窗向外看，这都是影响姿势的因素。较矮者为了看到道路和仪器，将会选择比躯干较高者更加竖直的姿势。相反，出于同样的原因，体型高大者会选择一个更倾斜的靠背并且会向后移动座椅。

基于躯干是刚体（SAE J826 和图9-3）的假设的方法忽略了所有与脊柱姿态相关的变量，详细点说就是其腰椎段。一些研究（参考文献［3］）已经解决确定最佳脊柱姿态的问题，通过

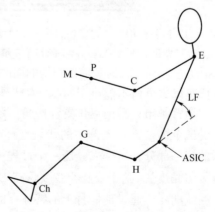

图9-13 考虑到腰椎段的姿态的参考点。添加了一个参考点的前高级髂嵴——ASIC

在姿态参数中引入额外的自由度实现的。在髂骨棱（髂骨前上嵴 - 图9-13中ASIC）上的参考点的引入受髋骨相对于腰椎段倾角的影响。

尽管靠背倾角可以自由选择，所有参与调查的受试者选择了一个几乎恒定的弯曲的腰椎段，角度 LF = 31.6°。因为座椅靠背倾角影响躯干 - 大腿倾角和腰椎弯曲，最后一个参数（角 LF）是姿势舒适性的重要因素。然而，刚性躯干的人体模型的使用（SAE J826B 推荐使用）是有道理的，因为角 LF 在不同调查对象之间几乎不变。最近已经提出臀部和脊柱之间有额外的关节的二维人体模型（参考文献[13]），它让人们在设计阶段就考虑脊柱曲率的影响。

9.3.3 评估姿势舒适性的验证工具

图9-14 演示了一个试验台，其目的是测量驾驶员的姿势（坐着的男性年轻人）。试验台上是驾驶员的典型姿势和主要驾驶舱部件：踏板、座椅、转向盘、变速杆、仪表板。屏幕用来可视化驾驶期间的道路交通环境。

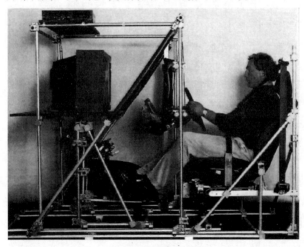

图9-14 试验台用来研究姿势的乘坐舒适度（坐着的男性年轻人）。试验台上是驾驶员的典型姿势和主要驾驶舱部件：踏板，座椅，转向盘，它可以测量身体各段之间的角度

通常这类试验台允许对驾驶舱的主要参数进行调整，即座椅的纵向和竖直方向位置、靠背倾角、转向盘位置和倾角、踏板位置。

受试个体（选自人群中的代表性样本）被要求坐着并模拟驾驶大约 2.5h。在测试的第一部分，每个人经历一个过程最后达到最舒适的姿势。为了评估得到的结果（姿势角度），这个姿势至少要保持 15~20min。

测试期间，通过他们身上的特征点的光学标记测量得到姿势角度（外侧髁、大转子、外侧踝、外上髁、尺骨茎突、第5远节指骨）。

用样需要测量的是座垫和靠背上的压力分布。

9.4 踏板的功能和定位

汽车整体尺寸越来越倾向于具有更大的内部空间，这让前排的定位在初始布置时显得极为重要。由于驾驶员始终接触踏板，只有踏板位置确定之后，才可能对前排进行布置。因此踏板是车辆布置的起点，并且在整个内部空间定义上是很重要的环节。

踏板受到下列部件结构的限制：

- 前轮罩：前轮周围的空间必须保证其功能，即转向、悬架系统的垂直位移。车辆其他的重要部分在轮罩里面，包括悬架、转向杆和传动轴（以前驱车或四轮驱动车为例）。
- 地板通道：出现在发动机前置、后轮驱动的汽车结构中，地板通道结构用于把传动轴集成在地板上，如上卷所阐述的，这使地板平面以及车辆的重心降低。地板通道通常也存在于发动机和变速器前置的结构中，在这种情况下它是用来定位一部分排气系统和驻车制动操纵机构，同时增加纵向载荷的承载能力（碰撞工况时）。
- 地板。
- 防火墙：这是将乘客区与发动机舱隔开的结构。踏板通常与防火墙相连。转向器可能在踏板相对的一侧与防火墙相连，或者与其他结构（例如车架或副车架）相连。在任何情况下，需要保证转向系统的正确的运动特性，这通常要求其位置接近踏板。

显然向前布置踏板会增大车内空间。然而，限制踏板和防火墙向前布置的因素是：

- 转向器的正确功能性。它要求和转向轴线保持合适的距离，转向轴线通常非常接近车轮轴线。在发动机前置横置结构中能够安装传动系，转向器在发动机之后。由转向器（和转向臂）和转向轴线之间的最小纵向距离（范围是 100~150mm）得出防火墙的前向极限位置。
- 需要安装传动系及其结构，为防火墙的前向位置设定了严格的限制。
- 车辆前部结构在正向碰撞时的动能耗散中起到很重要的作用。需要限制乘客的加速度，这就要求设计一个最小纵向尺寸的前部结构。

9.4.1 轮罩尺寸

轮罩专用于提供车轮的空间。一般的汽车中，轮罩通常位于车身内部（包括车轮）。无论如何，其较大的尺寸对车辆布置有重要影响。轮罩的设计必须在进行车辆布置之前完成，更具体地说，是在踏板定位和人体模型定位之前。

前轮轮罩必须允许悬架系统和转向系统的所有运动，并且保证车轮和固定部分不发生干涉。一般说来，汽车轮罩在设计时要考虑以下几点：

- 汽车满载条件（5座汽车的载荷标准F）。
- 悬架允许的最大垂直位移大约为70~90mm。
- 可以通过考虑100% Ackerman转向运动学和必须达到的最小转向半径（通常在5~6m范围内）计算最大转向角。在一条曲线上，内侧车轮转向角比外侧车轮更大。对于欧洲的中型轿车，这些角度的数量级对于内侧车轮（后束角）大约为40°，对于外侧车轮为30°。因为车辆必须确保左转和右转时有相同的半径，所以每个车轮必须有40°的后束角和30°的前束角。

尽管这种假设可能有点过于保守，但在设计前轮轮罩时，可以考虑兼顾最大的悬架行程和最大的转向角。悬架的最大位移发生在车辆中高速行驶时，所以这时的转向角小于停车时。相比之下，停车时的悬架位移通常很小，但小空间的移动要求大转向角度。结果可能是设计一个轮罩，允许最大悬架位移只是在小到中等范围的转向角度内，而最大转向角度可允许减小悬架位移。在图9-15中，80mm的最大位移时可能只对应转向角度$15° < \delta < 20°$。最大转向角度只能和悬架最大位移的75%相对应。

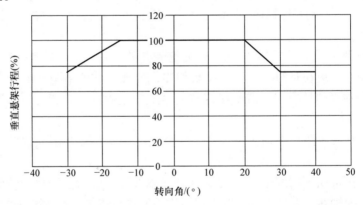

图9-15 前轮罩：最大悬架行程与转向角的函数关系，可以用来限制轮罩的大小

车轮部分中的螺纹和侧壁之间的圆角对轮罩尺寸影响更大。车轮的这一部分决定了靠近前排乘客的车轮轮罩的圆角（内侧后部圆角）。如果是前轮驱动车辆，除了轮胎之外有必要考虑防滑链的存在（如适用）。防滑链的厚度通常是12~16mm。由于在使用期间，会有一层雪和泥土依附在其表面，所以有必要考虑额外约15mm的厚度来避免接触轮罩表面。

轮罩的设计必须考虑其自身结构的厚度，它将车轮的空间与车辆内部以及各层不同用途的铺层（振动阻尼、噪声衰减、装饰）隔离开来。所有这一切的整体厚度在17~35mm的范围内。

图9-16显示的靠近离合器踏板的软罩部分是最关键的，因为它可能与踏板或脚部发生干涉。为了避免这种情况发生，需要考虑一个适当的范围（距离边缘踏板约70mm）。

后轮轮罩尺寸要小得多,因为后轮的主运动是在垂直方向,而后轮的外倾角和转向角相对较小,在四轮转向车辆的情况下也是如此。在所有情况下,悬架、防滑链(如果适用)、结构和所有内饰都需要空间。

9.4.2 踏板

1. 加速踏板

驾驶员十分频繁地使用这种踏板,因为除了制动,它一直被踩着。因此优化驾驶员的姿势,可能会考虑其脚部作用于加速踏板最有可能的操纵位置(中间行程)。如前所述,脚跟和地板之间的接触点通常表示为 HP(踵点)或 AHP(加速踏板踵点)。

作用在加速踏板上的力应相对较小(10~20 N),以便于驾驶员轻松并精确控制其位置在与踝关节匹配的位移范围内(50~60mm)。

为了改善驾驶员对踏板的控制,应该使踏板与脚(鞋底)之间的相对滑动最小化。在某些情况下,滑动可能会产生静摩擦力从而降低驱动控制的精度。如果踏板在其上端铰接(图9-16a1),建议脚和踏板的接触点位于连接踏板铰接处和 HP 点的连线上。这种对齐使得空脚和踏板之间没有相对切向位移,因此避免相关的摩擦。不幸的是,这种对齐仅仅发生在踏板的其中一个位置。因此,应该在最常用的加速踏板位置也应实现对齐(中间行程位置)。所有其他位置时都会将出现一些摩擦。

所有姿势中,铰接在踵点(HP点,图9-16a2)的加速踏板会避免脚和踏板的摩擦问题。此方法就性能而言通常比前一个要好。然而这也更加复杂,因为加速踏板和离合器-制动器总成成为了需要额外成本的独立子系统。

2. 制动

和加速踏板相比,制动踏板需要相当大的力量,至少在某些情况下。比如在紧急情况下由于未能启动动力辅助制动系统,踏板上的力可以达到500N。预期响应(制动转矩)和力成正比,而精确定位没有特殊要求。从这一点来看,制动踏板和加速踏板是互补的。为了施加如此大的力,必须用足弓作用在踏板上而脚后跟与地板不接触。同样,需要确保转向盘不受抬起的腿部(膝盖)干扰,因为这可以防止驾驶员制动困难(图9-16b)。出于同样的原因,脚必须放在踏板上,应避免任何其他与

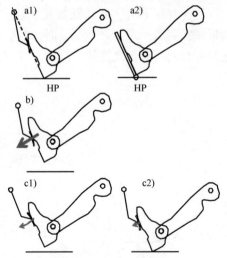

图 9-16 踏板的操作
上部 a1)或下部 a2)铰接的加速踏板
b)制动:紧急情况下足弓踩在踏板上
c1)离合:脚的行程的第一部分时可能抬脚,
c2)离合器分离通常伴随着踵点接触
地板以便有更好的控制

杆或邻近的部分（如仪表板）的接触。

3. 离合器踏板

离合器踏板需要介于制动踏板与加速踏板之间所需的一种控制。行程的第一部分补偿间隙和执行离合过程，而第二部分对应着离合片彻底分离。最大力应该适中（在100N范围内），并且传递转矩的调整需要相当好地位置控制。

并不是所有的驾驶员都用同样的方法作用于踏板。一些人开始时抬着脚推动，当离合器开始分离时，脚跟接触地板，并在操作的其余部分始终保持接触，图9-16c1），c2）。有些驾驶员始终保持脚接触到地板上，以便于有一个更好的位置控制。

装配和生产部门可能建议三个踏板有共同的铰链轴。实际这是不可能的，因为使它们的行程和动作类型不同。制动和离合器踏板通常有共同的铰链轴，而加速踏板构成一个单独的组件，有不同的铰链。出于模块化的需要，它们都要连接到同一个底座上。

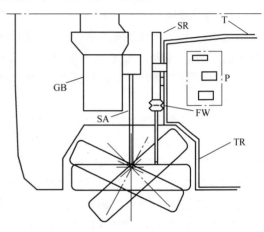

图9-17 轮罩、转向器（SR）、踏板（P）、防火墙（FW），地板通道（T）、内饰（TR）、变速器（GB）、差速器（D）的尺寸。主要踏板的尺寸。为了避免干涉，踏板之间的距离应大于100mm

当没有踩下时，制动踏板比加速踏板通常更高一点。开始制动时，右脚必须抬起并且横向移动。这减少了脚卡在加速踏板和制动踏板之间的风险和意外的制动风险。（图9-17和图9-18）

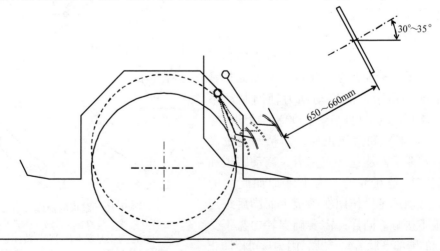

图9-18 踏板，轮罩和转向盘侧视图。加速踏板分别代表中间行程（实线）、全节气门和空踩（虚线）位置

9.5 内部布置

9.5.1 前排

1. 驾驶员位置

为了在充分利用车内有效空间的同时能够为乘客提供舒适的位置，内部布置的设计通常包括踏板和其邻近的所有组件，如防火墙、地板通道以及位于仪表板下方的部件。由于踏板是驾驶员和车辆之间的主要接口之一，驾驶员的姿态和操作必须能够和车辆兼容。一旦已经确定前排和后排乘客的人体测量尺寸（按照百分位的方式），内部布置通常始于定位驾驶员作用于加速踏板的右脚（在中间行程）。脚后跟和地板的接触点表示为 AHP（加速踏板踵点），它构成了车内和车身设计的一个重要部分。其余的驾驶员姿势可以认为是考虑了身体舒适度的身体组成部分之间的角度（例如表 9-7 和表 9-8）。

设计初期，在 SAE J826b 二维人体模型的帮助下，这项工作可以大大简化。由于只有腿部尺寸取决于被选中的百分位，设计参数可以最小化。在这个阶段，可以通过 SAE J1052 的头廓包络来将头部考虑在内。但不能百分百保证头廓包络和人体模型完全一样。这个基于百分位的方法的基础就是每个身体部分的人体测量尺寸互不相关的假设。

由于脚踝许用的角度范围十分有限（表 9-7），AHP 点的选择和踩加速踏板的位置很大程度上决定了大腿和水平面之间的角度以及其他姿势。脚相对于水平面的一个小倾角导致大腿几乎垂直，从而导致了一个和坐姿相近的姿势，还有 H 点和 HP 点之间更大的垂直距离，以及较小的纵向空间需求（SE，如图 9-12 所示）。

相反，如果脚面越接近直立，大腿的倾斜程度就会越小，同时坐姿也会更加倾斜（RC，如图 9-12 所示），由此导致 H 点和 HP 点之间较小的距离和较大的纵向尺寸。当前趋势正在朝向小排量汽车发展，导致了乘客的纵向空间较小，使姿势更像坐姿。对于给定的百分比，乘客的纵向尺寸越小，轴距越短。或者，对于一个给定的轴距，乘客的可用空间可以提高。

为了适应具有不同人体测量尺寸的人群，内部布置通常占一个相当大的百分比，通常不小于第 95 百分位。与最后的正常驾驶或乘坐位置有关的 H 点，包括考虑调整、水平、垂直和倾斜在内的所有模式，用来表示座位参考点或 SgRP 点（SAE 1100 推荐的做法），或 R 点。除了布置，R 点是验证诸多合规需求的依据，比如与直接和间接视野相关的需求。

在设计或引用中，百分位不一定是在设计过程中考虑最多的。可能有必要更多地考虑驾驶员的位置，需要在后方设置额外的座位。尽管这样一来可以完美地乘坐和驱动车辆，但其姿势通常没有参考姿势那么好。

通常，R 点和 AHP 点（尺寸 H30，SAE J1100）之间的距离为约 330~400mm。

考虑到地板到地面的距离约为 200mm，地面至 R 点（尺寸 H5，SAE J1100）距离大约为 530～600mm（图 9-19），即非常接近地面和车辆重心之间的距离。

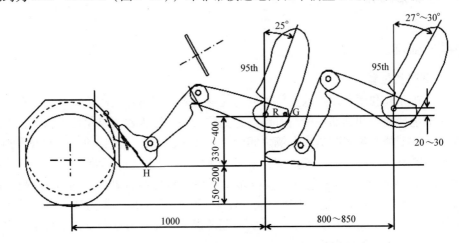

图 9-19　R 点和 H 点的位置。前部和后部乘员的 95%。
G 表示车辆满载状态下的重心

如图 9-19 所示，即使在水平方向上，前排乘员的 H 点也位于相当靠近车辆满载重心的位置（对于一个 5 座车的标准女性）。前排乘员 H 点与车辆重心之间较近的距离，是前排乘员在横摆和俯仰运动的机动和动载荷期间仍有较高舒适度的主要原因之一。

若百分位小于参考值，则需要小心关注。事实上，由于参考百分位通常相当大，大多数车主都属于这一类。因此必须验证座椅能够适应，以保证即使极少数的人群也能拥有良好的体位舒适度，例如，低于到第 5 百分位的女性。

2. 前排乘客位置

前排乘客的姿势通常与驾驶员相似。由于没有踏板，使得前排乘客能获得一些纵向空间，因此可以使腿部更加伸展。地板前部倾斜的形状可以更方便地用于支持双脚并限制踝关节的角度。

在正视图中，乘员所需的最大宽度为肘部高度上约 600mm（表 9-2，引用编号 28）。该宽度决定了对驾驶员相对严格的要求：为了达到最出色的驾驶表现，他必须能够专注于转向盘和其他指令，并且不受其他乘客、座位或车内的干扰。当驾驶员和前排乘客在横向方向上对齐时，车辆内的可用宽度必须至少使两者肘部高度的两倍（1200mm）。这个大小在 SAE J1100 推荐的做法中，是在过 SgRP 的垂直于 xz 的平面上测量的两个尺寸：

- W3 - 肩部空间 - 正面：在 SgRP 上方 10in（254mm）处左右车门间横向测量的最小尺寸。
- W5 - 臀部空间 - 正面：在 SgRP 下方 1in、上方 3in、前后各 3in 范围内左右车门间横向测量的最小尺寸。

9.5.2 转向盘

转向盘必须位于方便控制的位置,可通过本章后面部分(9.8节)中定义的可伸及界面来确定。其位置可以通过考虑以下方面进行一级近似评估:

- 转向盘轮缘的下边缘和制动踏板面的中心线之间的距离,踏板未踩下位置(L331,SAE J1100)为约650~660mm。
- 竖直面和转向盘平面(H18,SAE J1100)之间的角度依赖于姿势的类型:坐姿(角度δ或L40<15°)H18~40°,对于15°<δ<20°,H18~30°-35°,对更多的倾斜位置(角度δ>20°),它减少约H18 20~30°。
- 转向盘(W9,SAE J1100)的最大直径为约340~360mm,具有直径约30mm的轮辋。
- 转向盘中心和xz平面(W7)之间的距离y至少应为340~360mm,以确保驾驶员在其操作期间可自由地移动其手臂,避免乘客的干扰。
- 转向盘的下部拐角应在膝盖以上足够的区间内,以避免进出车辆或紧急制动时的干扰。

9.5.3 座椅和转向盘调节

正如上一节中,车厢内的布置是考虑占有较大百分位的乘客,一般是95或99百分位。因为使用车辆的大部分人群将具有更小的人体测量尺寸,验证该内部设计能够保证他们良好姿势的舒适性十分必要。在第5和第10百分位的女性人体模型,可以用来验证驾驶员座椅和转向盘可以通过调整达到可接受的姿势的角度(表9-7)。座椅相对于转向盘向后或向上移动,以适应相对于踏板来说较短的腿。通常这样的调整,需要座椅正向旋转,使得在座垫上的压力保持几乎恒定,否则腿部靠近膝盖的部分(腘窝区)的压力会升高。

提到百分位,对于尺寸落入百分位范围内的所有人,基于给定的百分位的唯一人体尺寸设计是不能够保证良好舒适的姿势的。每一个个体的特征几乎是唯一的尺寸组合;因此,有必要允许一些可以独立进行操作的调整(通常在座椅和转向盘上),使得每个个体均可达到最佳姿势。座椅靠背角度的选择留给乘员。设计准则通常用于限制调整范围,从视图的体位点来说(表9-7),让相对于竖直面的背面倾斜度(L40或角度δ)仍在可接受的值范围内。也是因为这个角度会影响驾驶者直接和间接视野,是一个关键的安全问题。

身材高大的驾驶员倾向于在向后和向下的方向上调整座椅,以达到一个开放的姿势从而伸展腿部和手臂,使得转向盘远离胸部。身材矮小的驾驶员与之相反,是在向前和向上的方向调整座椅,以便能够踩到踏板并保持良好的视野,从而离弯曲的手臂更近,并且使转向盘更贴近胸部。座椅调节的主要部分是在水平方向上进行的。导轨允许的纵向运动无需专用的垂直调节，它不是水平的而是倾斜的，使得在前后方向移动使座位能够向上。虽然这种类型的复合运动多由便宜的车型采用，但即使是对于低端车辆，高度调整也正在成为标准。

虽然几乎所有的道路车辆都采用了基于座椅和转向盘的调整系统，但通常赛车具有固定座位和可调式踏板，原因很多，其中包括移动踏板要求较低的重量，以及要求安全带系统要直接连接到车架而不是连接至座椅。

9.5.4 后排

由于第二排乘客不需要和驾驶员一样进行基本操控，就没有必要使他们的手臂不与周围物体接触。一个乘员和另一个乘员之间的距离因此可以缩小。在横向方向上的最小距离是由髋部尺寸（≈400mm，表9-2中29号尺寸）来测定。

当在横向方向上的可用空间更小时，在肩部或肘部水平的宽度上，为了容纳三个人成一排，中间的乘客的上半身必须有一部分和其他两个乘客重叠。通过座垫的中央隆起和座椅靠背迫使中间乘客的座位处在一个稍微向前和较高的位置，从而获得与他旁边两个乘客所需的重叠。尽管略有不适，靠背的凸起同时还提供了对背部的支持。相反，当座椅只被两个乘客使用时，中间凸起部分将在车辆转向时为他们提供侧向支撑。

中高端轿车通常倾向于为后座的乘客提供与前排乘客相同的舒适度。他们姿势的角度和百分位的选择与前排乘客的选择准则类似。前排和后排之间的主要差别是脚部和躯干倾斜。后排乘客的脚被直接支撑在地板和一个为可接受范围之外的脚踝提供隐含打开角度（$\alpha_{max} = 110°$，表9-7）的平坦水平表面上。一种有效的解决方案是，通过将地板做出一个相对较小的倾斜角度，并且并降低踝关节的延伸，来实现脚踏板的效果。

为了允许提高能见度，后乘员的髋点通常设计成稍微高于前乘员的位置。前部和后部髋点之间的垂直距离通常小于20~30mm。根据车辆类型和级别不同，这些点之间的纵向距离变化很大。对于中型轿车，这个距离的取值范围是850~900mm。

后排乘客背部倾斜的角度（δ或L40）可以比前排乘客更高，采用的值可略大于25°。这些大角度不能为驾驶员轻易采用，由于转身时需要的力会变大。较大的背倾角对垂直加速度作用下的舒适性有积极的作用，并减少头部所需的垂直空间。这对空气动力学或风格导致的车顶的形状会产生影响。

在一般情况下，城市交通中紧凑的或亚紧凑的车辆需要的车长较短。前排和后排髋点的距离相应地减小，并且可以低至650~700mm，比中端轿车通常少150~200mm。

减少纵向长度对前排乘客的影响没有对后排乘客的影响大。前排被设计为第95或第99百分位很常见，而留给后排乘客的空间是仅够容纳一个第5到第10百分位女性。为了减少纵向空间，姿势势必相当紧凑，小腿到躯干的角度在90°<δ

<95°范围内。

最近在若干城市概念中采用这个问题的解决方案是，前排乘客和后排乘客在纵向空间上部分重叠。后排乘客的腿部放在前排乘客的身侧（类似于摩托车中后排乘客将腿部放在驾驶者两侧）。此解决方案可能会产生三种座位布置方式。

9.6 座椅特性

座椅是在很多方面都能影响舒适性的部件。坐姿、座椅能否调整以及压力的分配仅仅是设计座椅时需要考虑的一部分因素。其他重要因素包括进入车辆的动作带来的影响、各种命令（踏板、转向盘、停车制动器）和仪表板的可达性。还有更多心理方面的因素，这个一般很难量化，但它和造型设计一样都十分重要。

影响座位舒适性的主要因素见表9-9。为了调查不同的性能，需要识别不同的操作条件，并分析在该条件下座椅的物理性质是如何影响其舒适度的。

表9-9 影响座位舒适感的主要因素

因素	重要性（%）
主观因素	54
振动过滤	10
表面的物理性能	9
压力分布	9
脊椎支持	9
热特性	9

其中一些性能可以通过静止的车辆分析，而另一些必须在车辆处于运动状态时进行评估。

应在静止状态（即车辆保持不动）下考虑的因素有：
- 座椅对身体的支撑，以保持理想的最佳驾驶姿势。
- 不同的接触表面上所感知接触刚度。
- 侧向支撑。
- 座椅调整的可能性以及它们对于命令的执行效率。
- 表面的触感。
- 造型。

反之，车辆运动时，最重要的因素包括：
- 减振能力。
- 不妨碍运动。
- 使脊椎保持良好姿势的能力，以避免过大的压力（长期压力过大对人体有害）。
- 接触压力的分布情况。

9.6.1 静态舒适性

几名研究者（参考文献[3]、[7]、[14]、[15]）的研究成果指出，压力分布是一个可靠的指标，它能够在静态条件下对身体的垂直和侧向支撑进行评价。

对受试者群体的各种研究表明了主观的座椅舒适感和压力分布之间的相关性，建立一个能够评估座椅舒适等级的客观标准将十分有效（这种关联的一些标志可以由车身上功能分析专用模块提供）。

座垫和座椅靠背被分成不同的区域，如图9-20所示。在每个区域中的平均压力为作用在该区域的载荷与表面载荷之间的比率。压力有时可以无量纲，此时它指的是最大值或者指所有座位的平均压力，使不同重量的个体的压力分布能够相互比较。评估的另一个重要参数是座垫上的载荷与靠背上载荷的比值。

- 坐骨压力比：R_A =（区域A的平均压力）/（座垫上的平均压力）。
- 横向压力比：R_B =（区域B的平均压力）/（座垫上的平均压力）。
- 膝部压力比：R_C =（区域C的平均压力）/（座垫上的平均压力）。
- 腰椎压力比：R_D =（区域D的平均压力）/（座垫上的平均压力）。
- 对称压力比：R_P =（座垫右/左半部分的平均压力）/（座垫左/右半部分的平均压力）。

由Park和Kim（参考文献[14]）进行的研究表明了座椅压力比和主观的舒适性之间的关系。其中y表示舒适性，由此可建立一个图9-21中区域A和D压力比的线性关系：

$$y = aR_A + bR_D + c$$

线性回归系数的值由最佳拟合实验数据获得：a = 56.1；b = 11.25；c = −16.16。

所有这些数据证实，腰椎部分的高度在座椅舒适性中起着相当重要的作用。事实上，坐骨（A区）和腰椎的压力（D区）是舒适性的主观印象中最重要的一部分，并且是腰椎姿势的指标。

要想更详细地描述压力分布是如何影响姿势舒适性，可以将座椅表面进行更复杂的分割。图9-21表示压力分布和表面积的可能关系。这些表面的形状应将座椅的几何形状考虑在内。作用在这些区域上的压力分布可以与垂向和侧向支撑的主观印象以及座椅刚度相联系。

压力分布的分析表明，当施加在坐骨（A区）和腰椎（D）区域的压力增大时，支撑的感觉加强，这个压力来源于侧垫（B）和靠背的上部。同样，由A区支撑的重量以及靠背和座垫的侧向支撑，会加大座椅的坚硬感。

侧向支持的感觉是通过增加座垫膝部区域的平均压力值和最大压力值的比值，以及提升靠背侧向区域的平均压力来获得的。相反，这种感觉是通过增加坐骨边缘区域的压力和增加靠背上方的接触表面来减轻的。

考虑给定区域的压力分布，通常的指标是为了获取平稳的变化并且避免集中的压力峰值。压力的集中会减少血液流动。对此的生理反应是肌肉收缩加强，长此以往会导致局部肌肉和关节的疼痛。另一方面，平稳的压力分布可以减少肌肉紧张，

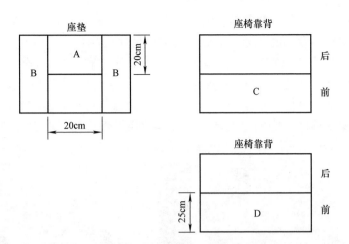

图 9-20 座垫和座椅靠背上的常规区域
座垫：A—坐骨支撑区域（坐骨结节） B—股骨支撑区域 C—膝部支撑区域
靠背：D—腰椎支撑区域

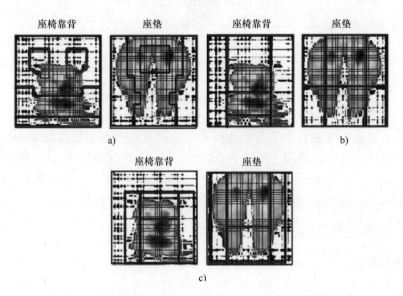

图 9-21 用于评估座椅舒适性指标的压力分布以及区域划分

可以在与座椅接触时有更好的机动性。这样一来，研究对象可以继续小范围移动。长期减少这种不适感可以促进接触区域的血液循环。相反，集中的压力会导致驾驶者保持这种使肌肉高度紧张的固定姿势，不能够做一些小范围的无意识移动，会造成不适感，而实际上这些动作是可以释放局部压力的。

肌肉为了长时间保持固定姿势而持续用力，会使减缓肌肉紧张度的补偿机制减少，这意味着脊柱的曲率会发生变化，尤其是对改变负荷有影响的腰椎区域。例如

图 9-22a 中的研究对象，对于不适感的反应是向前方移动上半身，使其更接近转向盘。这样可以减少背部的压力，增加舒适度。此时人的体重不再由座椅支撑，而是由腰椎部分（后座的 D 部分）或者靠垫的坐骨部分（靠垫的 A 部分）来支撑。研究对象也可以增大两腿之间的角度来使下半身获得更好的支撑。而不是像图 9-22b 中的研究对象那样试图伸展上半身。坐骨区域的总负荷将向前方移动。伸展上肢后，研究对象将移向后座的中上部分。脊柱的腰椎部分曲率增加（向脊柱更加前凸的方向），因此减缓了椎间盘的紧张。这样可以增强舒适度，尽管很短暂。

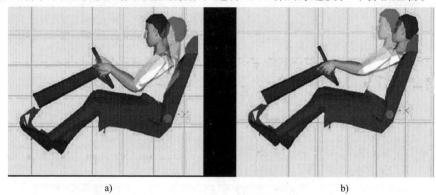

图 9-22　疲劳导致的动作。为了减轻肌肉和关节的紧张，驾驶员往往采用两种动作：
a）朝向转向盘运动—这减轻了座椅上部的压力，但增加在了腰部和坐骨区域
b）拉伸上半身，这增加了脊柱腰椎的后部曲率，减轻了椎间盘的压力—
这种运动通常是通过推动转向盘上的拉伸手臂来完成的

在设计阶段，驾驶员为了减少这种不适感而进行的无意识移动必须被考虑在内。避免这些动作引起的压力集中十分必要，因为这些压力集中可以隐藏或阻止这些无意识的动作。与此同时，要确保这些动作不会在难以承受负荷的身体区域（如髋骨）上造成压力集中。

9.6.2　动态载荷下的舒适性

汽车行驶时，为了减少动态载荷对乘客造成的潜在影响或危害，传递到车身的振动应该被座椅过滤并减弱。座椅必须让乘客有一些运动自由度，以便让身体进行足够的卸压，同时阻止那些可能造成长期损害的动作和姿势，尤其是在关节处和脊柱的腰椎部分。

座椅动态性能的评价可以基于测量座椅（座垫和靠背）对乘客产生的加速度来进行，通常需要在基准路面或试验场行驶。这可以通过座椅和乘客接触面上的加速度功率谱密度来进行定量分析。这种方法的缺点是测量结果过于依赖所选择的道路。另外这种测量也涉及了车辆和座椅的影响。另一种克服这些困难的替代方法是用传递函数来描述座椅：将座椅安装在振动台上，产生振动使悬架随之振动，这时的振动频谱代表了实际运行条件下车辆底盘对座椅造成的振动。测量座椅表面

（输出）和车架上的安装支架（输入）上的加速度，可以定义 SEAT 指数（Seat Effective Amplitude Transmissibility，座椅有效振幅传递率）：

$$SEAT = \sqrt{\frac{\int G_{SS}(f) W_i^2(f) \, df}{\int G_{FF}(f) W_i^2 \, df}}$$

式中，$G_{SS}(f)$ 为乘客和座椅接触面的加速度功率谱密度；$G_{FF}(f)$ 为车辆地板上的座椅安装支架的加速度功率谱密度；$W_i(f)$ 是加权函数，考虑了人体对加速度的敏感度（D2002/44，ISO 2631，英国标准 6841）。集成域所在频率范围为 0.5~80Hz，这与人体的振动舒适性有关。

如果座椅完全固定，则可以认为 SEAT 指数是座椅传递振动和乘客接收振动的比率。以上这些都是为了考虑人体对振动的敏感度。SEAT 指数越低，传递振动的性能越好。

9.7 乘车方便性

对于车辆人机工程学来说，如何上车和下车是一个根本的问题。其基本动作的先后顺序受以下几个因素影响：乘车人的初始位置和最终位置、车门开口的参数和有无手柄，也包括其他一些制约因素，如转向盘和 A 柱，车门的形状以及车门打开时的构造。

仅用一个指数来量化这些因素很困难，不过在通常情况下，下列因素已被证实可以改善车辆的易用性：

- 使 H 点处于较高的位置。这可以减小乘车人上下车时重心的变化。从这个角度来看，最好能在一定高度的位置上设置座椅，便于上身进行简单的侧向移动。比较糟糕的情况是在跑车中，乘车人的座椅离地面很近，以至于必须要爬着上下车。
- 车辆地板须平坦，且在垂向和横向上，均没有明显凸起的车梁。因为车梁是一个必须由双足和双腿去克服的障碍。
- 平坦且横向凸起少的座垫。有横向突起的座椅在转弯时能够提供横向支撑，但就车辆方便性而言，它们也是障碍。
- 干扰性小的仪表盘。用以避免对于道路和乘客腿部的阻碍。
- 干扰性小的门框。用以避免对头部和肩部的阻碍。

9.7.1 上车和下车

不同的研究者通过分析上车和下车的简单动作顺序，确定了一些指标，这些指标能够评估与乘车方便性相关的舒适度。

乘员上下车的方式各不相同，这和年龄、性别或人的体型关系很小，主要是受心理因素影响。这里描述的是乘车人上下车的动作（左舵车型）。

图 9-23 所示为乘客进入车辆的动作顺序，主要步骤如下：

- 乘客站在车辆旁边，打开车门。通常人们都用左手操作把手，很少有人用右手。

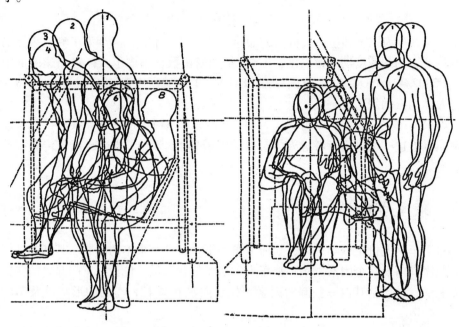

图 9-23 上车的动作顺序，侧视图和正视图

- 上车有两种顺序：

——首先把右腿放进车里，紧接着是臀部和右肩，头和左腿最后到位。

——有些情况下是首先坐到车座上，两脚还在地上，然后右腿挪进去，最后是左腿，上半身转 90°。

- 最后关门。

下车的时候腿的顺序总是一样的，但上半身的动作有不同的方式。其顺序如图 9-24 所示。

- 左腿挪出。腿旋转角度与腿的长短以及比例有关。

- 上半身移动方法如下：

——有些人首先向左旋转上半

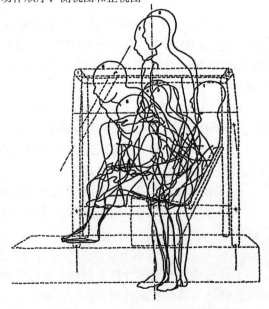

图 9-24 下车动作顺序的侧视图

身然后下车。

——另一些人先把上半身挪出车，身体保持向前。

- 最后把右腿挪出。

尽管需要避开车门和门框，但在通常状况下，由于重力作用，上车还是比下车更容易。在大多数车中，坐着的重心比站着时要低。上车前可获得的空间比较大也是一个因素，这使得乘客能够选择一个相对简单的上车顺序。相反，有更多的因素会影响下车的动作（包括转向盘、仪表板、A柱和门框、车门等），使对可用空间的理解和复杂化。此外，需要克服重力作用也使得下车更难。在某些情况下，乘客必须一点点爬出车辆，尤其是在腿都很难伸直的H点很低的跑车里。

9.7.2 定义开口尺寸参数

上下车的动作顺序应该是设计开口时所需要考虑的首要因素，这是为了使驾驶员上下车更方便并且避免接触周边部件。

图9-25显示了驾驶员上车时所要通过的汽车车身外表面。这个区域可以用来确定门的尺寸和它的两大立柱的相对位置。例如，在大多数汽车中的A柱形状倾斜，这使得它需要被放置在一个空间足够大的位置，用于给驾驶员头部提供必要空间，进而避免可能的接触。同样，上车时，B柱的纵向位置不应阻碍下半身（尤其是髋关节）运动。

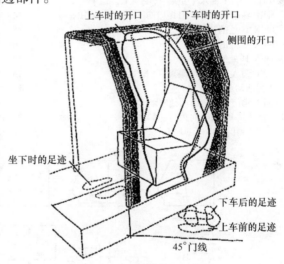

图9-25 门的开口和框架。驾驶员上下车时所要通过的汽车车身外表面

如前所述，对上下车动作的分析可以得到在设计周围零件时的约束条件。相反地，这个结果也可以被用来识别一些结构尺寸和形状限制更宽松的区域。座垫阴影处的区域，例如，用于定位B柱和门槛之间的结构节点。在侧视图中，这个区域的形状向前延伸，与前排座椅的坐垫重叠。在向后的方向上，它必须保证后排乘客的腿部能自由运动。这使得B柱的截面能朝前座扩展，为整合其他因素（如座椅安全带的卷绕机构）提供了可能性。

从人机工程学角度出发来评价车门，其开口的大小形状以及车门开启角度不应是唯一的考虑因素。重要的是要评估可触及并操纵所有用户界面的可能性，如手柄，侧窗，后视镜。图9-26和图9-27所示为与符合人机工程学设计的车门有关的尺寸,包括行李箱门。就可伸及界面而言,如何定义指令和操纵的参考值,将在9.8节进行阐述。其他尺寸如门的尺寸和位置,则直接取决于车辆的大小和类型(即微型车、紧凑型车等)。

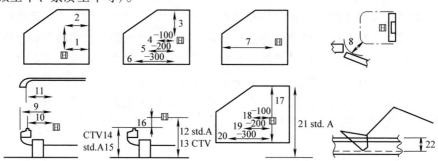

图9-26 前车门参考尺寸

1—B柱到SgRP的水平距离(0 Z H,5 页)
2—B柱到SgRP的水平距离(500 Z H,5 页)
3—SgRP到车顶纵梁-H11(H50-H5)(0XHR)
4—100X/H处的宽度
5—200X/H处的宽度
6—300X/H处的宽度
7—SgRP到A柱的纵向距离(BX1)
8—脚部活动范围(L18)
9—SgRP到门槛外边缘的横向距离 EY1
10—SgRP到P1的横向距离-AY1
11—SgRP到门槛内角(LY1)
12—SgRP到地面的垂直距离(H5 std. A)
13—SgRP到地面的垂直距离(H5 CTP)
14—门槛上沿到地面(H115 CTP)
15—门槛上沿到地面(H130 std. A)
16—门槛上沿到SgRP(H5-H115)CZ1
17—门开口的垂直尺寸(H41)(0XHR)
18—100X/H处的宽度
19—200X/H处的宽度
20—300X/H处的宽度
21—门槛上沿到地面(H50/CZ1′A)
22—门槛到地板(AHP点)

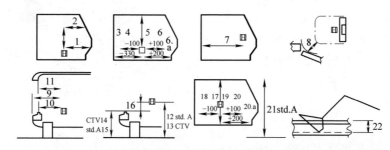

图9-27 后车门参考尺寸

1—C柱到后H点的纵向距离(0 Z H)
2—C柱到后H点的纵向距离(700 Z H)
3—门槛上沿到SgRP H垂向距离(H12)为330mm
4—距离座椅参考点-100mm
5—与座椅参考点的X相同
6—距离座椅参考点+100mm
6.a—距离座椅参考点+200mm
7—B柱到H点距离(BX1)
8—脚部活动范围(L19)(立柱到座椅拐角之间最小距离)
9—H点到门槛外沿的横向距离(EY2)
10—H点到P1的横向距离(AY2)
11—H点到门槛上部内边缘 LY2
12—H点到地面的垂直距离(H10 CTP)
13—H点到地面的垂直距离(H10 std. A)
14—门槛下沿到地面(H116 CTP)
15—门槛下沿到地面(H131 std A)
16—H点到门槛下沿(CZ2=H10-H116)
17—后门开口高度(H42)
18—距离H点-100mm
19—与H点X相同
20—距离H点+100mm
20.a—距离H点+200mm
21—门槛上沿到地面[H51(GZ2′std A)]
22—门槛下沿到后部地板

9.8 手伸及

从转向盘到收音机的旋钮和开关,现代汽车的驾驶员被这些大量的操控件围绕着。从驾驶安全的角度来看,不是所有的操控件都是同样重要的,因此它们被分为主要和次要操控件。主要操控件使驾驶员能够控制车辆,包括转向盘、踏板、变速杆、驻车制动和一些灯的开关。主要操控件在安全方面的重要性,使得它们必须准确无误地传送给驾驶者,而其他乘客的这些命令,可伸及性是不重要的,也应该是可以避免的。而次要操控件功能对于驾驶车辆来说不是必需的,包括空调控制系统、广播和一些灯光。次要操控件的可伸及性比主要操控件的优先级要低,所以一般位于距离驾驶员较远处。大多数次要操控件也可以由其他乘客控制,如空调、无线电控制和内部灯光开关。

可伸及性问题的重要性和不同厂商对于车辆操控标准化最低水平的需求,是以 ISO 3958 和 ISO 4040:2009 标准为依据的。ISO 3958 规定了轿车手伸及界面,并且是不同比例的男性和女性驾驶员人群都能控制的位置。另一方面,ISO 4040:2009 则通过把驾驶员可控空间细分为具体的区域,对某些对于车辆安全控制必不可少的控制系统的位置进行了分配。它还规定了某些用于多功能控制的组合,以及哪些程度的指标和警告需要可视化。

在 UNI ISO 3958 中规定的可伸及界面的有效尺寸和范围见表 9-10。它们指的是一个旋钮,直径 25mm,具有水平旋转轴(图 9-28)。如果需要整手操作,则需要一些调整措施。

表 9-10 UNI ISO 3958 中规定的可伸及范围

后背倾角(L40)	9~33	(°)
H 点和 HP 点的垂直距离(H30)	130~520	mm
前排座椅水平行程(L23)	130	mm
转向盘直径(W9)	330~600	mm
转向盘倾角(H18)	10~70	(°)
转向盘中心和 HP 点的纵向距离(L11)	152~660	mm
转向盘中心和 HP 点的垂直距离(H17)	530~838	mm

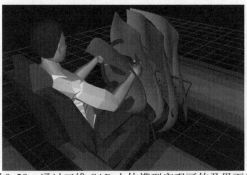

图 9-28 通过三维 CAD 人体模型实现可伸及界面的仿真。转向盘离可伸及界面很近

可伸及界面可以用来定位主要操控件，保证至少95%的人可以够到它们。可伸及界面的定义为：在横向方向（y）上，驾驶员 H 点左侧 400mm 至右侧 600mm 处；在垂直方向上，位于同样的 H 点下方 100mm 至上方 800mm 处。

手伸及界面的建立源于通用布置因子 G 的定义，它基于一些和车辆几何相关的数据：

$$G = c_1 H_z + c_2 \delta + c_3 D + c_4 \alpha + c_5 W_x + c_6 W_z + c_7$$

参考表 9-3 和表 9-11，影响通用布置因子 G 的因素如下：

H_z：H30，SgRP 到 AHP 的垂直距离；

δ：L40，相对于垂直面的后角度；

D：W9，转向盘直径；

α：L25，转向盘相对于垂直面的角度；

W_x：L11，转向盘中心到 AHP 点的水平距离；

W_z：H17，转向盘中心到 AHP 点的垂直距离；

γ：L42，大腿中心线至后角。

系数 c_i 有如下值：

$c_1 = 0.0081$　　$c_2 = -0.0197$　　$c_3 = 0.0027$　　$c_4 = 0.00106$

$c_5 = -0.0011$　　$c_6 = 0.0024$　　$c_7 = 0.0027$　　$c_8 = -3.0853$

除了传统的分析定义，包括三维人体模型在内的大多数 CAD 工具，能够实现可伸及界面的简化接触分析，也是一个非常有用的功能（图 9-28）。

9.9　货物装卸

人机工程学评价的目的是确定车门开口的参数，确保为不同比例的人们提供以下方便：

- 装卸行李或货物过程中足够的自由运动空间。
- 行李箱门或挡板上的手柄或把手的可达性。
- 作用于车门和门把手上的负载的兼容性。

图 9-29 展示的尺寸可以作为评价装卸能力的参考。在表 9-11 中，行李箱门和挡板门手柄可以通过参考每个肩臂关节的可达范围来验证。

显然，使用水平货箱底板比使用结构部件更好。因为用结构部件实现时，想要将货物举起并把它放在正确的地方需要花费费更大的力。出于同样的原因，底板表面应平整并没有凸起。后降座的解决方案能够增加货运量，也是很好的选择。一般来说，平坦的货箱底板是首选。

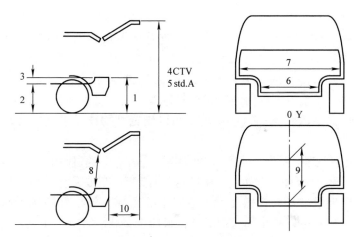

图 9-29　后背门的参考尺寸

注意：开后背门的力；关后背门的力；开锁时作用在把手上的力

1—后背门门槛到地面（H195）
2—后背门地板到地面（H253）
3—后背门地板/门槛
4—把手到地面
5—关门时把手到地面（std. A）
6—轮罩之间的最小距离（W202）
7—后背门门开口时的下部宽度（W207）
8—0Y 处的宽度（L206）
9—0Y 处的开口的高度（H252）
10—纵向范围

表 9-11　打开后背门时所允许的手臂与肩膀关节的角度

关节	最小/(°)	最大/(°)
肘关节	42	98
肩关节	60	140

9.10　视野

为了便于理解车辆视野的相关标准要求，在这里有必要介绍一些有关人眼功能的基本概念。人眼构造如图 9-30 所示。

众所周知，光线在进入眼球、通过晶状体聚焦在视网膜上之前，会依次穿过角膜与瞳孔。视网膜是一层覆盖在眼球内表面的薄膜，由视杆细胞和视锥细胞组成。其中视杆细胞对夜视的低强度光线敏感，视锥细胞则对白天的色光敏感。

视网膜上分布的感光细胞密度不均匀。密度最大处位于所谓的黄斑区域/中央凹区域并随着距离的增加而减小。其结果便是，

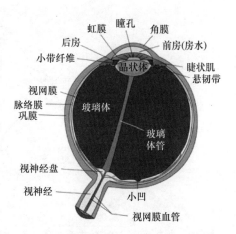

图 9-30　人眼构造。最大视敏度相当于 2°视野，其相当于中央凹区域非常小的尺寸

最敏锐的视觉发生在中央凹区域，在该区域周围视觉的敏锐度则急剧下降。

中央凹区域直径很小，只有 0.5mm，这意味着最高的视觉敏感度仅发生在视线 2°的狭窄范围内。这也意味着为了获得一幅精确的周围环境的图像，大脑必须移动眼球（以及头部）使得中央凹区域能够浏览最重要的场景。

眼球相对于正前方可以向两侧转动约 30°。在 xz 平面上允许的旋转角为向上 45°，向下 60°。如果眼球的这些移动不足以浏览到物体，大脑则必须命令整个头部进行转动。

视觉伴随着眼球一系列迅速且无意识的运动发生，并通过阅读特征点来探知我们正看到的物体（例如在观察一个人时，眼部运动主要集中在被观察对象的脸部）。

一个能够理解"较高视敏度发生在很小的区域"的很好的例子便是阅读一篇文本的过程。尽管可以领略到通篇文章，眼球也必须沿着一排排字母的顺序使它们进入最高敏感度区域。这个区域的宽度为大概 10 个字母那么宽。

最大视敏度视野对于驾驶过程中所需要的细致的视野来说是最重要的。视野中余下的区域相对于最大视敏度区来说很大，这片区域相当于我们所谓的"余光"。

余光用于察觉障碍物或者标识的出现，尽管其相对粗糙的敏感度不能够详细地鉴别形状与距离。图 9-31（来自 SAE J1050a 推荐规定）将视野分为了几个区域。图片提到的情形为头部及眼部保持不动且物体位于正前方时。按照规定，最大视力发生在围绕视线的相对小角度的范围内，而其余区域则均为余光视野。每只眼的总视野都非常广，从鼻子一侧起至另一侧几乎垂直于视线的范围，幅度约为 145°。两眼重叠的视野范围区域被称作双眼视野，其视野幅度关于视线夹角大约为 110°。在旁边两个区域内同一时刻只能有一只眼睛产生视野。在这两个区域内的视野称作单眼视野。双眼视野是单眼视野的总集，其范围关于视线延伸到大约 180°。

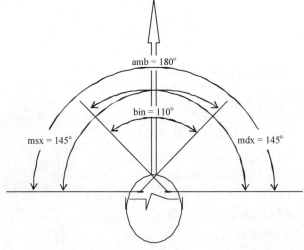

图 9-31 根据 SAE J1050a 推荐规程对不同视野的定义。假设：两眼及头部固定于前方视线。除了沿着视线的对象，其余视野均为余光视野。

mdx—右眼单眼视野　msx—左眼单眼视野　bin—双眼视野　amb—两单眼视野

双眼视野的特点是具有立体视野。因为只有在该区域才能够分辨我们与障碍物的间距，这对驾驶是极为重要的。

最大视敏区的重要性体现在车身设计中视野设计所参考的主要要求。其目的是为了保证这种视角可以延伸到足够宽的范围，以允许驾驶员去观察周遭环境。标准的要求通常仅涉及视线——即最大视敏区所在小区域的中心线——但相对更大的余光视野则没有被考虑。

驾驶员可以通过前风窗玻璃直接看到车外前方，或者借助后视镜看到车外后方。前者被称为直接视野，后者则被称为间接视野。直接视野被两个A柱所分隔，A柱导致产生盲区，在盲区内单眼或双眼都不可视。图9-32展示了视野及由A柱产生的相对障碍。在直视的情况下，可以定义单眼盲区、双眼盲区和两单眼视野。大多数有关直视视野的标准的目的是为了保证视野的延伸足够宽，并且双眼盲区不算大。有关这两个方面的主要要求将在下面进行概括。

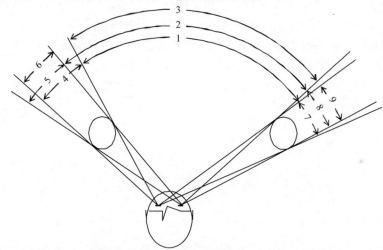

图9-32 视野和盲区的定义

1—左眼单眼视野 2—右眼单眼视野 3—通过A柱的两单眼视野 4—左眼单眼盲区（左A柱）
5—右眼单眼盲区（左A柱） 6—两单眼盲区（左A柱） 7—左眼单眼盲区（右A柱）
8—右眼单眼盲区（右A柱） 9—双眼盲区（右A柱）

9.10.1 车用玻璃光学特性

直接视野可通过前风窗玻璃和侧窗获得。为了安全起见，这些窗户不应该显著地影响到驾驶员观察到的图像强度、形状及位置。本节的目的是提供车用玻璃光学特性的定性描述以及影响它们的主要设计参数。

从规定的角度来看（[参考文献18]），主要的要求都与前风窗玻璃和侧窗相关，而针对其他窗口的较少或没有要求，包括后视镜。

1. 透明度

给定一个光源（s）和接收器（r：如眼睛），透明度测定为有玻璃和没有玻璃时的光强比值。透明度测量简图如图 9-33 所示。玻璃的厚度和材料一定时，透明度是一个关于（光线）入射角 φ 的函数。通常，车用玻璃的透明度从 φ≈0° 时的 90% 变化至 φ≈60° 时的 80%。对于更大的入射角，透明度在入射角为 90° 左右时迅速降至可以忽略不计的程度。

透明度低的玻璃在强光条件下可以提升能见度，但在夜间或弱光条件下将减小能见度。主要的认证标准（参考文献 [18]）要求在行驶方向的视线上有至少 75% 的透明度。在白色玻璃下最大入射角可以达到 φ≈65°~70°；对于有色玻璃这个值将减小。最大允许入射角直接影响前风窗玻璃的最大斜度，对车身设计有着很重要的意义。

2. 失真

由于玻璃与空气具有不同的折射率，光线在进入玻璃表面时发生轻微偏折，在离开时再一次发生偏折。若玻璃板为均质平面且具有均匀厚度的表面，入射光与出射光将平行。在这种情况下，玻璃板不会改变图像，但会使图像发生一定程度的偏移。

由于制造误差不可避免，玻璃表面不可能完全为平面且厚度均匀。而且，玻璃本身永远不会完全均质。相应地实际玻璃的入射光与出射光永远不会完全平行。它们之间的夹角称作畸变角（图 9-34）。当玻璃板不平且具有曲率时，即便厚度恒定，也将发生同样的情况。

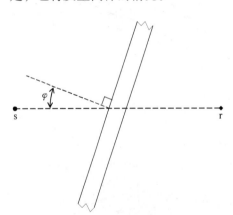
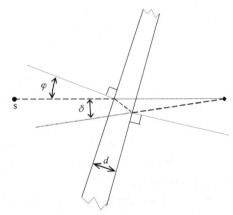

图 9-33　透明度测量简图
s—光源　r—光接收器（眼）
φ—入射角

图 9-34　由于玻璃板的两个表面之间的错位产生的失真
s—光源　δ—入射光和折射光之间的畸变角
φ—入射光的入射角　d—玻璃板的厚度

畸变角可以表示为入射角的函数

$$\delta = \delta_0 A(\varphi) + \frac{d}{r} B(\varphi) \qquad (9-2)$$

其中第一个系数由于玻璃板两表面不完全平行造成，第二个系数与玻璃曲率半径 r 与厚度 d 有关。玻璃的制造品质由系数 δ_0 反映，质量越好 δ_0 的值也越小。$A(\varphi)$ 与 $B(\varphi)$ 是关于入射角 φ 的正相关函数。

对于给定厚度和品质的玻璃板,失真度将随着入射角的增加而增加,同时随玻璃板曲率半径的增加而减小。结果便是前风窗玻璃不可以使用大曲率、相对于水平面斜度过小的玻璃来设计。有关直接视野的大部分规定要求给定区域每一点的失真率要小于最大值:

$$\delta_{max} = 5' = 5/60(°) \quad (9\text{-}3)$$

3. 重影

一小部分入射光在玻璃板内部将被反射并在大部分光线后成像,结果便是产生重影(副图像)。尽管副图像通常光强较小,但它将破坏图像的感知质量,因此应该被避免。

与失真相类似(式9-2),主副图像间夹角随着入射角 φ 和 d/r 值的增加而增加。尽管如今缺乏相关的强制要求,安全起见应将该缺陷降至最低。

9.10.2 眼椭圆

可视性分析的参考工具是由 SAE J941 推荐规程引出的。二维的眼椭圆代表了第90,第95以及第99百分位的驾驶员眼睛位置的分布。对于百分位,眼椭圆的大小考虑纵向座椅行程(L23)和后倾角(L40)。由于不同的 H 点的高度(H30)和转向盘直径,适用于汽车和载货车的眼椭圆不尽相同。

图9-35显示了对应于一个给定的百分位(图中为第95百分位)的眼椭圆的侧视图。通过统计分析得到的轮廓由一比一的男女持证驾驶员人群的眼睛的位置混合而得到。

同一百分位 P 对应的眼椭圆代表着无限个平面的包络面,因此在一侧眼球分布的概率为 $P\%$,在另一侧的概率则为 $100 \sim P\%$。例如,如果图9-35中的直线代表的面与椭圆相切,那么95%的概率眼部会位于直线以下,5%的概率则会位于直线上方。注意眼椭圆并不是包括95%的眼部位置,而是每个切线的一侧有95%的眼部位置,无论它们是否位于眼椭圆内部。

该定义适用于图9-36的平面图。由于分析是对单只眼睛进行的,其结果便是有两个眼椭圆。两

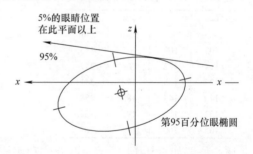

图9-35 SAE J941 标准推荐使用的眼椭圆侧视图

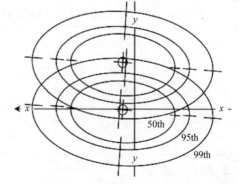

图9-36 SAE J941 眼椭圆(xy 平面)。xx-yy 参考系是眼椭圆的一部分,它允许相对 R(SgRP)点定位

眼椭圆 y 方向之间间距约为 60mm，即眼球之间的平均距离，见表 9-12。

眼部位置在驾驶员直视、无头部转动、背部角度 L40 = 25°时记录下来（图 9-11）。不同背部角度的影响经过眼椭圆位置的更正被计入，其他方向的视野也被计入，包括头部仰起 60°。

图 9-35 和图 9-36 展示了由于车辆结构（也就是 A 柱和前风窗玻璃上沿横梁）导致的驾驶员周围空间的不对称，眼椭圆的坐标轴与参考方向 x、y、z 并不对齐。

根据定义，眼椭圆的概念只能用于头部固定情况下独立的视线。考虑到眼部运动的因素，在水平面（xy 平面）上在 x 轴两侧转动角度为 30°左右。在垂直面上（xz 平面）为向上 45°向下 60°。这个区域之外的视线需要头部进行旋转。

1. 眼椭圆的尺寸与结构

眼椭圆可以由其质心位置、长轴与短轴长度以及其俯视图、侧视图中的定位来构建。xx、yy、zz 坐标被用于眼椭圆的构建并且在车内空间定位过程中必须被考虑作眼椭圆的一部分。

长轴数据如表 9-12 中所示为百分位和座椅行程 L23 的函数。座椅行程越长，轴也越长。相反，短轴只由百分位来决定，如表 9-13 所示。在侧视图中眼椭圆倾斜 6.4°（前下方），在俯视图中眼椭圆倾斜 5.4°（直视时向里倾斜）。

表 9-12 SAE J941 眼椭圆的主轴

L23 /mm	主轴		
	90th	95th	99th
102	109	147	216
114	122	160	239
127	135	173	241
140	147	185	254
152	155	193	262
165	160	198	267

表 9-13 SAE J941 眼椭圆的短轴

视图	短轴		
	90th	95th	99th
侧视图	77	86	122
主视图	82	105	149

质心位置如表 9-14 所示为百分位和座椅行程 L23 的函数。座椅行程越长，质心前移越多（x 轴负方向）。

表 9-14 xx、yy、zz 坐标系中 SAE J941 眼椭圆的几何中心（l - 左，r - 右）

L23/mm	x	z	y_n	y_t
		mm		
102	+1.8	-5.6	-6.4	+58.0
114	-4.6	-6.4	-5.6	+58.0
127	-10.7	-7.1	-5.1	+59.0
140	-17.0	-7.6	-4.3	+59.7
152	-20.3	-8.4	-4.1	+60.2
165	-22.9	-8.4	-4.1	+60.5

2. 眼椭圆位置

若背部角度（L40）为 25°，眼椭圆（图 9-37）位于通过 R 点（SgRp）的垂线与高于 R 点 25in（635mm）的水平线交点处。

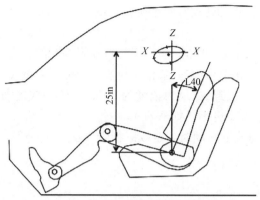

图9-37 眼椭圆在侧视图中的位置

若背部角度不是25°,则在上述 L40 = 25°条件下所得的眼椭圆位置需要在侧视图中调整。X 与 Z 的位移可由下述表达式所得:

$$X = -9.331288 + 0.404789 L40 - 0.0012611 L40^2$$

$$Z = 1.067621 + 0.0156987 L40 - 0.0023347 L40^2$$

其中,L40 用度(°)来表示,X、Z 位移则用英寸(in)表示。若背部角度小于25°,则眼椭圆可以向前、向上移动。相反地,若背部角度大于25°,则眼椭圆可以向后、向下移动。

在俯视图中(车辆 xy 参考平面),眼椭圆坐标 xx 轴被设置与汽车中轴线间距 $0.85W7 + 0.075W3$。其中 W7 为转向盘轴与中轴线距离,W3 则为车内 R 点上方 10in(254mm)处的宽度。任何情况下 xx 坐标轴向内不能超过 W20 + 11in,W20 为 R 点与汽车中轴线的间距。

这种定位方式对具有独立座椅的车辆有效,因为当下大部分的车辆都如此。作为第一个近似,xx 坐标轴在俯视图中通过 R 点。SAE J941 也提供了长凳座椅车辆、公交与载货车的眼椭圆定位过程。

3. 基于眼椭圆方法的关键问题

通过考虑了纵向以及背部角度的调整来定义眼椭圆。其构建体现了眼椭圆尺寸与定位的纵向调整的重要意义。当代车辆的驾驶室,即便是最低级车辆(微型汽车)也提供座椅的垂直与斜度调整。这些可能性影响了眼椭圆的定义,一个方法是利用虚拟人体并重复眼椭圆定位过程然后使其适应新的情况。

4. 双眼视野的测定

图9-38 展示了由 SAE J1050a 推荐规程指出的确定双眼视野的过程。该视野被界定在一条直线向上45°、向下65°。C、D 视点与垂向对齐的 F、G 点位于同一平面上。

侧视图中双眼视野由于头部转动而不同。图9-38 表示了无头部转动时的构造。视野的右侧界限为起于左眼的视线,左侧界限为始于右眼的视线。该两线最大角度为30°，其对应于无头部转动时眼球所允许的最大转动角度。双眼视野构造方法如下：

- 与左侧成最大角度30°作一条相切与右眼眼椭圆的直线，切点为 A。
- 与右侧成最大角度30°作一条相切与左眼眼椭圆的直线，切点为 B。

无头部转动的双眼视野 α_p 最大幅度为60°，位于视线之间且通过 A、B 两点。障碍出现时这个角度可能更小（如 A 柱）。

图 9-39 所示为有头部转动时确定双眼视野（α_p）的过程：

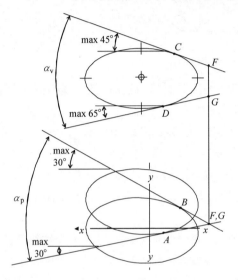

图 9-38 双眼视野。SAE J1050a 仅有眼部活动的结构。侧视图（上）和俯视图（下）

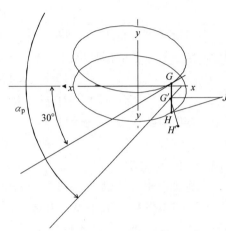

图 9-39 双眼视野。SAE J1050a 眼部和头部活动的结构

G, H—眼点 J—头部铰接点
G', H'—头部活动到左边后的眼点

- 与左侧成30°作一条相切与右眼眼椭圆的直线，切点为 G。
- 由 G 点作一条平行于 yy 轴的直线确定左眼眼椭圆上的 H 点。G、H 点应为大约60mm 间隔。
- 沿垂直于线段 GH 中点方向距离为3.88in（98.6mm）处确定铰接点 J。J 点代表着头部旋转轴与水平面的交点。点 G' 和 H' 代表了头部向左转动后的眼点。
- 头部向相反方向转动（右侧），相同的过程必须从左眼眼椭圆上 G 点开始重复。

相对 J 点头部左右两侧最大允许转动角度均为60°。

9.10.3 直接视野和双眼盲区

车辆安全中视野的重要性催生了诸多关于以下方面的标准要求：

- 驾驶员需要通过足够尺寸的前风窗玻璃看到车外情况。一些情况下，该要求与双单眼视野相关，而其他情况下需要几条视线均穿过具有良好光学特性的前风窗玻璃。

- 从给定视点开始，非透明部分障碍应不超过给定的限制。驾驶员眼前不应有结构件出现，除了两个 A 柱。相似地，发动机舱盖、车门以及车顶不应过多限制看到车外的可能性。
- 驾驶员前方柱状物不应多于两个，其会增加盲区而减少直接视野（图 9-32）。该要求提到了双眼盲区，其为两眼均不可视的区域。该域不应超过一定的限制。

1. 直接视野

对 M 级车直接视野的欧洲指令是：

- D77/649。
- D88/366。

其目的是在玻璃清洁且干燥时透过前风窗玻璃保证足够的视场。图 9-40 展示了一个取自指令的简图。车辆必须符合 B 负载标准。从点 V1、V2 离开的三条不同方向的视线（从 V1 向上 7°且向左 17°，从 V2 向下 5°）必须与足够光学特性的玻璃交于几点，在这三点的透明度应大于 70%且光学失真应小于 5/60°。除了 25°的背部角度，V1、V2 点的垂向、纵向位置必须按表 9-15 进行修正。

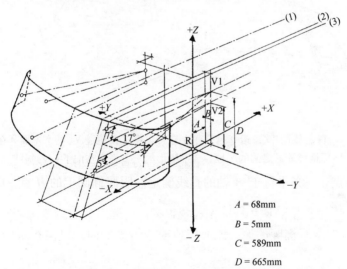

图 9-40　根据欧洲指令的直接视野。视觉点 V1 和 V2 的纵向和垂向的位置必须修正为背部角度（L40）的函数

为了避免诸如发动机舱盖和车门等车身显著地减少可得的视野，欧洲法规要求除了 A 柱外车身的任意部分不能超过界限，该界限位于通过 V1 的水平面和顶点为 V2 的锥体之间（图 9-41）。锥体有三个相对水平面成 4°的面。转向盘的部分部位

可能超过最低界限，如果其位于 V2 点向下 1°的斜面上。

表 9-15　作为背部角度的函数对图 9-40 中 V1 和 V2 点的位置修正。正 x 向后，正 z 向上

L40 /(°)	Δx /mm	Δz /mm	L23 /(°)	Δx /mm	Δz /mm
5	-186	28	23	-18	5
6	-177	27	24	-9	3
7	-167	27	25	0	0
8	-157	27	26	9	-3
9	-147	26	27	17	-5
10	-137	25	28	26	-8
11	-128	24	29	34	-11
12	-118	23	30	43	-14
13	-109	22	31	51	-18
14	-99	21	32	59	-21
15	-90	20	33	67	-24
16	-81	18	34	76	-28
17	-72	17	35	84	-32
18	-62	15	36	92	-35
19	-53	13	37	100	-39
20	-44	11	38	108	-43
21	-35	9	39	115	-48
22	-26	7	40	123	-52

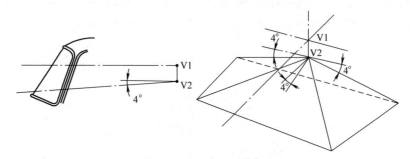

图 9-41　直接视野的欧盟指令。只有 A 柱可以超过在通过 V1 的水平面和在点 V2 顶部锥体表面之间的区域。金字塔形的三个平面在向下 4°的斜坡。

2. A 柱盲区

图 9-42 展示了由 SAE J1050a 推荐规程指出的确定 A 柱双眼障碍角的过程。参考截面为接近左眼眼椭圆的面。该面应该通过考虑侧向及纵向视野的迭代过程所确定。

若参考截面落在具有眼部运动的直接视野中，只有双眼盲区可以通过考虑眼椭圆上视点的方式确定。若参考截面落在直接视野之外，推荐规程指出了一个转动头部及眼部的过程使得参考截面包括进双眼视区：

① 侧视：通过一个水平面（平行于负载标准 B）找到 A 柱的 A—A 参考截面。该水平面通过下述定义的 B 点。作为近似，该截面通过横切 A 柱的水平面确定，该水平面通过眼椭圆与其长轴的交点。

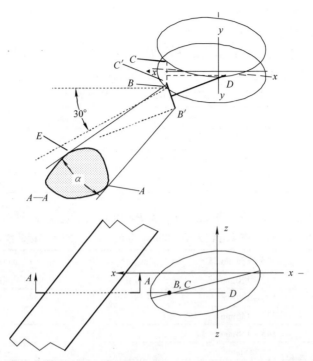

图 9-42 SAE J1050a 中 A 柱双眼盲区。这个过程导致了双眼都看不见的视野的定义（双眼盲区）。如果与 A 柱相切的视线在柱后汇于一点，则双眼盲区不存在。

② 俯视：从 B 点起，作一条视线与截面最右点 E 点相切。点 B 是距离截面左缘 A 最近的眼椭圆点。在侧视图中迭代新确定的 B 点，如果必要的话，寻找截面的第二近似。

③ 在右眼眼椭圆上找到点 C 满足线段 BC 平行于 yy 轴。

④ 在线段 BC 中垂线上 3.88in（98.6mm）处找到 D 点。D 点代表头部运动铰接点。若截面相对从 B 点成 30°直线的右侧，头部运动不被允许。该情况下双眼盲区为直线 AB 和 EC 间夹角。

⑤ 若截面的部分在与 B 点成 30°直线的左侧，头部必须绕 D 点转动直到由 B′到 A 视线与 B′ C′线段成 30°。

⑥ 双眼障碍角 α 位于视线 AB′与 EC′之间。

双眼障碍角不应大于 6°。若相切与 A 柱的视线（AB′和 EC′或 AB 和 EC）相交（相对眼部的 A 柱的反方向）便没有双眼盲区。实际上，距离 A 柱一定距离后至少一只眼可以再次可视。即便驾驶员没有双眼视野，他仍能发现障碍物的出现，即证明了零障碍。

尽管可能从位于眼椭圆后部的眼点起始，该过程考虑了位于前部的眼点因为将产生更大的双眼障碍角。

图9-44所示为欧洲指令D77/649和D81/643/366，D88，D90/630对于确定A柱双单眼障碍角的要求：

① 从 R 点确定由表9-16给出的 P_1、P_2 和 P_m 点。当驾驶员在一个水平面上看向车外左方（P_1）或右方（P_2），其代表着头部铰接点。

表9-16 相对于 R 向后 25° 的 P 点的坐标

	x/mm	y/mm	z/mm
P_1	35	−20	627
P_2	63	47	627
P_m	43.36	0	627

② 若水平座椅行程大于108mm，P_1 和 P_2 和 P_m 的位置必须按表9-17修订。

表9-17 纵向座椅行程大于 108mm 的 P_1、P_2 点的 x 坐标的修正

水平座椅行程 L23	Δx/mm
108~120mm	−13
121~132mm	−22
133~145mm	−32
145~158mm	−42
>158mm	−48

③ 若背部角不是25°，P_1 和 P_2 和 P_m 的位置必须按表9-15修订。

④ 侧视：从 P_m 点开始，如图9-43所示，找出A柱的两个参考截面。截面 S_1 和 S_2 包括了结构件、所有非透明部件和具有光学特性但不满足透明度和失真度要求的玻璃。

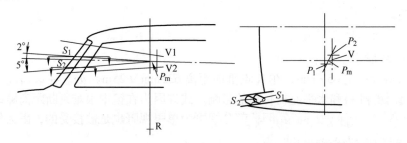

图9-43 欧洲指令下A柱参考十字交叉截面 S_1 和 S_2 的定义

⑤ 由 P_1 和 P_2 点找到眼点 E_1、E_2、E_3、E_4，其位于两个边长全为65mm的三角形的边缘。（图9-44）

⑥ 绕 P_1 点旋转左侧三角形直到正交分割线段 E_1E_2 的视线与 S_2 面最左点相切。

⑦ 两单眼盲区为原视线和由 E_2 起相切于 S_1 面最右点视线间夹角。该角需小于6°。

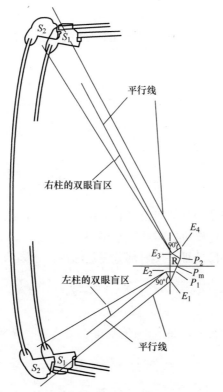

图 9-44 欧盟法规要求的双眼盲区。障碍应小于 6°。眼点 E_1、E_2、E_3、E_4 为各边都为 65mm 的三角形的点

9.10.4 间接视野

驾驶员的后方视野通过镜子成像的方式增加。在欧洲参考指令为 D71/127/649、D77、D81/643、D88/366/630、D90。

图 8-38 展示了镜中的单眼、双眼和双单眼视野。OD 点和 OS 点代表了驾驶员的眼点,两点相距 65⊖mm,在 R 点垂向距离 635mm(25in)处。在该情况下,该位置不受背部倾斜和水平座椅行程的影响。或许因为在镜中很难判断距离障碍物的距离,指令涉及了双眼视野。因此部分视野为单眼视野也是被接受的,因为驾驶员容易判断障碍物的出现。

对 M1 级车欧洲指令要求如下:
- 在镜中,图 8-39(左顶端)中,驾驶员应该能够看到地面 20m 宽并延伸到距离眼点 OD、OS 为 65⊖m 处的三角形区域。
- 镜子之外,图 8-40(顶部,中间),驾驶员应该看到下述地面上三角区域:
—左侧,2.5m 宽,始于距离眼点 10m 处。
—右侧,4m 宽,始于距离眼点 20m 处。

⊖ 与图对应,译者认为此处应为 60m。

后视镜尺寸及定位

车内后视镜应符合目录Ⅰ。反射部分的尺寸必须足够内接于一个高为4cm、宽为 a 的矩形：

$$a = 15 \cdot \frac{1}{1 + \frac{1000}{r}} \tag{9-4}$$

式中，r（以mm表示）为镜子平均曲率半径，其可由反射部分最小、最大半径 r_{min}，r_{max} 的平均值来求得。

$$r = \frac{r_{min} + r_{max}}{2} > 1200 \text{mm} \tag{9-5}$$

车内后视镜必须完全位于V1点之上，且纵向与V1点最小距离350mm。为了减小反射图像的失真，建议可能时使用平面镜。

外部后视镜需来自目录Ⅲ。反射部分需足够内接于高为4cm、宽为 a 的矩形：

$$a = 13 \cdot \frac{1}{1 + \frac{1000}{r}} \tag{9-6}$$

式中，r（mm）为镜子的平均曲率半径：

$$r = \frac{r_{min} + r_{max}}{2} > 1200 \text{mm} \tag{9-7}$$

另外，它必须能覆盖7cm长的垂直线段。

在俯视图中，连接反射部分中点与 $OS - OD$ 线段中点的线段相对于纵向方向 x 应小于55°。因为外部后视镜下部分距离地面2m以下，且其不能加宽车身超过20cm。宽度测量情况没有计入局部特征，例如门把手或者车身表面其他小部件。

第10章 气候舒适性

一些关于气候舒适的生理知识将会在下面的章节进行介绍。本章对于理解环境控制系统很有用（参考文献 [19] 和 [20]）。

首先，将引入热舒适条件作为系统参数；然后介绍人体代谢活动及其热交换结果。

在这一点上，可以初步描绘一个热平衡图去设计一款气候控制系统。

之后根据上卷对该系统操作的解释，还将介绍其最关键部件的设计和测试标准。

上卷也介绍了乘客舱中空调风道布置设计的相关信息。

10.1 生理学概述

热舒适在 ISO 7730 标准中的定义是：某物体在暴露的环境下，对于当前热环境的表达满意的精神状态。

用合适的词汇描述热舒适的复杂性也构成其定义。

在这部分将会看到热舒适取决于一系列环境参数，不仅仅只有作为简单评估方式的环境温度这一指标。

事实上，环境舒适还取决于：
- 空气湿度。
- 能量辐射。
- 空气流动。

在一个人为控制处理过的空气循环的空间里，空气质量、窗户雾化和空气噪声同样很重要。

除此之外，热舒适性还与评价热舒适度的人类主观感知有直接的联系。

热感知能力还可以被描述为人类感知周围环境的第六感。

10.1.1 体温控制

人体的体温控制是一个非常有效率的内部温度控制系统，保证了人体内部温度维持在37℃左右的小范围内，避免了对热压力的不适和危险情况。

为了达到这一目标，人体（当人体静止时其发热功率有100W，但当人体剧烈活动时，这一数值会达到1000W）源源不断产生的热量必须散发出去，以维持体温在可接受的范围内。人体不会均匀地产热和散热。

当身体内部温度过高时，身体就会有两种反应方式：第一种是血管舒张，这将导致通过皮肤表层的血流量增加，增加了向外界的热传导；结果是皮肤温度就变得和内部组织温度一样了。

在这一基础上就开始了第二阶段：排汗。排汗代表了真正的降温机制，因为热量会通过汗液的蒸发直接从皮肤中排出去。

零点几度的温升足以刺激汗液降温机制的进行，它能将人体散热能力增加4倍。

如果降温效果不明显且体温在持续上升：如果体内温度比最佳的37℃高出2℃以上，这种降温机制就会发生改变。身体松弛的感觉就是这种改变的实例。

相反，如果皮肤和环境之间发生了过多的热交换，流经皮肤表面的血流量就会减少。皮肤虽然冷却下来了，但是却避免了内部组织温度过低。

这是抵御寒冷的血管舒缩控制机制，与低于最佳温度的小范围温度有关。

低于此温度，身体可以通过震颤、肌肉紧张或其他的非自发性活动等产热机制对寒冷机械地作出反应。如果这些热量足以弥补损失的热量，身体内部的温度就会维持在最佳值上下。

抵御寒冷的行为控制包括增加运动量和穿着较厚的衣物。

手脚由于与身体中心距离较远因而更容易寒冷，因此，在评估热舒适性时，我们应当将其也考虑进去。

如果抵抗体温下降的方式不当，体温就会降低。如果身体温度下降至低于最佳值2℃以上时，正常的感觉将会再一次被麻木和僵硬感所取代。

人体内部温度控制系统非常复杂，并且至今未被完全理解。这项课题的研究发现了两种位于人体皮肤之下的用于这种控制的感受器。

第一类克劳氏球是所谓的感受器（Krause's bulbs），它位于表皮之下约5mm厚的地方，对热量的损失特别敏感。它们广泛分布于身体内，但是在汗腺处十分集中，例如手指和手肘（参考文献[21]）。

第二类感受器叫做罗芬尼器（Ruffini's organs），它们对于温度的升高特别敏感，位于皮肤深层，特别是在嘴唇、鼻子、下巴、额头、胸部和手指处很集中。因为皮肤的热保护的作用，这种感受器与克劳氏球相比对温度改变的反应会慢些。

体温

如前所述，人体源源不断产生的热量必须散发到环境中去，以维持内部温度在可接受的范围内。

人体产生的代谢能 M 应至少与以下能量保持平衡：

- 个人活动 M_{act}。

- 如果当前体位需要的话，保持肌张力 M_{shiv}。

代谢能和有用的肌肉能 W 之间的不同是，$M-W$ 储存在人体中，会造成体温上升或通过皮肤和呼吸向外界散热。

热量散失到空气中可能通过如下方式完成[○]：

- 皮肤显热。
- 汗液潜热（E_{rsw}）。
- 汗液热损失（E_d）。
- 呼吸热损失（C_{res}）。
- 呼吸中水汽的潜热（E_{res}）。

由皮肤完成的热交换包括传热、对流和辐射。然而这可被描述为对流 C 和辐射 R 的贡献之和，以外部衣着为参考。

人体生理学研究显示，如果身体暴露在如下温度中，就不会有降温、发热或蒸发的发生：

- 29~31℃：如果身体不被衣物覆盖。
- 23~27℃：如果身体被衣物覆盖且静坐不动时。

身体处于这些温度区间时就会进入一个中间区，并且身体不会产生生理上的温度控制活动。

皮肤温度（t_{sk}）和内部温度（t_{cr}）为下值时就会处在一个中间区：

- $t_{sk,n} = 33.7℃$。
- $t_{cr,n} = 36.8℃$。

在工程应用中人体被模拟为一个简单的圆柱体，与环境交互的基本流程如图 10-1 所示。

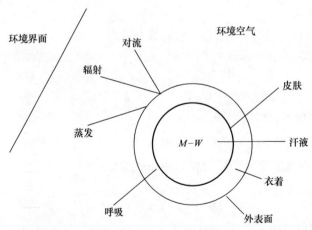

图 10-1 在工程应用中人体被模拟为一个简单的圆柱体，与环境交互的基本流程

○ 显热源自对流、传导和辐射导致的给定质量的温度变化，而潜热源自质量状态改变，如蒸发或融化。

10.1.2 热舒适条件

一种观点认为当处于热中性时就是所说的舒适的环境,这意味着此时皮肤没有冷或者热的感觉。

在这种状态下需要满足两个条件:

一是要在内部温度和皮肤温度之间找到平衡。

二是使得人体代谢活动产生的热量等于当前活动中散失的热量。

1. 热舒适度方程

能量间平衡的描述由 Fanger(参考文献[22])提出,并作为一种采用物理参数描述舒适程度的方法,包括在所谓的热舒适方程。

参考图 10-1 中模型,热平衡方程如下:

$$M - W = Q_{sk} + Q_{res} = (C + R + E_{sk}) + (C_{res} + E_{res})$$

式中,M 为人体产生的热通量;W 为与环境交换的热通量;Q_{sk} 为通过皮肤交换的热通量;Q_{res} 为通过呼吸交换的热通量;C_{res} 为呼吸中通过对流交换的热通量;E_{res} 为呼吸潜热;C 为通过皮肤交换的对流热;R 为通过皮肤交换的辐射热;E_{sk} 为通过皮肤交换的蒸发热,$E_{sk} = E_{rsw} + E_d$。

该方程的所有项通常适用于裸体时的身体外表面的参数 A_D,可由 Du Bois 经验公式推导出来:

$$A_D = 0.292 m^{0.425} h^{0.725}$$

式中,m 为物体质量;h 为物体高度。

2. 人体热交换

一个独立的方程可以描述对流和辐射的综合效应:

$$C + R = \frac{t_{sk} - t_o}{R_{cl} + \dfrac{1}{f_{cl}h}}$$

身体表面温度 t_{sk} 由以下经验关系得出:

$$t_{sk} = 35.7 - 0.028(M - W)$$

操作温度 t_o(这个温度的定义稍后解释)由下式给出:

$$t_o = \frac{h_r t_r + h_c t_a}{h_r + h_c}$$

式中,h_c 为对流换热系数;h_r 为辐射换热系数线性项;t_r 为辐射平均温度(这个温度稍后解释);t_a 为环境温度;R_{cl} 为通过衣物的热阻;f_{cl} 为衣物面积系数。

衣物面积系数由下式表示:

$$f_{cl} = A_{clo}/A_D$$

式中，A_{clo} 代表衣物外表面并且将衣物热阻 I_{cl} 也考虑在其中。通常可以由下面的经验公式给出：

当 $I_{cl} < 0.078$ 时，
$$f_{cl} = 1.00 + 1.29 I_{cl}$$

当 $I_{cl} \geqslant 0.078$ 时，
$$f_{cl} = 1.05 + 0.645 I_{cl}$$

3. 汗液热交换

这一项（E_{sk}）包括有出汗散热 E_{rsw} 和皮肤散热 E_d。有以下公式：

$$E_{sk} = w \frac{p_{sk,s} - p_a}{R_{e,cl} + \dfrac{1}{f_{cl} h_e}}$$

式中，p_a 为环境中的蒸汽压力；$p_{sk,s}$ 为饱和温度 t_{sk} 下的蒸汽压；$R_{e,cl}$ 为通过衣物的热交换阻力；h_e 为通过衣物的对流换热系数；w 为湿皮肤百分比。

4. 呼吸热交换

该项包括呼吸时呼出气体的显热和潜热，它与环境相比温度不同并且包含一定量的水蒸气：

$$C_{res} + E_{res} = [0.00014 M(34 - t_a) + 0.0173 M(5.87 - p_a)]/A_D$$

式中，M 为代谢热通量；p_a 为环境中的蒸汽压。

5. 环境参数

从实际的角度来看，有必要确定影响舒适度的重要参数。

再一次强调，人体不仅对环境温度敏感，对于人体散失的热量也是如此。要考虑的参数就是那些能够影响能量损失的因素。

从这个角度来看，有四个参数可以用来描述环境：
- 周围大气的空气温度。
- 平均辐射温度。
- 空气流速。
- 空气湿度。

除此之外有两个参数用于描述人体：
- 代谢指数。
- 服装指数。

接下来这部分是对上述参数的解释。

（1）空气温度

空气温度 t_a 是在人体周围但是在其边界层外测量的。这个温度因为空气对流的原因对人体热交换有影响。

空气温度通常由干球水银温度计测量，因此，空气温度有时也叫干球温度。

（2）平均辐射温度

平均辐射温度 t_r 是在实验舱口中测量的均匀的温度，在这里乘员的热交换量将与其在真实的环境中相同。

很明显，该温度取决于人体所在的密闭空间中所有表面的温度，并且在任何其他表面上，人体可以通过辐射换热获得热量。

当覆盖人体的表面的温度比皮肤温度高时，根据定义，平均辐射温度和空气温度之间的差值是正的。但如果情况相反，这个差值就会变成负的。

平均辐射温度的精确计算涉及对密闭空间中的表面辐射和多次反射的很多假设。

假设与人体交换辐射能量的所有表面都是黑色的，可以定义一个用于计算平均辐射温度的简单公式：

$$T_r^4 = T_1^4 F_{p-1} + T_2^4 F_{p-2} + \cdots + T_n^4 F_{p-n}$$

式中，T_i 为物体所有表面的辐射能量（单位为 K）；F_{p-i} 为辐射角系数，是用来确定关于该问题中物体给定表面辐射能量分数的系数，满足下式：

$$\sum_{i=1}^{n} F_{p-i} = 1$$

测量辐射温度最直接的方法是用球形温度计测量。它只是一个干球温度计，封装在直径为 150mm 的处理过的铜（黑色金属）球中，名义上具有与人体皮肤相同的吸收特性。

作为人体重要的热交换辐射器官，人体皮肤真实的吸收系数比包括黑色金属在内的其他任何材料都高。因而人体对平均辐射温度的任何变化都很敏感。

（3）空气流速

相对于人体的空气流速 v_a 对于评价具有人造气候的封闭环境中的人体热舒适性有非常重要的作用，因为它影响与人体的对流换热，并且是所有空调系统的控制参数之一。

在炎热或者潮湿的天气，周围空气的流动会增加人体在相同气温下的热量散失。

这可以通过两种不同的方式来证明。

当空气中的温度低于皮肤温度时，由于大量新鲜空气流经皮肤，空气流速的增加加快了人体的对流换热。

在环境湿度适宜（相对湿度为 30%~80%）时，空气流速增加可以加快去除饱和空气并将其用干燥空气替代从而加快汗液的蒸发。

所讨论的空气速度是环境和人体之间的边界层处的平均速度。

（4）空气湿度

空气湿度 u_a 是指一定体积的空气中含有的湿蒸汽量。在给定的干球温度下，在饱和并形成降水之前能够被空气吸收的蒸汽量称为绝对湿度。

饱和点也称为露点，指的是在给定空气温度下的最大湿度值。

相对湿度（RH）是绝对湿度和露点湿度之比。

相对湿度和汗水蒸发有关。

如果相对湿度超过80%，大部分汗水将不会蒸发，而且人体周围的空气会快速饱和。相反，如果相对湿度低于20%，黏膜将会迅速变干，并增加刺激和感染的风险。

空气湿度在空调环境下对热舒适度有一定的影响，但也有不应超过的限制。

这个参数由湿度计测量。

图10-2 总结了空气温度、相对湿度和空气速度间的影响关系。

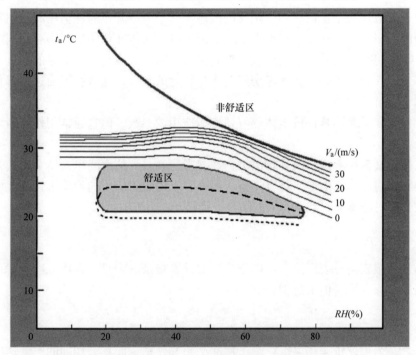

图10-2 舒适区和非舒适区分界图；
图中参数为 t_a（干球空气温度）、RH（相对湿度），V_a（空气速度）

空气温度（干球温度）t_a 为纵坐标，相对湿度 RH 为横坐标。图表中间的阴影区显示了温度值和湿度值的组合。这可以被理解为夏天坐在树荫下的舒适度。

围绕这块区域的虚线可被理解为冬天的舒适度。这个图表显示了人体可以适应不同的温度情形。速度 v_a 的曲线表示了夏天的舒适度区域是如何在合适的风速下变大的。

例如，在23℃和50%的相对湿度时，没有必要对空气流速进行修正。但在26℃和70%的相对湿度时，1m/s的风速对于获得热舒适是有必要的。

6. 综合参数

为了确定舒适度，有三个参数是必需的。在辐射较大的情况下，应当考虑用平均辐射温度代替空气温度。为了简化这个问题，本书采用三个新参数，称为综合参数,因为它们可以用来总结不同的基本参数的综合影响。

三个新参数是:
- 操作温度 t_o,整合了空气温度和平均辐射温度的影响。
- 等效温度 t_{eq},整合了平均辐射温度和空气速度的影响。
- 有效温度 ET^*(参考文献 [19]),整合了空气温度、平均辐射温度和空气湿度的影响。

有效温度和等效温度取决于人体的运动和衣着,但是操作温度通常独立于这些参数之外。

为了理解这三个参数是如何定义的,想象一个人离开作为评估用的房间到作为参考用的新房间去:通过调整参考房间的温度以使人体在评估房间中有相同的热量损失,参考房间内的温度就是所说的综合温度,这个温度是可以确定的。

每一个综合参数必须在参考房间内满足特定的条件,这将在下面进行解释。

(1) 操作温度

操作温度尽管不是评价人体热舒适度所应用的参数,但它通常用作密封环境中的评价参数。

它被定义为参考房间的平均温度,在参考房间与评估房间里人体会交换等量的对流热和辐射热。相应地,可以用空气温度和平均辐射温度的均值来计算,使用衣物和空气间对流率 h_c 与辐射率 h_r 作为权重因子:

$$t_o = \frac{h_r t_r + h_c t_a}{h_r + h_c}$$

为了克服衣物外表面这一不确定参数对计算带来的困难,操作温度有时可以用两个温度的算术平均值来近似:

$$t_o = \frac{t_r + t_a}{2}$$

总之,为了评价操作温度,参考房间必须和评估房间具有相同的空气速度、湿度和辐射温度。

(2) 等效温度

等效温度综合了对流和辐射对人体散出热量的影响。

按照定义,等效温度就是参考房间温度,参考房间与评估房间的气温和墙温相同,但是风速为零,以便于实验对象能在其中交换与在评估房间内相同数量的热量。

总之,等效温度取决于操作温度以及空气速度的附加影响。在空气速度较高的情况下,t_{eq} 远低于 t_o,在风速为 $0.1 \mathrm{m/s}$ 左右时,t_{eq} 与 t_o 大致相等。

参考房间必须处于与参考组房间一样的湿度的情况下,它的空气温度必须等于参考组的平均辐射温度,空气速度必须为 0。

(3) 有效温度

有效温度是最常使用的综合参数，也被用作密闭空间内可控气候条件下整体热舒适度的评估参数。

这个参数包括温度和湿度的影响，有相同 ET^* 值的两个空间可被视为是相等的，尽管二者的温度和湿度并不相同。

ET^* 值是相对湿度为 50% 实验舱中的干球温度（当前的参考房间），在参考房间中的人体可以交换与参考组相同的热量；在参考房间中人体皮肤必须表现出相同的皮肤温度 t_{sk} 并且皮肤湿度百分比 w 也应该相同。

总之，为了测量有效温度，参考房间必须具有相同的空气流速，空气温度必须等于平均辐射温度，并且相对湿度为 50%。

7. 新陈代谢

人体是一种连续的化学反应实验室。食物、饮料和其他的物质经过大量的化学反应，共同构成人体的新陈代谢。

新陈代谢是产生热能的基本氧化反应。总之，食物、饮料（不包括部分转化为备用物质的食物和饮料）和其他物质中潜在的化学能被用于在人体中产生热能。

这种能量是由消耗的潜在化学能和产生的有用功之间的差异产生，其效果将是引起体温升高。

这种能量也叫代谢能量或者能量代谢。

用于新陈代谢的测量单位是 MET（代谢当量），其对应的功率密度是 $58.15 W/m^2$，这是静止时人体新陈代谢在人体表层产生的功率密度。

由于人体表面积约为 $1.7 m^2$，1MET 新陈代谢约为 100W。

当人体在睡眠时，新陈代谢的最小值约为 0.8MET，当人体从事繁重的体力劳动或剧烈运动时，可增加到 10MET。

表 10-1 汇总了一些新陈代谢平均值。

表 10-1 以 MET 和 W/m^2 为单位的部分新陈代谢值

活动类型	[W/m^2]	MET
仰卧位	46	0.8
坐位	58	1.0
站位	70	1.1
办公室工作	70	1.2
开车	80	1.4
购物	93	1.6
学校教学	95	1.6
家务	100	1.7
以 2km/h 的速度步行	110	1.9
砌砖	125	2.2
园艺	170	2.9
重体力家务	170	2.9
拆除气锤	175	3.0
速度 5km/h 步行	200	3.4
电锯伐木	205	3.5

(续)

活动类型	[W/m²]	MET
速度18km/h 滑冰	360	6.2
掘坑	380	6.5
9km/h 越野滑雪	405	7.0
斧头伐树	500	8.6
15km/h 跑步	550	9.5

新陈代谢的影响因素有以下几种:
- 年龄:新陈代谢随着年龄的增加而下降,几乎成比例。
- 性别:女性新陈代谢比同龄男性低约5%。

尽管新陈代谢的准确值无法直接测量,但下面的值可用作参考:男性为 $44W/m^2$,女性为 $41W/m^2$。

8. 衣着

衣着指数 CLO。CLO 提供了一种由衣物产生的保暖能力的度量,衣着可以减小影响热平衡的热量损失。

该指数是一个热阻,一般以与参考值 $0.155m^2℃/W$ 的比值来衡量,代表一种静止工作状态下的衣着情况。

在这些情况下,衣着指数 $CLO=1$;身体赤裸时,衣着指数 $CLO=0$。

在冬天的户外,衣着合适的情况下衣着指数会提高;但是在夏季会减小。

表 10-2 给出了一些 CLO 值。

整体衣着系数 CLO_t 可以用每一件衣服的 CLO_i 求和得出,如图 10-3 所示,有下式:

$$CLO_t = \sum_{i=1}^{n} CLO_i$$

表10-2 以 CLO 和 $m^2℃/W$ 为单位的部分衣着系数值

类型	描述	CLO	[$m^2℃/W$]
内衣	内裤	0.03	0.005
	短裤	0.06	0.009
	马甲	0.13	0.020
	背心	0.09	0.014
衬衫	短袖衬衫	0.09	0.014
	长袖衬衫	0.12	0.019
	法兰绒衬衫	0.30	0.047
	圆领衬衫	0.34	0.530
裤装	短裤	0.06	0.009
	长薄裤	0.20	0.031
	正常裤子	0.25	0.039
	法兰绒	0.28	0.043

（续）

类型	描述	CLO	[m²℃/W]
套装	罩衣	0.50	0.078
	礼服	0.30	0.047
毛衣	无袖	0.12	0.019
	薄毛衣	0.20	0.031
	圆领薄毛衣	0.26	0.040
	圆领厚毛衣	0.37	0.057
外套	薄外套	0.25	0.039
	正常外套	0.35	0.054
大衣	正常大衣	0.60	0.093
	防寒夹克	0.55	0.085
	厚防寒夹克	0.70	0.109
其他	袜子	0.02	0.003
	长筒袜	0.10	0.016
	薄底鞋	0.02	0.003
	厚底鞋	0.04	0.006
	靴子	0.05	0.008
座位	木质或金属	0.00	0.000
	有脚踏	0.10	0.016
	有扶手脚踏	0.20	0.032

这种计算方式提供的数据通常足够精确。如果需要更高的精度，则可以用气候室内的内加热假人来测量指定衣物的总热阻。

每件与人体接触的家具中的填充物，例如汽车座椅，都会对人体散热有重要的影响，必须予以考虑。

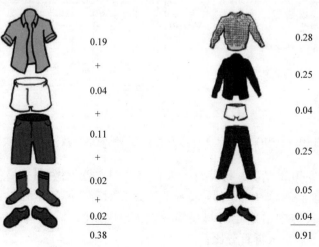

图10-3 整体衣着系数 CLO_t 可以用每一件衣服的 CLO_i 求和得出

10.1.3 热舒适性评价

这部分内容是通过定义环境温度和湿度条件来确定热舒适湿度。如果热舒适度不在最佳范围内，则这些参数将有助于我们来提升舒适度。

为了在有限的控制热度的环境中评价热舒适度，通常使用如下两种指数：
- 预测平均热感觉（PMV）。
- 有效温度 ET^*。

1. 预测平均热感觉（PMV）

根据 Fanger（参考文献 [22]），热舒适度的感觉是一种人体承受热负荷 L 的能力。它的定义是如果皮肤温度和蒸发热 E_t 在活动中保持在舒适的范围内，那么可以由物体实际运动产生的热能和将要发生的热损失的差值来确定。

在舒适的情况下，热负荷 L 应该为 0。

Fanger 提议通过定义一个以经验为主的与热负荷有关的指数来评价热舒适度，可以通过下式定义：

$$PWV = [0.352^{(-0.0362M/A_D)} + 0.032]L$$

式中，M 为新陈代谢率；A_D 为皮肤表面值，参考 Du Bois 相关文献。

PMV 是预测的平均数，可作为与人体活动、衣着、干球温度、辐射平均温度和环境相对湿度相关的函数。

PMV 是对一大类受试者环境舒适度的平均评估，PMV 的评级范围分为 7 个等级，其中三个等级用以表示冷的感觉，三个等级用以表示热的感觉，中值 0 表示温度适中。

在图 10-4 中是评级描述，左图对应相应的等级划分。

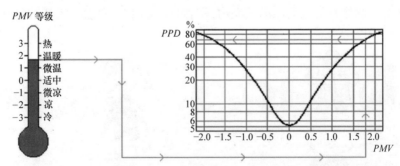

图 10-4 PMV 等级以及与 PPD（预测不满意的分数）的对应关系

同样 PMV 为 0 的情况，即使每个人在相同的衣着下做同样的活动样本中的一些受试者也可能会对这种水平的热度感觉不适，对舒适度的评估是主观的。

为了评价人群中对给定环境感到不适的百分比，需要引入一个新的参量：PPD。PPD 是不满意人群百分比：

$$PPD = 100 - 95^{-(0.03353PMV^4 + 0.2179PMV^2)}$$

将 PMV 等级中的 −3、−2 或 +3、+2 的级别归为不满意的类型。

图 10-4 中右图表示了 PMV 和 PPD 之间的经验关系。

2. 有效温度

有效温度是评价热舒适度最常用的指标，取决于湿皮肤的百分比和衣服的透气性。由于这个原因，有效温度在相对湿度方面比 PMV 更灵敏，且这种敏感程度随着湿度的增加而增加。

在夏季，由 ET^* 表征的舒适区在 22.8 ~ 26℃ 和相对湿度为 20% ~ 60% 的区间内。

在冬季，由 ET^* 表征的舒适区在 20 ~ 22.9℃，相对湿度同样为 20% ~ 60% 的区间内。

3. 局部不适

尽管处于热中性环境下，人体的一些部位可能会遇到由热参数不均匀而引起不适的特殊情况，这种情况称为局部不适。

这种不适感无法通过改变平均气温或湿度来消除，只能改变局部。

下面是几种最常见的引起局部不适的原因：
- 房间墙壁过热或过冷。
- 地板过热或过冷。
- 辐射热通量不均匀。
- 通风。

图 10-5 展示了几种由垂直或水平温度梯度而产生的局部不适的例子。在每幅图下面的图表表示 PPD 是温差的函数，该温差是参考部分（图中的虚线）与问题中环绕屋子的某面墙之间的温度差值。前三幅图是和冬天加热有关的情景，后面的一幅图是与夏天降温有关的情境。

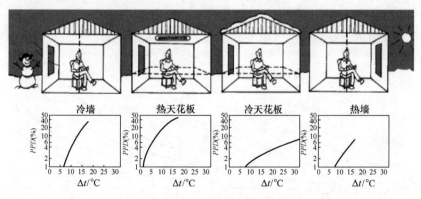

图 10-5 由垂直和水平温度梯度导致的局部不适的例子

4. 垂直温度梯度

这个效应由密闭空间中温度导致的空气密度改变而导致的热梯度产生的结果。这种现象会产生头暖脚冷的感觉。

实验结果显示，头和脚之间出现 3℃ 的温差就会使 5% 的受访者感到不适。然而与脚部相比，头部温度如果更高，则会使人感到不适，相反的情况却未被列为不适。

5. 地板温度

不同的地板温度可能影响脚部的舒适度。

但是只考虑地板温度是不够的，因为热量损失只会影响局部舒适度。这种热损失取决于地板和鞋之间的导热率。

有报告显示处于坐姿的人会比站姿的人接受高 1℃ 的地板温度。

ISO 7730 规范规定了合适的地板温度在 19～29℃ 范围内。

6. 辐射不对称

这种情况发生在当身体一部分受热辐射且辐射通量不均匀时。

这种情况可由辐射温度描述，可在同一个平面的相反两面来测量这种温度的不同。

当一个热天花板有一个冷窗时，会产生比热墙和冷天花板更加剧烈的不适。

7. 气流

当一个集中的气流产生一种不想要的局部冷却时，就会产生不适感。

需要注意的是，人体对空气流动比较敏感，因为这会刺激热感受器传递一个信号给大脑。许多独立的而与之不相关的警告信号会加剧不适感。

通常使用紊流强度 τ 描述气流的波动，定义如下：

$$\tau = 100\frac{\sigma_a}{v_a}$$

式中，σ_a 为空气流速的标准偏差；v_a 为气流的平均速度。

图 10-6 所示为在给定空气温度 t_a 下，PPD 和气流的速度 v_a 以及紊流强度 τ 的经验关系。

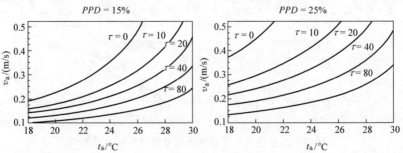

图 10-6　给定空气温度 t_a 下，PPD 和气流的速度 v_a 以及紊流强度 τ 的经验关系

10.2 乘客舱能量平衡

空调系统的功能是以可控的温度提供热能,从而改善热舒适条件。第一步必须理解哪些参数在乘客舱的热平衡中起作用。

进出乘客舱的热流可以总结为一个热力学平衡方程,其中空调系统的热功率与一系列不可控项相平衡。

表达式为:

$$W_{imp} = W_d + W_i + W_p + W_m$$

式中,W_{imp} 为空调系统功率;W_d 为通过对流和传导的方式在驾驶室与外界环境间的交换功率;W_i 为通过玻璃辐射的功率;W_p 为由人体新陈代谢产生的功率;W_m 为由动力系统高温部件产生的功率。

方程中的每个参数随后会仔细解释。此外,一些其他的参数也必须加以考虑,包括温度和湿度。

10.2.1 交换热

舒适条件要求乘客舱的空气温度与外界温度不同。

对流和传导的交换热与下面的参数成比例:

- 乘客舱与外界环境的温差,Δt。
- 乘客舱与外界环境的总热透射率,K。
- 乘客舱周围内壁表面积,S。

传热系数 K 表示通过乘客舱表面传递的能量除以内外温差。这个系数综合了导热和对流换热的因素。

如图 10-7 所示,热流从内(右侧)向外(左侧)。

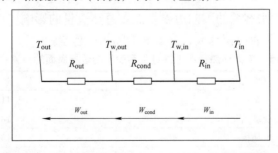

图 10-7 乘客舱(右侧)和外界环境(左侧)之间的热流和温度示意图

T_{out}—外界环境温度 $T_{w,out}$—车辆外表面温度 $T_{w,in}$—乘客舱内表面温度 T_{in}—内部温度

由于内壁热流受阻,温度将保持稳定。

这些热阻是导热系数的倒数：

- $R_{in} = \dfrac{1}{K_{in}}$，为内对流阻力。
- $R_{out} = \dfrac{1}{K_{out}}$，为外对流阻力。
- $R_{cond} = \dfrac{1}{K_{cond}}$，为乘客舱周围内壁的导热阻力。
- $R = \dfrac{1}{K}$，为总热阻。

在冬季典型的情况下：
$$T_{out} < T_{w,out} < T_{w,in} < T_{in}$$
通过内壁的总热流量为：
$$W = (T_{in} - T_{out})KS$$
阻力是串联的，所以总热阻是各个分热阻之和：
$$R = R_{in} + R_{out} + R_{cond}$$
总传导率由以下等式确定：
$$\dfrac{1}{K} = \dfrac{1}{K_{in}} + \dfrac{1}{K_{out}} + \dfrac{1}{K_{cond}}$$

对流热交换取决于边界表面上的空气流速，因此 K_{out} 取决于车辆的速度，而 K_{in} 则取决于内部空调风的分布和流速。

在一辆使用普通玻璃的车辆中：

- $K = 5 \text{W/m}^2 \text{℃}$。
- $S = 10 \text{m}^2$。

这些参考值可应用于一般情况，指的是稳态情况，在一些极端情况下，热功率可以高出 3~5 倍。

这是一个关于乘客舱与外界环境之间壁面均匀的简单例子，更精确的方法要包括许多小表面的贡献。实际上玻璃和车身表面的导热性是不同的。

表 10-3 所示为乘客舱的不同边界表面对总热流量的影响。可以看出玻璃有关的贡献。因此，玻璃表面积越大，乘客舱的隔热性越差。

表10-3 冬天加热情况下通过乘客舱不同边界表面的热流量损失

部件名称	百分比（%）
车顶	11
玻璃	18
地板	13
仪表板	12
车门	8
其他部件	38

10.2.2 辐射热

尤其是在夏季，会在等式中引入一个由太阳辐射产生的额外的热量。

阳光辐射的影响取决于车身的表面和颜色。它的作用是双重的，透过玻璃辐射的能量，以及被人体吸收并再次辐射的能量。

这两种作用相结合的影响取决于太阳的相对位置和天气状态，这可以超过 $100W/m^2$。

10.2.3 乘员新陈代谢

前面章节已经介绍过新陈代谢是如何影响人类活动的。考虑乘员在驾车过程中减少的运动量，该部分可以假定为每名乘员的平均值为100W（参考文献 [23] 和 [24]）。

10.2.4 动力系统功率

这部分的贡献与很多方面有关，包括车辆动力需求和发动机尺寸，平均值可以设定为300W。

10.2.5 空调系统

如上卷所述，乘员的舒适性由空调系统（HEVAC）所提供，HEVAC 是采暖、通风、空调系统的简称，上述三项也是其主要功能和子系统。

图10-8所示为HEVAC系统的横截面，用以了解每个组件的功能。另一个结构图例在上卷中有介绍。

加热系统包括加热器 R，用于交换发动机冷却液和驾驶室内空气之间的热量。

通风子系统包括用于通过 AE 从外界吸入和通过 AI 在内部循环一定量空气的通风孔。空气循环由通风设备 V 完成。空气能被直接利用或者通过蒸发器 E 和加热器 R 来调节其温度和湿度。

蒸发器 E 是空调冷却系统的一部分，冷却系统还包括冷凝器、压缩机和蒸发阀，通常位于发动机舱中。通过这四个部件，制冷剂能够在进入蒸发器之前执行热力循环以降低温度。

一组可手动或自动控制的阀门有诸多功能：
- MSR 阀能够使环境或乘客舱的空气以更接近期望值的条件进入 HEVAC 系统。
- SM 阀可以使空气通过蒸发器（以降低其温度和湿度）和加热器（加热空气，如果有必要）。
- SDI、SDS、DS 阀允许以最合适的方式将空气分配至乘客舱，吹向乘员的脚部或头部，或者吹向前风窗玻璃。

空气流速可以通过改变通风机的电压而改变。

引入乘客舱的热功率可以由下面的公式计算：

$$W_i = Q\rho c_p(T_{in} - T_{tt})$$

式中，Q 为 HEVAC 系统处理过的空气流量；ρ 为空气密度；c_p 为空气比热；T_{in} 为乘客舱空气温度；T_{tt} 为处理过的空气温度。

汽车 HEVAC 系统通常被设计为在任何情况下都使处理过的空气流过蒸发器，以确保将蒸发器的温度设定为合适值时降低湿度。

如果离开蒸发器的空气温度过低，则可以通过加热器来提高其温度。

加热器能够以两种不同的方式工作：

- 如图 10-8 所示，通过分离使空气以恰当的方式经过加热器。
- 通过将所有的空气经过加热器，然后使用阀门适当地调整冷风流量。

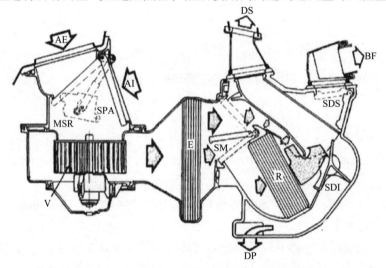

图 10-8　HEVAC 系统横截面，包括通风机 V、蒸发器 E、加热器 R。处理后的空气可以通过通风口 MSR 阀从外部或内部进入，然后通过单独通过蒸发器或通过通风口 SM 经过加热器

10.3　HEVAC 系统设计与测试

由于空气分配系统在上卷中已经介绍过，本章只介绍加热和制冷子系统。

10.3.1　概述

完整的 HEVAC 系统（包括发动机舱部件）的结构如图 10-9 所示。

制冷系统利用逆热力循环将热量从冷源（乘客舱）泵送到更热的环境（外界环境）中去。

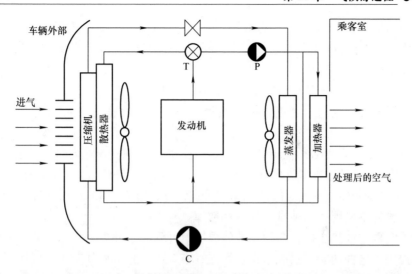

图 10-9 HEVAC 系统结构（包括发动机舱部件）。制冷系统包括冷凝器、膨胀阀 VE 和压缩机；加热系统包括作为热源的发动机、加热器和循环泵 P

能够发生热量传递是因为制冷剂可以经历一个热力循环，循环包括压力变化（经由压缩机 C 和膨胀阀 VE）和物理状态转变（经由热交换器的蒸发器和冷凝器）。

热力循环可由表示制冷液焓值 h 的横轴和压力 p 的纵轴组成的图像表达。这个图像叫做 Mollier 图，在图中制冷液不是理想气体，但作为热力学循环的结果可以经历状态的改变。

此图的定性分析如图 10-10 所示。图中临界曲线表示液体改变其物理状态的点。这种典型的钟形曲线展示了所谓的三态点或临界点处的最大值，它将平面 (h, p) 分为三个区域，对应的物理状态分别是干蒸汽、液体和湿蒸汽（有冷凝液滴的蒸汽）。

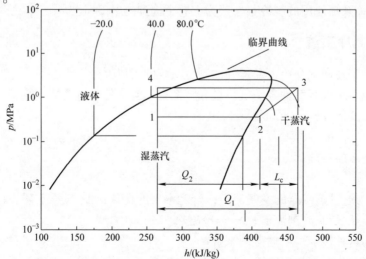

图 10-10 空调制冷剂定性分析 Mollier 图。临界曲线代表制冷剂发生状态转变的点

更确切地说，在临界曲线右侧的区域是干蒸汽，在曲线内部是湿蒸汽。在该区域内蒸汽名（vaportitle）可定义为蒸汽质量和总质量的比值，从 0（在钟形曲线左侧）到 1（在钟形曲线右侧）变化。

典型的制冷剂热力学循环在图中可以由四边形 1-2-3-4 表示。

蒸发器的作用是从乘客室中抽走热量，并通过一组管道进入空气，如图 10-8 所示。

蒸发器的外壁温度必须低于被冷却的环境温度。从空气中除去的热量被冷却液吸收，用于从 1 到 2 的过程中改变自身状态，如果通过该部件的压力损失可以忽略不计，那么曲线可以由恒定压力线所代替。制冷剂的状态从湿蒸汽（1）向干蒸汽（2）转变。

被吸收的热量现在必须排向外界耗散掉。

为了实现这种热交换，必须使液体温度上升到高于外界环境空气温度的值。压缩机就提供了这种功能，吸收来自蒸发器（点 2）的低压水蒸气并且将其压缩成更高的压力值（点 3）。伴随着压力的升高，温度也得到了提升，压缩机的工作能力由车辆发动机提供，通常使用 V 形带来传递动力给压缩机。

曲线 2-3 可通过忽略与环境的热交换用等熵曲线表示。应该注意的是压缩曲线的起始点对应干蒸汽状态，因为液滴会损坏压缩机。

制冷液现在变成了气态，进入了第二个热交换器，使热量向外界耗散掉，如曲线 3-4。

再次假设压力在这个转变过程中保持不变。在第一阶段蒸汽被冷凝成液态之前蒸汽的温度被降低。在冷凝器出口（4）制冷剂变成高压液体。

液体现在进入了膨胀阀 VE 以降低压力。这个降压过程伴随着温度的降低，最后到达点 1 对应的状态，这条转变曲线称为等熵曲线，液体回到了初始状态。

交换热 Q_1 和 Q_2 与压缩功 L_c 由平面 (p, h) 上相应的焓变所表示。

HEVAC 系统使用的制冷剂一般为上卷中提到的 R134a。

10.3.2 制冷系统

在这一节会详细介绍上卷提到的制冷系统的组成部分。

蒸发器有从乘客舱抽走空气热量和降低空气湿度的双重功能。事实上，空气热交换有显热的部分：

$$M_a c_p \Delta t$$

和来自冷凝水的潜热部分：

$$M_c \lambda_c$$

式中，M_a 为通过蒸发器的空气流量；c_p 为空气的比热；Δt 为蒸发器入口和出口的空气温差；M_c 为制冷剂流量；λ_c 为冷凝热。

空气的这种转变可由焓湿图来解释。

如图 10-11 所示，蒸汽名 x 为纵轴，空气温度 t_a 为横轴。在这里蒸汽名是水蒸气的质量和空气质量的比值。该图所示为饱和曲线,即在一定温度下具有最高蒸气含量的点的轨迹。以相同的方式,也可以建立具有恒定的相对湿度 UR 的一族曲线。

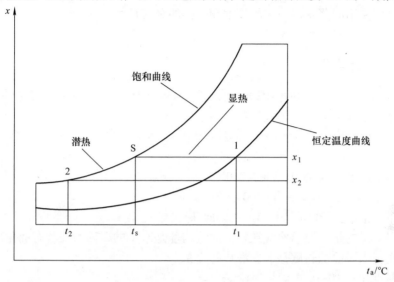

图 10-11　湿空气的焓湿图。横轴为空气温度 t_a,纵轴为蒸汽名 x

通过蒸发器的空气的变化可被类似 1 – S – 2 的曲线所描述,并且包含两部分:第一部分饱和点有恒定的湿度;第二部分温度和湿度都有下降。

被处理过的空气在温度和蒸汽含量方面都比初始状态低 ($x_2 < x_1$)。

当今汽车中使用蒸发器是带有层流板和翅片的横流式换热器。冷却液从顶部流入并且流过层流板的内部(冷却液一侧)和外部(空气一侧)翅片。翅片对于增大换热表面积是必要的,也提高了换热效率。

出于空间的考虑,蒸发器一般控制在长度不超过 300mm、深约 60mm 的矩形内,通常有两层平板。

总换热功率为 2~7kW。

10.3.3　加热系统

图 10-8 所示为加热系统的方案,包括以下部分:
- 发动机散热器。
- 恒温阀 T。
- 水泵 P。
- 加热器。
- 发动机。

该系统包含两个平行冷却回路,因为内燃机会产生相关的热量。在发动机预热期间,恒温阀时会关闭包含散热器的回路,使得所有可用热量被送往加热器。

通过这种方式,发动机冷却液加热乘客舱的空气。当冷却液达到 88~90℃ 的适当温度时,恒温阀就会开启,散热器回路启动,因为产生的热量超过了加热器可以承受的热量。

加热器使用同蒸发器一样的技术和一样的名义尺寸。

设计功率一般为 5~13kW。

10.3.4 设计实例

图 10-12 所示为氟利昂 R134a 的实际 Mollier 图。与图 10-10 的定性图相比,该图还显示了其他曲线族,包括:

- 名为 x 的恒温蒸汽曲线,范围为 0.1~0.9。在临界曲线内,左侧 $x=0$,右侧 $x=1$。
- 恒温曲线,范围为 -60~240℃。
- 定比容曲线,范围为 0.003~2m^3/kg。
- 恒熵曲线,范围为 0.65~2.55kJ/kg°K。

需要注意的是,恒温曲线在临界曲线内部是水平的,因为在状态变化期间温度保持不变,水平段的长度是蒸发潜热的度量。

周期点如图 10-10 中编号所示。

在设计制冷循环时,温度 $t_1 = t_2$、$t_3 = t_4$ 不能任意设置。温度 t_1 不能高于从外界取用热量的环境温度,而且温度 t_3 不能低于应传递热量的环境温度。

交换热 Q_{12} 可用下式表示:

$$Q_{12} = KS\Delta t$$

式中,K 为热交换系数;S 为热交换表面积;Δt 为空气和冷却液的温差。

很明显,Δt 的值越小,换热面积和热交换器的成本就越大。制冷系统的设计目标是控制热交换器的尺寸,这里既包括蒸发器也包括冷凝器。目标是在低成本下得到性能优良的热交换器性能。

蒸发过程伴随着工作液体与蒸汽和液滴的混合。这一事实会对压缩机气阀的操作有负面的影响,并且会稀释润滑油,从而使压缩机的运动部件快速磨损。

相应地,必须只能在蒸汽阶段压缩制冷剂,这就要求同时完成蒸发和压缩。

在这个阶段,可以考虑一个制冷循环的设计案例,例如,热功率为 5kW 且假设如下条件:

- 蒸发温度 $t_1 = t_2 = 0℃$。
- 冷凝温度 $t_3 = t_4 = 55℃$。

制冷剂为 R134a。

在 Mollier 图 10-12 上可以得到压力和焓值的对应值。

点 2:

- $p_2 = 0.29$MPa;
- $h_2 = 400$kJ/kg;
- $s_2 = 1.7$kJ/kg°K。

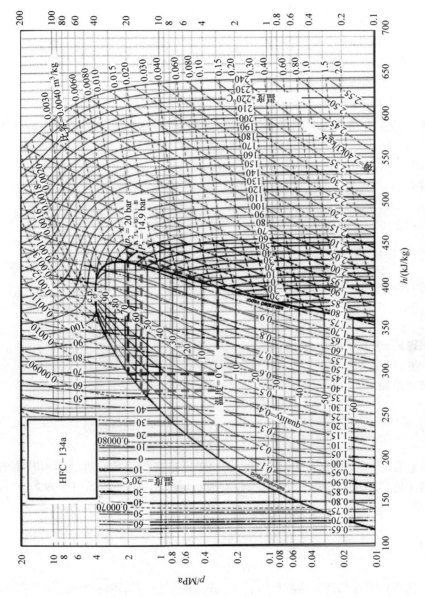

图 10-12 氟利昂 R134a 的 Mollier 图。除了图 10-10 中介绍过的曲线，还有相同的命名、温度、比容和熵曲线。示例循环的编号如上图所示

点 3：
- $p_3 = 1.49\text{MPa}$。

可以找出对应 p_3 的压力线的交汇点，在温度为 55℃ 且等熵曲线 $s_3 = 1.7\text{kJ/kg°K}$ 处，通过点 2 确定理想的绝热压缩。

点 3 的热力状态参数从图中可以得到：
- $h_3 = 433\text{kJ/kg}$；
- $t_3 = 61.5℃$。

点 4 在 55℃ 的饱和曲线上，因此：
- $h_4 = 281\text{kJ/kg}$。

点 3 的焓值 h_4 等于点 1 的焓值 h_1，这是因为在膨胀阀上进行的 4-1 的膨胀过程被假定是等焓的。

点 1 的参数为：
- $t_1 = 0℃$。
- $h_1 = 279.4\text{kJ/kg}$。

图 10-12 展示了这种循环方式。

冷却热由下式给出：
$$Q_{12} = h_2 - h_1 = 399 - 279.4 = 119.6\text{kJ/kg}$$

所需的制冷剂的质量速率必须达到所需的 5kW，可由下式计算：
$$F = \frac{P}{Q_{12}}$$

从而得到：
$$F = 0.042\text{kg/s}$$

压缩功率如下式：
$$W = (h_3 - h_2)F$$

得出：
$$W = 1.43\text{kW}$$

性能系数（Coefficient of Performance，COP）定义为消耗的机械能和转化的热能之间的比值：
$$COP = \frac{P}{W} = \frac{h_2 - h_1}{h_3 - h_2}$$

得到：
$$COP = 3.5$$

对于具有相同冷却热的冷凝压力 $p_3 = 20\text{bar}$ 的新值，循环将被修改如下：

点 2：
- $p_2 = 2.9\text{MPa}$。
- $h = 400\text{kJ/kg}$。
- $s_2 = 1.73\text{kJ/kg°K}$。

点 3:
- $p_2 = 20\text{bar}$。
- $t_2 = 67.5℃$。

点 3 是由等压线 p_3 和等熵线 $s_2 = 1.73\text{kJ/kg}°\text{K}$ 的交点确定,对应于 Mollier 图上通过点 3 的绝热压缩:
- $h_3 = 439.5\text{kJ/kg}$。
- $t_3 = 75.2℃$。

点 3 也在 67.5℃ 的饱和曲线上,因此:
- $h_4 = 300\text{kJ/kg}$。

由于膨胀阀的 4-1 的膨胀性质,点 4 的焓值 h_4 对应于点 1 的焓值 h_1。在点 1:
- $t_1 = 0℃$。
- $h_1 = 300\text{kJ/kg}$。

COP 的值减小为:

$$COP = 2.44$$

10.3.5 测试

HEVAC 系统的任务通常由以下两种基本的测试表示:

- 第一,评价空调制冷系统的最大性能。例如,将位于炎热国家阳光下停放很久的车的乘客舱从初始状态冷却下来。
- 第二,评价空调加热系统的最大性能。例如,将位于寒冷国家冬季中停放很久的车的乘客舱加热。

传统上的炎热和寒冷环境对应的分别是美国南部的州和北欧国家。

这两项测试通常在气候风洞中进行,在风洞中空气的温度、速度和湿度都是可调的,阳光辐射由大功率灯代替。

在风洞试验中,人造风模拟汽车在 100km/h 的速度下行驶,这只比用于空气动力学研究的传统风洞风速低些,同时模拟空气温度 $t_a \geq 40℃$,阳光辐射 1000W/m^2。

气候风洞和气动风洞的第二个主要的不同在于,在环境测试中汽车发动机必须在正常工况下工作,这就成为全车重要的热能和机械能来源。由于这种原因,底盘测功机被用于模拟道路载荷。

气候风洞还用于测试车辆在炎热天气下,各部件处于高温工况下的车辆的操作性能,并且测试发动机在寒冷气候下的启动性能。

要使温度保持在极值需要大量的能量,这需要开发专业的冷热环境风洞。

1. 夏季任务

测试中的车辆由安装在乘客舱不同的关键部位的热电偶来监控。气候风洞通常使用43℃±1℃的温度，并且使用灯光模拟辐射在车顶上的900W/m² 阳光辐射量。模拟乘员的假人装备着热电偶坐在车中。这种环境会一直维持到假人的头部的温度达到63~65℃。

起动车辆发动机并将空调制冷开到最大，外部空气阀设置为循环。然后汽车在安静的空气流中以30~90km/h的速度行驶一个循环。

风洞必须确保整个实验过程中温度维持在43℃±1℃、相对湿度为30%±3%。如果假人头部温度达到了下述的温度，则可以得到一个可接受的结果：

- 30min 后：24℃。
- 60min 后：21℃。
- 90min 后：21℃。
- 120min 后：25℃。

2. 冬季任务

测试中的车辆由安装在乘客舱不同的关键部位的热电偶来监控。气候风洞通常使用-10℃±1℃的温度而模拟阳光辐射的灯被关闭。

8h后，一般就能达到稳定的温度，这时起动发动机并且在开启外部空气阀的条件下开始实验。当然实验同样使车辆在安静的空气流中以30~90km/h的车速行驶一个循环。

加热系统被设置成以最大的暖风只直接吹向乘员的脚部。

如果在10min内假人的头部温度能达到12℃，则可以得到一个可接受的结果。

这项测试中快速加热乘客舱的主要问题在于，当车辆在极寒的情况下启动发动机时，加热系统可获得的可利用的热量是有限的。

对于极端天气条件，必须提供额外的加热器。这些加热器可以是蓄热器，它能够储存一定的热量以便于在寒冷条件下加速预热发动机。在某些情况下，加热器可以使用额外的燃烧器或者电热器。

3. 除冰和除雾

额外的测试用于评估前风窗玻璃和前侧玻璃的除冰、除雾功能以保证最低的能见度。这项测试同样也在气候风洞中进行。

这项测试一般在-3℃的环境下进行。当温度达到稳定状态时，在车内放置蒸汽发生器，可以在每个乘员的座椅上产生70g/h±5g/h的水蒸气，这一数值对应于一个正常的成年人呼吸时产生的蒸汽量。

蒸汽发生器工作5min后，两名操作员进入前排座椅，蒸汽量相应地减少。

这时起动发动机，HEVAC系统被设置成除雾模式。

10min测试过程内，无雾的区域每分钟用记号笔画出其轮廓，获得的结果如图10-13所示。

D 78/317 指令要求 10min 以内前风窗玻璃面积的 90%（区域 A）和前风窗玻璃面积的 80%（区域 B）清除干净。

除冰实验以同样的方式在 -18℃ 的环境下进行。当环境状态稳定后，在玻璃外侧以 $0.044g/cm^2$ 水量喷洒水雾。从第 10min 开始以同样的方式在无冰区域刻画轮廓。

相同的指令要求 A 区域前风窗玻璃要在 20min 之内清除干净，40min 之内将 95% 的区域（包括区域 B）清除干净。

4. 可靠性

可靠性目标适用于于系统部件和整体性能。在推荐的保养规范内，系统的耐久性必须与车辆预期使用寿命相同，保养方案包括花粉过滤器和 V 形带的更换以及热交换器的定期清理。

应采用合适的收集器方案解决不可避免的液体泄漏问题。

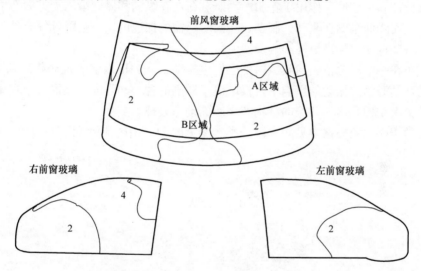

图 10-13　在加热测试中的车辆前方的玻璃的无冰区域。A 区和 B 区指的是主要和次要能见度区

第11章 NVH

车辆在行驶时,都会受到一些动态的激励。从车辆结构的完整性到人的乘坐舒适性和操纵稳定性,这些激励所引起的振动和噪声对整车有着很大的影响。

高水平的振动和噪声会降低舒适性,长时间的结果是使驾驶员感到疲惫,长期来看影响人身安全。由路况重复所引发的动态激励会降低结构的疲劳寿命,从而影响其安全性和可靠性。作用于轮胎的动态载荷会在纵向和侧向滑动力方面造成不利影响,从而降低车辆在驱动、制动、转向时所需的加速度,还会降低安全性。这些仅仅是一些振动与噪声最终影响安全的例子。

汽车在一个较宽范围的频域内都会发生振动,从1Hz以下的机动载荷到10kHz左右的声学激励。振动的影响不仅仅取决于激励的种类和强度,还取决于在车辆内部能够扩大结构和声学共振的结构和声腔的动态表现。

通常声振现象根据常见频率段分类。参见图11-1中的频率带,可以这样定义:

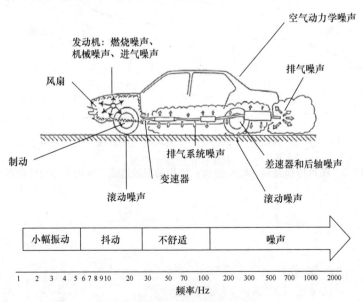

图11-1 主要的振动与噪声源,以及用来将振动现象分类的常见频带

- 小幅振动(ride,0~5Hz)包括车辆在起动时的低频加速振动和悬架上的

第 11 章 NVH

车身刚性振动。

- 抖动（shake，5~25Hz）。包括连接在汽车底盘上的主要子系统的一阶共振，如发动机及其悬置、轮胎上的非簧载质量。
- 不舒适的振动（harshness，25~100Hz）。包括将车身作为弹性体时的共振。这个频段代表了一部分重复的频率，能让人感觉到伴随噪声的振动。来自这个频段的高强度的声振由人耳感觉到的是压力的变化，这通常指的是隆隆声。
- 噪声（noise，>100Hz）。对于频率大于100Hz的振动，人耳感觉到的便是噪声。人对振动的感觉被有效地减弱，并且仅仅可以通过触觉来增强。因此大于100Hz的频带通常指的就是噪声。

噪声的感觉来源于人耳中气压的变化，噪声可能通过缝隙进入到车辆的内部，或者外部噪声可能造成仪表板的振动，在车内形成压力变化，从而产生噪声。

根据传递机理不同，通常可以分为两种不同的振动传递路径（图11-2）：

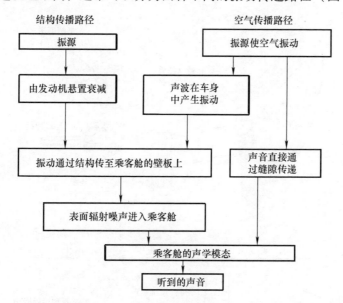

图 11-2　噪声传递路径。结构传播：结构的振动造成了车内周围板件的振动。
空气传播：在车外传播的压力波可以直接通过孔洞或板壳件进入车内

- 结构传递：通过连接点和结构的接触面，车辆的子系统将动态力直接传递到车身上，这就减小了结构中以及车身面板的振动。结构的振动被传递到车内乘客周围的空气，从而形成噪声。例如，发动机的振动通过其悬置传递到底盘上，底盘的振动又引起了车身面板，如防火墙、地板等的振动，从而引起车辆内部声压的变化，进而产生噪声。
- 空气传递：传递到车身外部的压力波引起车身面板的振动，进而在车身内部诱发压力波。例如，发动机缸体和缸盖的振动导致发动机舱内的压力变化，在发动机周围面板上衰减后的振动又传递到了车辆内部，形成噪声。这个例子表明空气传播也包括了结构传播的成分，反而在一些有孔，或是附件间仅有空气的情况下，可以直接通过空气传播。通常情况下，后者对振动的衰减比较小，所以在设计阶段要尽可能减小这种振动的传播方式。

总之，噪声传播的最后阶段都需经过人耳内部或外部的空气。区分两种噪声传递方式的关键在于考虑声源与车辆内部周围的面板之间的传递。

作为初步近似，结构传递可以认为主要是在500Hz以下，而空气传递主要是在1000Hz以上。

11.1 噪声敏感性

宏观上，人耳主要分为三个部分（图11-3）：

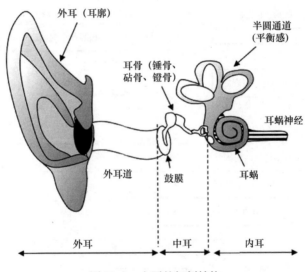

图11-3 人耳的解剖结构

- 外耳——可见部分是瓣状组织，也叫耳廓。
- 中耳——由耳道、鼓膜（将外耳道与鼓室隔开的弹性膜）、小骨（包括锤骨、砧骨、镫骨）组成。
- 内耳——由三条半圆耳道（提供平衡感）组成，并且通过耳蜗连接着耳蜗神经

外耳收集压力波并集中到耳道。声音在耳瓣螺旋处首先进行第一道处理，并且提供一些听觉上的优先的方位信息。中耳放大压力波，并将其传到鼓膜上，进而振动又传到了与其相连的小骨上。

耳蜗是一个有着两个半螺旋的通道（耳蜗道）。在耳蜗里有三条通道被液体所

充满：鼓膜道、前庭道、中耳道。只有前庭道直接与前庭窗相连，前庭窗负责接收镫骨像活塞一样作用在其上的运动。

鼓膜道的末端是一圆窗，由鼓膜将其关闭，并将鼓膜腔在此分开。鼓膜道和前庭道在耳蜗的末端通过一个小孔相连，这个小孔叫蜗孔。这两个通道内部均有液体填充（外淋巴，见图11-4和图11-5）。

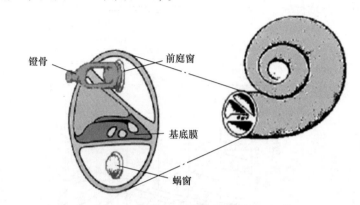

图11-4　耳蜗的结构

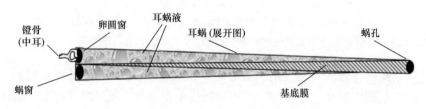

图11-5　耳蜗的展开图

中间的通道（耳蜗道）填满了另一种液体（内淋巴）。将耳蜗道和前庭道分开的膜较软，而鼓膜较硬，而且这种膜由另一种膜（基膜）所覆盖。

螺旋体由组成听觉器官的基膜所支撑。由外淋巴内的物质运动所产生的波动使耳蜗道变形，因而听毛细胞顶盖膜受到压迫。耳蜗道的变形引起电信号，并通过耳蜗神经传至大脑。

在内耳中，耳棒的振动转化成外淋巴的振动，这是被耳蜗鼓管末端的圆窗的柔度允许的。耳蜗的动柔度在频率上不是恒定的。在外淋巴内耳棒的运动引发振动。这些振动以一定的频率，在前庭窗（耳蜗的入口）的一定距离内达到最大振幅。频率越高，从前庭窗（前庭道的起始点）到达峰值振幅的距离就越近。

低频激励达到接近螺旋体末端（蜗孔）的最大振幅。对于一个给定的频率，沿着耳蜗振动幅值的最大值对应着这个频率的最大敏感性。图11-6显示了不同激励频率下的沿着基膜距离上的敏感性。对于高频，敏感性的最大值位于前庭窗的近距离处，例如一个8kHz的信号的峰值振幅对应在5mm的距离处。相反，低频的敏感性的最大值靠近蜗孔处。举例来说，一个300kHz的信号，在27mm处达到峰值。

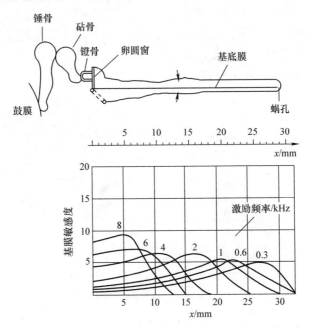

图11-6 基膜的敏感度随距离前庭窗距离的变化。对于高频（8kHz或6kHz），
在靠近前庭窗的地方敏感性最强；对于低频（0.3kHz），在耳蜗的末端敏感性最强

基膜是一种连续的结构，某一给定频率下的一个部位的振动通常传播到相邻的部位，频率也随之改变。如果与一个更大强度的音叠加，则其结果将是纯音无法被听到，即使两个音的频率差别不是很大。即使频率不同，强音也会将弱音覆盖。

掩蔽效应与频率成对数关系。在频率低于500Hz时，如果其频率相比于500Hz以下两个不同的需要识别的频率相对较近，小强度的噪声会以不同的音调被感知出来。

图11-7显示的是能够掩蔽较弱噪声的噪声强度。被掩蔽的噪声对应于每条曲线的最低点（以一个点表示）。每条曲线代表了能够使基膜上的某一给定部位产生相同输出噪声的强度。每条曲线的最低点对应于基膜在该部位的最大敏感性。由于对数关系，每条曲线的频率幅值随频率的增加而增加。

由于掩蔽效应，至少对于正弦信号来说，能够感知的音调（或音高）对应于上述曲线的最低点。参考图11-7，一个900Hz的信号将会被基膜上最大敏感性为1kHz的部位感知为1kHz的噪声。

听觉反应不仅与声音的频率和振幅有关，还与主要由听觉系统中反应时间所导致的信号的时序有关。主观反应时间引起"时域掩蔽"，因此，如果声音事件间被一个很小的时间间隔分开，有限持续的声音就会掩盖声音事件的感知。和频率掩蔽相近，时域掩蔽与频率的关系曲线也为钟形。

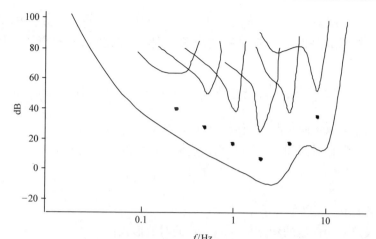

图 11-7 能够将较弱信号掩蔽的信号强度。每条曲线的最低点
（以点来标记）对应于被掩蔽的声音

1. 声强测量

接下来介绍测量声强的一些物理量。

(1) 声强级

这是声音在通过某一给定面时的单位面积的声功率。在给定时间 t 时，其值为

$$\boldsymbol{I}_\alpha(t) = p(t)\boldsymbol{v}(t) \tag{11-1}$$

其中，$p(t)$ 为声压；$\boldsymbol{v}(t) = u\boldsymbol{i} + v\boldsymbol{j} + w\boldsymbol{k}$，为流体的速度矢量。根据欧拉方程，流体粒子的加速度 $\boldsymbol{a}$ 与压力梯度（∇p）成比例

$$\boldsymbol{a} = -\frac{1}{\rho}\nabla p \tag{11-2}$$

对于速度为 u，沿坐标 r 的线性传播，有

$$\frac{\partial u}{\partial t} = -\frac{1}{\rho}\frac{\partial p}{\partial r} \tag{11-3}$$

为理解欧拉方程的物理意义，可以考虑一个在圆柱筒内移动的活塞，且圆柱筒的开口端与活塞运动方向相反。如果活塞以匀速运动，则在稳态状况下，由活塞推动的所有流体中的压力是恒定的。相反，如果活塞加速运动，则与活塞接触的流体将会被压缩，并且由于为维持活塞匀速运动的流体惯性，流体将会不断地被压缩。其结果是一个压力梯度，所形成的压力波在流体柱内以声速传播。类似地，垂直于振动板表面的加速度产生在其周围传播的压力波。

式 (11-3) 中的速度 u 可以由加速度 $\partial u/\partial t$ 的积分求得：

$$u = -\int \frac{1}{\rho}\frac{\partial p}{\partial r}\mathrm{d}t \tag{11-4}$$

且在 r 方向上的声强为：

$$I = pu = -p\int \frac{1}{\rho}\frac{\partial p}{\partial r}\mathrm{d}t \tag{11-5}$$

通过应用有限差分法，近似式（11-5）中的积分和压力梯度，可以试验性地求出声强。如果 p_A 和 p_B 分别是距离声源 r_A 和 r_B 的两点处的声压，且 $r_B > r_A$，则有

$$I = -\frac{p_A + p_B}{2}\int \frac{1}{\rho}\left(\frac{p_B - p_A}{r_B - r_A}\right)dt \approx -\frac{p_A + p_B}{2\rho(r_B - r_A)}\int(p_B - p_A)dt \quad (11\text{-}6)$$

声压 p_A 和 p_B 可以由两个距离相近的传声器测得（6~50mm）。

通常，声强在时间间隔 T 内平均，这样，声强的定义就成了：

$$I_a = \frac{1}{T}\int_0^T p(t)v(t)dt \quad (11\text{-}7)$$

（2）声压级（SPL）

声压级定义为声压的均方根（p_{RMS}）的对数形式：

$$L_p = 10\lg\left(\frac{p_{RMS}}{p_0}\right)^2 = 20\lg\left(\frac{p_{RMS}}{p_0}\right) \quad (11\text{-}8)$$

其中，p_0 为参考声压（$p_0 = 20\mu Pa$）。

（3）声功率级

声功率级定义为：

$$L_W = 10\lg\frac{W}{W_0} \quad (11\text{-}9)$$

式中，W 为从声源输出的声功率的均方根；W_0 是参考声功率（$W_0 = 10^{-12}$ W）。

（4）声强级 – 声功率密度级

声强级定义为：

$$L_I = 10\lg\frac{I}{I_0} \quad (11\text{-}10)$$

式中，I 为声源声强的均方根值；I_0 为参考声强（$I_0 = 10^{-12}$ W/m²）。

为了评估测量声级的变化（单位为 dB），可以参考表 11-1 中所列的值。声强加倍后的感觉对应于 10dB 的增加。换句话说，3dB 的增加几乎感觉不到。

表 11-1 声级变化对听觉的影响

声级变化	听觉影响
3dB	几乎听不到
5dB	可以清楚地听到
10dB	听到声强加倍

2. 频率感知

正如前面提到的频率掩蔽效应，人耳不能区分两个频率非常接近的声音。相应地，可以在难以区分的两频率之间定义临界频带。在 24 个临界频带中，对可闻频域的划分引入"bark"作为其测量单位（源自一位名叫 Barkhausen 的研究员，他提出将"phon"作为可感知声强的单位）其关系如图 11-8 所示。

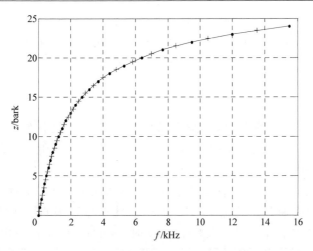

图 11-8 频率单位 Hz 与 bark 之间的对应关系
（以 Hz 来表示的频率间隔与用 bark 来表示的频率间隔相同）

表 11-2 显示的是以 Hz 为单位的频率和以 bark 为单位的频率之间的对应关系。注意，两种单位制下的频率间隔是相同的。

表 11-2 以 Hz 为单位的频率与以 bark 为单位的频率的对应关系。前两列表示每个频率间隔的边界。3、4、5 列和 8、9、10 列表示每个频带的中心频率（f_c）以及频率间隔（Δf_G）

z/bark	f_l, f_u/Hz	f_c/Hz	z/bark	Δf_G/Hz	z/bark	f_l, f_u/Hz	f_c/Hz	z/bark	Δf_G/Hz
0	0						1850	12.5	280
		50	0.5	100	13	2000			
1	100						2150	13.5	320
		150	1.5	100	14	2320			
2	200						2500	14.5	380
		250	2.5	100	15	2700			
3	300						2900	15.5	450
		350	3.5	100	16	3150			
4	400						3400	16.5	550
		450	4.5	110	17	3700			
5	510						4000	17.5	700
		570	5.5	120	18	4400			
6	630						4800	18.5	900
		700	6.5	140	19	5300			
7	770						5800	19.5	1100
		840	7.5	150	20	6400			
8	920						7000	20.5	1300
		1000	8.5	160	21	7700			
9	1080						8500	21.5	1800
		1170	9.5	190	22	9500			
10	1270						10500	22.5	2500
		1370	10.5	210	23	12000			
11	1480						13500	23.5	3500
		1600	11.5	240	24	15500			
12	1720								

表11-2中Hz与bark的对应关系用数字来表示。前两列指的是每个频率间隔的界限。例如，间隔0~1bark对应于0~100Hz。接下来的几列依次指的是每个频段的中间频率（f_c）和频率间隔（Δf_G）。类似于前面提到的图11-8，频率间隔Δf_G随频率的增加而增大。

3. 声强感知

人耳的敏感性在频率超出名义频域20~20 000Hz后就会改变。敏感性在极端频域下（100Hz以下，或10k~15kHz以上）会变得相对较低，而在名义频域的中间段敏感性达到最大值。

图11-9所示为每一频率下的同等声强（或者更准确地说是声压级-SPL）感知曲线。这些曲线通常指的是"等响曲线"，使得可感知的声强可以用一个叫做"方"（phon）的单位来计量。频率在1kHz时，40phon对应于40dB的声压级。

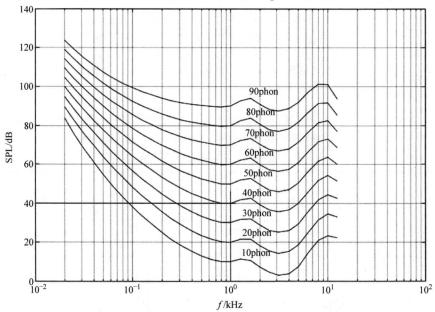

图11-9 等响曲线。每条曲线代表了不同频率下对应于人耳相同声强感觉的声强

由等响曲线可知，人耳的最大敏感性位于3k~4kHz的频带处。而对于某一给定的听感，此频带处的声压要低于其他频域的声压。

对于高声强（80~90phon），其曲线与低声强曲线（10~20phon）相比较为平坦。例如，考虑20phon的曲线，在3kHz处15dB的声音与在31Hz处75dB的声音听起来的感觉一样（两种声音相差75-15=60dB）。相反，考虑90phon的曲线，在3kHz处90dB的声音与在31Hz处110dB的声音听起来的感觉一样（两种声音差110-90=20dB）。

具有和图11-9中等响曲线相同的频率响应的滤波器可以获得与人耳听觉类似的输出，并且可将其设计成可以测量感知声强的仪器。由于这种滤波器不能直接实现,于是便设计出了较为简单的滤波器。图 11-10 显示的是一些频率的加权曲线,这些曲线代表了可以测量人耳感知声强的滤波器的频率响应。图 11-10 中的不同曲线考虑到,对于不同的声强,人耳的敏感性也不同。曲线 A 对应的声强在 40 ~ 70dB,曲线 B 对应的声强在 70 ~ 100dB,曲线 C 对应的声强在 100dB 以上。

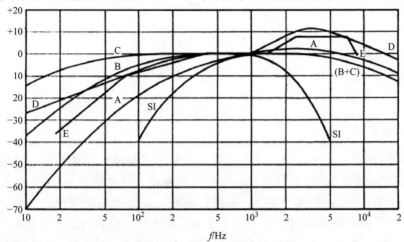

图 11-10　A、B、C 型加权曲线

宋(sone)是另一种感知声强的计量单位,由 S. Smith Steven 提出,且 1 sone 等效于 40phon。宋增加 1 倍,感知声强也增大 1 倍,相应地,声压级增大 10dB [参照标准 ISO 226(2003)和 DIN 4563/ ISO 532(1975),基于 E. Zwicker 和 H. Fastl 的研究工作]。

后缀 G(soneG)表示响度是由频率组计算得到的,后缀 D 或 F 指的是自由声场的测量(D 和 F 分别代表直接声场和自由声场),后缀 R 代表室内声场或扩散声场。

图 11-11 显示的是以 phon 和 sone 为单位的响度之间的关系。从图中可以看出,直到 30 ~ 40phon 时,以 sone 为单位的响度几乎是不变的。在 40phon 以后,响度迅速增长。

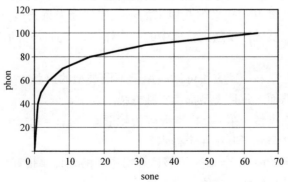

图 11-11　以 phon 和 sone 测量的声强的对应关系

11.2 振动噪声源

下面几节将对作用于车身上的主要的动态激励做一个简要的描述：
- 路面。
- 轮胎。
- 发动机和传动系统。
- 制动器。
- 空气动力。

11.2.1 路面

路面的轮廓通常非常复杂，可能存在一些集中式的障碍（如凸起、洼地、坑洞、褶皱、路面接缝），或是分散式的有规律的障碍（如鹅卵石），或是不规则的路面（如柏油路、水泥路和土路）。车辆行驶时，这些激励的频率主要在200～300Hz以下。与其他激励源相反，对于一个给定的车速，路面激励由于取决于其表面特征而不能被改善。为了减少来自路面的振动，主要的设计参数都与车辆悬架有关，其主要功能就是过滤掉路面激励。

为方便起见，可以将路面的不规则性分为以下几种：
- 随机路面。
- 长波起伏路。
- 粗糙路面。

1. 随机路面

由于其自身结构，路面不可能是完全平坦的。不同形状、幅度以及分布的不规则性总是存在的。因此可描述为 $z(x)$ 方向上垂直的轮廓随道路（比如10km）行进方向 x 变化的函数。相同的测量方法可以重复应用在同一类型的不同道路上，或是同一道路的不同部分。这些数据可以由安装在车上的垂直轮廓传感器来测得，在同种类型的不同道路上经过大量的相同距离的测试之后，记录下这些轮廓。这种轮廓传感器可以测量从零点几毫米到几厘米的不平度。因为每条道路的轮廓都各有不同，这些轮廓可以被看作随机整体中的一个样本，并且使用随机信号分析方法来加以分析。

同样的数据采集和处理方法可以应用于不同类型的道路，如公路、城市道路、少土路面、多土路面。每种类型都可以独立描绘。

已知一种路面类型，第 i 个样本形容为轮廓 $z_i(x), i = 1, \cdots, n$ 随距离 x 变化的函数（图11-12显示了其中4个样本）。

对于一段给定的距离 $x = x_1$，能够计算出主要的统计学指标，比如从不同样本中获得的 $z_i(x_1)$ 的均值或均方值。

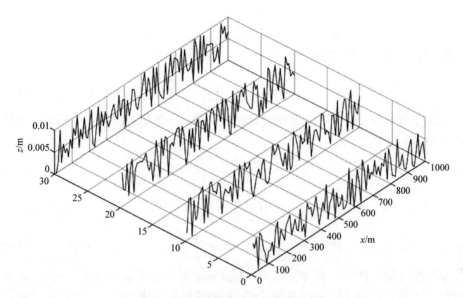

图 11-12 四条不同的随路面行程 x 变化的路面谱 $z(x)$

$$E[z(x_1)] = \lim_{n \to \infty} \frac{1}{n} \sum_{i=1}^{n} z_i(x_1) \qquad (11\text{-}11)$$

$$E[z^2(x_1)] = \lim_{n \to \infty} \frac{1}{n} \sum_{i=1}^{n} z_i^2(x_1) \qquad (11\text{-}12)$$

均值和均方值分别是一阶和二阶平均数。和均方值相似,可以在距离 x_1 和 $x_1 + \lambda$ 之间定义一个二阶平均数,其中 λ 是常数。结果为自相关函数:

$$R(x_1, \lambda) = E[z(x_1) z(x_1 + \lambda)] = \lim_{n \to \infty} \frac{1}{n} \sum_{i=1}^{n} z_i(x_1) z_i(x_1 + \lambda) \qquad (11\text{-}13)$$

由式 (11-12) 和式 (11-13) 可知,当自相关函数中的 $\lambda = 0$ 时,均方值便可以从中求得

$$R(x_1, \lambda = 0) = E[z^2(x_1)] \qquad (11\text{-}14)$$

运用对均值、均方值和自相关函数同样的方法,可以定义更高阶的平均数。总体来说,所有的平均数都是 x 坐标的函数。

如果所有的平均数不是 x 坐标的函数,那么这个随机过程(路面谱)就叫做稳态。在这种情况下,与坐标 x 明显相关的项就可以略去,因而平均数的表达式可以表示成仅与 z 变量相关的函数:$E[z]$,$E[z^2]$,$R(\lambda)$。

已知坐标 x,由上述方法 [式 (11-11) ~式 (11-13)] 定义的平均数就可以确定,这些值对应着总体中的不同样本。因此这些值可以认为是总体均值。

相反地,可以仅仅考虑一个样本,并且将其作为坐标 x 的函数加以分析:

$$\langle z_i \rangle = \lim_{m \to \infty} \frac{1}{m} \sum_{j=1}^{m} z_i(x_j) \qquad (11\text{-}15)$$

$$\langle z_i^2 \rangle = \lim_{m \to \infty} \frac{1}{m} \sum_{j=1}^{m} z_i^2(x_j) \tag{11-16}$$

同样,自相关函数变为:

$$\phi(\lambda) = \langle z_i(x) z_i(x+\lambda) \rangle = \lim_{m \to \infty} \frac{1}{m} \sum_{j=1}^{m} z_i(x_j) z_i(x_j+\lambda) \tag{11-17}$$

如果坐标 x 在距离 L 上是连续变化的量,那么函数值可以用一个积分值来代替上面离散值的和:

$$\langle z_i \rangle = \lim_{L \to \infty} \frac{1}{L} \int_{-L/2}^{L/2} z_i(x) \mathrm{d}x \tag{11-18}$$

$$\langle z_i^2 \rangle = \lim_{L \to \infty} \frac{1}{L} \int_{-L/2}^{L/2} z_i^2(x) \mathrm{d}x \tag{11-19}$$

$$\phi(\lambda) = \langle z_i(x) z_i(x+\lambda) \rangle = \lim_{L \to \infty} \frac{1}{L} \int_{-L/2}^{L/2} z_i(x) z_i(x+\lambda) \mathrm{d}x \tag{11-20}$$

如果所有的统计平均值(已知 x,由隶属于不同样本 z_i,$i=1$,…,n 的不同轮廓数值求得)在每个路面谱函数(z_i)和相应的平均值相同,一个稳态过程是遍历性的:

$$E[z] = \langle z_i \rangle \tag{11-21}$$

$$E[z^2] = \langle z_i^2 \rangle \tag{11-22}$$

$$R(\lambda) = \phi(\lambda) \tag{11-23}$$

回到沿着不同道路行驶相同距离的那个例子,如果每条道路都是相同的类型,并且维护状态和表面类型都相同的话,就有理由相信,沿着某一条道路得到的均值和在其他道路(z_i)上沿着给定距离 x 得到的均值相同。也就是说,随机路面谱是具有遍历性的。

一个遍历性路面谱的自相关函数可以通过计算从轮廓函数 z 的一点,隔固定距离 λ(单位为 m)到另一点的均值来求得

$$R(\lambda) = \lim_{L \to \infty} \frac{1}{L} \int_{-L/2}^{L/2} z_i(x) z_i(x+\lambda) \mathrm{d}x \tag{11-24}$$

通过傅里叶变换,自相关函数可以表示为单位距离 ν 的循环数量的函数:

$$R(\lambda) = \int_{-\infty}^{\infty} S(\nu) \mathrm{e}^{\mathrm{i}\nu\lambda} \mathrm{d}\nu \tag{11-25}$$

函数 $S(\nu)$ 表示的是轮廓的功率谱密度。如果信号 z 是时间 t 的函数,那么自相关函数将会和数据记录过程中两点间的时间(单位为 s)相关,功率谱密度将会和时间域的频率(单位 rad/或 Hz)相关。从量纲的角度来看,式(11-25)中的乘积 $\nu\lambda$ 一定是无量纲的,或者由式 $\mathrm{e}^{\mathrm{i}\nu\lambda} = \cos(\nu\lambda) + \mathrm{i}\sin(\nu\lambda)$ 将其单位换成 rad。因为 λ 是距离(单位为 m),ν 是单位距离下的弧度(单位为 rad/m),也就是波长(单位为 m/rad 或 m/cycle)的倒数。

提出 2π 项,功率谱密度便可以从自相关函数的傅里叶变换中获得:

$$S(\nu) = \frac{1}{2\pi}\int_{-\infty}^{\infty} R(\lambda) e^{-i\nu\lambda} d\nu \tag{11-26}$$

该式表明,在区间 [-∞, +∞] 内, $S(\nu)$ 是空间频率 ν 的一个偶函数。

考虑式 (11-24),若 $\lambda = 0$,则自相关函数将等于均方值,即 $R(\lambda = 0) = E[z^2]$。代入式 (11-25),有

$$E[z^2] = R(0) = \int_{-\infty}^{\infty} S(\nu) d\nu \tag{11-27}$$

由此可知,均方值是功率谱密度 $S(\nu)$ 曲线下方的面积(图 11-13)。换而言之,$S(\nu)d\nu$ 是在频率区间 [ν, $\nu + d\nu$] 对均方值的无穷小贡献。

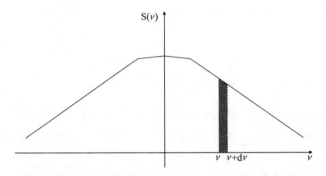

图 11-13 随圆频率变化的功率谱密度。图下方的面积表示路面轮廓的均方根值

由于分布载荷作用在梁上的全部的力是单位长度载荷 $p(x)$ 的积分,同样,功率谱密度可以认为是均方值 $S(\nu)$ 的密度。从量纲来看,均方值 $E[z^2]$ 是长度的平方(国际单位制,m^2),空间频率 ν 是单位长度下的弧度(单位 [rad/m]),因此功率谱密度 $S(\nu)$ 是单位空间频率下的长度的平方,即 [$m^2/(rad/m)$] = [m^3/rad]。

由式 (11-26) 定义的功率谱密度意味着空间频率有正值和负值。从实验和物理的角度看,空间频率仅有正值。之后介绍实验能量密度 $G_{exp}(\nu_{exp})$ [$m^2/(cycle/m)$]。$G_{exp}(\nu_{exp})$ 和 $S(\nu)$ [$m^2/(rad/m)$] 是相关的。

$$G_{exp}(\nu_{exp}) = 4\pi S(\nu) \tag{11-28}$$

式中,4π 项的 2π 是由于空间元频率由 [rad/m] 转换成了 [cycle/m],剩下的 2π 是因为 G_{exp} 只定义正的 ν_{exp}

$$E[z^2] = R(0) = \int_0^{\infty} G_{exp}\nu_{exp} d\nu_{exp} \tag{11-29}$$

为了简化该式,将下标 exp 省略,表示实验功率谱密度和空间频率,即简单地表示为 $G(\nu)$ [ν 的单位为 cycle/m,$G(\nu)$ 的单位是 $m^2/(cycle/m)$]。

图 11-14 显示的是在公路上以双对数尺度测量的功率谱密度。从中可以看出,空间频率越小,对均方值的贡献越大。除此之外,图中还可以看出各频率范围都是不重叠的。这种性质非常普遍,功率谱密度也具有类似形状的曲线,并对其他类型

的路面（如碎石路和土路）同样适用，尽管在不同情况下的幅值不同。

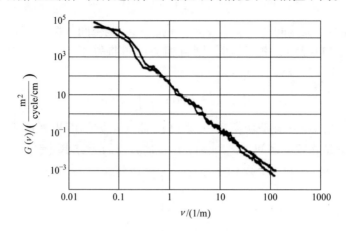

图 11-14　公路的功率谱密度

然而用鹅卵石铺制成的路面却显示出了不同的特点。这种情况下，频率贡献取决于单位长度路面上鹅卵石的平均数量，加上它的高阶与低阶谐波，影响了图 11-14 中曲线的形状。

图 11-14 中的功率谱密度可以近似成一个在双对数平面中递减的线性函数，也就是负指数函数

$$G(\nu) = C_0 \nu^{-N} \tag{11-30}$$

式中，系数 C_0 和路面的类型有关，而指数 N 对所有类型路面都适用：

公路：$C_0 = 4.8 \times 10^{-7}$

碎石路：$C_0 = 8.1 \times 10^{-6}$

$N = 2.1$

图 11-15 显示的是由式（11-30）得到的功率谱密度。其中，靠上的线是由碎石路或土路得到的，靠下的线是由公路得到的。

我们知道，汽车的三种低频振动模态对应的是车身在悬架上的刚体运动。低频模态表征的是车辆在垂直方向的上下运动；二阶模态表征的是车身绕横轴的俯仰；三阶模态表征车身绕纵轴的侧倾。这些模态是通过路面轮廓上的纵向起伏对车辆前后轴的激励得到的。

如果汽车轴距是路面轮廓半波长的偶数倍，对前后轴的激励将会处于同相位，并出现对垂直方向振动模态的最大激励，而对绕横轴倾斜的激励将会相应地减小。相反，如果汽车轴距是路面轮廓半波长的奇数倍，对前后轴的激励将会处于不同的相位，对绕横轴倾斜模态的激励将会变得最大，对垂直方向上的振动模态将会变得最小，如图 11-16 所示。

路面的不均匀不仅会影响纵轴方向，还会影响到横轴方向，以致右车轮驶过的

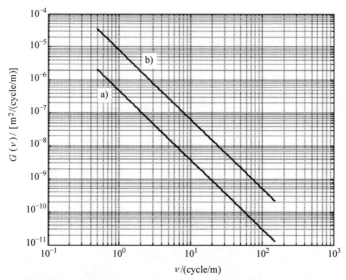

图 11-15 两种不同类型路面的功率谱密度。靠上的线对应碎石路，靠下的线对应公路

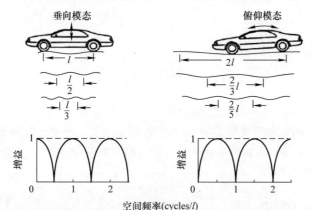

图 11-16 当汽车轴距是路面半波长的偶数倍时，车身就会受到上下振动的激励。
相反，如果轴距是半波长的奇数倍，车身会呈现俯仰运动

路面特征与左车轮相比，虽然相似但不一致（比如就功率谱密度来说）。如果左右车轮的激励不一致，将会产生对车身侧倾模态的激励。实验表明，路面轮廓在纵轴和横轴方向上互不相关。这种不一致在路面波长和轴距相当时在纵向和侧向都会显现，并且影响其轨迹。换言之，纵向和横向的波长大小是相似的，因此长波长（与轴距相比）不会影响到侧倾运动。相反，对于短波长，左右的轮廓相互关联，并且有可能影响到侧倾运动。

路面轮廓表示为任意参考点纵向距离 x 的函数，因此功率谱密度表示为空间频率的函数。从量纲上来说，空间频率的单位是［cycle/m］或［rad/m］，功率谱密度的单位是 $m^2/[(cycle)/m]$。

这是因为路面轮廓是地形变量，并且可以直接表达成路面几何坐标的函数。然

而这仅仅表示了路面的特征，却不能体现车辆在垂直方向的动态激励响应，因为车辆的响应是时间的函数而不是不规则路面空间频率的函数。而这两者的联系就是汽车的速度 V。

接下来就需要将路面轮廓描述成时间频率（[Hz = cycle/m]）的函数。因此，功率谱密度的单位由 $m^2/(cycle/m)$ 变成了 m^2/Hz。

如果汽车以速度 V 行驶，则其车轮印迹以频率移动：

$$f = V\nu \tag{11-31}$$

将式（11-31）代入式（11-30）：

$$G(f) = C_0 \left(\frac{f}{V}\right)^{-N} \tag{11-32}$$

上式并没有改变功率谱密度，它仍作为空间频率的函数来代表均方值的密度

$$E[z^2] = \int_0^\infty G(f)\,d\nu \tag{11-33}$$

由式（11-31），$d\nu = df/V$，

$$E[z^2] = \int_0^\infty \frac{G(f)}{V}df = \int_0^\infty G^*(f)\,df$$

现在功率谱密度与时间频率一致，

$$G^*(f) = \frac{G(f)}{V} = C_0 V^{N-1} f^{-N} \tag{11-34}$$

由于系数 $N > 2$，功率谱密度随速度 V 的增大而增大。图 11-17 显示的是与图 11-15 相同的以时间频率为变量的功率谱密度函数。靠下的曲线对应 50km/h 的车速，靠上的曲线则对应 150km/h 的车速。对于给定频率，激励随着车速的增加而增加。

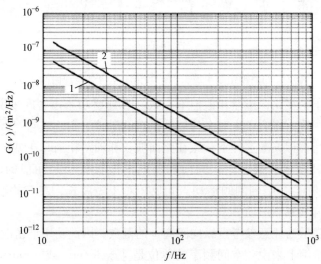

图 11-17　随时间频率变化的路面的功率谱密度
1—20km/h　2—180km/h

2. 长波长的波峰与波谷

长波动沿纵向的高度变化是平滑的，路面波谷偶尔会使其远远大于轮胎的印迹。这种类型的不规则造成的动态力基本是垂直的。同样对于随机路面，由激励导致的频率变化是车速的函数。

图 11-18 显示了不同车速下随频谱变化的波动幅值。从图中可以看出，车速越高，频率的范围越宽，但是低频下的振幅也越小。直观地来看，车速越高，需要缓和阻力的时间越少，相应地，激励频率越高。车速为 120km/h 时，6m 长，30mm 深的波谷能够使频率增长到 10Hz。由经验可知，如果汽车以速度 V 通过一个距离为 L 的波峰或波谷时，所用时间为 L/V。这个时间的倒数大约为最大激励频率 f_{max} 的一半，即

$$f_{max} = 2\frac{V}{L} \tag{11-35}$$

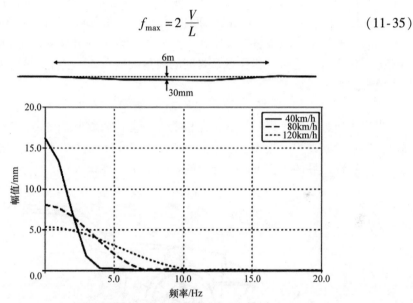

图 11-18　频率谱的幅值。随着速度的增加，高频处的幅值逐渐减小

尖锐障碍

粗糙的路面会使其轮廓急剧地变化，如路面坑洞、井盖、铁轨等。这些特征的波长与轮胎周长相近，或是比轮胎周长小。

当汽车通过这种类型的障碍时，车轮会明显受到纵向和垂向的合力。另外，如果障碍物相对于行驶方向是倾斜的，侧向合力也会增加。图 11-19 显示了当汽车通过一个矩形截面障碍物时，轮毂受到的随行驶距离变化的纵向力和垂向力。

这个实验是将车轮放在一个以 2m/s 的速度运转的大直径的钢制转鼓上进行的。一个矩形截面钢梁悬置在平行于转鼓轴线的表面上。车轮和转鼓轴之间的距离保持恒定以提供两者间的足够的预载荷。不同预载荷下得到的不同曲线表明，纵向合力和垂向合力的大小顺序是相同的。在接触的开始，纵向力与其相应的运动方向

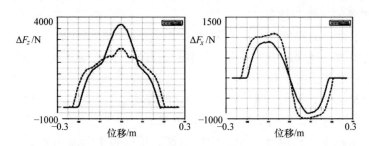

图 11-19　当汽车通过矩形截面（高 25mm，长 100mm，通过速度为 2m/s）的障碍时，垂向力和纵向力的变化

相对，然而到最后，它们的方向发生了颠倒。图中显示了当垂向力达到最大时，纵向力的方向发生了改变，这种情况在低速时尤为常见。在高速时（比如 100km/h），垂向力和纵向力的最大值在接触的开始就同时发生。其合力分解为向上和向后的分力，如图 11-20 所示。垂向力和合力 R 之间的夹角大概在 30°左右。纵向力和垂向力的最大值有如下关系：

$$\Delta F_{x\,\max} = \Delta F_{z\,\max}\tan\theta, \theta \approx 30° \tag{11-36}$$

当汽车通过尖锐障碍时，纵向力和垂向力会伴随着它们的脉冲特性同时出现，这就需要在行驶过程中吸收这些冲击。通常是将弹性元件安装在悬架摆臂和车架之间，并且弹性元件的工作方向与悬架的垂向跳动一致。

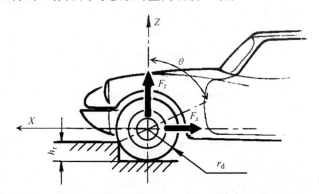

图 11-20　高速通过障碍时轮胎的受力图。θ 为最大垂向力变化和最大纵向力变化间的夹角

与通过波峰或波谷时相比，车辆在通过障碍时轮胎的变形显得尤为重要，并且可以用等效障碍的方法来评估，也就是垂直方向和水平方向上的位移。这个位移是轮胎上测得的力与它径向和周向刚度的比值：

$$\delta_x = \frac{\Delta F_x}{K_x}$$

$$\delta_z = \frac{\Delta F_z}{K_r} \tag{11-37}$$

其中，ΔF_x 和 ΔF_z 分别为纵向力和垂向力，K_x 和 K_r 分别为周向和径向的比值。

图 11-21 是根据图 11-19 中实验所测得的轮胎的径向变形。实线代表了由式（11-37）所得到的轮胎变形，而虚线代表了障碍物的轮廓。值得注意的是，这种方法仅能考虑轮胎的整体变形。不考虑所有发生在冲击瞬间和之后的轮胎的动态影响。

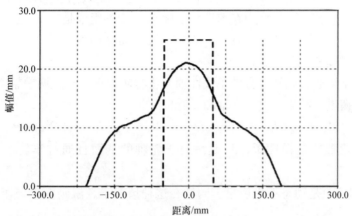

图 11-21 在图 11-19 实验中轮胎的径向变形。实线表示轮胎变形，虚线表示障碍物轮廓

和长波障碍相似，由尖锐障碍所导致的动态激励与车速有关。图 11-22 显示了在不同车速下，由式（11-37）所得到的等效障碍的频谱。由于障碍的尺寸（25mm×100mm）比图 11-18 中波谷的尺寸（30mm×6m）小，在同样的速度下，通过障碍所用时间较少，且激励频率较大。

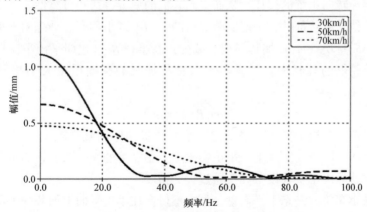

图 11-22 等效障碍的频率谱

11.2.2 车轮

车轮子系统（轮胎、轮辋、制动盘、轴承等）由于转动引起了不同类型的动

态激励，这种激励的频率与车轮转速 Ω 有关。

1. 质量不平衡

不管名义上车轮是否对称，其旋转部分的质心总是不在转轴上。质心与转轴之间的距离叫做偏心度（ε）。

质量为 m、偏心度为 ε 的车轮在转动时所产生的惯性力以同样的速度在垂直于转轴的平面里旋转。不平衡力在惯性系坐标 x、z 中的组成是：

$$F_x = m\varepsilon\Omega^2 \cos\Omega t \qquad F_z = m\varepsilon\Omega^2 \sin\Omega t \qquad (11\text{-}38)$$

其中，$m\varepsilon$ 项是静态不平衡量。

同样对于质心，旋转部分的主惯性轴无法与转轴重合，这两个轴之间的夹角 χ 是动态不平衡量，结果是关于 x 轴和 z 轴的转矩：

$$M_x = -\chi(J_t - J_p)\Omega^2 \sin\Omega t \qquad M_z = -\chi(J_t - J_p)\Omega^2 \cos\Omega t \qquad (11\text{-}39)$$

式中，J_t 是轮轴的极惯性矩；J_p 是垂直于轮轴的平面且通过车轮质心的轴的惯性矩。

$\chi(J_t - J_p)$ 项是动态不平衡量。同样在这种情况下，激励频率与车轮转动的角速度相同。

静态和动态不平衡会引起转向盘的振动，并且驾驶员可以直接感觉到振动。如果激励频率与悬架系统或转向系统的固有频率相同，则振幅会因为共振而被放大，严重影响驾驶员的舒适度。

平衡实验的目的是减小作用在车轮上的动态力。虽然这样做不会改变车轮和悬架的固有频率，但是会减小振幅，尤其是转向轮。另外还会减小胎面的磨损，减少轴承、悬架和转向系统的损坏，从而提高它们的疲劳寿命和可靠性。

至于其他的旋转部件，平衡实验的目的是为了减小静态和动态的不平衡量。平衡实验将小质量块（m_e）加装（或者减少）在半径 R_e（也叫平衡半径）处，实际通常加装在轮辋的外径上。如果不平衡量与加装的平衡质量大小相同，相位相反，即

$$m_e R_e = m\varepsilon \qquad (11\text{-}40)$$

则静态不平衡量就被消除了。换言之，平衡质量的作用就是减小（或者消除）质心和转轴之间的距离。实际上，平衡实验不会是完美的，一些剩余的不平衡量还是会存在，这就取决于实验设备和实验过程的精度了。

为了减小车轮的静态不平衡量，可能不仅会在车轮平面上加装一个质量块，还会在轮辋另一侧（如轮辋法兰）的相同角度位置上加装两个（或者半个）质量块，在不影响车轮主惯性轴（角度为 χ）的前提下补偿静态不平衡量（$m\varepsilon$），同时避免产生动态不平衡量。

相反，为减小动态不平衡量，仍需在轮辋的另一侧加装两个平衡质量块，但这两个质量块需对称放置（间隔 180°），以免产生静态不平衡量。

2. 由轮胎形状和刚度不规则所引起的激励

由于轮胎和轮辋存在尺寸和形状上的公差，车轮表面不会是完全的轴对称。理想环形表面上的误差可以表达成一系列在轮轴角坐标系上的谐波曲线。图 11-23 显示了每种系列的前四个贡献值。一阶谐波引起了车轮的偏心（图 11-23a），二阶谐波使车轮发生椭圆变形（图 11-23b），更高阶的谐波引起了车轮的叶状变形，如图 11-23c、d 所示。

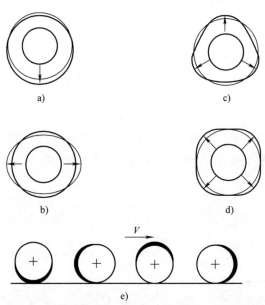

图 11-23　轮胎圆柱形的偏差。这些变形产生了纵向力和垂向力
a) 一阶谐波导致偏心变形　b) 二阶谐波导致椭圆变形　c)、d) 三阶及以上的谐波导致叶状变形
e) 由几何误差所引起的垂向力和纵向力的基本原理

另一方面，图 11-23e 显示了由几何误差所引起的垂向力和纵向力的基本原理。为简单起见，图中只显示了一阶谐波（偏心变化）。由于轮胎的径向刚度远高于悬架刚度，即使是在平坦路面上行驶，轮胎的滚动半径也是变化的。轮轴发生垂向位移，在悬架上产生垂向力。从相对较低的车速开始，车轮的角速度高于簧上质量的一阶固有频率（图 11-24），但低于簧下质量的。

$$\sqrt{\frac{K_s}{M_s}} < \Omega < \sqrt{\frac{K_p}{M_{ns}}} \qquad (11-41)$$

这就表明，与簧下质量相比，由车轮不平衡所造成的簧上质量的位移是可以忽略的。车轮的垂向位移引起了悬架的运动，因而垂向力将传递

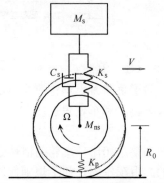

图 11-24　四分之一车模型–几何不规则（偏心）的影响
M_s—簧上质量　M_{ns}—簧下质量
K_s—等效刚度　C_s—等效阻尼
K_p—轮胎的径向刚度

到簧上质量上。

在簧上质量和簧下质量的固有频率之间,由车轮几何误差所引起的径向激励的幅值几乎与车轮的角速度无关。因此,激励幅值随谐波阶次的增加而减少。

轮胎的内部共振可以显著地增加激励带来的影响。图11-25中的频率分析显示了随速度变化的对垂向力的谐波贡献。当 n 阶谐波的角频率（$f_n = n/2$）与轮胎的固有频率一致时,谐波上就会出现共振峰值

$$n\frac{\Omega}{2\pi} = n\frac{V}{2\pi R_0} = f_p \tag{11-42}$$

假设轮胎的一阶共振频率为 $f_p = 70\mathrm{Hz}$（因为共振通常发生在 $70\sim90\mathrm{Hz}$）,滚动半径为 $R_0 = 0.3\mathrm{m}$,则 n 阶谐波发生共振所对应的车速为

$$V_{\mathrm{nth}} = \frac{2\pi R_0}{n}f_p$$

三阶谐波对应的共振车速为160km/h,四阶谐波对应的共振车速为120km/h,五阶谐波对应的共振车速为95km/h,如图11-25所示。

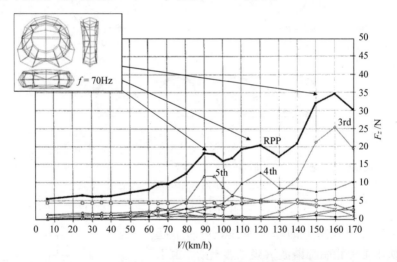

图11-25 轮胎垂向力的谐波分量。峰值对应不同谐波时一阶共振频率（70Hz）的激励

除了垂向力,车轮的几何不规则也会产生纵向力。通过滚动半径 R_0,可以建立起车速 V 和车轮角速度 Ω 之间的关系

$$V = \Omega R_0$$

和整车相比,车轮的惯性是可以忽略不计的,车速在一定的时间间隔内也是恒定的。由车轮的几何不规则性所导致的滚动半径 R_0 的微小变化会引起一个角加速度以及一个转矩:

$$T = I_p \dot{\Omega} \tag{11-43}$$

式中,I_p 为车轮的极惯性矩。所有和车轮一起旋转的部件都视为刚体（轮毂,制动盘等）。这个转矩与纵向力 ΔF_x 的变化有关。考虑到地面在接触点处提供力

ΔF_x，且与轮轴的距离为 R_c（负载半径）：

$$\Delta F_x = \frac{T}{R_c} \quad (11\text{-}44)$$

  由于制造存在公差，车轮的径向刚度不仅不是常数，而且随着转角位置变化。径向刚度的变化引起了滚动半径和负载半径的变化。其结果与由几何误差所引起的结果（即垂向力和纵向力）相似。

  图 11-26 所示为安装支架在公路上以 120km/h 的车速行驶时驾驶员座椅的垂向加速度曲线。序号 1、2、3、4 所代表的峰值分别对应车轮角速度的前四阶谐波。它们主要是在 20Hz 以上。而在低频处，更高的贡献值是由于发动机悬置的振动（通常在 15Hz 左右）和悬架的振动（1～2Hz）。当其中一个谐波激励的频率和车身或其他子系统（比如转向系、车身某阶模态，面板局部模态，声腔模态等）的固有频率相同时，响应就会增大并且发生共振。

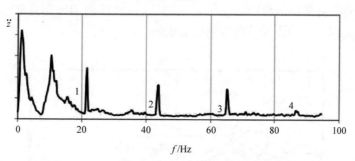

图 11-26 车速为 120km/h 时座椅导轨上的频谱

3. 胎面

  由于轮胎几何和刚度的不规则所产生的谐波激励与其结构和制造公差有关，并光滑的轮胎也存在。另一种动态的激励源是轮胎与路面的相互作用，包括机械和流体的动态影响。路面粗糙度、胎面与路面之间的作用引发了胎体和胎面上的振动。其他振动则是由轮胎与路面的接触点上的摩擦力引起的。由于轮胎的变形，这些力从接触点的前端到后端逐渐增加。定性地讲，开始接触的胎面的每一部分在切向上都没有变形。由于地面和胎体之间的速度差，切向变形增大到最大值，且接近接触点的末端。

  高温时这种影响会被放大。在这种情况下，胎面花纹由于附着力而粘附在路面上，当积聚在接触点末端的切向变形突然释放时，切向振动随即产生。

  在上述情况中，激励频率和车轮的角速度有关（图 11-27）。在 120km/h 时，由 60 个尺寸相同的胎冠构成的胎面花纹所产生的基本激励大约为 1.2kHz。车辆在行驶过程中，胎面花纹沿其周长方向上的随机的变形减小了纯音激励频率。胎面随机变化使得胎冠的影响是非周期性的。因此车轮的旋转和在声学范围内减小的高频振动是周期性的。

图 11-27 胎面所引起的动态激励
a）胎冠的径向和切向共振　b）胎面花纹中的空腔共振

由胎纹引发的振动传递到轮胎上，并引起胎体和气室的振动。这些振动又通过车架传递到了车辆的其他部位以及车轮周围的空气中。

图 11-28 所示为驾驶员左耳处测得的声强。A 处的峰值是由于轮胎自身结构的共振，B 处的峰值是由于轮胎内部气室的共振，这些峰值的频率是常数。C 处的峰值和车速成比例，这是由胎纹的激励所造成的。

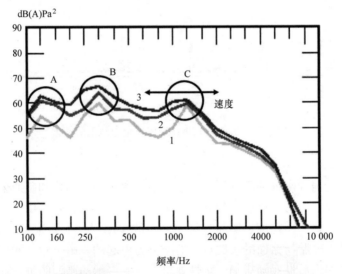

图 11-28　驾驶员左耳处的噪声强度。测试是在转鼓试验台上以 120km/h 的车速来进行的。
A—轮胎的结构共振　B—内部空腔共振　C—胎面接触激励
1—左右均为光滑转鼓表面　2—左转鼓为粗糙表面，右转鼓为粗糙表面
3—左右均为粗糙转鼓表面

靠近接触点处的空气动力学现象还包括另一种相关的噪声源。这种所谓的"气泵"与轮胎接触点前端形变所产生的体积减小以及末端的体积增大有关。这种体积的改变使得胎纹的沟槽与地面之间的通道中形成了空气流动。复杂的沟槽在空气中引发了振动，并像管风琴一样使振动放大。

11.2.3 发动机

发动机由于机械部件的运动和热力学循环而产生振动。曲轴、活塞的交变质量以及连杆产生了离心力和交变惯性力,并作用在了缸体上。

惯性力可以换算成第一近似值,考虑到活塞质量为 m_p,曲轴质量为 m_a,而连杆质量 m_b 可以分为两部分: $m_b/3$ 的质量整合到活塞上; $\frac{2}{3}m_b$ 的质量整合到曲轴上。

交变质量和旋转质量分别为:

$$m_o = \frac{m_b}{3} + m_p$$

$$m_r = \frac{2}{3}m_b + m_a \qquad (11\text{-}45)$$

假设曲轴的角速度 ω 为常数,作用在活塞上的轴向力 F_o 和作用在曲轴上的径向力 F_r 可以表示为:

$$F_o = m_o r \omega^2 (\cos\theta + \lambda\cos 2\theta + \cdots)$$

$$F_r = m_r r \omega^2 \qquad (11\text{-}46)$$

式中, $\lambda = r/l$,是曲柄销半径 r 与连杆长度 l 的比值。考虑曲轴转角 θ(图 11-29),作用在曲轴轴线上的惯性力为:

$$F_y = m_r r \omega^2 \sin\theta$$

$$F_z = -r\omega^2 [m_r \cos\theta + m_o(\cos\theta + A\cos 2\theta + \cdots)] \qquad (11\text{-}47)$$

其中, $A = \lambda + \lambda^3/3 + 15/128\lambda^5 + \cdots$ 作用在曲轴轴线上的力包括一阶、二阶、四阶以及更高阶的曲轴角频率 ω。通常前两阶的谐波产生的力比其他阶次的力要大。

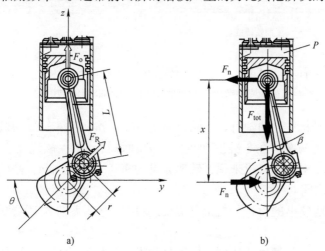

图 11-29 曲柄和活塞的受力图
a) 惯性力 b) 压力

在多缸发动机中，一个缸的惯性力可以通过其他缸合理的相位布置以及发动机的几何偏置来补偿。比如一台直列四缸机，一阶惯性力可以被补偿，然而二阶惯性力相应地会增加。安装在缸体里的带有不平衡质量的副轴以两倍于曲轴的转速旋转可以消除这种影响。

虽然式（11-47）中的惯性力 F_y 在多缸发动机中可以相互平衡，但是它们沿曲轴上的分布可以产生一阶和二阶的转矩，方向垂直于曲轴轴线。这些转矩与气缸数以及发动机的气缸布置形式有关（比如直列六缸发动机中，这种转矩就趋于相互平衡）。

发动机中的第二种振动是由热力学循环过程中的压力变化所引起的，并且在燃烧过程中尤为明显。图 11-30 所示为一个工作循环中的气缸压力以及作用在曲轴上的转矩。

这种转矩能够在自身的谐波贡献中放大。在四冲程发动机中，曲轴每转两圈，发动机完成一次热力循环，基础谐波的阶次为 0.5。更高阶的项也会因为燃烧过程中压力的急剧变化而产生。这就表明，气缸数越多，沿曲轴旋转方向上产生的转矩就越多，转矩的波动也就会越小。发动机转速的变化可以通过增大飞轮的惯性矩并且（或者）在飞轮和变速器输入轴之间安装扭转减振器来衰减。其他方法如双质量飞轮，可以达到相同的目的。也就是说，减小了传入后续传动系的动态激励。

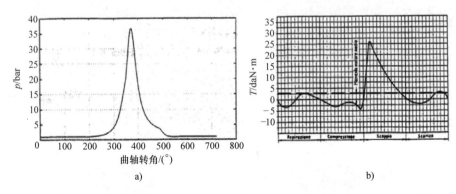

图 11-30　一个工作循环中的气缸压力以及作用在曲轴上的转矩
a）气缸压力与曲轴转角的关系　b）曲轴上的转矩

在两缸发动机中，曲轴每转一圈，燃烧发生一次；在 4 缸发动机中，曲轴每转一圈，燃烧发生两次；在 8 缸发动机中，曲轴每转一圈，燃烧发生四次，以此类推。这就表明，对于四缸机来说，转速如果为 900~6000r/min，基础激励频率就会在30~200Hz之间。

0.5 阶不是最小的阶次，之后燃烧的不均性意味着阶次还会更低（比如说，0.2 阶）。

因为惯性力与加速度成比例，也就是和发动机转速的平方成比例，所以在低转速下主要存在压力变化所引起的激励，在高转速下主要存在惯性力。

其他动态部件（像凸轮轴和配气机构）产生的附加影响，也会增强曲轴和活塞产生的惯性力和低速激励。图 11-31 显示的是一台 8 缸发动机由怠速（800r/min）增加至 2100r/min 时的频率和缸体加速度。在不同的发动机转速下，图形代表了频率成分（Hz）的幅值。这个图表通常叫做"瀑布图"或者"层叠图"。由于图表是三维的，幅值便用一种颜色来标注（本例中是灰色的）。八缸发动机和预期一样，四阶频率是其基本组成。

发动机的振动会对其悬置产生动态的应变和应力。车身中的振动会因各种结构部件的共振而被放大。图 11-31 中，位于 300～400Hz 的两条垂直的条形带是由于发动机点火顺序引起部件（本例中指的是缸体）的共振。

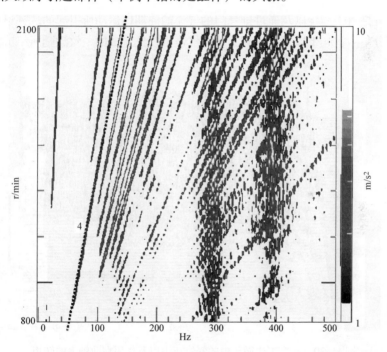

图 11-31　发动机缸体的加速度频谱。8 缸发动机。对于每一发动机转速，
谐波的幅值由一种颜色标记（灰度）。点线代表了四阶谐波

发动机缸体表面的振动也会在发动机舱内产生压力波，形成空气噪声，并通过结构面板（比如防火墙）的振动传递到车辆内部。

图 11-32 表示了发动机中不同部件对总体声能的贡献。

除燃烧力外，进气和排气的流动也会产生动态激励。紊流中的压力变化会使进气管和排气管产生振动，形成噪声，并传递至发动机舱。一些振动也会传至缸体，形成噪声。

图 11-33 所示为车辆在坡道起步时排气管出口处的频谱分析。与发动机点火顺序

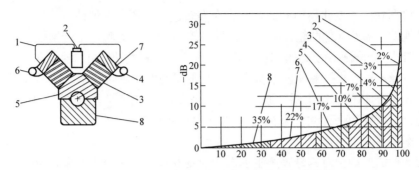

图 11-32 由发动机发出的声功率的累积贡献值
1—高压管路 2—油泵 3—气缸盖 4—排气管 5—气缸体 6—进气道 7—气缸顶盖 8—油底壳

相关的部分是由于燃烧以及通过排气门的气流的周期性运动所引起的。频谱中值得考虑的那部分是由宽频带以及紊流和其他空气声学现象造成的一致激励所组成的。

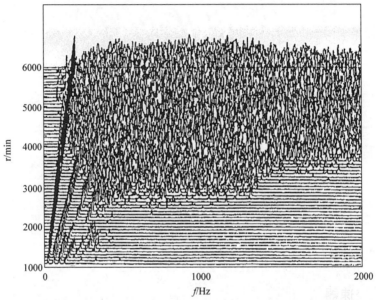

图 11-33 排气管输出部分的噪声瀑布图。发动机转速介于怠速转速和 6000r/min 之间

除排气管表面发出的噪声外,排气管的低频振动会直接通过发动机悬置元件传至车身。

燃油喷射系统、发电机、风扇、起动机、空调系统、转向助力系统等都是由发动机驱动的附属机构。这些不同的机构(机械的、液压的、机电的)对应着其他的通过空气途径和结构途径传播的噪声和激励。油泵也会通过油管中的压力波来传递噪声。通常这些附属机构是由传动带、链条或其他形式的传动机构以某一传动比来驱动的。这些传动装置会影响到噪声与振动的主要谐波组成。

链传动和正时带传动是两种主要的驱动凸轮轴的传动方式,且两者在运行过程中都会产生噪声。

滚子链条产生噪声是因为滚子和链轮轮齿的相互作用以及链条与其他部件（如张紧器、导链板）的相对滑动。

正时带产生噪声是因为带齿与带轮的啮合。传动带中橡胶成分存在很高的阻尼，使得除基础谐波外的所有谐波成分减小到了可以忽略不计的程度。这种情况下的声源可能来自传动带和带轮之间空气的挤压。

在高温下，传动带的表面开始变成黏性体，带传动可能因为传动带和带轮之间的黏滞与滑动而产生宽频域下的噪声。这种情况在附属机构中的非同步带传动机构中十分常见。除此之外，带传动还会因为两带轮之间的那段传动带的侧向振动而产生噪声。这些振动可能产生于发动机点火顺序和带轮几何缺陷所带来的共振。除振动和噪声的问题外，这样的振动可能使传动机构疲劳，从而影响可靠性。

另一种产生于传动系中的完全不同的激励是由于节气门指令的急剧改变（图11-34）。这种情况发生在驾驶员非常迅速地踩下或松开加速踏板的时候。同样，离合器的突然接合或分离会对传动系产生脉冲扭转激励，其结果就是传动系的扭振。扭振最终会传递到车轮上，并使整车在纵向的振动频率高达约10Hz。

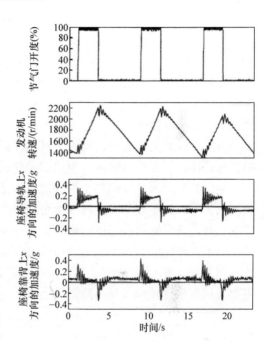

图 11-34　节气门快速开启和关闭时的瞬态

11.2.4　变速器

变速器会因为齿轮之间的啮合而产生噪声。其中最主要的噪声是"咔嗒"声和啸叫声。

在大多数车用变速器中，所有的齿轮组都是常啮合的。在某个特殊时刻，当工作的齿轮组传递动力时，其他的齿轮组是空转的。由于转矩的波动，变速器中的轴有扭振的倾向，这就导致空转的齿轮组在周向间隙中产生撞击。齿轮组中的间隙虽然非常小，但它对轮齿之间的润滑以及防止齿轮胶合有非常重要的作用。

"咔嗒"声的出现是由于变速器中的扭振（频率通常在100Hz以下）。图11-35所示为在发出"咔嗒"声时变速器中测得的加速度。图中的波动并不总是周期性地重复，而是随着时间发生变化，并且取决于变速器中其他部件的激励特性。

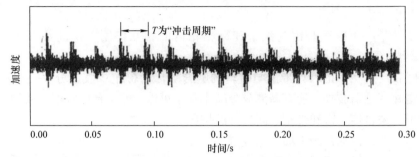

图 11-35 某一齿轮副发出"咔嗒"声时变速器上测得的加速度。加速度脉冲对应着齿轮在周向间隙中的相互撞击

齿轮的啸叫声取决于轮齿的啮合快慢。由于变速器中的齿轮存在制造误差,在齿轮受载啮合时便产生了啸叫声,如果这种噪声由于齿轮箱的内部共振而被放大的话,会令人难以接受。

虽然轮齿的渐开线轮廓理论上可以获得一个恒定的传动比,但实际上,轮齿在啮合时传动比不总是恒定的。制造误差使轮齿无法达到理想轮廓。弹性变形是另一种产生误差的原因,即使加工得到的轮齿是理想轮廓,但在传递转矩时,弹性变形会使轮齿轮廓发生改变。这种变形可能发生在齿顶和齿根啮合的时候。为避免这种情况,对重载齿轮的齿廓进行修正,减小靠近齿顶处的齿厚。这种修正方法虽然有效,但不能消除问题,尤其是当齿轮在较宽范围内传递转矩时。

图 11-36 所示为一个 28 齿的齿轮在转速为 500r/min 时的传动误差。传动误差主要出现在啮合频率及其高阶谐波上。

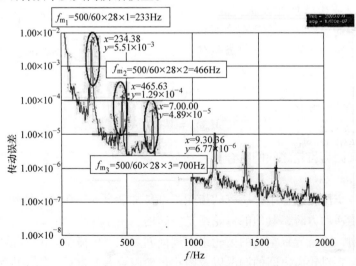

图 11-36 28 齿齿轮在 500r/min 时的传动误差频谱。峰值处对应着基本啮合频率及其谐振频率
(注:原图不清楚,坐标点为推测)

即使在输入转速恒定的情况下，传动误差也会使输出转速发生变化，进而角加速度导致传递的转矩发生波动。一方面，扭振会随之产生；另一方面，转矩的波动会导致轴承载荷的改变。这些变力形成的振动会在变速器内传播，最终会形成噪声，传入到发动机舱内。

和工作齿轮（相比于空转齿轮）相关的其他激励源有轮齿之间的摩擦力，以及轮齿周围空气与油液的流动。

对于"咔嗒"声和啸叫声，动态激励的传播需先经过轴，之后是轴承和变速器箱体，最后到空气。空气传播所占比重较少，因为变速器内的声压所引起的箱体壁板的振动非常小。

传动系中其他部件的转动代表了另一种振动源。特别是传动轴将变速器与后桥差速器进行连接（有些情况是后桥差速器和变速器整合在了一起，而发动机和离合器是前置的）。当差速器是在非独立悬架中时，轴两端的位移是相关的，其总和与悬架的位移总和相同（尤其是当悬架跳动超过150mm时）。如果是独立悬架，差速器与车架相连，并将动力通过半轴传递到车轮上。而且这种方式的传动轴较长，还需承受两端较小的、十分必要的位移。

柔性节头和支承沿传动轴布置，将传动轴分成较短跨距的轴，并承受相对位移。不平衡分布会在轴转动时产生动态激励，影响每一段轴及其轴线的直线度，以及支承的非轴对称特征。这些激励会通过支承传递到车身结构当中。

当轴的角速度和其自身的固有频率一致时，不平衡激励就会被放大。

万向节有时会安装在传动轴上以补偿轴两端的相对位移和不重合度。考虑万向节夹角，输入与输出转速的传动比不是恒定的

$$\frac{\omega_o}{\omega_i} = \frac{\cos\beta}{1 - \sin^2\beta\cos^2\phi_i} \tag{11-48}$$

式中，β 是输入轴和输出轴之间的夹角；ϕ_i 是输入轴的转角。由于传动比的变化，传递转矩也不是恒定的。如果不计传动能量损失，则有

$$M_o\omega_o = M_i\omega_i \tag{11-49}$$

则输出转矩 M_o 为

$$M_o = M_i \frac{1 - \sin^2\beta\cos^2\phi_i}{\cos\beta} \tag{11-50}$$

如果输入转矩 M_i 是恒定的，那么输出转矩将会在两个值之间波动

$$M_{o\,max} = \frac{M_i}{\cos\beta} \quad M_{o\,min} = M_i\cos\beta \tag{11-51}$$

图 11-37b 所示为万向节的自由体受力图。M_v 是轴承支架所受到的合成力矩。因为输出转矩 M_o 和合成力矩 M_v 都是变化的，所以有可能导致支架及其周围结构件的振动。另外，输出轴的角加速度需要有惯性转矩成分：

$$\omega_o = \omega_i^2 \frac{\sin^2\beta\cos\beta\sin2\phi_i}{(1-\sin^2\beta\cos^2\phi_i)^2} \tag{11-52}$$

因为输出轴的惯性是不能忽略的。

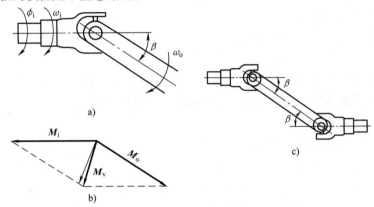

图 11-37

a) 万向节。ϕ_i 为主动万向节的转角，β 为输入轴和输出轴之间的夹角，M_i、M_o 分别为输入轴和输出轴的转矩，M_v 为约束转矩　b) 对应于图 a) 的转矩图
c) 带有两个万向节的轴，弥补了传动误差

式（11-52）中的分子项 $\sin2\phi_i$ 表明，作用在图 11-37 中输出轴上的惯性力矩的基础谐波是输入轴角速度的 2 倍。

单从运动学的角度来看，如果轴两端的万向节有着相同的方向和不重合角 β，那么第一轴和最后的轴之间可以获得恒定的传动比。定性地来看，由第一个万向节所引起的中间轴的速度变化可以由第二个万向节来补偿。

道路的变化可以对传动轴支承造成高阶振动。因此，通常在支撑上安装弹性元件以过滤掉这种振动。

11.2.5　制动器

制动过程中的噪声和振动现象十分常见，并且可以用很多词汇来加以描述。

在低频区间（0~10Hz），ABS 系统在液压管路中产生压力波，并通过制动踏板将其传递给驾驶员。制动力矩的变化决定了轮胎制动力的变化，从而导致了悬架和整车的纵向振动。

频率在 30~40Hz 和 100Hz 的振动表现为振颤或抖动，并且可以通过转向盘、制动踏板以及地板感觉到。这样的振动是由于制动力矩在某一个平均值处上下波动，并且很多因素可能导致这种波动，比如制动盘的表面不平、制动过程中的热变形不稳定、制动器在装配的过程中变形不均匀等。振颤的显著特征是其自身频率和车轮的角速度相关，这也就证明了制动盘表面的不均匀是造成振颤现象的主要原因。

当制动器的温度很高时,振颤就可能是因为制动盘上的一些垫片材料发生黏结,改变了制动盘表面的性质,从而使制动力矩产生波动。同样,制动盘的不平表面会产生热斑并改变局部摩擦现象,从而产生力矩波动。

类似的振动在鼓式制动器中也会发生,产生原因可能是制动鼓的圆柱度误差。

伴随着振动的制动尖叫常出现在 100~1000Hz 的频率范围内,产生于制动盘和卡钳的动态接合时,制动片产生的摩擦力。振动会在制动盘和卡钳的低阻尼共振时放大,并传递到悬架的其他部件上,从而引发更激烈的振动。图 11-38 显示的是在典型制动尖叫的频率范围内,制动盘的振型。实验调查显示,制动尖叫在轻踩制动时(制动压力小于 10bar)和减速的最后阶段(速度小于 50km/h)最容易发生。

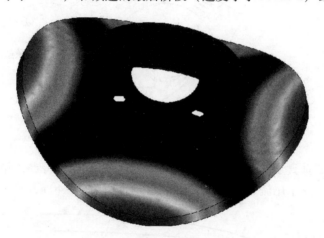

图 11-38 带有两条正交节点线的制动盘的振型

11.2.6 空气动力

车辆周围的空气动力学区域具有产生紊流和复杂涡流的特征。在过去的 20 年里,人们对减小车辆子系统(比如发动机和轮胎)的振动与噪声,尤其是气动噪声的重视程度越来越高。

图 11-39 所示为车身上的一些最典型的涡流结构。非静态区域的压力变化产生了振动与噪声,并传入车内,使乘员察觉。

最常见的空气声源有:
- 局部分流,如 A 柱、前风窗玻璃、货架和货箱的尾流。
- 车辆尾流的分流。
- 车辆边界和分离区的紊流。

紊流和不同形状的涡流会产生宽频带噪声。尾流区和分离区具有稳定涡流和周期性涡流脱落的特点,并在主频率下产生音调激励。典型的例子就是在长圆柱形车

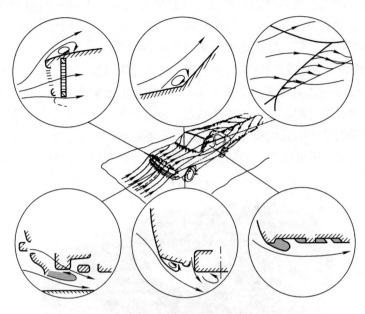

图 11-39　车身周围的空气动力漩涡

身的尾端产生的垂直于其轴线的涡流脱落。尾流具有涡流的特点，并从圆柱的另一面与圆柱分开。这个尾流通常指的是 Karman 漩涡（图 11-40）。

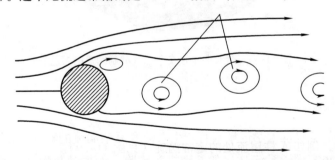

图 11-40　长圆柱体在垂直于其轴线的气流中，其尾迹散出的漩涡。尾迹中具有从圆柱截面的一侧到另一侧分开的漩涡。这个尾迹通常指的是 Karman 尾迹。将要离开圆柱的漩涡会产生一个向下的力

涡流脱落的频率在宽范围的雷诺数中（$150 < Re < 4 \times 10^4$）由斯特劳哈尔（Strouhal）数 S 决定，Strouhal 数与频率 f、直径 D 和流体速度 V 有关

$$\frac{fD}{V} = S \tag{11-53}$$

$Re > 10^3$ 时，Strouhal 数大致上是一个常数：

$$S = 0.21 \quad Re > 10^3 \tag{11-54}$$

例如，考虑一根直径为 20mm 的梁（像行李架上的梁），如果气流的速度是 $V=30\text{m/s}$，那么涡流的频率是：

$$f = \frac{VS}{D} = \frac{30\text{m/s} \times 0.21}{20 \times 10^{-3}\text{m}} = 300\text{Hz} \tag{11-55}$$

涡流的分离产生了一个垂直于气流方向和梁的轴线方向上的力。这便激起了梁的垂直于气流方向上的弯曲振动。这些振动可能会被梁的共振放大。

图 11-41 显示了空气声学风洞试验中，在驾驶员左耳处的空气动力学噪声的频谱。

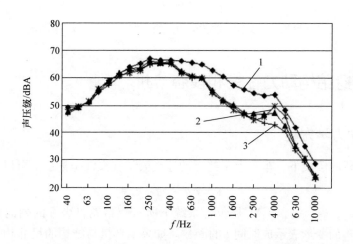

图 11-41　在风洞试验中，驾驶员左耳处的空气动力学噪声的频谱
1—标准车辆　2—将车门密封　3—无后视镜和刮水器

图谱展现了三条主要的频带：

首先，频率在 400Hz 以下的是所谓的车身噪声。这是由车身上的空气动力学结构所导致的，例如 A 柱尾流处的定常涡旋（见图 11-39）。

400Hz 以上的频带主要是渗透噪声。有时这类噪声出现在车身周围的一些点处（比如后视镜）并且通过密封条或缝隙进入到车内。另一些情况下，这种噪声是由密封件内空腔共振所引起的。这些空腔就好比是亥姆霍兹共振器。

2000Hz 以上的噪声主要来自于小部件周围的非定常气流，如后视镜、天线、进气格栅、行李架。车身底部因其更加复杂的形状，所产生的噪声也是重要的组成部分。

图 11-42 所示为车辆在路面行驶时和在风洞试验时所测得的声压级。可以看出，随着车速的增加，空气动力学噪声要比路面噪声增长得快，直到某一车速时它成为主要的声源。

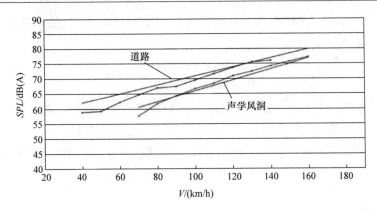

图 11-42 在道路试验和风洞试验中测得的声压级。空气动力学噪声随车速的增加而增大

11.3 车身结构动力性能和模态分析

11.3.1 动力学方程

在小位移的假设下,车身上某些点的速度矢量在惯性坐标系下可以表示为:

$$v = a\dot{q} + bq + c \tag{11-56}$$

其中,$q = (q_1, q_2, \cdots, q_n)^T$ 是包含系统下所有拉格朗日坐标的列向量。这种坐标可以将结构的变形表示成时间 t 的函数。如果变形量与结构的尺寸相比可以忽略不计的话,矩阵 a、b、c 是点坐标(x,y,z)的函数,而不是时间 t 或位移 q 的函数。从量纲来看,c 是速度的列向量,b 中的单元是时间的倒数,a 中的单元是数值。

在连续的结构中,形变由一个拉格朗日坐标 q 下的无穷大数来描述,以表示连续材料上的每个点的位移量。在这种情况下,拉格朗日坐标是一个随位置和时间变化的连续函数 $q(x, y, z, t)$。

考虑到拉格朗日坐标是位置和时间的连续函数 $q(x, y, z, t)$,动力性能将以偏微分方程的形式来描述。这种基于有限元的假设可以使结构离散化,也就是说,用有限数量的位移来近似等式(11-56)。这样,一个单元就代表了结构、位移和速度的一个有限的部分,并用有限数量的拉格朗日坐标来近似。这些坐标称为单元自由度的坐标,代表了单元特殊点,即节点的位移。考虑到单一元素,矩阵 a、b、c 可以通过考虑单元的动力学并从所谓的形状函数中来定义。

利用速度 v 表达式可以得到动能,这包括了每个单元质量 $\mathrm{d}m$ 的贡献:

$$T = \frac{1}{2}\int_{vol} v^2 \mathrm{d}m = \frac{1}{2}\int_{vol}(\dot{q}^T a^T a\dot{q} + 2\dot{q}^T a^T b\dot{q} + q^T b^T bq + 2\dot{q}^T ac + 2q^T bc + c^T c)\mathrm{d}m$$

(11-57)

动能的最后三项是常数，或是位移 q 或速度 $\dot{q}$（不在拉格朗日等式中）的线性函数。因此，动能包括三项：

$$T = T_2 + T_1 + T_0 \tag{11-58}$$

其中，第一项 T_2 包含了拉格朗日坐标自由度的时间导数的贡献：

$$T_2 = \frac{1}{2}\dot{q}(t)^{\mathrm{T}}\left(\int_{vol} a^{\mathrm{T}} a\,\mathrm{d}m\right)\dot{q}(t) = \frac{1}{2}\dot{q}(t)^{\mathrm{T}} M \dot{q}(t) \tag{11-59}$$

M 是一个 $n \times n$ 的实对称矩阵。如果模型的所有自由度有一个附加质量，那么它也是正定的。M 在形式上可以是一个单元或是结构的质量矩阵。唯一的不同点就是矩阵 M 的维数和自由度的个数。

式（11-58）中的 T_1 项包含了位移和速度的综合贡献：

$$T_1 = \dot{q}(t)^{\mathrm{T}}\left(\int_{vol} a^{\mathrm{T}} b\,\mathrm{d}m\right) q(t) = \dot{q}(t)^{\mathrm{T}} N\, q(t) \tag{11-60}$$

最后，T_0 只包含位移贡献：

$$T_0 = \frac{1}{2} q(t)^{\mathrm{T}}\left(\int_{vol} b^{\mathrm{T}} b\,\mathrm{d}m\right) q(t) = \frac{1}{2} q(t)^{\mathrm{T}} K_{\mathrm{i}} q(t) \tag{11-61}$$

虽然矩阵 K_{i} 与动能有关，但从量纲上看，矩阵 K_{i} 是一个将能量（T_0）和位移的平方联系起来的刚度矩阵。通过式（11-61）定义矩阵 K_{i} 是对称的。

考虑势能的影响，拉格朗日函数就变成了：

$$L = T_2 + T_1 + T_0 - V \tag{11-62}$$

其中，势能 V 是仅与广义位移 q 相关的函数。在线性条件下，势能可以表示成刚度矩阵 K_{e}：

$$V = \frac{1}{2} q(t)^{\mathrm{T}} K_{\mathrm{e}} q(t) \tag{11-63}$$

合并位移 q 的所有二次项，可以定义一个新的势能 U：

$$U = V - T_0 = \frac{1}{2} q(t)^{\mathrm{T}} K q(t) \tag{11-64}$$

其中，全局刚度 K 包含了弹性项和惯性项

$$K = K_{\mathrm{e}} - K_{\mathrm{i}} \tag{11-65}$$

则拉格朗日函数为：

$$L = T_2 + T_1 - U \tag{11-66}$$

从拉格朗日方程中可以得到运动方程

$$\frac{\mathrm{d}}{\mathrm{d}t}\left(\frac{\partial L}{\partial \dot{q}}\right) - \frac{\partial L}{\partial q} + \frac{\partial R}{\partial \dot{q}} = Q \tag{11-67}$$

其中，Q 包括了作用在结构自由度上的广义上的力。考虑黏性耗散力，Rayleigh 耗散函数 R 为：

$$R = \frac{1}{2}\dot{q}(t)C\dot{q}(t) + \dot{q}(t)Hq(t) \tag{11-68}$$

式中，C 是黏性阻尼矩阵（对称矩阵）；H 是循环矩阵（非对称矩阵）。

从拉格朗日方程中可以获得运动方程的二阶形式

$$M\ddot{q}(t) + (C+G)\dot{q}(t) + (K+H)q(t) = Q(t) \tag{11-69}$$

陀螺矩阵 G 是非对称矩阵，它与动能中的 T_1 项有关 [式（11-60）]

$$G = N - N^T = -G^T \tag{11-70}$$

原则上，广义力向量 $Q(t)$ 应该包含每一自由度上的外力。通常只有相对有限数量的自由度受到外力的影响，使得可以将 $Q(t)$ 改写成输入选择矩阵 T_{in} 和包括作用于结构上的力（或转矩，或压力）的全矢量 F：

$$Q = T_{in}F \tag{11-71}$$

T_{in} 是一个矩阵，它以适当的增益将作用在结构上的物理力施加到模型相应的自由度上。

式（11-69）中的矩阵通常利用有限元代码计算，开始于几何形状、材料属性，以及作用于结构上的约束和力。由于几何形状可能会非常复杂（比如汽车的结构），需要离散化的单元数量就会变得非常庞大。单元数量很大程度上取决于几何复杂度，只有部分取决于期望精度。

运动方程式（11-69）可以用状态矢量 x 和输入矢量 u 来表示：

$$x(t) = \begin{bmatrix} q(t) \\ \dot{q}(t) \end{bmatrix}$$

$$u = F$$

通过确定式（11-69）中的加速度以及增加等式 $\dot{q} = \dot{q}$：

$$\dot{q}(t) = \dot{q}(t)$$
$$\ddot{q}(t) = -M^{-1}(K+H)q(t) - M^{-1}(C+G)\dot{q}(t) + M^{-1}T_{in} \tag{11-72}$$

矩阵形式

$$\dot{x}(t) = Ax(t) + Bu(t) \tag{11-73}$$

状态矩阵 A 和输入矩阵 B 分别为：

$$A = \begin{bmatrix} 0 & I \\ -M^{-1}(K+H) & -M^{-1}(C+G) \end{bmatrix}$$

$$B = \begin{bmatrix} 0 \\ M^{-1}T_{in} \end{bmatrix}$$

系统响应是惯性条件下的自由响应和外力 $Q(t)$ 下的力响应这两者的叠加。

除静态方程外，可能会增加一个输出方程以获得输出变量，并作为需要特别关注的位置上的位移、速度、加速度这些状态的函数，像座椅的接触点、转向柱上的点。在一些情况下，位移、速度以及加速度这些输出量是由检测系统或闭环反馈系统中的传感器测得的。在线性系统中，输出可以表示成状态变量和输入变量的组合：

$$y(t) = Cx(t) + Du(t) \tag{11-74}$$

如果输出是位移矩阵的组合，则状态矢量前半部分中的 C 不会有零分量

$$C_q = \begin{bmatrix} T_{oq} & 0 \end{bmatrix} \tag{11-75}$$

$$D_q = 0$$

类似地，如果输出是速度的组合，

$$C_{\dot{q}} = \begin{bmatrix} 0 & T_{o\dot{q}} \end{bmatrix} \tag{11-76}$$

$$D_{\dot{q}} = 0$$

在一些情况下，输出是加速度的函数，比如安装在结构上的加速度传感器用来测量振动的水平。

因为加速度不在状态量中，可以通过对速度对时间导数来获取。然而，这种方法虽然可行，但它在数字上是不具有鲁棒性的，因为受噪声（甚至是数值噪声）干扰的响应的时间导数在很大程度上会放大噪声的影响。这种方法的另一种选择是考虑到加速度已经由式（11-72）给出，它可以包含在输出方程中：

$$y = T_{o\ddot{q}} \ddot{q} \tag{11-77}$$

写成矩阵形式：

$$y = T_{o\ddot{q}} \begin{bmatrix} -M^{-1}(K+H) & -M^{-1}(C+G) \end{bmatrix} \begin{bmatrix} q(t) \\ \dot{q}(t) \end{bmatrix} + \begin{bmatrix} M^{-1}T_{in} \end{bmatrix} u \tag{11-78}$$

用来计算输出加速度的矩阵 $C_{o\ddot{q}}$ 和 $D_{o\ddot{q}}$ 分别为：

$$C_{o\ddot{q}} = T_{o\ddot{q}} \begin{bmatrix} -M^{-1}(K+H) & -M^{-1}(C+G) \end{bmatrix} \tag{11-79}$$

$$D_{o\ddot{q}} = \begin{bmatrix} M^{-1}T_{in} \end{bmatrix}$$

输入输出的直接联系（矩阵 $D_{o\ddot{q}}$）是考虑到牛顿定律下加速度与外力之间的联系。

11.3.2 自由响应

通常，求解齐次方程（11-73）后可以得到初始条件下的响应：

$$\dot{x}(t) = Ax(t) \tag{11-80}$$

$t = t_0$ 时，位移和速度可以写成：

$$x(t_0) = \begin{bmatrix} q_0 \\ \dot{q}_0 \end{bmatrix}$$

式（11-80）的解以指数形式表示：

$$x(t) = x_0 e^{\lambda t} \tag{11-81}$$

通常，矢量 x_0 和指数 λ 为复数，并且可以通过将式（11-81）代入式（11-80）来求得，即特征值问题：

$$\lambda x_0 = A x_0 \tag{11-82}$$

如果系统是无阻尼、无陀螺且无循环载荷（$C = G = H = 0$），则可以不通过状态空间而直接求解二阶齐次方程式（11-69）：

$$M\ddot{q} + Kq = 0 \tag{11-83}$$

方程的解仍然是指数形式：

$$q = \phi e^{st} \tag{11-84}$$

通常，位移 ϕ 和指数 s 为复数，并且可以通过将式（11-84）代入式（11-83）来求得：

$$(Ms^2 + K)\phi = 0 \tag{11-85}$$

这是一个特征值问题。如果矩阵 M 是正定的，可以得到该方程的另一种形式；这种情况下可以定义逆矩阵 M^{-1}。

式（11-85）两边同乘逆矩阵 M^{-1}，并令 $\lambda = -s^2$，有

$$(M^{-1}K - \lambda I)\phi = 0 \tag{11-86}$$

和式（11-82）一样，这又是一个特征值问题。因为这个特征值问题（式 11-85）的第一种形式不需要计算质量矩阵 M 的逆矩阵，所以通常只需进行数值计算。

$\phi = 0$ 时的解是不予考虑的，因为它仅仅表示系统在零初始条件下是静止的。只有当矩阵是奇异的，方程的解 ϕ 才是非零的，也就是：

$$\det(Ms^2 + K) = 0 \tag{11-87}$$

如果矩阵 M 是正定的，则特征值 $\lambda = -s^2$ 可以从刚度矩阵 K 求得。如果 K 也是正定的，那么所有的特征值 λ 都是正实数（$\lambda_i > 0$，$i = 1$，$\cdots$，n）。如果 K 是半正定矩阵，则一些特征值可能是零（$\lambda_i \geq 0$，$i = 1$，$\cdots$，n）。后面这种情况是典型的，比如一些自由度没有被约束。

如果所有的 n 个特征值都是正数，则 s 值对应几个复共轭对，每对都位于复平面的虚轴上，

$$s_i = \pm j\omega_i = \pm j\sqrt{\lambda_i} \quad i = 1, \cdots, n; \quad j = \sqrt{-1} \tag{11-88}$$

式中，ω_i 为无阻尼、无陀螺系统的固有频率。每个特征值 λ_i 对应的特征矢量 ϕ_i 即所谓振型。应当指出，固有频率和振型取决于结构及其质量和刚度的分布，并非施加在系统上的外力。事实上，它们已经从齐次方程中求得。

回到齐次方程（11-84），初始条件下的瞬态是所有可能解的线性组合：

$$q(t) = \sum_{i=1}^{n} \phi_i (a_i e^{j\omega_i t} + \bar{a}_i e^{-j\omega_i t}) \tag{11-89}$$

系数 a_i 和 $\bar{a}_i$ 可以从初始位置 $q(t_0)$ 和初始速度 $\dot{q}(t_0)$ 求得。当 a_i 和 $\bar{a}_i$ 是复共轭对时，位移 $q(t)$ 是实数，这主要是因为 $q(t)$ 代表了一系列物理位移，因此不存在复

数值。

式（11-89）表明了瞬态响应是 n 个不同频率下的振型 ϕ_i 的叠加。例如，如果 $t=0$ 时，速度为 0，对应的一阶振型为弯曲变形：

$$q(0) = \phi_1$$
$$\dot{q}(0) = 0 \tag{11-90}$$

结果为：

$$a_1 = \bar{a}_1 = 1 \tag{11-91}$$
$$a_i = \bar{a}_i = 0 \quad i = 2, \cdots, n \tag{11-92}$$

在随后的瞬态过程，结构以一阶固有频率 ω_1 和一阶振型（弯曲变形）振荡

$$q(t) = \phi_1 \cos(\omega_1 t) \tag{11-93}$$

这个例子同样可以应用于其他振型所对应的初始条件。

11.3.3 模态坐标变换

有一个非常重要的性质能将质量和刚度矩阵与特征值和特征向量联系起来，就是所谓的 M 和 K 的正交性，即

$$\phi_i^T M \phi_j \begin{cases} =0 \\ \neq 0 \end{cases}; \quad \phi_i^T K \phi_j \begin{cases} =0 \\ \neq 0 \end{cases}; \quad per \begin{cases} i \neq j \\ i = j \end{cases} \tag{11-94}$$

写成矩阵形式

$$\phi^T M \phi = m; \phi^T K \phi = k \tag{11-95}$$

所谓的"模态矩阵" m 和 k 是对角矩阵。这个性质使得无阻尼、无陀螺系统利用振型求解的运动方程解耦成为利用位移矢量 $q(t)$ 的方法。不是使用标准基，位移矢量 $q(t)$ 是用 n 个振型 ϕ_i 的线性组合来表示的。每个组合项中的系数 $\xi_i(t)$ 是模态基下的坐标，通常指的是模态坐标或模态自由度：

$$\begin{aligned} q(t) &= \phi_1 \xi_1(t) + \cdots + \phi_n \xi_n(t) \\ &= [\phi_1, \phi_2, \cdots, \phi_n][\xi_1(t), \xi_2(t), \cdots, \xi_n(t)]^T \\ &= \phi \xi(t) \end{aligned} \tag{11-96}$$

模态坐标代表了每个振型对给定的结构变形的贡献。

可以将模态变换式（11-96）代入到无阻尼动态方程中，

$$M\phi\ddot{\xi}(t) + K\phi\xi(t) = T_{in} F(t) \tag{11-97}$$

将左边所有项乘以 ϕ^T，质量和刚度矩阵被转换成了式（11-95）中的模态质量和刚度：

$$M\ddot{\xi}(t) + k\xi(t) = t_{in} F(t) \tag{11-98}$$

其中，模态坐标中的输入选择矩阵 t_{in} 为：

$$t_{in} = \phi^T T_{in}$$

当 m 和 k 是对角矩阵时，模态坐标（式 11-98）下的动态方程是耦合的。模态

坐标将无阻尼、无陀螺结构的动态行为表示成一组互不影响的 n 个弹簧-质量系统：

$$m_1 \ddot{\xi}_1 + k_1 \xi_1 = t_{\text{in }11} F_1 + \cdots + t_{\text{in }1m} F_m$$
$$m_n \ddot{\xi}_n + k_n \xi_n = t_{\text{in }n1} F_1 + \cdots + t_{\text{in }nm} F_m \quad (11\text{-}99)$$

因为坐标变换不会改变矩阵的特征值，模态坐标下的系统的固有频率和物理坐标系下相同。换言之，固有频率是结构的固有属性，与描述其运动的坐标系统无关：

$$\omega_{0i} = \sqrt{\frac{k_i}{m_i}} \quad (11\text{-}100)$$

特征值问题使得 n 维空间中每一特征向量的方向是确定的，但其长度是不确定的。这是因为除比例因子外，矩阵的特征向量可以通过求解行列式为零的系统线性方程来获得。出于这种考虑，可以将每一特征向量归一化，这样，所有的模态质量都有了单位值。式（11-98）就变成了：

$$\ddot{\xi} + \omega_0^2 \xi = t_{\text{in}} F \quad (11\text{-}101)$$

由于固有频率始终是不变的，不管归一化模态刚度矩阵在对角线上都是固有频率的平方

$$\boldsymbol{\omega}_0^2 = \begin{bmatrix} \omega_{01}^2 & \cdots & 0 \\ \vdots & \ddots & \vdots \\ 0 & \cdots & \omega_{0n}^2 \end{bmatrix} \quad (11\text{-}102)$$

回到模态坐标下的无阻尼系统方程，矩阵 t_{in} 表示了每一外力能够激起变化模态的程度。相应地，矩阵中的每一单元表示了模态参与因子。一个零模态参与因子 $t_{ij} = 0$ 表示外力 F_j 不能够激起第 i 阶模态的振动，尤其是当外力作用在了振型的节点上，即当结构以该振型振动时不产生移动的点。在这种情况下，因为力作用在了静止的点上，所以不能将能量传递到结构中。

基于无阻尼、无陀螺系统中的特征向量的模态转换方法（式 11-96）是在 n 维空间中表示矢量 $q(t)$ 的众多方法中的一种。虽然这个基准是由无阻尼、无陀螺系统的自由响应所定义的，但它同样适用于阻尼力和陀螺力：

$$\boldsymbol{m} \ddot{\boldsymbol{\xi}}(t) + (\boldsymbol{c} + \boldsymbol{g}) \dot{\boldsymbol{\xi}}(t) + (\boldsymbol{k} + \boldsymbol{h}) \boldsymbol{\xi}(t) = \boldsymbol{t}_{\text{in}} \boldsymbol{F}(t) \quad (11\text{-}103)$$

模态质量 m 和刚度矩阵和 k 与式（11-95）一样，为对角矩阵。相反，矩阵 c、g 和 h 不是对角矩阵。事实上，为了构建适用于模态转换的振型，M 和 K 是正交的，同时，C、G 和 H 是非正交的。其结果就是系统在模态坐标下方程（11-96）是由陀螺矩阵、阻尼矩阵和循环矩阵三者耦合的。

很多情况下，陀螺和循环的影响可以近似为忽略不计。此外，机械结构中含有相对较低的阻尼。这样，阻尼的影响在模态方程中就应该用对角黏滞阻尼矩阵加以考虑。通过这样做，模态阻尼矩阵中的非对角元素就可以含蓄地忽略掉。其背后的

基本原理是，因为阻尼很小，它只在共振频率周围起作用，质量和阻尼力相互补偿，并且外力仅仅被阻尼抵消。对角阻尼也允许在共振条件下保持解耦状态，其中非对角项可能引入一些从一个模态到其他模态的能量传递。

同样对于单自由度系统，第 i 解模态的黏滞阻尼系数可以表示成阻尼因数的函数 $\zeta_i = c_i/c_{i\text{ cr}} = c_i/(2m_i\omega_{0i})$。如果将振型归一化以获得单位质量矩阵，则有

$$\ddot{\xi} + 2\zeta\omega_0\dot{\xi} + \omega_0^2\xi = t_{\text{in}}F \qquad (11\text{-}104)$$

其中，模态阻尼因数矩阵是对角矩阵，

$$\zeta = \begin{bmatrix} \zeta_1 & \cdots & 0 \\ \vdots & \ddots & \vdots \\ 0 & \cdots & \zeta_n \end{bmatrix} \qquad (11\text{-}105)$$

用于结构分析的有限单元的节点开始于几何、材料特性、约束和载荷。在数据输入之后一个重要的里程碑是动力学方程中传统单元的计算，即质量矩阵（总是有）、刚度矩阵（总是有）、陀螺矩阵（很少有）和循环矩阵（很少有）。换句话说，耗散现象受多种因素影响，且这些因素不直接与几何形状、材料特性以及约束相关。部件之间的接触面、微小滑移条件、环境因素（如温度）以及时间都在耗散行为的界定中起着十分重要的作用。

其结果就是通过有限元模型获得的结构阻尼的可靠性非常低。一种常用的做法是在模态转换之后将模态阻尼考虑进去。模态阻尼系数可以从整体结构或局部结构的实验测量中获得。如果结构仍处在设计阶段，则可以参考类似结构的历史数据。

11.3.4 汽车车身振型

因为车身是连续结构，它具有无穷多的振型。车身结构的复杂性使得共振非常密集地分布在频域上，例如一个白车身，在 200Hz 以下就可能有 150~250 个模态。如果是一个完全装配后的车身，在同一个频域下还会有更多的振型，因为装配内饰件、车门、玻璃、发动机、变速器以及其他机械部件后，增加的质量降低了整车的固有频率。

按参与运动的结构数量，车身模态可分为整体模态和局部模态。局部模态只包括一部分结构，且集中了大部分弹性势能。整体模态的变形涉及整体结构，并且经常发生在 50Hz 以下，相应的弹性能也会更均匀地分布。按变形形状，车身模态可分为扭转模态、xz 平面上的弯曲模态和 xy 平面上的弯曲模态（呈波浪状）。另外，车身模态还可以按车身前部或后部是否参与了运动来分类。

图 11-43 和图 11-44 所示为白车身（不加内饰件、动力总成、悬架和车门）在低频下的两种不同的整体模态。内饰件、地板、车门覆盖件以及所有装饰件的安装使得车身的质量大幅增加，并不改变车身刚度，整体固有频率会有所下降，但振型不会发生明显改变。

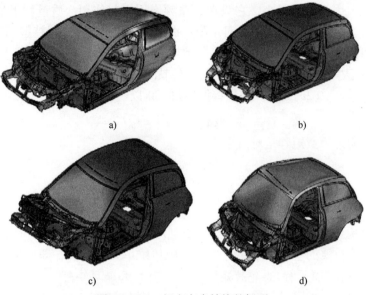

图 11-43　三门白车身结构的振型

a）整体扭转　b）侧向弯曲（波浪状）　c）前端弯曲　d）前端扭转

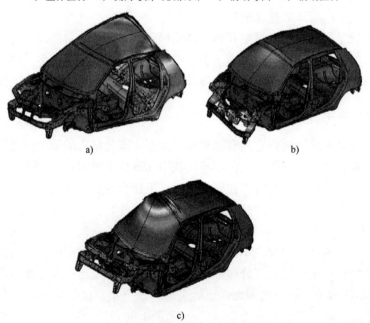

图 11-44　五门白车身结构的振型

a）整体扭转　b）侧向弯曲（波浪状）　c）前端弯曲

研究整体模态十分重要。首先，它与共振现象有关，而共振可以明显放大来自不同激励源（如发动机、车轮）的动态激励及其影响。较大的振幅对乘坐舒适性有着不利的一面。

第二个方面，它涉及底盘整体模态与大型子系统（如悬架和连接在车架上的副车架）之间的潜在耦合。弹性悬置的应用就是为了耗散相关振动所产生的能量。

另一个与振型有关的重要方面是影响乘客听觉的"吱吱嘎嘎"声。典型的"吱吱嘎嘎"声发生在车辆驶过不规则路面的时候，并且源于连接件之间的相对位移。如果结构在某一整体模态处受到激励时，这种运动以及相应的噪声会被明显地放大。一个典型的例子就是挡泥板与其车身连接点之间的相对位移。即使相对位移的频率低于听觉频率（20～20kHz），表面间的碰撞或摩擦所产生的噪声也会有一个相对较高的频率（"吱吱"声）。

局部模态包含了部分结构，例如，在低频范围下的大型板件，如地板、车顶和前风窗玻璃。低阶局部模态主要体现在带有少数半波的变形。高频局部模态包含更小的部件或更多的波形。

在设计阶段，抑制车身振型所做的努力往往是值得的。整体模态的抑制是十分困难的，因为它的应变能密度较为分散，并且有时需要在模态幅值点上施加相对较大的力来将其抑制。为了这个目的，一种有效的方法便是使用动态阻尼。局部模态的抑制相对简单，因为它们的能量较为集中。相应地，对于局部模态（包括那些连接在车辆内部的板壳件），大部分的努力都是值得的。通常的做法是增加阻尼元件，即在板件上粘上一层黏弹性的材料，与其共同参与振动。虽然这样做很有效，但是增加的质量是不能忽略的。其他的方法是将一层黏弹性材料夹在结构和一相对较硬的束缚层（通常是一小片金属板）之间。这些措施较为昂贵但十分有效，但增加了阻尼和质量。

11.3.5 激励响应

激励响应可以通过二阶动力学方程时域积分或方程（11-73）的状态空间形式获得。假设系统可以由线性方程来模拟，那么输入输出特性可以由传递函数来表示。状态方程应用拉普拉斯变换后得到：

$$s\boldsymbol{x}(s) = \boldsymbol{A}\boldsymbol{x}(s) + \boldsymbol{B}\boldsymbol{u}(s) \tag{11-106}$$

其中，s 是拉普拉斯变量。整理状态矢量 $\boldsymbol{x}(s)$ 的拉普拉斯变换

$$\boldsymbol{x}(s) = (s\boldsymbol{I} - \boldsymbol{A})^{-1}\boldsymbol{B}\boldsymbol{u}(s) \tag{11-107}$$

联立输出方程（式11-74），可以得到输出函数 $y(s)$

$$\boldsymbol{y}(s) = \boldsymbol{H}(s)\boldsymbol{u}(s) \tag{11-108}$$

其中，传递函数矩阵 $\boldsymbol{H}(s)$ 为

$$\boldsymbol{H}(s) = \boldsymbol{C}(s\boldsymbol{I} - \boldsymbol{A})^{-1}\boldsymbol{B} + \boldsymbol{D} \tag{11-109}$$

从动态系统分析可知，线性状态矢量空间形式中的传递函数的极点是矩阵 $\boldsymbol{A}$ 的特征值。可以看出，一个泛矩阵将其行列式作为其逆矩阵解析表达式中的公分母。传递函数矩阵 $\boldsymbol{H}(s)$ 的所有项有相同的分母，并且等于 $\det(s\boldsymbol{I} - \boldsymbol{A})$。因为极点是 s 的值，且 s 使分母减小到零，它们对应于矩阵 $\boldsymbol{A}$ 的特征值。考虑式（11-82），

它们和无阻尼系统的固有频率相同。

如果系统的动力学方程是用模态坐标表示的，则动力学方程的拉普拉斯变换为：

$$(\boldsymbol{I}s^2 + 2\zeta\boldsymbol{\omega}_0 s + \boldsymbol{\omega}_0^2)\boldsymbol{\xi}(s) = \boldsymbol{t}_{\text{in}}F(s) \quad (11\text{-}110)$$

利用模态解耦，输入激励与输出的第 i 阶模态位移之间的传递函数为

$$\xi_i(s) = \frac{1}{s^2 + 2\zeta_i\omega_{0i}s + \omega_{0i}^2}[t_{\text{in }i1}F_1(s) + \cdots + t_{\text{in }im}F_m(s)] \quad (11\text{-}111)$$

为简单起见，假设结构只受一个外力 F：

$$\xi_i(s) = \frac{t_{\text{in }i}F(s)}{s^2 + 2\zeta_i\omega_{0i}s + \omega_{0i}^2} \quad (11\text{-}112)$$

之前的表达式表明第 i 阶模态自由度的响应与单自由度无阻尼机械系统（固有频率为 ω_{0i}，阻尼系数为 ζ_i）的响应相同。如果系统输出是一个位移量，那么由式 (11-96) 可得：

$$y(s) = \boldsymbol{T}_{\text{out}}q(s) = \boldsymbol{T}_{\text{out}}\boldsymbol{\phi}\boldsymbol{\xi}(s) = \boldsymbol{t}_{\text{out}}\boldsymbol{\xi}(s) \quad (11\text{-}113)$$

其中，模态形式的输出矩阵 $\boldsymbol{t}_{\text{out}}$ 为：

$$\boldsymbol{t}_{\text{out}} = \boldsymbol{T}_{\text{out}}\boldsymbol{\phi} \quad (11\text{-}114)$$

将式 (11-112) 代入式 (11-113)，可以得到模态形式的输入-输出传递函数：

$$y(s) = H(s)F(s) \quad (11\text{-}115)$$

由于模态解耦，传递函数 $H(s)$ 是每个模态振型作用的叠加。用系统动力学的观点看，它们中的每一项都被称为残差：

$$H(s) = \sum_{i=1}^{n} \frac{\alpha_i}{s^2 + 2\zeta_i\omega_{0i}s + \omega_{0i}^2} \quad (11\text{-}116)$$

$$\alpha_i = t_{\text{out }i}t_{\text{in }i}$$

式中，系数 α_i 为模态残差，代表了每一振型对输出的作用。

例如，如果 $\alpha_i = 0$，则第 i 阶模态不会对输出 y 产生作用。这并不意味着振型在结构中不存在，但它既不能被力 $F(t_{\text{in }i}=0)$ 所激励，也不能被监测出来（$t_{\text{out }i}=0$）。

图 11-45a 中的简单固支梁在同一点沿相同方向受到传感器（并置传感器和激励器）的激励和监测。在传感器的位置上，力可以激起一阶模态振型，传感器可以测量出相应的位移。相对地，传感器既不能激起也不能监测到二阶模态。在这种情况下，$\alpha_1 \neq 0$ 且 $\alpha_2 = 0$，$\alpha_3 \neq 0 \cdots\cdots$。

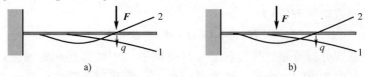

图 11-45　传感器和激励器安装位置的影响。这两种情况中的传感器都不能测量二阶振型的响应
a) 并置的传感器和激励器　b) 没有并置的传感器和激励器

图 11-45b 中的力 F 在另一端可以激起一阶和二阶模态，因此 $t_{in\,1} \neq 0$，$t_{in\,2} \neq 0$；然而传感器仍不能监测到二阶模态。

在设计车身的过程中可以利用这一特性来使一些振型的影响最小化。如果某一激励源（如发动机）的接触点布置在了某一振型的节点处，这个振型的激励将会是最小的（即极限情况下激励将会是零）。这同样可以运用在相关的输出点上，如转向盘的支撑点、仪表盘和防火墙的连接点，以及座椅的连接点等。虽然这种方法在目标振型主导的相对较窄的频域内是有效的，但同样的原则不能用于大范围的振型。

11.3.6 随机激励响应

如果一个线性系统受到随机激励，那么它的响应同样是一个随机信号，但有不同的频率特征。如果 $G_F(\omega)$ 是激励的能量谱密度，那么输出的能量谱密度 $G_u(\omega)$ 就是：

$$G_y(\omega) = |H(j\omega)|^2 G_u(\omega) \tag{11-117}$$

其中 $|H(j\omega)|^2$ 是频率响应函数绝对值的平方，也就是传递函数 $H(s)$ 中的 s 替换为一个纯拉普拉斯虚数变量 $s = j\omega$。

对能量谱密度在整个频域范围积分，可以得到输出的均方值：

$$E[y^2] = \int_0^\infty G_y(\omega) d\omega \tag{11-118}$$

小阻尼机械结构的传递函数的特点是在共振频率处存在相应的尖峰。来自路面的宽频带激励（图 11-17）会产生一个以在共振频率处有窄峰为特征的响应。阻尼越小，峰形越尖，模态因子 α_i（式 11-116）越高，共振峰在响应上就越明显。结果就是响应主要取决于数量相对较少的几个频率，并且幅值随时间随机改变。

11.3.7 黏性阻尼和结构阻尼

前面的方程已经将耗散建模为黏性阻尼，其产生与变形速度成比例的力。由图 11-46 可知，与黏滞阻尼器并联的弹簧产生的力为：

$$F(t) = kq(t) + c\dot{q}(t) \tag{11-119}$$

如果位移是角频率为 ω 的谐波曲线，那么它可以表达成一个复指数的实数部分，

$$q(t) = q_0 e^{j\omega t} \tag{11-120}$$

代入式（11-119），由弹簧-阻尼系统产生的恢复力为：

$$F(t) = (k + j\omega c) q_0 e^{j\omega t} = (k + j\omega c) q(t) \tag{11-121}$$

在时域中，力是一个实量，因此只需考虑前面方程中的实数部分。这个力在力-位移图中表示为一个封闭的椭圆形区域，且随角频率 ω 的增大而增大（图 11-46a）。在 $\omega = 0$ 的极限情况下，阻尼力可以忽略不计，椭圆变成了一条线，并且斜率等于弹簧刚度 k。式（11-121）的第二部分 $[F(t) = (k + j\omega c) q(t)]$ 通过一

个复数将力与位移联系起来，

$$k^* = k + j\omega t \tag{11-122}$$

值得注意的是，式（11-122）中的复刚度是一个严格遵循位移是时间的谐波函数的假设的数学工具。因此它不适用于位移不是谐波函数的情况。

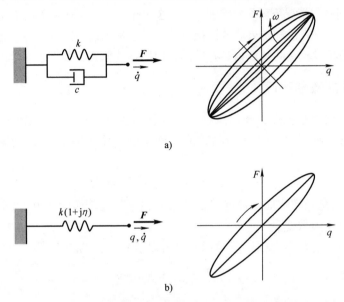

图 11-46 黏滞阻尼和磁滞阻尼对弹簧特性的影响

a）黏滞阻尼，滞后的幅值与激励频率成比例　b）滞后阻尼可以看做是复刚度，磁滞回线的幅值是恒定的

如果用于机械结构的材料以恒定的振幅和频率进行循环加载和卸载测试，那么力-位移曲线将会变成磁滞回线。如果材料用应力-应变曲线来描述，那么被磁滞回线所包围的区域就是在每个循环中单位体积的能量耗散。滞后的幅值很大程度上取决于材料的类型（参考文献［25］［28］）。

金属材料通常适用于机械结构（比如车身），并且能量损失非常小。相反，黏弹性材料有着非常宽阔的磁滞回线。每个循环的大量能量耗散证明它们应该用于抑制结构的振动。

实验数据表明，大多数金属材料的磁滞回线是相对独立于其频率的（图11-46b），这意味着单位体积的能量耗散仅仅与循环数量成比例，而与循环速度无关。耗散功率是和频率成比例的。

从式（11-121）中可以得到很少用或是不用频率来描述磁滞材料的简单方法。将频率从复刚度的虚数部分中移除：

$$F(t) = (k_1 + jk_2)q_0 e^{j\omega t} = (k_1 + jk_2)q(t) \tag{11-123}$$

复刚度变为：

$$k^* = k_1 + jk_2 \tag{11-124}$$

也可将其表达成：
$$k^* = k(1+\mathrm{j}\eta); \quad k = k_1 \tag{11-125}$$
其中，$\eta = k_2/k_1$ 称为损耗因子。

通过引入复弹性模量，之前对复刚度的描述同样适用于应力-应变特性：
$$E^* = E(1+\mathrm{j}\eta) \tag{11-126}$$
$$G^* = G(1+\mathrm{j}\eta) \tag{11-127}$$

如果有一角频率为 ω 的简谐运动，式（11-122）和式（11-125）表明，已知刚度 k 的实部，则结构阻尼的等效黏滞阻尼为
$$c_{\mathrm{eq}} = \frac{\eta k}{\omega} \tag{11-128}$$

式（11-128）中的黏滞阻尼仅仅在某一特定的角频率 ω 时与结构阻尼等效。不同的等效阻尼一定应用在不同的频率。因此，某一特定频率下计算出的等效阻尼不可能再用于宽频带的激励了。

在任何情况下，只有当位移是恒定幅值的简谐变化时，用复刚度来模拟结构的耗散现象才是正确的。如果运动不是简谐的，就不能用复刚度（或是结构阻尼）的方法。可以证明，采用结构阻尼的方法来计算频率响应函数是相对普遍的，因为这种情况下的目标决定了激励在每个频段下的响应。假设对于激励的每个单一频率，系统达到了稳态条件。

结构阻尼的方法同样适用于多自由度的系统。这种情况下的运动方程将会包含一个复刚度矩阵
$$\boldsymbol{M}\ddot{\boldsymbol{q}}(t) + (\boldsymbol{K}_1 + \mathrm{j}\boldsymbol{K}_2)\boldsymbol{q}(t) = \boldsymbol{T}_{\mathrm{in}}\boldsymbol{F}(t) \tag{11-129}$$

同样，在这种情况下，上述的动力学方程只有当系统做简谐运动时才是有意义的，即力表示为 $F(t) = F_0 \mathrm{e}^{\mathrm{j}\omega t}$。无阻尼系统 $\boldsymbol{M}\ddot{\boldsymbol{q}}(t) + \boldsymbol{K}_1\boldsymbol{q}(t) = \boldsymbol{0}$ 的振型，可以使质量和刚度矩阵的实部解耦。通常，模态转换不能将虚部解耦，除非它和实部成比例，即 $\boldsymbol{K}_2 = \eta \boldsymbol{K}_1$。
$$\boldsymbol{M}\ddot{\boldsymbol{q}}(t) + \boldsymbol{K}_1(1+\mathrm{j}\eta)\boldsymbol{q}(t) = \boldsymbol{T}_{\mathrm{in}}\boldsymbol{F}(t) \tag{11-130}$$

模态转换用结构阻尼将系统中的运动方程解耦，并将其转换成了一组（n 个）有着相同损耗因子 η 的弹簧-质量系统
$$m\ddot{\xi} + k(1+\mathrm{j}\eta)\xi = t_{\mathrm{in}}F \tag{11-131}$$

简谐运动的假设使得结构阻尼模型适用于频率响应的计算。这种方法却更适用于时域上的计算。这种情况下，简谐运动的假设就可能是无效的。另外，复刚度产生的复力是没有物理意义的。这种情况下通常会用等效黏滞阻尼模型将结构阻尼替代。如果结构是小阻尼的，阻尼的影响仅仅与共振频率相关。这就是为什么一种好的方法是在相应的固有频率处计算每个等效模态阻尼：
$$c_{\mathrm{eq}\,i} = \frac{\eta k_i}{\omega_{0\,i}} = \frac{\eta k_i}{\sqrt{k_i/m_i}} = \eta\sqrt{k_i m_i} \tag{11-132}$$

因此，等效模态阻尼因子为

$$\zeta_{\text{eq }i} = \frac{c_{\text{eq }i}}{c_{\text{crit }i}} = \frac{\eta}{2} \frac{\sqrt{k_i m_i}}{\sqrt{k_i m_i}} = \frac{\eta}{2} \quad (11\text{-}133)$$

用这种方法计算出的黏滞阻尼与结构阻尼仅仅在共振频率处是等效的。如果阻尼（结构的或者黏滞的）很小，则误差是可以忽略不计的，所以它仅在共振出起作用。

11.3.8 模型缩减

真实结构的复杂性要求采用大量的有限单元来将其离散化（网格化）。通常，网格单元数量越多，有限元模型就越接近于 CAD 图的几何模型。对几何复杂程度整体考虑是正确的，尤其是对由大量部件以各种形式组合成的车身结构。

有限单元的庞大数量取决于几何复杂程度，并导致有限元模型有了大量的自由度。现如今强大的计算能力的实现意味着有成千上万的自由度的有限单元问题的数值分析变得十分规范。

在动态分析中，大量的自由度导致了模型的固有频率涵盖了一个很宽的频谱。以车身为例，固有频率从整体模态的几十赫兹到局部模态的几千赫兹，这些局部模态由小的几何单元组成，并且为结构中相对较小、较硬的部分。

动态分析不管模型自由度的数量，常常集中在振型或是力的响应上，并且在相对较低的频率上。

同样，汽车子系统的有限元模型，如车身或副车架，可以在多体动力学软件中合并成一个子系统以模拟车辆的响应。这种情况下，对于每个子系统来说，当静态特征、惯性特征以及最重要的内部动力出现在了与其他子系统的接触面上时，就需要将这些特征保留。比如，扭力梁轴与车轮、车架、弹簧以及减振器相连接。为了将其连接在车辆模型中，轴的有限元模型必须能够描述与车辆动力学相关的频率范围内相邻子系统之间的相互作用。

之后，在不改变模型重要频率范围内的精确性的前提下，减小自由度的数量非常重要。

按自由度的种类，缩减方法可以分成两类：物理位移和模态位移。Guyan 缩减法是基于点位移（物理坐标）的缩减，而 Craig – Bampton 缩减法是基于模态坐标。

1. Guyan 缩减法

无阻尼系统中以点坐标形式表达的运动方程和输出方程为：

$$M\ddot{q} + Kq = T_{\text{in}}F$$
$$y = T_{\text{oq}}q \quad (11\text{-}134)$$

为简化上述方程，输出仅与位移有关，而与节点速度或加速度无关。节点的自由度可以分成两排：

$$q = (q_m \ q_s)^T \tag{11-135}$$

式中，q_m 包括所谓的主自由度，并且应存在于缩减后的模型中；而 q_s 包括了所有其他的节点位移（称为从自由度），并且应被消除掉。主自由度的选择在很大程度上是由人工来完成的，并且需要人的经验以及某种程度上的关于结构性能的经验知识。选择主自由度的原则有：

- 最大质量和最大刚度。
- 外力和力矩的作用点。
- 与其他子结构的接触点。
- 描述变形几何形状所需的自由度。

如果结构在自然界中是集中的，也就是说，如果结构是由若干刚性体通过柔性单元连接起来的，这个原则应用起来会比较简单。然而在离散的结构中就不是那么简单了，比如车身。

主、从自由度的划分可以扩展到所有模态矩阵（质量、刚度、输入输出矩阵）。根据前面的讨论，如果次自由度上没有外力作用，也没有输出，则动力学和输出方程变为：

$$\begin{bmatrix} M_{mm} & M_{ms} \\ M_{sm} & M_{ss} \end{bmatrix} \begin{pmatrix} \ddot{q}_m \\ \ddot{q}_s \end{pmatrix} + \begin{bmatrix} K_{mm} & K_{ms} \\ K_{sm} & K_{ss} \end{bmatrix} \begin{pmatrix} q_m \\ q_s \end{pmatrix} = \begin{bmatrix} T_{in\,m} \\ 0 \end{bmatrix} F \tag{11-136}$$

$$y = \begin{bmatrix} T_{oq\,m} & 0 \end{bmatrix} \begin{pmatrix} q_m \\ q_s \end{pmatrix} \tag{11-137}$$

在 Guyan 缩减中，假设从自由度可以通过一个静态连接从主自由度中获得，忽略惯性力，从第二个方程组（11-136）可以求得这个静态连接：

$$\begin{bmatrix} M_{mm} & M_{ms} \\ 0 & 0 \end{bmatrix} \begin{pmatrix} \ddot{q}_m \\ \ddot{q}_s \end{pmatrix} + \begin{bmatrix} K_{mm} & K_{ms} \\ K_{sm} & K_{ss} \end{bmatrix} \begin{pmatrix} q_m \\ q_s \end{pmatrix} = \begin{bmatrix} T_{in\,m} \\ 0 \end{bmatrix} F \tag{11-138}$$

方程组中对应于从自由度组的动态项的缺失使从自由度 q_s 可以定义为主自由度集的函数：

$$q_s = -K_{ss}^{-1} K_{sm} q_m = \phi_c q_m \tag{11-139}$$

矩阵 $\phi_c = -K_{ss}^{-1} K_{sm}$ 的列为对应于每个主自由度单位位移的从节点的位移（下标 c 表示约束）。

当惯性力为零的时候，式（11-139）中主、从自由度之间的连接是不能仅在静态条件下估计的。

从另一个角度看，式（11-139）代表了一类 q_s 和 q_m 之间的运动学连接。推广将该表达式的有效性扩展到动态情况，与考虑同样在动态条件下，从位移可以从有着相同静态变形形状的主位移获得相同。Guyan 缩减是基于通过主自由度对结构所有自由度进行近似：

$$q = \begin{pmatrix} q_m \\ q_s \end{pmatrix} \approx \begin{pmatrix} I \\ \phi_c \end{pmatrix} q_m = \phi_G q_m \qquad (11\text{-}140)$$

通过拉格朗日方法可以得到缩减模型的质量和刚度矩阵。式（11-140）也可以推广到速度上，即

$$\dot{q} \approx \phi_G \dot{q}_m \qquad (11\text{-}141)$$

结构的动能和弹性势能则可以近似为主自由度的函数

$$T = \frac{1}{2} \dot{q}^T M \dot{q} \approx \frac{1}{2} \dot{q}_m^T \phi_G^T M \phi_G \dot{q}_m \qquad (11\text{-}142)$$

$$U = \frac{1}{2} q^T K q \approx \frac{1}{2} q_m^T \phi_G^T K \phi_G q_m \qquad (11\text{-}143)$$

缩减模型中的质量矩阵 M_m 和刚度矩阵 K_m 则为

$$M_m = \phi_G^T M \phi_G \qquad (11\text{-}144)$$

$$K_m = \phi_G^T K \phi_G \qquad (11\text{-}145)$$

通过考虑广义力 $T_{in}F$ 所做的虚功，可以得到作用在缩减模型上的广义力矢量，对于虚位移 δq，可以通过代入式（11-140）来估算：

$$\delta L = F^T T_{in}^T \delta q \approx F^T T_{in}^T \phi_G \delta q_m = F^T T_{in\ m}^T \delta q_m \qquad (11\text{-}146)$$

缩减模型的输入矩阵 $T_{in\ m}$ 为：

$$T_{in\ m} = \phi_G^T T_{in} \qquad (11\text{-}147)$$

同样，对于输出方程：

$$y = T_{oq} q \approx T_{oq} \phi_G q_m = T_{oq\ m} q_m \qquad (11\text{-}148)$$

缩减模型的输出矩阵 $T_{oq\ m}$ 为：

$$T_{oq\ m} = T_{oq} \phi_G \qquad (11\text{-}149)$$

最终，可以从 Guyan 缩减中得到模型的动力学方程：

$$M_m \ddot{q}_m + K_m q_m = T_{in\ m} F$$
$$y = T_{oq\ m} q_m \qquad (11\text{-}150)$$

Giuam 缩减在理论上能够对完整系统的动态性能有很好的近似。然而，近似的精度与主自由度的选择及其数量有关。

这种选择不易实现自动化，它需要一定的经验或者至少是试验。带有集中质量和刚度的模型，主自由度的选择就相对直接。然而，缩减一个已经很小的模型可能会十分困难。当模型有着成千上万个自由度的时候，虽然更加复杂，其缩减会变得更加必要。

2. 模态缩减

模态缩减技术的目的也是减少自由度的数量。不同的是，模态缩减针对的是用模态坐标（而不是节点坐标）表示的动力学方程。考虑式（11-101），并假设输出量仅与位移有关，则模态坐标形式下的无阻尼系统的动力学方程为

$$\ddot{\xi} + \omega_0^2 \xi = t_{in} F$$
$$y = t_{oq} \xi \tag{11-151}$$

和 Guyan 缩减类似,模态坐标也可以分成主集(ξ_m)和从集(ξ_s),并将后者从缩减模型中移除:

$$\xi = (\xi_m \; \xi_s)^T \tag{11-152}$$

关于主集和从集中元素的选择可以通过考虑分析中主要用到的频域。这些频域可以通过激励所处的频率范围或有必要分析的响应类型来进行估计。比如,如果激励处在 10~200Hz,缩减模型应该包括在这个频域内的振型。可以预测,有着更高固有频率(400Hz)的振型的响应将会是不变的。和 Guyan 缩减类似,高频振型的惯性作用可以忽略。事实上,它们的固有频率要比激励频率大:

$$\begin{bmatrix} I & 0 \\ 0 & 0 \end{bmatrix} \begin{pmatrix} \ddot{\xi}_m \\ \ddot{\xi}_s \end{pmatrix} + \begin{bmatrix} \omega_{0m}^2 & 0 \\ 0 & \omega_{0s}^2 \end{bmatrix} \begin{pmatrix} \xi_m \\ \xi_s \end{pmatrix} = \begin{bmatrix} t_{in\,m} \\ t_{in\,s} \end{bmatrix} F \tag{11-153}$$

从振型的响应可以近似为

$$\xi_s \approx (\omega_{0s}^2)^{-1} t_{in\,s} F \tag{11-154}$$

计算从振型稳态响应的另一种方法是考虑物理坐标下的位移是主集和从集的作用:

$$q = \phi_m \xi_m + \phi_s \xi_s = q_m + q_s$$

从自由度的位移可以由全位移 q 和主位移 q_m 求得

$$q_s = q - q_m = q - \phi_m \xi_m$$

在稳态条件下,全位移可以由外载和刚度矩阵求得

$$q = K^{-1} T_{in} F$$

类似地,主振型的稳态位移可以通过略去惯性力而求得,

$$\xi_m = (\omega_{0s}^2)^{-1} t_{in\,m} F = (\omega_{0s}^2)^{-1} \phi_m^T T_{in} F$$

使得从振型的稳态位移可以由全稳态位移和主振型的稳态位移求得,

$$q_s = K^{-1} T_{in} F - \phi_m (\omega_{0s}^2)^{-1} \phi_m^T T_{in} F \tag{11-155}$$

$$= [K^{-1} - \phi_m (\omega_{0s}^2)^{-1} \phi_m^T] T_{in} F = K_s^{-1} T_{in} F \tag{11-156}$$

刚度矩阵 K_s 将外力和由振型(q_s)引起的稳态位移相关联。

模态坐标之间的解耦使得主自由度响应的计算不用再考虑从振型的响应。缩减模型的动力学方程与控制主振型的动力学方程相同:

$$\ddot{\xi}_m + \omega_{0m}^2 \xi_m = t_{in\,m} F \tag{11-157}$$

阻尼的影响可以以黏滞模态阻尼的形式加入:

$$\ddot{\xi}_m + 2\zeta_m \omega_{0m} \dot{\xi}_m + \omega_{0m}^2 \xi_m = t_{in\,m} F \tag{11-158}$$

类似地,当加上惯性项时,阻尼对从振型的影响是可以忽略的。式(11-154)同样适用于有阻尼系统。式(11-151)的输出矩阵 t_{oq} 通常是完整的。那么输出变量 y 包括了主振型和从振型的作用

$$y = t_{\text{oqm}}\xi_{\text{m}} + t_{\text{oqs}}\xi_{\text{s}} \approx t_{\text{oqm}}\xi_{\text{m}} + t_{\text{oqs}}\xi \tag{11-159}$$

用式（11-154）可以将从振型响应近似成稳态形式。其结果为

$$y \approx t_{\text{oqm}}\xi_{\text{m}} + t_{\text{oqs}}(\omega_{0\text{s}}^2)^{-1}t_{\text{in s}}F \tag{11-160}$$

缩减模型的输出式包括了输入力和输出变量的直接耦合。该式是从振型稳态响应的结果。另一种寻求输出的方法是引入式（11-155）中从振型的稳态位移

$$y = t_{\text{oqm}}\xi_{\text{m}} + t_{\text{oqs}}\xi_{\text{s}} = t_{\text{oqm}}\xi_{\text{m}} + T_{\text{o}}q_{\text{s}} = t_{\text{oqm}}\xi_{\text{m}} + T_{\text{o}}K_{\text{s}}^{-1}T_{\text{in}}F$$

最后一个表达式的优点是只需计算主振型和固有频率。式（11-160）的另一种表达形式要求计算所有的固有频率和振型。如果矩阵的维度很大的话，计算将会消耗大量的时间。

通常，模态缩减后的模型可以用来计算系统在时域或频域内的响应。为了深入了解缩减模型的系统参数，需要通过拉普拉斯变换来计算系统响应。第 i 个主模态坐标间的传递函数可以由式（11-158）得到

$$\frac{\xi_{\text{m }i}(s)}{F(s)} = \frac{t_{\text{in m }i}}{s^2 + 2\zeta_{\text{m }i}\omega_{0\text{m }i}s + \omega_{0\text{m }i}^2} \quad (i = 1, \cdots, n_{\text{master}}) \tag{11-161}$$

代入输出方程（11-160）中，可以得到输入力 F 和输出 y 之间的传递函数为

$$\frac{y}{F} \approx \sum_{i=1}^{n_{\text{master}}} \frac{t_{\text{oq m }i}t_{\text{in m }i}}{s^2 + 2\zeta_{\text{m }i}\omega_{0\text{m }i}s + \omega_{0\text{m }i}^2} + t_{\text{oqs}}(\omega_{0\text{s}}^2)^{-1}t_{\text{in s}} \tag{11-162}$$

在这种情况下，输入-输出的直接耦合由稳态增益 $t_{\text{oqs}}(\omega_{0\text{s}}^2)^{-1}t_{\text{in s}}$ 来代替。

与 Guyan 缩减相比，模态缩减的一个明显的优点是主振型的选择可以通过考虑必须存在于主集中的振型的固有频率来完成。之后，只需计算有用频域内的振型便可以完成选择。高阶振型成为了稳态振型。

3. 模态综合法——Craig Bampton 缩减法

通常复杂的结构是由部件通过机械的接触面装配而成的。例如，车门是通过两个铰链、一个锁止机构和若干密封件与车身相连的。发动机和传动系是靠一些连接点和车架相连的。这类机构的模型建立可以利用接触面的离散性质。其思路就是结构的每一部分建立成子系统，并通过一定离散数量的机械接触面与相邻部件相互作用。原则上，在通过每个有限单元的组合使结构离散化的过程中，这种情况的发生比例较小。每个单元是结构中的一部分，并且通过节点形式的接触面与相邻单元相互作用。这就是为什么每个子系统通常被表示成一个超单元或子结构。每个超单元以内部节点（下角标为 i）和边界节点（下角标为 b）为特征。每个超单元的特征矩阵是通过有限元编号单独建立的，然后考虑接触面处的平衡条件和等位移条件将它们结合。其结果就是一个可以代表整个结构的模型。

图 11-47 所示为包含部件 A 和部件 B 的一个结构。每个部件通过有限元的方法建立成超单元。内部节点（$n_{\text{i}1}, \cdots, n_{\text{i}m}$，与矢量 q_{i} 的自由度相联系）仅与同一超单元的节点相互作用。边界节点（$n_{\text{b}1}, \cdots, n_{\text{b}n}$，与矢量 q_{b} 的自由度相联系）是超单元 A 和 B 的公共部分。

上述关于超单元的考虑没必要隐含任何缩减技术。在考虑结构布置的情况下，它们仅用一种方法去组织有限元模型。模态综合法（由美国宇航局的 Craig 和 Bampton 在 20 世纪 70 年代初提出）的目标就是要减少超单元的自由度数量，并保留其与其他超单元装配的可能性。这可以通过保留缩减模型的边界自由度的方法来实现，所以可以在超单元的装配过程中利用这些边界自由度。

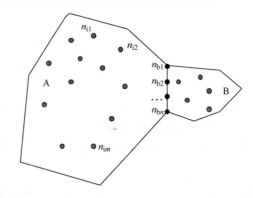

图 11-47　在子结构 A 和 B 中的复合结构的子结构。每个子结构都被离散成了有限的单元。内部节点用 n_{i1}，…，n_{im} 来表示，两子结构接触面上的点用边界节点 n_{b1}，…，n_{bn} 来表示

其基本思路是超单元的位移是由两个因素决定的：

- 边界节点位移所引起的形变（q_{st}）。
- 带有约束节点（q_R）的超单元振型的结合。

第一项因素（静态形变 q_{st}）同样可以利用 Guyan 缩减法中仅作为主自由度（$q_m = q_b$）的接触面节点来获得。所有的内部节点看做从自由度（$q_s = q_i$）。考虑式（11-140），这项因素就变成了：

$$q_{st} = \begin{pmatrix} q_b \\ q_i = q_{i\,st} \end{pmatrix} \approx \begin{pmatrix} I \\ \phi_c \end{pmatrix} q_b \tag{11-163}$$

这项因素考虑了在稳态条件下，边界节点的位移使所有结构产生了形变，而忽略了超单元的内部节点，超单元的振型不能仅用边界位移和其组合的形变来表示。

第二项因素（q_R）向其增加了带有固定节点的振型的结合。接触面节点被固定，使得剩下的结构（其他超单元）能够在接触面节点处产生位移。

$$q_R = \begin{pmatrix} q_b = 0 \\ q_i = \phi_R \xi_R \end{pmatrix} \approx \begin{pmatrix} 0 \\ \phi_R \end{pmatrix} \xi_R \tag{11-164}$$

将两项因素加在一起：

$$q = q_{st} + q_R \tag{11-165}$$

写成矩阵形式：

$$q = \begin{bmatrix} I & 0 \\ \phi_c & \phi_R \end{bmatrix} \begin{Bmatrix} q_b \\ \xi_R \end{Bmatrix} \tag{11-166}$$

物理坐标（q）表示的模型位移矢量可以近似为数量更少的降阶坐标（ξ_{CB}，下角标 CB 代表 Craig – Bampton）：

$$q = \phi_{CB} \xi_{CB} \tag{11-167}$$

其中，
$$\xi_{CB} = \{q_b, \xi_R\}^T \tag{11-168}$$

$$\phi_{CB} = \begin{bmatrix} I & 0 \\ \phi_c & \phi_R \end{bmatrix} \tag{11-169}$$

和 Guyan 缩减法相似，超单元的质量和刚度矩阵可以重写为降阶坐标矢量 ξ_{CB} 的函数，可以利用拉格朗日法从动能和势能的表达式中获得。按照和式（11-142）和式（11-143）同样的步骤，并且考虑式（11-167）

$$m_{CB} = \phi_{CB}^T M \phi_{CB}$$
$$k_{CB} = \phi_{CB}^T K \phi_{CB} \tag{11-170}$$

类似地，输入和输出矩阵为：
$$t_{in\ CB} = \phi_{CB}^T T_{in}$$
$$t_{oq\ CB} = T_{oq} \phi_{CB} \tag{11-171}$$

降阶矩阵中采用小写字母表明缩减后的超单元的部分坐标是模态的。

为了了解降阶矩阵（m_{CB}，k_{CB}）的结构，可以根据边界自由度（下角标为 b）和内部自由度（下角标为 i）将质量和刚度矩阵分块：

$$M = \begin{bmatrix} M_{bb} & M_{bi} \\ M_{ib} & M_{ii} \end{bmatrix}; \quad K = \begin{bmatrix} K_{bb} & K_{bi} \\ K_{ib} & K_{ii} \end{bmatrix} \tag{11-172}$$

将划分好的矩阵 M 和 K（式 11-172）代入式（11-170），并且考虑式（11-169）中的坐标转换矩阵 ϕ_{CB}，超单元的缩减矩阵可根据边界自由度和模态自由度划分为

$$m_{CB} = \begin{bmatrix} m_{bb} & m_{bR} \\ m_{Rb} & m_{RR} \end{bmatrix}, \quad k_{CB} = \begin{bmatrix} k_{bb} & k_{bR} \\ k_{Rb} & k_{RR} \end{bmatrix} \tag{11-173}$$

其中，
$$m_{bb} = M_{bb} + M_{bi}\phi_c + \phi_c^T M_{ib} + \phi_c^T M_{ii}\phi_c$$
$$m_{bR} = m_{Rb}^T = M_{bi}\phi_R + \phi_c^T M_{ii}\phi_R$$
$$m_{RR} = \phi_R^T M_{ii}\phi_R$$
$$k_{bb} = K_{bb} + K_{bi}\phi_c + \phi_c^T K_{ib} + \phi_c^T K_{ii}\phi_c$$
$$k_{bR} = k_{Rb}^T = K_{bi}\phi_R + \phi_c^T K_{ii}\phi_R$$
$$k_{RR} = \phi_R^T K_{ii}\phi_R \tag{11-174}$$

因为特征矢量 ϕ_R 指代了一个带有约束边界节点的超单元，它们组成了对应于内部自由度的质量和刚度矩阵的对角线部分。子矩阵（m_{RR} 和 k_{RR}）也为斜对角矩阵。另外，静态形变（ϕ_c）并非任何 K 和 M 正交形式的结果。因此，对应的子矩阵保持着完整的结构（m_{bb}，k_{bb}）。类似地，非对角子矩阵为 m_{bR}，k_{bR}。

最终，通过 Craig – Bampton 缩减，每个超单元的动力学方程和输出方程为：

$$m_{CB}\ddot{\xi}_{CB} + k_{CB}\xi_{CB} = t_{in\ CB}F$$
$$y = t_{oq\ CB}\xi_{CB} \tag{11-175}$$

内部自由度的减少不会影响到边界节点（式11-147），那么超单元就可以以相同的思路来进行组合，并作为有限元模型各个单元组合的基础。组合后结构的自由度为：

$$\xi_{AB} = \{q_b, \xi_{RA}, \xi_{RB}\}^T \quad (11\text{-}176)$$

其中，ξ_{RA} 和 ξ_{RB} 是描述超单元和的内部振型的模态坐标。组合结构的质量矩阵为：

$$m_{AB} = \begin{bmatrix} m_{bbA} + m_{bbB} & m_{bRA} & m_{bRB} \\ m_{RbA} & m_{RRA} & 0 \\ m_{RbB} & 0 & m_{RRB} \end{bmatrix} \quad (11\text{-}177)$$

对应于边界自由度的子矩阵一同被添加了进去，那些对应于内部自由度的子矩阵仍然是解耦的。组合矩阵包括对角部分（模态坐标 m_{RRA} 和 m_{RRB} 中的内部自由度）和完整部分（边界和混合自由度）。

Craig – Bampton 缩减法在大多数有限元程序中都有广泛的应用，因为这种方法吸收了 Guyan 缩减法和模态缩减法的一些优点：其一，这种方法保留了一些物理自由度（边界节点），用来组合不同的超单元；其二，这种方法允许在缩减模型中选择振型，并考虑其频率。

从建模的组织角度来看，超单元法也非常方便。在定义了相互接触面之后，不同子结构的模型可以分开来完成，并在第二阶段进行装配。另一个好处就是每个子结构的模型可以在装配之前通过实验的方法来进行验证。其优点就是可以更好地确认未知参数，并对每一子结构的性能有更深的了解。

11.3.9 空腔模态

和车身结构的动态性能一样，另一个影响乘客振动与噪声感觉的方面就是车内空腔的动态性能。和周围结构类似，空腔的特征也是振型与共振，其可以放大激励引起的振动。

空腔虽然有共振的特性，但与传统结构相比，它有一些独特性。最明显的就是空腔内的压力会随体积的改变而发生变化。相反，对一个固体在一个方向上施加机械力，仅仅会在长度上发生改变。一个单轴方向的应力（σ）作用于一个均质的、各向同性的弹性材料（比如在做单向性能测试的样品）上，会在应力方向上产生一个应变（ε），并在其垂直方向上产生一个符号相反的应变。固体与气体之间的差异也可以通过表征它们的不同类型的变量来证明。压力和体积是标量，而应力和应变是张量。

不考虑气体与弹性固体之间的差异，空腔可以被认为是具有分布质量和刚度的体积。因此，空腔的特征是固有频率和振型，其对激励的响应是不同模态贡献的叠加。这种情况下，变量不再是位移矢量，而是压力或体积这种标量的变化。

具有简单几何形状的空腔(比如圆柱)的固有频率是可以近似的,考虑其相应振动周期和声波从一端传到另一端再返回后所用的时间相同。如果空腔的长度为 l,则其固有频率为

$$f_i = i\frac{c}{2l}(i = 1,2,3\cdots) \qquad (11\text{-}178)$$

式中,c 为空腔中的声速;i 为代表不同谐波的指数。

$$c = \sqrt{\frac{\gamma p}{\rho}} = \sqrt{\frac{\gamma RT}{M}} \qquad (11\text{-}179)$$

式中,γ 为气体的绝热常数;p 为压力;ρ 为质量密度;R 为气体常数;T 为绝对温度;M 为摩尔质量。在车内,流体为空气,温度大约在20℃,所以:

$\gamma = 1.4$

$M = 0.029 \text{kg/mol}$(空气的平均摩尔质量)

$T = 293°\text{K}$。

求得:

$$c = 344\text{m/s} \qquad (11\text{-}180)$$

考虑一个边长为 a、b、c 的棱柱形空腔,三个一阶固有频率分别为

$$f_b = \frac{c}{2b}$$

$$f_h = \frac{c}{2h} \qquad (11\text{-}181)$$

$$f_l = \frac{c}{2l}$$

沿着相同的方向,除了第一阶共振外,还会出现更高阶的共振。随着频率的增加,振型的复杂性也会增加。棱柱形空腔甚至会在不止一个方向上同时参与振动。

空腔振型的特点是其存在压力保持不变的区域,类似于振动结构的振型中的节点区域(也就是振型中位移为零的区域)。如果人耳处在靠近空腔的节点区域,只能感觉到非常微小(极限状况是零)的共振,这对声学舒适性的提高大有裨益。

类似地,位于节点附近的振源(比如振动着的仪表板)不会激起相应的空腔振型,故这个振动频率下的空气传播的噪声会非常低。相反,如果振源或人耳处于声压变化的最大点处,噪声强度会被空腔共振放大,导致声学舒适性降低。

尽管车内的空腔结构与简单几何体相去甚远,但仍可以将空腔假设成棱柱形状,并从其主要尺寸上对一阶振型做很好的评价。例如,某微型车(B级车)的内部长为2.75m,宽为1.36m。利用式(11-181)计算得到的固有频率大约为62.5Hz和126.5Hz,非常接近基于实际模型所建立的有限元模型计算得到的结果。两厢车的空腔模态如图11-48所示。

因为空腔一阶固有频率的主要部件是由全局尺寸给出,具有相同内部尺寸的车辆的固有频率也基本相似。相同级别(A级,B级……或是微型、小型)的车辆的

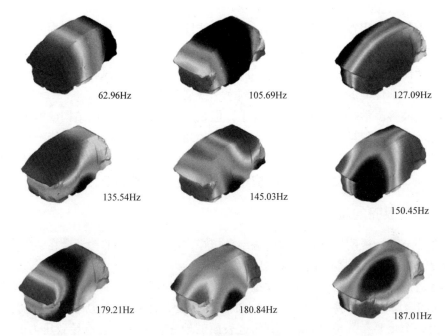

图 11-48 两厢车的空腔模态

声学共振十分接近,另一方面,其结构共振却可能存在实质上的不同。表 11-3 列出了不同级别车型的空腔共振的频率。

表 11-3 不同级别汽车一阶空腔共振的频率

空腔模态	微型车	紧凑型车	大型车
一阶纵向	60~70Hz	55~65Hz	45~55Hz
二阶纵向	115~130Hz	100~115Hz	85~100Hz
一阶侧向	130~145Hz	120~135Hz	110~130Hz

另一个值得关注的对车内空腔动力学有影响的因素是行李箱。附加的空腔可以和内部空腔以不同的途径相互作用,这取决于两者的连接方式。一些情况下,这两部分体积是由板件分开的(大多数的三厢汽车),所以相互作用的产生来源于结构的振动。在另一些情况下,行李箱是直接与主要的内部空腔相连的,并用一层相对较轻的布将两者隔开(大多数的旅行车)。有时两者的主要连接是通过后座的靠背,这在声学上存在一定的透射度,尤其是在后面的结构中没有金属板件的时候。

这部分内容当中主要考虑以下两个方面:
- 传入行李箱的噪声可以传回内部空间。
- 两空腔的动态可以相互作用并且可以在很大程度上改变主空腔的性能。这就可能导致附加共振,甚至可以利用它实现声学空腔的动态阻尼(这就类似于用来减少结构共振影响的动态调谐阻尼器)。

不幸的是,用在声学振型上的设计的可能性相对较低。事实上,内部空腔和空气特性是不能被改变的。在内部形状和布置座椅的形式上,仪表板和内饰件都是由其他功能需要(人机工程学、易接近性、可达性)和造型风格所决定的。因此,根据内部声学性能的需要去改善固有频率和振型是非常困难的。

虽然改善声学共振的可能性非常小,但是用于设计空腔周围结构或沿传递路径的单元的相关知识是非常重要的。声学性能的知识用于结构动力学性能的设计,以使大部分重要的声学共振的激励最小化。例如,应将防火墙的共振频率设计得与空腔的不同。类似地,发动机悬置点应布置在靠近主要结构振型的节点区域。

11.3.10 板壳的辐射

前一节已经说明了空腔与结构振型会相互作用。板壳件的振动会在空气中产生加速度,进而产生在空腔内传播的压力波。

压力波产生的基本原理已被欧拉方程(11-3)所证明,一个在 r 方向上以速度 u 振动的金属板产生了一个沿 r 方向上的压力梯度,并与其振动加速度成比例。

另一个重要参数是辐射效率。靠近表面的地方,加速度总能导致压力的变化,尽管这不代表压力波能够在周围空间内传播。例如,考虑一个直径是周期性伸缩的小球形面。由于表面加速度的产生,周围空气的压力就要改变。压力波在各个方向上对称地传播。这个是单级振源的情况,并且有着大辐射效应。如果球的直径不改变,但在一个方向上以恒定直径(双极)振动,压力会在一端增加,另一端会减少相同的压力。空气会随着压力梯度移动并试图使其减小。压力波的传播效率不如前面的那种情况,并且辐射效率也更小。

振动面板会产生往一个方向移动的区域,同时产生往相反方向移动的区域。类似地,对于振动球面,在某些区域上升的压力会被其他区域降低的压力所补偿。这种情况下的辐射效率受反向移动区域的尺寸、振幅以及频率的影响(频率越小,高压处的空气越容易进入压力空隙)。

辐射效率是面积为 S 的声源的声功率与同样面积的活塞以一定频率振动产生的辐射功率之间的比值,且活塞振动产生的压力波波长与活塞尺寸相比可以忽略:

$$\sigma = \frac{P}{\rho c \, \bar{v}^2} \tag{11-182}$$

式中,P 为给定面积 S 的声功率;ρ 为流体的质量密度;c 为声速;$\bar{v}^2$ 为辐射表面速度的均方值。因为辐射效率的不同,两块以相同速度的均方值振动的板件不一定会产生相同级别的噪声。

对于一个平坦或接近平坦的表面,可以用下面的简化方法来计算声功率。平面可以离散成许多小区域,并将每个小区域视为球面点声源。每个声源产生的声压为:

$$p = i\omega\rho \frac{\tilde{Q}}{2\pi r} e^{-j\frac{\omega}{c}r} \qquad (11\text{-}183)$$

式中，$\tilde{Q}$ 为声源的体积速度；r 为到声源的距离；ω 为角频率。考虑一个以速度 $v(S)$ 移动的无穷小单元 dS 的贡献

$$d\tilde{Q}(S) = v(S)dS \qquad (11\text{-}184)$$

对所有单元面积的 dS 的贡献求和，有

$$p = \frac{i\omega\rho}{2\pi} \int_S \frac{v(S)e^{-j\frac{\omega}{c}r}}{r} dS \qquad (11\text{-}185)$$

利用该式可以估计一个平面以分布速度 $v(S)$ 振动所产生的声压。每一振型都有不同的速度分布，并产生不同的声压级，即使是对于具有相同速度均方值的振型。

11.4 发动机悬置

动力总成，包括发动机及其所有附件、离合器、变速器和差速器，是通过专用悬置与车架相连接的大质量、大刚度的子系统。用于悬置的弹性元件和阻尼元件的作用有：

- 将传动系与底盘相连接。底盘的作用是在动态平衡中传递力和转矩，包括当汽车通过像楔块或尖锐的洞这样的锋利障碍时所产生的垂向和纵向载荷。主要的转矩都传到了车轮（发动机、变速器和差速器为一体时）或差速器（发动机和变速器通过一根传动轴将转矩传递至差速器）

- 过滤发动机所产生的动态激励，以减小由结构路径传递的噪声。有时在发动机和底盘之间会采用刚性连接，尤其是在赛车上，但是这样所产生的剧烈振动和噪声对于普通汽车来说是难以接受的。

为了减小通过传动系传到车辆其他部位的振动，可以利用机械式振荡器的共振所带来的动态衰减来实现。仅考虑发动机的垂向位移，它的动态性能可以通过图 11-49 的简化模型来描述（至少作为一阶近似）。发动机看作是一个刚性质量 M，通过发动机悬置连接在支承结构上，悬置可以看作是刚度为 K 的弹簧以及与之并联的、阻尼系数为 C 的黏滞阻尼器。如果由于发动机振动所造成的车辆结构的垂直位移可以忽略，则动态系统就简化为了一个单自由度机械振荡器。垂直方向上的位移 q 和传至结构中的力 F_{out} 可根据牛顿方程和弹簧-阻尼系统的机械特性求得

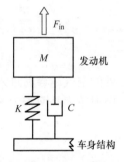

图 11-49 发动机悬置的单自由度模型。K 和 C 分别为悬置在垂向的刚度和阻尼系数，M 为动力总成的质量。

$$M\ddot{q} + c\dot{q} + Kq = F_{in} \tag{11-186}$$

$$F_{out} = C\dot{q} + Kq \tag{11-187}$$

作用于发动机上的输入力与传递至车架上的输出力之间的传递函数(传递率函数 T)为:

$$T = \frac{F_{out}}{F_{in}} = \frac{Cs + K}{Ms^2 + Cs + K} \tag{11-188}$$

式中,s 为拉普拉斯变量。

上式分子、分母同时除以质量 M,则有

$$T = \frac{2\zeta s^* + 1}{s^{*2} + 2\zeta s^* + 1} \tag{11-189}$$

式中,$\zeta = C/(2\sqrt{KM})$,为阻尼比;$s^* = s/\omega_n$,为拉普拉斯变量与无阻尼固有频率 ω_n($= \sqrt{K/M}$)的比值。

图 11-50 显示的是作为无量纲频率 $s^* = i\omega^* = i\omega/\omega_n$ 的函数的传递率的幅值。不同的曲线对应于不同阻尼(0.001~0.4)。

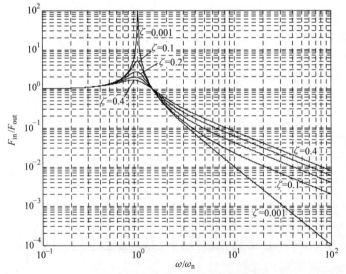

图 11-50 发动机产生的力(F_{in})与传至车架的力(F_{out})之间的传递函数。曲线对应不同的阻尼值

发动机之所以会产生动态激励,是由于交替运动部件的惯性力以及燃烧力。这些力的特点与气缸数和发动机的结构(直列6缸,V型6缸,…)有关。在四冲程发动机中,燃烧力的频率为气缸数的一半与发动机转速的乘积。例如,在四缸发动机中,激励的基频是发动机转速的2倍。在这种情况下,典型的激励频率为20~200Hz,对应发动机转速就是600~6000r/min。在八缸发动机中,同样发动机转速下的燃烧力基频是在40~400Hz。在发动机怠速时,应当避免较低的激励频率激起

车架的共振。相反在高转速,应当减少传入车辆内部的声学激励,以免激励被声学共振放大("隆隆"声,见表11-3)。

在图11-50中,所有的传递函数都在 $\omega^* = \sqrt{2}$ 处有一个共同的单位幅值($T = 1$),而在较高的激励频率下,传递出的力是被衰减了的。如果最小激励频率用 $\omega_{\text{exc min}}$ 表示,则当悬置的共振频率

$$\omega_n < \frac{\omega_{\text{exc min}}}{\sqrt{2}} \qquad (11\text{-}190)$$

时,传入结构的力是衰减的。

对于一个给定的激励频域,悬置的共振频率越低,衰减程度就越高。如果传动系的质量已知,选择共振频率时就要求悬置的设计刚度为 K。这个值不能低于某个限定值,以免在高加速度(比如车辆通过尖锐障碍时)或在输出转矩为最大值的时候,传动系与发动机舱之间的不必要接触。

因此,共振频率既要能够提供有效衰减,又要避免接触产生,其选择只能是两者的折中。四缸四冲程发动机悬置的无阻尼固有频率通常为 10~20Hz。

11.4.1 发动机悬置概述

为了实现小幅振动时低悬置刚度的需要和限制在高载荷下的最大位移量这两者之间的折中,通常选择橡胶悬置来作为发动机悬置,因这种悬置有着力(F)与位移(z)的非线性关系。如图11-51所示,刚度在位移区间的末尾上升得很快。这可以通过在力的传递路径上增加弹性材料来获得。另外,悬置的外形的设计应满足在不同方向上有不同的力-位移特性,以应对发生在垂向、纵向和侧向的不同的加速度值。发动机的橡胶悬置如图11-52所示。橡胶悬置的横截面如图11-53所示。

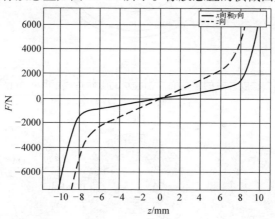

图11-51 x 和 z 方向的力-位移特性。刚度在位移的末端处增大

图11-54所示为发动机悬置的无变形状态(左)以及向上(中)和向下(右)的最大位移状态。在变形的过程中,橡胶单元主要发生剪切变形,这样就可以在黏

图 11-52　发动机的橡胶悬置。橡胶块的形状决定了其非线性和各向异性的弹性特性

弹性材料中对这种类型的载荷下产生较大衰减。非线性的部分开始于位移足够大以至于某一沟槽开始关闭的时候。对于大载荷，靠上或者靠下的沟槽处于闭合，中心部件周围的橡胶直接接触到了外圈的橡胶，从而使得刚度增加。垂直于图示位移方向的位移在黏弹性材料中是一种完全不同的变形类型，主要包括拉伸和压缩变形，从而证明了各向异性的特点。

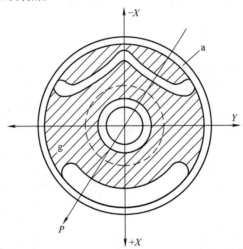

图 11-53　橡胶悬置的横截面。橡胶块的形状造成了其各向异性的特性
a—钢制外壳　g—橡胶块

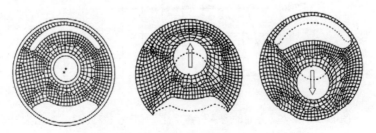

图 11-54　橡胶悬置在垂向载荷下的形变。不同的沟槽尺寸可以
在垂向上得到不同的弹性特性

11.4.2 阻尼在发动机悬置中的作用

图 11-50 显示的是对于低于 $\omega^* < \sqrt{2}$ 的频率,传递率随阻尼的增加而减小;在这个频域内,大阻尼能很方便地减小共振峰的幅值。反之,$\omega^* > \sqrt{2}$ 时,传递率随着阻尼的增大而增大;在这个频域内,应尽量使用低阻尼的发动机悬置。由式(11-189)也可以清楚地看到:阻尼 ζ 越大,传递函数的零频率 s_z^* 就越小(传递函数中的零是使分子减小至零的拉普拉斯变量 s^* 的值):

$$s_z^* = -\frac{1}{2\zeta} \tag{11-191}$$

$\omega^* > \sqrt{2}$ 时,增大阻尼就意味着增大传递率。

这说明,发动机悬置的阻尼系数易于随频率变化。黏弹性材料的损耗因子 η 和弹性模量 E 随频率改变。黏弹性材料的一个大致的选择就是既能在低频处产生高耗散,又能在高频处产生低耗散。然而,仅仅在材料选择上实现调节频率特性的可能性是非常有限的。另外,设计一个有着幅值独立特性,在温度和使用年限下能够维持恒定性质的悬置是十分方便的。所有这些都证实了在悬置中集成液压回路(液压弹性悬置)是正确的。

图 11-55 所示为液压弹性悬置的横截面。靠上的橡胶块有不同的功能。它传递发动机的静载荷,且具有一定的刚度和阻尼。当上面的悬置点向下移动时,橡胶块就好像活塞一样,通过一个或多个孔(2)使液体从上腔流到下腔,即类似于悬架的液压减振器的阀(尽管是固定尺寸)一样。

橡胶块的变形使悬置中的液体也增加了相对小的变形。用来将液体从(4)腔中隔开的橡胶膜也提供了一小部分刚度。

这种组合件的动态性能通常以动态刚度来表征,即以输入位移 $q(\omega)$ 与输出力 $F(\omega)$ 之间的频率响应函数来表征。

$$K_{\text{dyn}}(\omega) = \frac{F(\omega)}{q(\omega)} = K(\omega) + j\omega C(\omega) \tag{11-192}$$

对于一个恒定振幅和频率的正弦位移输入,动态刚度 $K(\omega)$ 的实部为等效刚度,而 $C(\omega)$ 为等效阻尼。类似于用来代表结构材料滞后性能的复弹性模量,复数表示法仅在简谐运动的假设下才是有意义的。

图 11-56 代表了一个如图 11-55 那样的简单装置的集中参数模型。K_r 为主橡

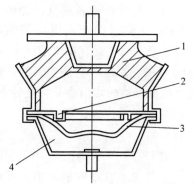

图 11-55 一个简单的液压弹性悬置的横截面。(1)液体通过孔口(2)从上腔渗入到下腔。副橡胶块(3)的变形使得液体能够从一个腔室流入另一腔室。靠下的腔室(4)中的空气可以通过壳体上的较大的孔逸出

1—主橡胶块 2—孔口 3—副橡胶块 4—腔室

胶块的刚度，C_{rs} 和 K_{rs} 代表其耗散行为的简化模型。K_s 为副橡胶的刚度，但它没有耗散性质；C_h 为液体渗入进孔（2）的阻尼系数。K_v 代表液体（通常是油）和主橡胶的体积刚度。

对于较低的激励频率（$f < 5\text{Hz}$），通常关注弹簧力而非阻尼力，由于速度和频率很低，通过孔口的压降也很低。下腔压力与上腔压力相同。在这种情况下，液体作为主、副橡胶之间的运动连接。考虑体积刚度 K_v 远大于副橡胶的刚度 K_s：

$$K_{dyn} \approx K_r + K_s, \quad f < 5\text{Hz} \tag{11-193}$$

对于较高的激励频率（$f > 20\text{Hz}$），与弹簧相比，阻尼器的变形可以忽略。小孔口阻止液体从上腔渗入到下腔的运动。因此，上腔是分离的。这种情况下的刚度部分取决于主橡胶块（体积和剪切刚度）和液体：

$$K_{dyn} \approx K_r + K_{rs} + K_v, \quad f > 20\text{Hz} \tag{11-194}$$

在中间频率处（$5\text{Hz} < f < 20\text{Hz}$），性能主要取决于阻尼。这个频段的动态刚度为：

$$K_{dyn} \approx j\omega(C_{rs} + C_h), \quad 5\text{Hz} < f < 20\text{Hz} \tag{11-195}$$

而对于低频和高频（$f < 5\text{Hz}$ 或 $f > 20\text{Hz}$），阻尼的作用可以忽略。对于接近于发动机固有频率的频率（$f \approx 15\text{Hz}$）来说，其影响是主要的。这就能使传递函数的幅值在共振点处衰减。在共振点之上，为降低传递率，阻尼是减小的。

图 11-57 所示为图 11-55 中的发动机悬置的动态刚度的幅值。其性能主要由低频和高频处的刚度决定，且不受位移幅值的影响。在发动机悬置的共振频率区间（在该例中为 15Hz）

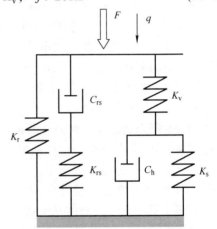

图 11-56　图 11-55 所示的简单悬置的集中参数模型。K_r 为主橡胶块的刚度，C_{rs} 和 K_{rs} 代表其耗散行为的简化模型。K_s 为副橡胶的刚度，但认为其没有耗散性质；C_h 为液体渗入进孔（2）的阻尼系数。K_v 代表液体（通常是油）和主橡胶的体积刚度

动态刚度增加，说明阻尼在这个区间起作用。

在共振频率 ω_n 之上，式（11-189）中的传递率随比值 $\omega^* = \omega/\omega_n$ 的增大而减小（图 11-50）。这就意味着对于一个给定的激励频率，减小刚度（且发动机质量已知，固有频率为 ω_n）可以使该频率下的传递率也减小。

刚度不能过分减小，因为还需要防止发动机转矩或加速度导致的过度位移。这些限制可归结为如下几点：

- 低频大振幅的振动需要较高的动态阻尼，以避免传动系的过大位移。
- 高频小振幅的振动大多为高于发动机怠速时的激励，要求较低的动态阻尼

以减小传递率。

这两项要求仅通过橡胶悬置（图 11-52）或是简单的液压悬置（图 11-55）是满足不了的，悬置的动态刚度也受振动幅值的轻微影响。在行程末尾增加的刚度仅是限制传动系位移的一部分措施。

在高频－低振幅时的低刚度和在低频－高振幅时的高刚度之间的更好的折中办法就是带有解耦器的液压悬置（图 11-58）。与简单的液压悬置相比，上腔与下腔之间的隔板更加复杂，且带有一系列的阀。阀系的主要部件有惯性阀 5（解耦器）和长液压管路 4（惯性通道），且两者相互平行，连接着上下液压腔。对于大振幅位移，解耦器与其外壳紧密连接并阻止周围液体的流动。对于小振幅位移，解耦器可以自由移动，并允许周围液体从下腔到上腔的流动。

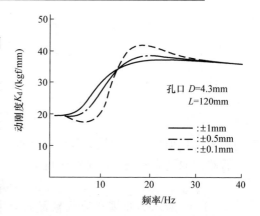

图 11-57　图 11-55 中的发动机悬置的动态刚度的幅值。曲线代表不同幅值和频率的谐波激励

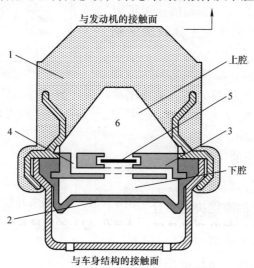

图 11-58　非耦合液压悬置。对于大振幅位移，解耦器与外壳相连并阻止液体流动。对于小振幅位移，解耦器可以自由移动并允许液体移动。惯性通道是连接上腔与下腔的一条较长的管路
1—主橡胶块　2—副橡胶块　3—孔口板　4—惯性通道　5—解耦器　6—液体

惯性通道是上腔与下腔之间的一条相对较长的管路，它减小后的截面能够使流经它的液体获得较高的加速度。如果液体不变形，那么沿惯性通道的液体流速是

$$v = \frac{Q}{A_{it}} \tag{11-196}$$

式中，Q 为体积流量；A_{it} 为截面面积。则管中液体的动量为

$$P_{it} = \rho A_{it} lv = \rho l Q \qquad (11\text{-}197)$$

式中，l 为管路长度；ρ 为液体的质量密度。

使液体动量发生改变的压降 p_{it} 为

$$p_{it\,m} = \frac{\rho l}{A_{it}} \dot{Q} \qquad (11\text{-}198)$$

较高的 l/A_{it} 比值可以使惯性力高于这段液压回路中的其余的液体动态力。

管路中的黏滞损失会产生一个压降，其值与体积流量成比例：

$$p_{it\,c} = BQ \qquad (11\text{-}199)$$

图 11-59 所示为非耦合液压悬置的集中参数模型。基本假设为悬置主要承受高振幅振动，所以解耦器是锁止的，并阻止液体的流动。质量 m_{it} 和阻尼 C_t 代表了惯性作用；K_v 和 K_s 分别为油液的体积刚度和橡胶块的刚度；K_r、C_{rs}、K_{rs} 为主橡胶块的刚度和阻尼参数。

低频时（$f<5\text{Hz}$），质量 m_{it} 的作用可以忽略不计，动态刚度主要为主橡胶块的刚度 K_r。

高频时（$f>20\text{Hz}$），质量 m_{it} 表现为振动质量，并将上下两个液压腔分离。动态刚度主要由主橡胶块的刚度和体积刚度决定（$K_{dyn} \approx K_r + K_v$，$f>20\text{Hz}$）。图 11-60 和图 11-61（—●—）中的 1mm 振幅的试验曲线显示的是对于大振幅运动的悬置的等效刚度和阻尼。阻尼峰靠近发动机悬置的共振频率处（15Hz）。

对于小振幅位移，解耦器可以自由移动并允许液体通过。虽然解耦器和惯性通道是并联的，但是大多数液体还是流经解耦器，因为解耦器的压降较低。这就可以在高频时（100Hz）得到和主橡胶块一样的动态刚度，如图 11-61（0.1mm 振幅，—●—）和图 11-60 所示。

频率在 200Hz 以上时，解耦器惯

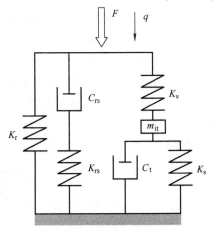

图 11-59 带有解耦器的发动机悬置的集中参数模型。m_{it} 是惯性通道的等效质量

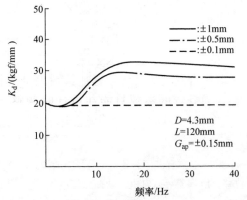

图 11-60 带有解耦器的发动机悬置在不同振幅下的动态刚度。对于大振幅，动态刚度在 5～20Hz 区间内增加，以限制发动机的振幅。对于小振幅，动态刚度在 100Hz 以前保持在较低水平

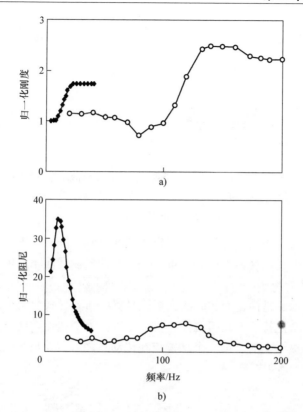

图 11-61 非耦合发动机液压悬置的动态刚度。大振幅（1mm，◆）；小振幅（0.1mm，○）
a) 等效刚度 b) 等效阻尼

性及其周围液体表现为振动质量，阻止液体的流动。体积刚度 K_v 和主橡胶块刚度 K_{rs} 并联工作。在高频（$\omega > K_{rs}/C_{rs}$）处，阻尼器 C_{rs} 的位移远小于弹簧 K_{rs} 的位移。其结果就是，对于低振幅振动，相当于发动机的最大激励频率时的振动，能够保持很低的动态刚度。这样就能在发动机和车身之间的结构传递路径上实现较大的衰减。

非耦合发动机液压悬置能够对振动进行最大程度的衰减，但其仍有自身的限制，因为悬置的参数只能在设计时调整，而不能在运行过程中改变。通过磁场（磁流变）或电场（电流变）改变液体性质的方法，可使发动机的悬置设计成具有在运行过程中通过基于发动机和车架振动的测量数据的反馈回路来改变悬置参数的功能。

图 11-62 中的悬置形式和液压悬置基本相同。电流变液体的应用使得阀的特性在电场中发生改变。电场提高了液体的黏性，因此，阀门处产生压降。不管这种悬置的效果如何，迄今为止，高昂的价格限制了其在汽车上的应用。

11.4.3 发动机悬置的布置

布置发动机悬置的主要目标是在动态性能（传递函数）、准静态载荷和冲击载

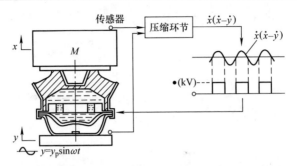

图 11-62　电流变（ER）发动机悬置。其液力结构与简单液压悬置的结构类似。在上下
腔中流动的液体上施加电场可以使液体的黏度发生变化，从而使压降发生变化
（原图上字不清楚，此处有猜测）

荷下的挠度，以及与车身动力学的相互作用之间得到较好的折中。

由于其自身的相关性，下面我们重点关注发动机横置前驱的传动系。

1. 三点式悬置

图 11-63 显示的是横置前驱时的三点式悬置的布置形式。两个悬置点位于传动系之前，其中一个连接着发动机缸体，另一个连接着变速器。两个悬置都是用螺栓固定在车身的前纵梁上的。第三个悬置点在传动系之后，并与车架的横梁相连。

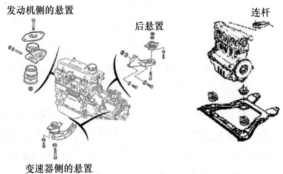

图 11-63　横置发动机和传动系的三点悬置。两个悬置点
在发动机之前，一个悬置点在差速器之后

为减小悬置所承受的载荷，传动系的质心应该处于三个悬置点所形成的三角形内。这种方法十分方便，因为这样既可以使悬置与车身的连接变得十分容易，又可以使悬置处于车身模态位移相对较大的地方。这就需要低刚度，以减小发动机振动时的传递率。然而，前后悬置之间非常小的纵向距离意味着发动机转矩会造成较大的载荷。这就需要高刚度，以避免发动机产生过大的位移，虽然这样会带来较高的传递率。

有时会增加一根连杆以承受转矩传递，这在三点低位悬置的设计当中也是一种更好的折中方案（图 11-63 右侧）。这样就必须要考虑由连杆产生的附加纵向载荷。有时悬置与副车架相连，副车架再通过弹性元件与车身相连。这样，在装配过程中优点就会显现出来，因为发动机、悬架、转向系都能够分组装配，并通过较少的点与车身相连。另一个好处就是，车身与副车架之间又多了一道吸振过程。

2. 重心式悬置

这种悬置方式克服了三点悬置的大多数缺点，因此，目前应用最为广泛。它包括两个柔性悬置，沿着传动系的主惯性轴分布，并且用一根或多根杆件将传动系与车架相连接。图11-64a 所示为一种两连杆的形式。两个悬置点（一个连接发动机缸体，一个连接变速器）与车架前纵梁的上部相连接，并承受着来自传动系的重力和惯性力。

沿传动系主惯性轴分布的悬置可减小传动系的转动惯量，并使发动机的某一振型绕该轴转动。

两根连杆限制了传动系由于向车轮传递转矩所带来的自由转动，但允许发动机在垂直方向上的自由移动。双连杆式（图11-64a）使得力完全地从反转力矩中分离出来，一个力作用在悬置上，一个力作用在连杆上。当发动机转矩传向车轮的时候，单连杆式（11-64b）使得一些载荷作用在了两个悬置上。

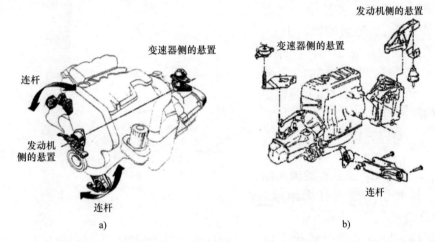

图 11-64 用于前置前驱发动机的重心式悬置。两个悬置点沿动力总成的主惯性轴布置，
以承受作用在动力总成上的反作用力
a) 两根杆承受传至车轮的转矩 b) 如果只有一根杆，传至车轮的转矩由两个悬置点来承受

对于同样一套动力总成存在大量不同的选装件（是否安装空调压缩机、自动变速器、起动发电机……），这就使在加装所有配置后，无法沿着传动系的主惯性轴来布置悬置。另一方面，在悬架的设计过程中，必须要对参与低频模态激励的车架连接点的选择进行考虑。

3. 纵置发动机悬置

对于纵置发动机，通常在纵向平面内对称地布置四个悬置点，两个在发动机前，两个在发动机后（图11-65）。发动机转矩由悬置提供的轴向力（拉伸或压缩）和剪切力来抵消，这取决于悬置布置的位置和方向。前后悬置的弹性中心设计在靠近传动系理论惯性轴的附近，以使扭转模态从其他模态中分离。

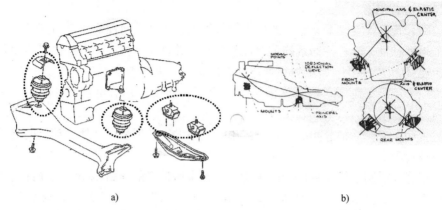

a)   b)

图 11-65　用于纵置发动机的悬置。这样布置可以使悬架的弹性轴靠近动力总成的理论主惯性轴（此处仅为示意）

每对悬置点的弹性中心是悬置体在受到纯转矩时的回转中心。如果两个悬置点完全相同，并且对称地安装在纵向平面的两侧（图 11-66），则在对称面上弹性中心间的距离为 a：

$$a = m\frac{\tan\alpha(L-1)}{L\tan^2\alpha + 1} \quad (11\text{-}200)$$

其中，$L = K_A/K_R$ 是悬置的轴向刚度 K_A 与剪切刚度（径向刚度）K_R 的比值。

这样，传动系的扭转模态就可以从其他振动模态中分离出来，从而提高车辆的动态性能。

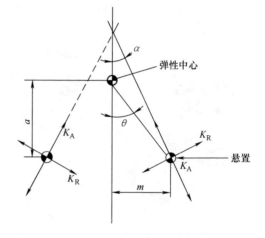

图 11-66　一对相同的悬置（轴向刚度为 K_A 和径向刚度为 K_R）的弹性中心的位置

11.4.4　安装点在汽车车身骨架中的位置

在频率高于悬架的主要共振频率时，传动系可以看做是一个自由刚体，其运动是由其受到的惯性力和转矩决定的，即绕某一轴（取决于惯性参量：质量、质心、理论惯性轴、理论惯性矩）的转动。这个轴的位置可以从图中估计出来（图 11-67 右侧）。这个灰度图（色谱图）表示的是，对于给定发动机运行条件下的刚性地连接在传动系上的安装点的位移。深色阴影区域的位移要比亮色区域的位移小。在采用重心式悬置的方法时，两悬置点的最佳位置是在小位移处，以使悬置的变形量最小化。

图 11-67　发动机与车架连接点的位置。右图：灰度图代表了连接点在给定运行状态下的振幅。较暗区域的振幅要小于较亮区域的振幅

安装点位移的图谱信息可以与声学敏感性图 11-68（显示在给定力的作用下，传入车内的噪声的幅值）来比较。发动机的最佳悬置点能够很好地兼顾发动机的较小位移量和较小的声学敏感性。悬置点的选择应考虑要有足够的反作用力矩来传递发动机的转矩。

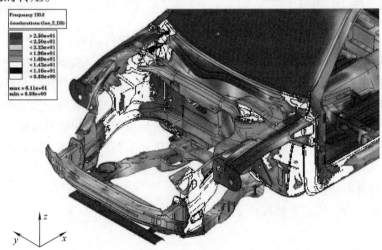

图 11-68　输入力和车内声压级之间的频率响应函数的幅值。亮区代表低幅值，暗区代表高幅值

另外，安装点应能够很容易地被生产线上的装配工具所触及。出于结构上的考虑，用来连接发动机和悬挂装置的金属架不应该"太软"，以避免可能增加发动机

振动传递率的共振。

由于悬置的高阻尼，传动系复杂的质量分布，以及在确定悬置点时不可避免的折中，发动机悬置的振型通常是十分复杂的，所有振型都是移动和转动的组合。在垂直方向上有最大位移的模态可能与车身在其悬置处的垂向模态强耦合。这些模态是由路面不平所激起的，并且可以使车身产生强烈的振动。在前置发动机和变速器的汽车中，这种振动（发动机的抖动）尤其会在踏板周围达到很高的幅值，如图 11-69 所示，大致在 10Hz 处。

发动机振动模态的幅值受悬置的阻尼控制。正如前面所说，液力悬置在共振区间提供较高的阻尼，在其他区间提供较低的阻尼，以降低共振频率近端和远端的传递率。

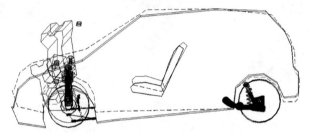

图 11-69　车身和发动机悬置的复合振动模态。这个模态通常出现在 15Hz 左右，并且包括车身在悬架上的俯仰运动以及发动机在其悬置上的垂向运动

11.5　声音传播和隔声

从声源传递到车内的噪声的强度是通过车身部件传递的，并带有一定的衰减性。决定噪声等级的关键因素之一就是隔离元件的透声性。大多数的噪声通过具有较大透声性的零件传递。这类似于房间隔热的情况，其中大部分热量是从隔热性最差的部件如窗户或墙上的其他热桥部件逸出。噪声最容易通过隔声性差的路径或是缝隙传播，比如声学处理效果较差的零件或是两个覆盖件之间的直接接触。这类间隙在车身中很难消除，因为需要这些间隙来完成一些部件的连接，像制动踏板、转向柱和齿条、转向盘、发动机舱内空调系统的防尘盖等。甚至还需要更小的通道来完成电力和液力连接。

因为再小的空隙都能够降低隔声效果，所以有必要在初始设计阶段就将间隙消除。

11.5.1　透射损失

透射系数 τ 和透射损失 TL（单位为 dB）是表征声音在通过某一介质时的两个参数，定义如下：

$$\tau(\theta,\omega) = \frac{W_{\text{tr}}(\theta,\omega)}{W_{\text{in}}(\theta,\omega)} \tag{11-201}$$

$$TL(\theta,\omega) = 10\lg\frac{1}{\tau(\theta,\omega)} = 10\lg\frac{W_{\text{in}}(\theta,\omega)}{W_{\text{tr}}(\theta,\omega)} \tag{11-202}$$

式中,$W_{\text{in}}(\theta,\omega)$ 是输入声功率,其入射角为 θ,角频率为 $\omega(\text{rad/s})$;$W_{\text{tr}}(\theta,\omega)$ 为透射功率。

测量透过某一隔离物的透射损失 TL 的步骤是按照一定的标准来执行的,如 ASTM E90-74 和 ISO 140/3-1995。标准要求有两个相连的、容积相对较大(每个有 64m^3)的共鸣室,两共鸣室之间开有一公共的窗口,并封以待测隔离物(图 11-70)。规定窗口尺寸为 $2.8\text{m} \times 3.6\text{m}$。

在发射室安装有一个或多个的扬声器来产生扩散声场,声场透过隔离物传入至接收室,并带有一定的衰减。

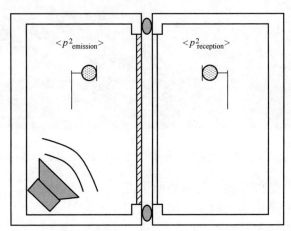

图 11-70 隔层的透射损失的测量。发射室和接收室均为回响室

对于扩散声场,单位面积的入射功率(声强)I_{random} 与声压的平方 $<p^2>$ 有关

$$I_{\text{random}} = \frac{<p^2>}{4\rho_0 c_0}$$

测量规程规定,入射功率必须首先在发射室靠近隔离物表面(面积为 S_W)的区域测得,以时间和空间的均值 $<p^2_{\text{source}}>$ 计算:

$$W_{\text{inc}} = I_{\text{inc}} S_\text{W} = \frac{<p^2_{\text{source}}> S_\text{W}}{4\rho_0 c_0} \tag{11-203}$$

透射功率在接收室靠近隔离物的表面 A_r 处测得 $<p^2_{\text{rec}}>$,则

$$W_{\text{transm}} = \frac{<p^2_{\text{rec}}> A_\text{r}}{4\rho_0 c_0} \tag{11-204}$$

测得入射功率和透射功率(W_{inc} 和 W_{transm})后,就可以确定透射损失(dB):

$$R_{\text{lab}} = 10\log\frac{W_{\text{inc}}}{W_{\text{transm}}} = <L_p>S - <L_p>R + 10\log\frac{S_W}{A_r} \qquad (11\text{-}205)$$

透射损失的测量并不容易，因为它需要一套大型的、昂贵的设施来保证两个声室间良好的隔声性。另外，还必须保证除安装样品的窗口外，其他所有位置都不能有透射途径。

这套设施可以简化以表征汽车上典型的小部件。缺点是由于声室的几何尺寸、声音波长以及样品尺寸之间的不同组合造成的可以研究的频率范围受到限制。

图 11-71 显示的是某一实验设备，其包括两个声室：发射室是有回声的，而接收室是无回声的。它们之间的连接窗口非常小（1.6m×2m）。消声接收室的好处之一就是可以得到投射噪声的声强分布，以确定有较大透声性的零件。

图 11-71 用来表征车辆单元透射损失的简化设施。接收室是消声室，发射室为回声室

其他的设施也是可行的，包括地面下方的回声室和一个消声室或回声室，两者之间的连接窗口大约为 $1m^2$（图 11-72）。

另一种实验设备（也叫"比萨塔"）是由两个小的回声室组成，其中有直径为 240mm 的待测样品。

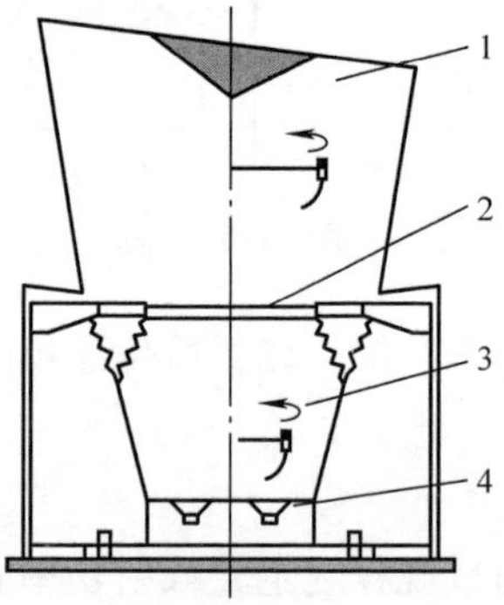

1. 通过无限大平板的平面声波透射

考虑有相同材质的无限平板的性能，且弹性（杨氏模量和泊松比）、惯性（质量密度）、几何（厚度）参数都已知，可以清楚地理解单层或多层平板的透射损失。

图 11-72 通过汽车部件来测量透射损失的 Isokell 测试系统
1—接收室 2—试样 3—发射室 4—扬声器

比较简单的情况就是一平面波垂直地传到一个无限大的平板上。平板是均质、各向同性的，厚度为 h。

表面处的压力 p_+ 在各点处都是相同的，导致压缩波在板厚方向上传播。传至接收侧的声压 p_T 是所有透射部分的叠加：

$$p_{\mathrm{T}} = \frac{(1+R_0)(1+R_2)\mathrm{e}^{-\mathrm{i}k_{\mathrm{m}}h}}{1 - R_1 R_2 \mathrm{e}^{-\mathrm{i}2k_{\mathrm{m}}h}} p_+ \tag{11-206}$$

式中，R_0、R_1 和 R_2 为三个空气 – 平板接触面上的反射系数；h 为板厚。反射系数是平板声阻抗 Z_{m} 和与平板相接触的流体声阻抗（Z_{01} 和 Z_{02}，图 11-73）的函数。

$$R_0 = \frac{Z_{\mathrm{m}} - Z_{01}}{Z_{\mathrm{m}} + Z_{01}}; \quad R_1 = R_0; \quad R_2 = \frac{Z_{02} - Z_{\mathrm{m}}}{Z_{02} + Z_{\mathrm{m}}} \tag{11-207}$$

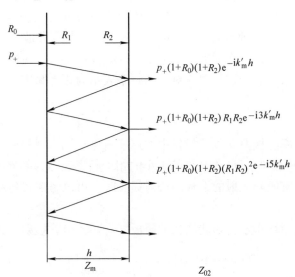

图 11-73 声音在透过平板时的传递现象

发生在材料中的损失可以通过复声波数 $k'_{\mathrm{m}} = k_{\mathrm{m}}[1 + (1/2)\mathrm{i}\eta]$ 来考虑，其中，$k_{\mathrm{m}} = \omega/c_{\mathrm{L}}$ 是在平板中传播的压力波的声波数；c_{L} 是平板中纵波的声速；η 是材料的损耗系数。

回顾式（11-202），对于垂直入射的透射损失为

$$TL_{\mathrm{N}} = 10\lg\frac{W_{\mathrm{in}}}{W_{\mathrm{tr}}} = 10\lg\frac{p_+^2}{p_{\mathrm{T}}^2} \tag{11-208}$$

如果平板两侧的气体是相同的：

$$TL_{\mathrm{N}} = 10\log\left[\cos^2 k'_{\mathrm{m}}h + 0.25\left(\frac{Z_0}{Z_{\mathrm{m}}} + \frac{Z_{\mathrm{m}}}{Z_0}\right)^2 \sin^2 k'_{\mathrm{m}}h\right] \tag{11-209}$$

通常板厚与声音的波长相比是非常小的，因此 $|k'_{\mathrm{m}}h| \ll 1$。透射损失便可以表示成：

$$TL_N \approx 10\log\left[1+\left(\frac{\rho_s\omega}{2\rho_0 c_0}\right)^2\right] \tag{11-210}$$

通常称为垂直入射的质量定律。$\rho_s = \rho h$ 是平板单位面积上的质量，$\rho_0 c_0 = Z_0$ 是平板两侧气体的声阻抗。由式（11-210）可知，单位面积质量 ρ_s 和角频率 ω 每增加 1 倍，透射损失就会增加大约 6dB。

如果声波存在入射角 θ，则平板表面的压力就会不同，并在平板内产生弯曲波。如果弯曲波波长 λ_B 与入射波长在弯曲波方向上的分量相同（$\lambda_B = \lambda_0/\sin\theta = \lambda_{tr}$，或者考虑传播速度 $c_{tr} = c_0/\sin\theta$），入射波激起弯曲波。理论上这些情况下的透射损失应该为零，但实际上并不为零，因为存在不可避免的耗散，这就总会导致损失的大幅度减少。和这种现象对应的频率表示为相干频率，并由下式给出：

$$f = \frac{c_0}{1.8 c_L h \sin^2\theta} \tag{11-211}$$

相干频率随板厚 h 以及板材中的声速 $c_L = (E/\rho)^{1/2}$ 的减小而增大。发生在当入射波平行于平板时（$\theta = 90°$）的更小的相干频率表示为临界频率。

求解带有倾斜入射的平板的透射损失时，可以考虑将弯曲波看作是剪切波和压缩波的叠加。

对于板厚远小于剪切波波长的薄板（$k_s h \ll 1$），透射损失为

$$TL(\theta) \approx 10\log\left\{1+\left|\frac{\rho_s\omega}{2\rho_0 c_0/\cos\theta}[1-f^{*2}\sin^4\theta]\right|^2\right\} \tag{11-212}$$

其中，$f^* = f/f_c$，临界频率 f_c（Hz）为

$$f_c = \left(\frac{c_0}{2\pi}\right)^2\sqrt{\frac{\rho h}{D}} \tag{11-213}$$

且 $D = Eh^3/[12(1-\nu^2)]$ 是平板的弯曲刚度。

鉴于杨氏模量 $E' = E(1+i\eta)$，可以将材料中的耗散考虑进去，从而推导出下面透射损失（单位为 dB）的表达式：

$$TL(\theta) = 10\log\left|1+\frac{\rho_s\omega}{2\rho_0 c_0/\cos\theta}[\eta f^{*2}\sin^4\theta + i(1-f^{*2}\sin^4\theta)]\right|^2 \tag{11-214}$$

从原来的表达式可以看出，在靠近相干频率的地方 $f = f_c/\sin^2\theta$（或是 $c_0/\sin\theta = c_B$，其中 c_B 为弯曲波的速度），透射损失存在一个最小值，且该值由阻尼系数 η 所决定。图 11-74 所示为不同入射角下的透射损失与无量纲频率 f^* 之间的关系曲线。对于 $\theta = 90°$，透射损失的最小值发生在最小频率处。

在扩散场中，平面波以相同的强度向各个方向传播，透射强度为

$$I_{tr} = \int_\Omega \tau(\theta) I_{in}\cos\theta d\Omega \tag{11-215}$$

在球面角 Ω 上积分，$d\Omega = \sin\theta\, d\theta\, d\phi$。因为 I_{in} 对于所有平面波都是相同的，τ 对于所有 ϕ 值也是相同的，所以平均透射系数 $\bar\tau$ 可以定义为

$$\bar{\tau} = \frac{\int_0^{\theta_{\lim}} \tau(\theta)\cos\theta\sin\theta d\theta}{\int_0^{\theta_{\lim}} \cos\theta\sin\theta d\theta} \tag{11-216}$$

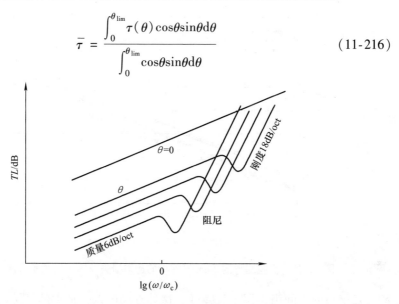

图 11-74 透射损失与频率和入射角 θ 间的关系

式中，$\theta_{\lim}$ 为声场的限制入射角。对于任意一个入射角，$\theta_{\lim} = 90°$。透射系数可以由式（11-212）和式（11-214）给出：

$$TL_{\text{rand}} = 10\log\left(\frac{1}{\bar{\tau}}\right) \tag{11-217}$$

在低频处（$f \ll f_C$），对于任意入射角的透射损失（$TL_N > 15\text{dB}$），可以通过将式（11-212）和式（11-214）均衡后来求得：

$$TL_{\text{rand}} \approx TL_N - 10\log(0.25 TL_N) \tag{11-218}$$

称为任意入射角的质量定律。

通常会将质量定律应用于场入射，对于 $TL_N \geq 15\text{dB}$，场入射的透射损失定义为：

$$TL_{\text{field}} \approx TL_N - 5 \tag{11-219}$$

这个表达式可以用来评价限制角 $\theta_{\lim} = 78°$ 的扩散场［式（11-215）和式（11-216）］。其结果较式（11-218）的结果更为接近实验数据。

在图 11-75 中，对于垂直入射（TL_N）、任意入射（TL_{rand}）和场入射（TL_{field}），将透射损失公式的计算值与 2mm 厚的钢板的实验测量值进行了比较。

2. 双层板件的透射损失

理论计算结果和实验结果都显示，将单位面积的质量增加 1 倍后，单层平板的透射损失会增加 6dB（6dB = 20lg 2 对应于幅值上的因数 2）。为从单层平板中获得更好隔声性，有必要增加平板单位面积的质量，即厚度。增加的质量可能过大，甚至难以接受。双层板可以在不增加质量的情况下有效地提高隔声性。与单层板不

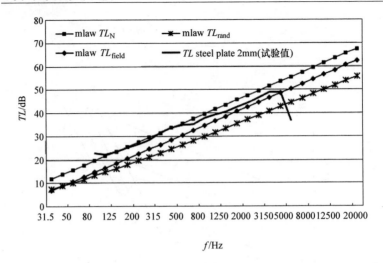

图 11-75 实验测得的 2mm 厚钢板的透射损失及其不同表示方法间的比较

同,双层板的中间由一层空气隔开。这种方法可以在较宽的频域内提高隔声性,除所谓的"质量 - 空气 - 质量共振"情况外。

增加的平板(平板 2)和空气层就像是连接在第一层平板(平板 1)上的动态阻尼器。这样的系统有一个共振频率,并由下式给出:

$$f_0 = \frac{1}{2\pi}\sqrt{\frac{\rho_0 c_0}{d}\frac{(m_1 + m_2)}{m_1 m_2}} \quad (11-220)$$

其中,d 为空气层的厚度,m_1 和 m_2 分别为两层平板的单位面积质量。

在频率小于 f_0 时,空气层的刚度将两平板的运动相连接,且两平板作为单体同向运动。双层板的透射损失类似于单位面积质量 $m_t = m_1 + m_2$ 的单层板的透射损失(式 11-210)。

当频率等于 f_0 时,质量 - 空气 - 质量的共振使得双层板的透射损失小于单层板 m_t 的透射损失。

当频率大于 f_0 时,质量 - 空气 - 质量系统对于减小噪声传递是非常有效的,透射损失可以达到 18dB/octave(6dB/octave = 20dB/dec 是质量层 m_t 的作用,另外的 12dB/octave = 20dB/dec 是空气层的作用)。

在 $kd = \pi$ 时,两板间的空气发生共振,透射损失 18dB/octave 消失。在该频率以及其整次谐波处,空气与平板相连,且透射损失减小至单层板(单位面积质量 m_t)时的情况;在中频 $kd = (2n-1)/2$ 处,透射损失在质量 - 空气 - 质量的作用下再次变为 $TL(m_1) + TL(m_2) = 6$dB。

图 11-76 所示为垂直入射时双层板的透射损失。当 $m_2/m_1 = 1$ 时,透射损失最大。两质量密度的比值越大时,透射损失越小。

对于双层板的实验结果与图 11-76 中的理论结果稍有不同,这是因为理想的正态场是难以得到的,并且一些扩散成分总是存在的。另外,透射损失总是以 3 倍频

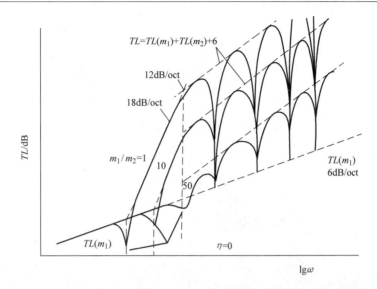

图 11-76　对于单位面积质量为 m_1 和 m_2 的双层板的透射损失的理论性能。
6dB 在幅值上对应因子 2，1octave 在频率上对应因子 2。6dB/octave = 20dB/dec

程来测量，而不是以连续频谱测量的。

3. 实际的考虑

为了在低频的中段获得较好的透射损失，尤其是发动机的低频激励处，式 (11-220) 中的一阶固有频率应尽量低一些。两板间的距离 d 应该根据设计规格尽量大一些。图 11-77 所示为双层板间不同厚度的多孔介质（多为空气）下对应的透射损失。

两板间吸声材料的应用提高了透射损失。由第一层板发射的声波一部分被吸声材料耗散，到达第二层板时声能已经很小了。

两板间所有的机械连接都阻止了空气或吸声材料对噪声的衰减，因此应该避免机械连接。如果它们在某些情况下是需要使用的话，应将其设计成柔性且具有耗散性的结构。

图 11-78 所示为双板隔层中声音隔层以及机械连接对透射损失的影响。

孔或缝隙（声孔）在发射腔和接受腔之间建立了直接的联系，从而使隔声性变差，应尽量将其避免。不幸的是，为了将车内空间与发动机舱或周围其他空间进行连接，必须开设一些孔洞。例如，防火墙上留有一些孔，以将踏板与制动系统和动力系统相连，其他孔用于布置电线。图 11-79 所示为隔板表面孔洞对透射损失的减小影响。这些孔洞对一些有着较高透射损失的隔声材料的影响较大。小的孔洞主要影响高频成分（大于 1kHz）。

覆盖在板件上的隔声材料中的缝隙或中断也为声孔，如图 11-80 所示。这种中断对于反射声和传递声来说都是很好的透射途径。

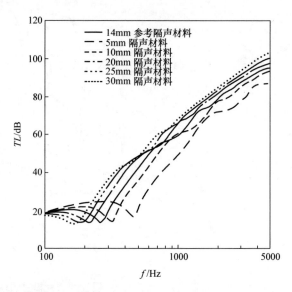

图 11-77　对于不同厚度的多孔介质（隔声材料），双层板的透射损失

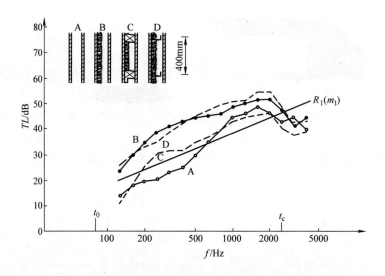

图 11-78　双层板：隔声层的影响以及两板间结构连接的影响。四条线分别指代
106mm 处的两层 13mm 厚的石膏板
A—仅有空气层　B—在 A 的基础上添加 50mm 厚的玻璃棉层
C—在 B 的基础上添加木垫片　D—在 B 的基础上添加钢垫片

11.5.2　隔声壁

隔声壁的作用是减小通过自身反射或吸收的入射声的幅值。当声波作用于隔声壁的时候，隔声壁的惯性对空气粒子的运动产生反作用，并导致部分能量发生反

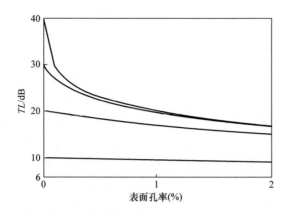

图 11-79　透射损失的减少与表面孔率的关系。曲线代表了不同的透射损失。曲线越高，墙的原始透射损失越高

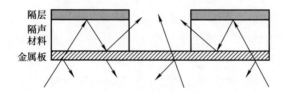

图 11-80　隔声措施中的缝隙所导致的声孔

射。另一部分能量在隔声壁中由于内部损失而耗散成了热。剩下的一部分传到了隔声壁的另一面（图 11-81）。

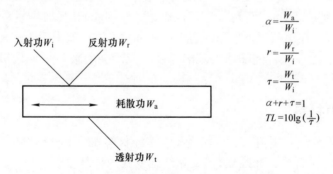

图 11-81　透过隔层时声音的传播

采用双层壁可以提高车辆的隔声性。隔声壁通常是由金属薄板（例如防火墙）、一层吸声材料和一层橡胶或黏弹性材料组成。在双层壁中得到的透射损失要大于每层材料单独作用的和，但小于在质量 – 空气 – 质量频率下的透射损失。

图 11-82 所示为吸声材料在车身不同部位上的典型应用。用于车身表面的隔声壁如车身面板和玻璃可以减小来自外界的噪声；用于防火墙上的隔声壁可以减小来自发动机的噪声；用于轮罩和地板的隔声壁可以减小路面接触和滚动噪声。

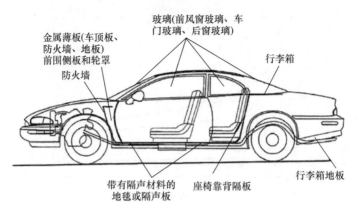

图 11-82 车身上的吸声处理

安装在防火墙上的隔声壁通常为双层壁,并且由钢板、一层吸声材料和一层厚的黏弹性材料(橡胶或者沥青)组成。隔声壁的厚度大约为 40mm,质量从微型车(B 级车)的 6kg 到中型车(D 级车)的 10kg 不等。最关键的处理应该在于孔和未覆盖部分,因为防火墙上需要安装大量的零部件。

类似于防火墙,双层壁还用在地板的前部。其厚度通常为 30mm 左右,并由地毯覆盖。其质量从 B 级车的 3kg 到 D 级车的 7kg 不等。地板后部通常覆盖一层隔声材料和地毯。地板上最关键的部位是通道的前端,上面留有用于安装变速器变速杆和驻车制动的孔洞。

不管是从光学角度上还是声学角度上,玻璃具有很强的透光(声)性。前风窗玻璃的厚度为 4~5mm,而侧面玻璃的厚度为 3~4mm。其临界频率大约为 4kHz [式 (11-213)],在该频率下玻璃的透声性非常强。对玻璃采用不同的措施以提高其在临界频率下的性能,例如增加玻璃厚度,应用夹层玻璃(两层玻璃,中间一层为黏弹性材料)等。

11.5.3 吸声材料

具有吸声性质的材料可以分成两大类:多孔材料和纤维材料。在汽车上应用较多的是矿物纤维(石棉、纤维棉),聚酯纤维或聚丙烯纤维(Politex、Thinsulate),棉花(劣质棉),以及开孔型聚合物发泡材料或泡沫聚氨酯(URS)。

大部分的入射声波的能量在多孔材料中由于黏滞作用而被耗散。声波使空气粒子在多孔介质的小缝隙或小通道中产高频振荡。在空气和固体部件之间的边界层上产生了黏滞力,并将声波能量进行耗散。另外,在不规则通道中的压缩和膨胀将入射声波驱散至各个方向,并减小了声波动量。

多孔材料中产生的透射损失与空气中的黏滞损失相比可以忽略不计。唯一的特殊情况是在闭孔型泡沫中,因为空气滞留在封闭的空间内,空气与固体部分之间几乎不存在相对运动,耗散作用是由于材料中相对较低的透射损失。一种良好的吸声泡沫必须具有开孔型结构,以使空气与所有的耗散结构产生相对运动。

为了了解吸声材料的性质,应从一些基础理论开始,像波动方程以及机械阻抗的定义。用来描述声波传递的方程为

$$\nabla^2 \varphi(x,y,z,t) = \frac{\rho}{K} \frac{\partial^2 \varphi(x,y,z,t)}{\partial t^2} \qquad (11\text{-}221)$$

式中,$\varphi(x, y, z, t)$ 为标量势函数,并与压力场 $p(x, y, z, t)$ 有关

$$p(x,y,z,t) = -\rho \frac{\partial^2 \varphi(x,y,z,t)}{\partial t^2} \qquad (11\text{-}222)$$

式中,ρ 为质量密度;K 为压缩模量。对于某一气体,其压缩模量 K 可大致由下式给出

$$K = \gamma p$$

其中,γ 为绝热指数。对于空气,$\gamma = 7/5 = 1.4$。为简化起见,接下来与空间和时间明显相关的量将会被略去。

如果声波沿 x 方向传播,式(11-221)就变成了一个空间 x 和时间的简谐函数:

$$\varphi(x,t) = \frac{A}{\rho \omega^2} \cos\left[\omega\left(t - \frac{x}{c}\right) + \alpha\right] \qquad (11\text{-}223)$$

式中,α 为相角,且与 $x = 0$,$t = 0$ 时初始值有关;ω 为角频率,c 为传播速度。

$$c = \sqrt{\frac{K}{\rho}} \qquad (11\text{-}224)$$

A 为声压的幅值。回顾式(11-222)有

$$p(x,t) = -\rho \frac{\partial^2 \varphi(x,t)}{\partial t^2} = A\cos\left[\omega\left(t - \frac{x}{c}\right) + \alpha\right] \qquad (11\text{-}225)$$

空气粒子的速度可以通过欧拉方程来求得,后者将压力梯度与气粒的加速度联系起来:

$$u(x,t) = -\int \frac{1}{\rho} \frac{\partial p(x,t)}{\partial x} dt \qquad (11\text{-}226)$$

将式(11-223)代入式(11-226)有

$$u(x,t) = \frac{1}{\rho} \frac{\partial^2 \varphi(x,t)}{\partial x \partial t}$$

所以

$$u(x,t) = \frac{A}{\rho c} \cos\left[\omega\left(t - \frac{x}{c}\right) + \alpha\right]$$

波数 k 是单位距离的波长数,即 $1/\lambda$(cycle/m),其中 λ 为波长,或 $k = 2\pi/\lambda$(rad/m),有时表示成角波数或圆波数,或简称为波数。考虑某一角频率为 ω 的声波,其波长为

$$\lambda = \frac{2\pi c}{\omega} \qquad (11\text{-}227)$$

角波数为

$$k = \frac{2\pi}{\lambda} = \frac{\omega}{c} \tag{11-228}$$

式（11-223）和式（11-225）中的势场和压力场用复数形式表示成：

$$\varphi(x,t) = \frac{a}{\rho\omega^2} e^{j(-kx+\omega t)} \tag{11-229}$$

$$p(x,t) = a e^{j(-kx+\omega t)} \tag{11-230}$$

式中，j 为虚单位（$j^2 = -1$）且 $a = A e^{j\alpha}$。则空气粒子的速度为：

$$u(x,t) = \frac{\partial^2 \varphi(x,t)}{\partial x \partial t} = \frac{a}{\rho c} e^{j(-kx+\omega t)} \tag{11-231}$$

式（11-230）中的压力和式（11-231）中的速度通过一个常系数 Z_c 联系起来

$$u(x,t) = \frac{1}{Z_c} p(x,t) \tag{11-232}$$

其中，Z_c 为气体阻抗，可以表示为质量密度 ρ 和压缩模量 K 的函数

$$Z_c = \rho c = \sqrt{\rho K} \tag{11-233}$$

由于空气粒子的运动和空气的压缩与膨胀，声波的能量在空气中通过黏滞和热的耗散作用而被耗散。在自由场可闻声波的传播过程中，如果传播距离小于 10m，那么这样的耗散可以忽略不计。

在耗散流体中声音的传播可以通过考虑波方程（式 11-221）中的复密度 ρ 和复压缩模量 K 来描述。类似于受复刚度影响的机械系统的响应，复数量的应用允许考虑传播过程中的相位滞后。声速 c、角波数 k 以及气阻抗 Z_c 分别由式（11-224），式（11-228）和式（11-233）给出：

$$k = k_{Re} + j k_{Im} \tag{11-234}$$

$$Z_c = Z_{cRe} + Z_{cIm} \tag{11-235}$$

如果声波在式（11-229）和式（11-230）中由正指数项 $e^{j\omega t}$ 来表示，则 $k_{Im}/k_{Re} < 0$。相反，如果 ω 受负号（$e^{-j\omega t}$）影响，则 $k_{Im}/k_{Re} > 0$。

对于沿 $-x$ 方向传播的声波，其声压和声速分别为：

$$p'(x,t) = a' e^{j(kx+\omega t)} \tag{11-236}$$

$$u'(x,t) = -\frac{a'}{Z_c} e^{j(kx+\omega t)} \tag{11-237}$$

考虑两个声波：一个沿 $+x$ 方向传播；另一个沿 $-x$ 方向传播。则得到的声压 p_T 和声速 u_T 见式（11-230）、式（11-236）和式（11-237），式（11-231）作用的叠加：

$$p_T(x,t) = a e^{j(-kx+\omega t)} + a' e^{j(kx+\omega t)} \tag{11-238}$$

$$u_T(x,t) = \frac{a}{Z_c} e^{j(-kx+\omega t)} - \frac{a'}{Z_c} e^{j(kx+\omega t)} \tag{11-239}$$

式（11-238）和式（11-239）代表了角频率为 ω 的一维声场的通用式。声压

和声速之间的比值 $p_T(x, t)/u_T(x, t)$ 是在气体阻抗坐标 x 处的通用式。关于气体阻抗的内容将在下文中阐述。

1. 阻抗的性质

图 11-83 所示为两个沿 x 正方向和 x 反方向传播的声波。在坐标 x_{M1} 和 x_{M2} 处的阻抗分别为

$$Z_{M1} = \frac{p_T(x_{M1}, t)}{u_T(x_{M1}, t)}$$

$$Z_{M2} = \frac{p_T(x_{M2}, t)}{u_T(x_{M2}, t)}$$

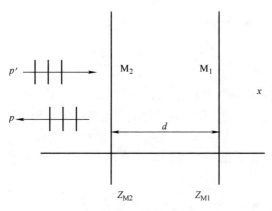

图 11-83 向前和向后传播的声波的叠加

考虑式（11-238）和式（11-239），声压和声速的时间依赖性就可以从阻抗 Z 的表达式中消除

$$Z(x_{M1}) = Z_c \frac{ae^{-jkx_{M1}} + a'e^{jkx_{M1}}}{ae^{-jkx_{M1}} - a'e^{jkx_{M1}}} \qquad (11\text{-}240)$$

$$Z(x_{M2}) = Z_c \frac{ae^{-jkx_{M2}} + a'e^{jkx_{M2}}}{ae^{-jkx_{M2}} - a'e^{jkx_{M2}}} \qquad (11\text{-}241)$$

从式（11-240）中可以求得两幅值的比 a/a'，并作为在点处 x_{M1} 阻抗的函数

$$\frac{a}{a'} = \frac{Z(x_{M1}) - Z_c}{Z(x_{M1}) + Z_c} e^{-2jkx_{M1}} \qquad (11\text{-}242)$$

该式（11-242）可以带入式（11-241），得到在点 x_{M2} 处的阻抗

$$Z(x_{M2}) = Z_c \frac{Z_c - jZ(x_{M1})/\tan(kd)}{-jZ_c/\tan(kd) + Z(x_{M1})} \qquad (11\text{-}243)$$

流体在点 $x_{M1} = 0$ 处由无限刚度（阻抗）的墙壁所限制，如图 11-84 所示。
坐标为 x_{M2} 的点位于流体 2 与流体 1 的接触面上，而坐标为 x_{M3} 的点位于流体 2 中。位于坐标 x_{M2} 的流体 1 表面上的阻抗可以由式（11-243）求得，令 $Z(x_{M1}) = \infty$：

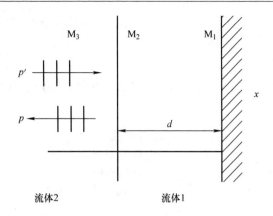

图 11-84　在由刚性墙划定界限的空间中，两压力波的叠加

$$Z(x_{M2}) = -\frac{jZ_c}{\tan(kd)} \tag{11-244}$$

其中，Z_c 为声波向前传播的阻抗，k 为流体 1 的波数。声压和声速在流体 1 和流体 2 之间的接触面上是连续的，所以在接触面上阻抗一定是相同的

$$Z(x_{M3}) = Z(x_{M2}) \tag{11-245}$$

传播介质表面上的反射系数 R 为离开介质的声波压力 p' 与进入介质的声波压力 p 之间的比值

$$R(x_{M3}) = \frac{p'(x_{M3}, t)}{p(x_{M3}, t)} \tag{11-246}$$

因为分子和分母中的频率的相同，所以反射系数与时间无关。在点 x_{M3} 处的反射系数可以通过考虑阻抗 $Z(x_{M3})$ 以及式（11-245）来求得：

$$R(x_{M3}) = \frac{Z(x_{M3}) - Z'_c}{Z(x_{M3}) + Z'_c} \tag{11-247}$$

其中，Z'_c 为介质 2 的阻抗。如果 $|R(x_{M3})| = 1$，那么进入和离开点 x_{M3} 处表面的波具有一样的幅值。这种情况会在 $|Z(x_{M3})| = \infty$ 或当 $|Z(x_{M3})| = 0$ 时发生。

通常，如果 $Z(x_{M3})$ 既不是零也不是无穷大，则反射系数有一个单位值，如果：

$$Z^*(x_{M3})Z'_c + Z(x_{M3})Z'^*_c = 0 \tag{11-248}$$

其中星号 * 表示复数对。如果 Z'_c 是实数，那么 $Z(x_{M3})$ 就是纯虚数。

如果 $|R(x_{M3})| > 1$，那么离开介质的声波的幅值要比进入介质的声波的幅值大。如果 Z'_c 是实数，这种情况就会在 $Z(x_{M3})$ 的实部为负数时发生。

吸声系数 $\alpha(x)$ 定义为：

$$\alpha(x) = 1 - |R(x)|^2 \tag{11-249}$$

因为反射系数 $R(x)$ 的相位不包含在 α 中，吸声系数便不包含存在于阻抗或反射系数中的信息。由其定义可知，吸声系数的值为 0~1，可将其改写成：

$$\alpha(M) = 1 - \frac{E'(M)}{E(M)} \tag{11-250}$$

式中，$E(M)$ 和 $E'(M)$ 分别为通过平板的入射波和出射波在 x 处的能量。

2. 一些关于吸声处理设计上的考虑

从声波在不同介质中传播的介绍中可以得到一些通用的关于吸声处理设计上的结论。

当反射系数 R 很小时（极限情况时 $R=0$），可以获得很大的吸声系数（极限情况时 $\alpha=1$）。当吸声材料的表面阻抗 Z_s 接近于空气的阻抗 Z_0 时，上述情况可以实现。表面阻抗定义为

$$Z_s = \frac{Z_c}{\tanh(k_c d)} \qquad (11\text{-}251)$$

因此，具有孔隙度指数 ϕ 在 0.95～0.99 的材料可以获得高吸声系数。

表面阻抗与隔层的厚度有关，并且源于其阻抗和波数。了解这些参数对吸声处理的设计至关重要。虽然这些参数难以从实验测量中确定，但大量吸声材料[Delany 和 Bazley（1970 年）]的实验测试显示这些参数的值可以根据称为流阻率 σ 的参数来估计。流阻率越大，特征阻抗 Z_c 相对于气体阻抗就会越高。

如果流阻率太高的话，声波就会从表面反射；相反，如果流阻率太小，声波则不能被材料吸收。较好的折中办法可以由下面的经验公式来获得：

$$\sigma l \approx 3\rho_0 c_0 \qquad (11\text{-}252)$$

吸声材料的厚度等于入射波波长的 1/4 时可以获得最大的吸声系数。对于某种给定材料的隔层，仅在频率大于或等于 $c/(4d)$ 时才可以提供最大的吸声效果，如图 11-85 所示。

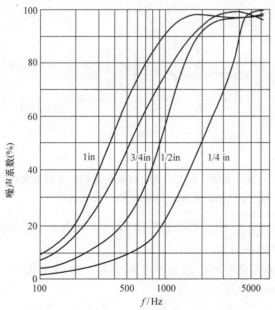

图 11-85　吸声系数与隔层厚度的关系（1in = 2.54cm）

在吸声材料表面贴一层微孔薄膜可以提高其在低频域处的吸声系数，即使这样会降低高频时的吸声系数（图11-86）。薄膜与其覆盖的吸声材料之间的连接方式一定要谨慎选择。这种连接应该允许空气粒子通过声波进入到吸声材料中参与运动。如果在入射波一侧的吸声材料完全地被薄膜密封，那么其吸声性就会大大降低。

Thinsulate（新雪丽）	35%聚丙烯，65%聚酯
Textile porous	回收的纺织纤维
FIT	100%人造超细纤维毡
KPF	100%人造纤维
Politex	100%聚酯
Nitra Kombi	不同密度的纤维夹芯
URS	压合聚氨酯片
Melamine	消防多孔泡沫

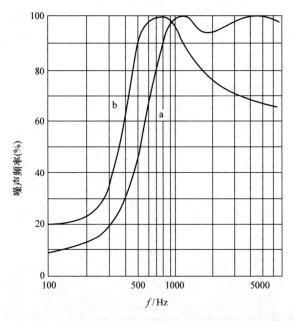

图11-86 在吸声层表面上，对聚酯薄膜的吸声系数的影响
a—无薄膜 b—1.5×10^{-3}聚酯薄膜

图11-87显示的是用于汽车领域的不同材料的20mm厚的隔层的吸声系数：

3. 其他的吸声解决方案

Helmoltz共鸣器、箔吸声器以及微孔板是另一些吸声措施。与多孔介质相比，这些方案在较窄的频域内是有效的。

Helmoltz共鸣器是一个带有开孔的声腔。孔的尺寸要比腔体的尺寸小，就像是一个开口的空瓶子。共鸣器孔口处的空气粒子可以在声腔内产生受迫振动（图

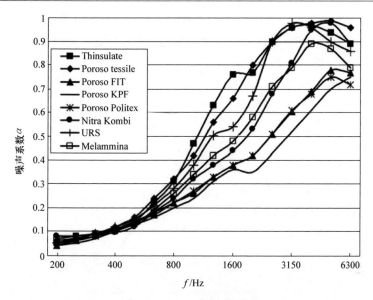

图 11-87 相同厚度（20mm）的不同吸声层的吸声系数间的比较

11-88）。该系统可以等效成一个单自由度的弹簧-质量共鸣器。这个共鸣器可看作是一个调节好的弹簧-质量阻尼器，以减小某一特定频率（例如声腔的某个固有频率）下的声学影响。共鸣器的固有频率可以由下式计算

$$f_0 = \frac{c}{2\pi}\sqrt{\frac{S}{Vl}} \qquad (11\text{-}253)$$

式中，S 为孔口截面积；l 为孔深；V 为声腔体积；c 为声速。

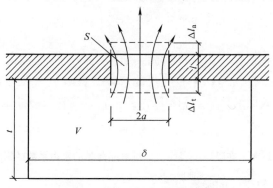

图 11-88 Helmholtz 共鸣器

薄膜吸声器是由安装在距刚性壁距离为 d 处的薄膜构成的 Helmoltz。类似于共鸣器，刚性壁和薄膜之间的声腔起弹簧的作用，并对薄膜的位移起反作用。

这种情况下的共振频率为

$$f_0 = \frac{c}{2\pi}\sqrt{\frac{\rho}{dm}}$$

式中，c 为声速；ρ 为空气密度；m 为薄膜的单位面积质量；d 为薄膜到刚性壁的距离。共振时的大幅度震荡意味着在振动系统中存在巨大的能量损失。因此，对于薄膜吸声器来说，吸声系数在共振频率下达到最大。一个带有真空声腔的薄膜吸声器会产生一个高而窄的吸收峰。如果声腔内充满石棉，吸收峰将会变得低而宽。

与刚度可以忽略不计的薄膜不同，箔吸声器可以设计成图 11-89 那样的带有塑料或金属材质的凸起箔。经过成型的箔是为了形成许多的柱状容器。由柱状容器及其包裹的空气（滞留空气）所组成的系统的固有频率与容器的质量和刚度，以及空气的刚度有关。该吸声器的设计参数有：

- 声腔的外表面及深度，滞留空气的体积。
- 箔的质量和刚度及其几何形状。

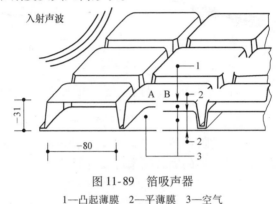

图 11-89　箔吸声器
1—凸起薄膜　2—平薄膜　3—空气

不同尺寸的声腔组合拓宽了有效的吸声频域。

这种吸声措施的主要优点是能够隔热、隔水（或润滑液、油），且多用于发动机舱。

另一种吸声措施是在距声音反射面一定距离的地方用微孔板（大多数材料可以制成，如金属、聚合物等）来吸收声能。设计参数包括孔的直径和节距板的厚度以及离声音反射表面的距离。和箔吸声器一样，这种吸声器也适用于高温和存在发动机液体的环境。

11.5.4　吸声系数的测量

1. 对于垂直入射声波的吸声测试

参照标准有 ASTM-E 1050 和 DIN 52215。

实验设备：阻抗管（Kundt 管），如图 11-90 所示。

试样：频域在 16～1600Hz 时，试样为直径 100mm 的圆柱；频域在 100～6400Hz 时，试样为直径 30mm 的圆柱。

从安装在管内的两个传声器之间的频率响应函数可以评估吸声性和表面阻抗，考虑两传声器之间的距离为 s，其中一个传声器到试样的距离为 l。

第 11 章 NVH

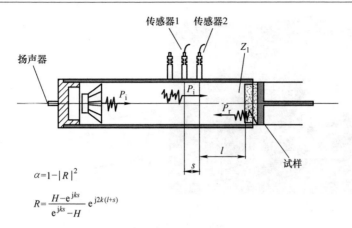

图 11-90 Kundt 管，用来测量垂直入射时的吸声系数

2. 对于任意入射声波的吸声测试

参考标准为 ISO 354 – 1985。

实验设备：容积为 294m^3 的回声室。

试样：10m^2 的板件。

吸声性由测得的声音衰退时间来评价。

3. 阿尔法（Alpha）舱

阿尔法舱是也是一个回声室，其线性尺寸为上述由 ISO 354 – 1985 规定的回声室尺寸的 1/3。阿尔法舱的容积为 6.44m^3，且舱壁两两互不平行。这样就使试样表面积减小到了 1.2m^2，且对应于铺满舱壁的衬垫的面积。测量频率也成比例地增加，所以可用频域就变成了 400Hz ~ 10kHz，这正是汽车工业所用到的频域。

阿尔法舱的附件还包括一块分开的地板，地板靠上的部位还安装了脚轮。一般通过一侧的门进入到舱内。墙上安装的反射壁是为了便于测量声场扩散系数。

激励由三个安放在角落的扬声器来产生。一个传声器来测量声压衰减。5 个传声器均匀地布置在平行于地板的平面内来进行测量。传声器位置之间的移动是自动的（图 11-91）。

4. 声腔的平均吸声性

基于扩散声场的假设，由 Sabine 模型可以得到声腔的平均吸声性，即：

- 在某一点处，来自各个方向的声音能量流是相同的，并且相角是任意的。
- 声场强度在各点处都是相同的。

Sabine 模型可以大量应用于车辆的声学问题中，即使车辆中的声场与上述假设不尽相同。

反射时间 T_{60} 是指直达声在反射后声级衰减 60dB 所用的时间。Sabine 由经验得出，反射时间正比于声腔的体积，并且反比于声腔的吸声性：

$$T_{60} \approx 0.161 \frac{V}{S \bar{\alpha}_d}$$

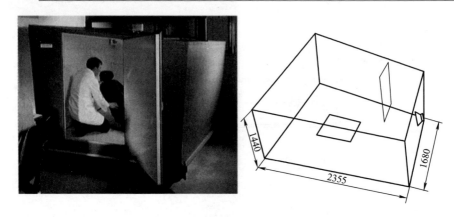

图 11-91　阿尔法舱

式中，V 是声腔的体积（m^3）；S 为墙壁的表面积（m^2）；$\overline{\alpha}_d$ 为声腔表面的平均吸声系数。考虑到空气的衰减常数 m（Eyring 和 Kuttruff），二阶近似表达式为

$$T_{60} = 55.3 \frac{V}{c[4mV - S\ln(1-\overline{\alpha}_d)]} \quad (11-254)$$

声腔表面的平均吸声系数与每面墙（面积为 S_i）的吸声系数 $\overline{\alpha}_{di}$ 有关：

$$\overline{\alpha}_d = \frac{\sum_i S_i \overline{\alpha}_{di}}{\sum_i S_i} \quad (11-255)$$

式中，$\sum_i S_i = S$ 是声腔的侧面面积，并且不考虑声腔内的物体（比如座椅的面积）。

上述公式可以计算出某种材料的试样在扩散声场中的吸声系数。在无标准试样的情况下，重复测量反射时间，仍可得到吸声系数。式（11-254）可以求得平均吸声系数，最终得到试样的吸声系数。

11.5.5　吸声处理在车身中的应用

汽车上的吸声处理是为了降低反射声波的幅值。图 11-92 所示为这些吸声处理在车身上的常见位置。座椅在车内声腔中的吸声效果能占到 50%，这是因为座椅是由吸声性能很好的材料制成的，如开孔型泡沫和织布。其次吸声效果较好的是车顶板，占到了 25%，其他部位的吸声效果占剩下的 25%（门板、地板和地毯等）。

吸声处理一定要在设计阶段就予以考虑，甚至是对一些不起主要吸声作用的部件，如座椅或车顶板也应予以考虑。在选择座椅和内板的纺织物时应当考虑：这种纺织物允许声波驱使空气产生运动。只有带有微孔的厚织物或皮革才被允许使用。相反，天鹅绒和较粗糙的织物就有很好的吸声性质。

虽然车顶板的功能主要是为了美观，但是其较大的面积对车内噪声的吸收有着非常大的作用。其底板通常是由不同种类材料（例如加强聚氨酯）模具成型的，厚度在 7~9mm。该板再覆盖上内饰层后，与车顶结构通过粘接（低端车）或者紧

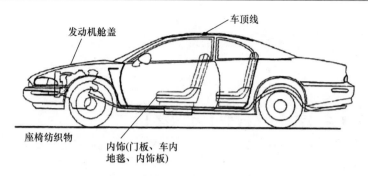

图 11-92　汽车上主要的吸声措施

固件相连。

至于发动机舱，通常对发动机舱盖和防火墙覆以纤维组织板。为了兼顾发动机对液体、水和泥的阻挡，建议在发动机较低位置处使用泡沫或箔吸声器来进行防护。

第 12 章　结构完整性

车辆底盘构造涉及诸多问题，包括一系列不同的方面：人机工程学、可接入性、外形、机械部件的壳体和悬架。确定结构空间时常常要满足这些约束条件。因此，车身结构通常具有复杂的形状。

本章的目的是介绍底盘部件的结构功能。

首先是参考载荷的估算，这在设计的第一阶段是有用的。

因为汽车车身是通过将金属薄板组装到一起的，所以本章第二部分对薄壁构件的拉伸和变形分析方法进行了回顾。对板件和薄壁管件的主要失效模式作了简单的介绍。

本章有部分内容分析了车身结构，从而更好地理解车身主要构件（纵梁、横梁、柱、板）的作用，以及它们对弯曲和扭转刚度的影响。为分析每个部件对车身整体刚度的贡献，采用了基于部件自身平衡条件的方法。

简化方法用于分析结构功能，不适合应用于对精度有要求的定量分析。因此，对用于分析和设计车身的不同类型有限元模型做了简要介绍。

本章的最后部分介绍了一些实验室测试程序，用于确定车辆的结构特性，如扭转和弯曲刚度。

12.1　内部和外部载荷

车辆承受载荷的压力，而载荷通常是由激励和车辆之间的动态相互作用决定的。在设计初始阶段，有关车辆及其子系统的可用数据可能不足以用来为动态的相互作用建模。因此，为确定一个初始的设计，有必要在这一阶段对载荷进行评估，在后面的阶段，为了完成更为精确的设计需要进行动态检查。

基于以上考虑，下面的段落介绍了一些在车身结构的初始设计时有用的载荷工况，包括：

- 驻车
- 极限操纵
- 不平路面（不平表面，障碍）
- 传动、座椅和安全带产生的内部载荷

- 集中或均布在底盘部件上的外部载荷

定常载荷适用于以下情况：车辆自重，车顶表面均布的雪重和汽车单轮停在路沿上。相反，在所有其他情况下，不能认为载荷是定常的。

时间常数可根据情况而不同。在轮胎附着极限时，加速或制动到一定速度或停止时或许需要一段时间（也就是几秒）。

同样的情况也适用于极限工况下的转向操作（类似的时间常数）。跨过集中障碍（路障）的时间较短（几分之一秒）。此外，在碰撞时，施加到安全带固定点的力只持续几分之一秒。

随后，假设载荷被应用于准静态方式。尽管随时间可变，仍然假设对这些载荷的结构响应是静态的，因此不涉及动态现象。

除了安全带牵引力，在车辆寿命期间，所有的后述负载可能发生的频率差不多。因此，部件设计必须避免造成底盘静态或疲劳失效、永久变形或功能性损失。

12.1.1 驻车

1. 平坦道路驻车

一辆车如停在平坦的道路上，即使载重量可能最大，也不一定是极端载荷工况。然而平坦道路停车很有趣，因为其他工况可以通过计算与该工况相关的变量来确定。给定质量和质心位置，作用在前轴和后轴的垂直载荷 F_{za} 和 F_{zp} 简化为：

$$F_{za} = mg \frac{b}{p}$$

$$F_{zp} = mg \frac{a}{p} \tag{12-1}$$

其中，m 为汽车的质量；p 为轴距；a 和 b 分别为质心到前轴和后轴中心的纵向距离。如果道路是平坦的，质心在车辆中间平面，则载荷 F_{za} 和 F_{zp} 被每个轴的两个轮子平分。

2. 单轮抬起驻车

参考图 12-1，假定汽车在路沿驻车时一轮抬高至足以引起的其他三个轮子之一离开地面。如果路沿的高度相对于轴距是可以忽略不计的，与式（12-1）相比，施加在轴上的垂直载荷变化不明显。

随着一轮抬起，汽车就以一种确定的静态方式支撑在地面上。由于车轮接地点相对于中间平面（假设质心所在的平面）不对称，结构变得扭曲。要知道哪个车轮离开地面，只需确定可以由前轴或后轴平衡的最大转矩就可以了。

图 12-2 所示为从车辆中单独隔离出的一个轴。施加转矩 M_t 可确定轮距为 t 的两个车轮间的垂向力的转移量：

$$\Delta F_z = \frac{M_t}{t} \tag{12-2}$$

由于车轮与地面单边接触，可以实现轴平衡的最大转矩指的是可以完全卸掉车轮载荷的转矩：

$$M_{t\max} = \frac{F_{zi}}{2}t \tag{12-3}$$

式中，F_{zi} 为车轴上的载荷，下标 i = a、p 分别表示为前、后轴。更高的转矩值无法平衡，反而会导致翻车。图 12-1 中的汽车在路沿上抬起时，前桥对后桥施加了一个转矩。

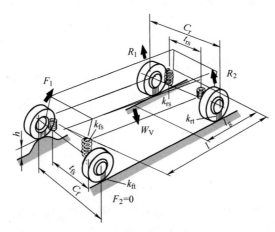

图 12-1　单轮停车路沿上，路障高得足以使一轮抬起而离开地面，因而汽车仅由 3 个车轮支撑

若四个轮子之一离开地面（图中的右前轮或左后轮），则转矩不会进一步增加。因此，在路沿停车时，车轮的最大转矩是可以被两个轴平衡的转矩中的最小值：

$$M_{t\max} = \min\left(\frac{F_{za}}{2}t_a, \frac{F_{zp}}{2}t_p\right) \tag{12-4}$$

如果可被前桥传递的转矩小于后桥，

$$\frac{F_{za}}{2}t_a < \frac{F_{zp}}{2}t_p \tag{12-5}$$

则第一个被抬起的轮子是前轮中的一个。

反之，如果：

$$\frac{F_{za}}{2}t_a > \frac{F_{zp}}{2}t_p \tag{12-6}$$

则第一个被抬起的轮子是后轮中的一个。

为了得到静态转矩值，假设汽车重力 F_F = 14kN，质心位于轴距的中间平面 a = b = $p/2$。在这种情况下（图 12-2），F_{za} = F_{zp} = 7kN。如果前后轮距相等，t_a = t_p = 1.2m，则得到：

$$M_{tmax} = \frac{7kN}{2} \times 1.2m = 4200N \cdot m \tag{12-7}$$

可以看出转矩的量级很大，因此在设计中需要避免材料屈服、焊点断裂（静态或疲劳失效），尤其要避免过度变形。

12.1.2 操纵极限

1. 横向极限

当汽车以固定角度转向时，其最大侧向力（F_{ymax}）受以下两个条件的限制：

① 达到轮胎的最大侧向附着力
② 侧翻。

轮胎最大侧向附着力由下式给出：

$$F_{ymax\mu} = \mu_{ymax} F_z \tag{12-8}$$

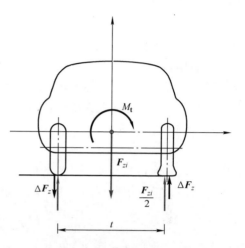

图 12-2 由施加在车轴上的转矩 M_t 导致的载荷转移

式中，F_z 是总重量；μ_{ymax} 由整车产生的最大侧向附着系数。μ_{ymax} 不仅取决于轮胎的特点和道路表面特性（干燥路面、湿滑路面、积雪路面），也受车辆动力学性能影响，如悬架系统特性（刚度等）、横向稳定杆、质心位置等。

如图 12-3 所示，当惯性力和重力（都作用在质心）的合力通过外侧车轮的接地点时，会产生侧翻。在这种情况下，横向载荷转移被内侧车轮垂直力相抵消：

$$\Delta F_z = F_{ymaxR} \frac{h}{t} = \frac{F_z}{2} \tag{12-9}$$

所以，对应于侧翻最大侧向附着力 F_{ymaxR} 为：

$$F_{ymaxR} = \frac{1}{2} \frac{t}{h} F_z \tag{12-10}$$

对于路上行驶的汽车，如果抓地特性已知，最大侧向力是由式（12-8）（附着极限）和式（12-10）（侧翻）给定的最低负荷极限给出的：

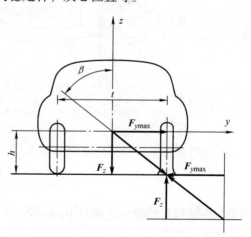

图 12-3 由侧翻决定的最大侧向力

$$F_{ymax} = \min\left(\mu_{ymax} F_z, \frac{1}{2} \frac{t}{h} F_z\right) \tag{12-11}$$

在路面有很好的随着力条件的情况下，$\mu_{ymax} \approx 0.8 \sim 0.9$，$2h/t$ 是质心的高度 h 与半轮距 $t/2$ 之间的比率，侧向力的极限是由轮胎或侧翻决定的。考虑轮距 $t = 1.2m$

和相对较低的车辆质心高度：$h = 0.5\text{m}$，所以比率 $t/(2h) = 1.2 > \mu_{y\max}$。最大侧向力由 $\mu_{y\max}$ 决定。

一个小型商用车有相同的轮距和较高的质心高度 $h = 0.8\text{m}$，$t/2h = 0.75$，最大侧向力则是由侧翻决定的。

2. 纵向极限

当制动或加速过程中达到轮胎附着极限时，纵向力最大。对普通车辆来说，制动系统产生的转矩比传动系统的转矩高得多，因此制动时会产生更大的纵向力。如果 F_z 是总重量，那么：

$$F_{x\max\mu} = \mu_{x\max} F_z \tag{12-12}$$

式中，$\mu_{x\max}$ 是通过整车能够产生的最大纵向附着系数。

与侧向力极限情况相同，考虑翻车条件。在制动工况下的载荷转移：

$$\Delta F_z = \frac{h}{p} F_{x\max R} \tag{12-13}$$

翻车时，载荷转移抵消了作用在后轴上的垂直载荷（图 12-4）：

$$\Delta F_z = F_{zp} = \frac{a}{p} F_z \tag{12-14}$$

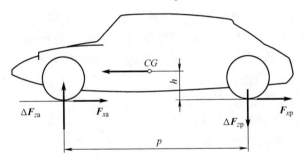

图 12-4 制动过程中载荷在前后轴之间的转移

在这种情况下，整车的重量完全作用在前桥上。因此：

$$F_{x\max R} = \frac{a}{h} F_z \tag{12-15}$$

最大纵向力是由式（12-12）和式（12-15）给定的最小力确定：

$$F_{x\max} = \min\left(\mu_{x\max} F_z, \frac{a}{h} F_z\right) \tag{12-16}$$

因为通常 $a > h$，所以最大纵向力一般由轮胎最大附着力决定。

12.1.3 路面不平度

1. 障碍

道路试验表明，除发生事故情况，车辆在遇到集中障碍如路障和坑洞时产生最大载荷。悬架支撑塔垂直加速度测量值可高达三倍的重力加速度 g：

$$a_{z\max} = 3g \approx 30\text{m/s}^2 \tag{12-17}$$

如此高的加速度导致悬架压缩行程结束，簧上质量和簧下质量变成一个整体。地面作用在车轴上的垂直载荷 F_{zso}（下标 so 是指遇到的障碍）可估计为：

$$F_{zso} = a_{z\max} m_{a,p} \tag{12-18}$$

其中，$m_{a,p}$ 分别为作用在前轴或后轴上的质量。

之前提到与遇到障碍相关的现象相对复杂，涉及悬架和轮胎动力学。除了垂直力，同时也会产生制动力，其强度可利用式（12-18）确定。

考虑垂直和水平分力之间一个非常安全的角度 $\theta = 45°$，纵向分力等于垂直分力：

$$F_{xso} = \tan\theta F_{zso} \approx F_{zso} \tag{12-19}$$

遇到障碍物时的载荷通常远远高于制动达到轮胎附着极限时的载荷。这种冲击特性使得准静态方法不适于解释瞬态阶段发生的所有现象。为了计算这些影响，需要用动态仿真方法来解释这些部件如橡胶衬套的高度非线性性质。这些部件（如发动机弹性悬置，悬架衬套）可能因为作用于它们的高载荷而终止行程。

2. 路面不平度

必须考虑分布式的路面不平度，因为它可以导致部件的疲劳失效。尽管该情况下施加在结构上的应力与集中障碍（如坑槽和路沿）相比不严重，分布式不平度可促进疲劳裂纹的产生，随着裂纹的扩展进而导致机械故障。

第 11 章提到，随机路面不平度的特征用功率谱密度来表示。这个参数表明了激励与频率谱相关，说明在更高的频率时，振幅趋于减小。

车辆行驶在凹凸不平的道路上引起的反复应力是导致结构疲劳的一个原因。应力评估始于考虑路谱，其特点是用由式（11-30）的功率谱密度表示的。通过这两个系数 C_0 和 N，才有可能选择一种道路谱（高速公路，不平路，极不平路）和速度（如 50km/h）。这种选择使式（11-34）根据激励的时间频率表达功率频谱密度。

由于许多部件具有非线性特性，且由于大位移可以在一定条件下发生，应力的计算需要使用有限元分析软件和多体动力学软件进行数值模拟。

有时通过测量路谱进行计算也是特别重要的。这种测量必须考虑沿道路宽度方向的不平度分布，使得同轴上的两个车轮以不同的方式被激励，不仅引起垂直和俯仰运动，还有侧倾。

之后该路谱应用于使轮胎接触地面的模型，使垂直位移的时间历程与测量值相同。

如果道路谱无法直接测量，就从白噪声开始创建一个有着理想功率谱密度的道路谱来继续进行。

计算简图如图 12-5 所示。由随机噪声发生器产生的恒功率谱密度信号（白噪声）输入低通滤波器。目标是从滤波器输出一个与道路谱具有相同功率谱密度的信号。

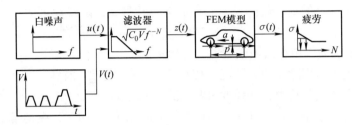

图 12-5　在不平道路上行驶后疲劳水平的计算简图

为了实现该目标，采用一个传递函数为 $H(s)$ 的线性滤波器来表示输入功率谱密度 $[G_u(\omega)]$ 和输出功率谱密度 $[G_z(\omega)]$ 之间的关系：

$$G_z(\omega) = |H(j\omega)|^2 G_u(\omega) \quad (12\text{-}20)$$

假设输入的白噪声具有归一化的功率谱密度：

$$G_u(\omega) = 1 \quad (12\text{-}21)$$

考虑到功率谱密度 $G_z(\omega)$ 是速度 V 时的道路谱：

$$G_z(\omega) = C_0 V^{N-1} \omega^{-N} \quad (12\text{-}22)$$

可以得到：

$$|H(j\omega)|^2 = \frac{G_z(\omega)}{G_u(\omega)} = C_0 V^{N-1} \omega^{-N} \quad (12\text{-}23)$$

因此：

$$H(s) = \frac{\sqrt{C_0 V^{N-1}}}{s^{N/2}} \approx \frac{\sqrt{C_0 V}}{s} \quad (12\text{-}24)$$

滤波器的传递函数确定后，从滤波器输出的垂直位移作为汽车模型（多体 + 有限元分析）的一个输入，此模型用来计算底盘的内部应力。必须记住，如果 $z(t)$ 是前轴的垂直位移，则后轴的位移是 $z(t-\tau)$：

$$\tau = \frac{p}{V} \quad (12\text{-}25)$$

后轴与前轴位移相同，但由于轴距 p 后轴有一段延迟 τ。

通过有限元计算得到张力或变形量，然后用于内部结构的累积损伤计算，根据其中一个假设（最简单的是 Miner 假设），可以确定由于载荷循环的应用被"消费"的部件的寿命部分。

12.1.4　内部载荷

内部载荷通常通过施加静态载荷给多体模型来评估，多体模型包括发动机

（或差速器）及其支撑、传动系统、悬架系统和结构体上的所有连接。

1. 悬架

车轮和地面之间的力与力耦通过悬架连接点传输到底盘。从先前设计的极限载荷开始，结合给定的几何形状和悬架的特点，可以在悬架连接点获取载荷。

例如，图 12-6 所示为作用在麦弗逊悬架上的力和约束，每个力都有垂直和侧向分力。

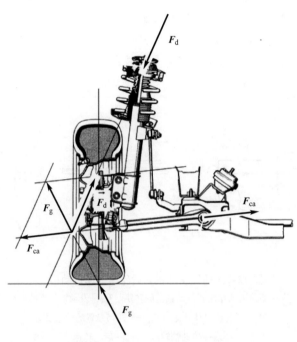

图 12-6　作用在麦弗逊悬架连接点的载荷。地面 g 通过接触点施加的力将沿着其作用线移动，直到它穿过下控制臂的 ca 轴。然后它被分解为两个力，一个为沿下控制臂轴线方向的 F_{ca}，另一个为方向通过悬架支撑塔的 F_d

根据目前的工程惯例，内部和外部交换力的计算可以通过多体动力学计算代码自动完成。除了轮胎和悬架传递的许多力之外，这些程序还可以仿真车辆操控与计算。

2. 传动系统

由发动机传递的转矩会对连接发动机和车身结构之间的部件产生反力。图 12-7所示为前置发动机、后轮驱动的布置。T_{ps} 是变速器输出轴作用到传动轴上的转矩，T_w 是差速器传递到车轮（左轮 + 右轮）的整体转矩，T_{es} 和 T_{ds} 分别是通过发动机和差速器的悬置产生的约束反力矩。约束反力 T_{ds} 必须平衡车轮及驱动轴作用于差速器的力矩 T_d：

$$T_{ds} = -T_d \tag{12-26}$$

其中
$$T_d = T_{ps} - T_{rw} \qquad (12\text{-}27)$$

受力图所示的最后反作用力倾斜于曲轴和车轮车轴。差速器与车身的连接点布置在能够产生转矩 T_{ds} 的地方,以最大限度地减少因之产生的力。

相应地,将差速器悬置中的两个衬套布置在离转矩 T_{ds} 作用线最远处。第三个衬套使悬架静定并正确地支撑差速器的相关力(重量和惯性)。

在图 12-8 中的四轮驱动的情况下,后差速器的情况是与图 12-7 中的差速器相同的。前面的动力总成由发动机、变速器和差速器组成,约束反力 T_{es} 必须平衡驱动轴的转矩 T_{ps} 和前轮的转矩 T_{fw}:

$$T_{es} = -T_e ; T_e = -T_{fw} - T_{ps} \qquad (12\text{-}28)$$

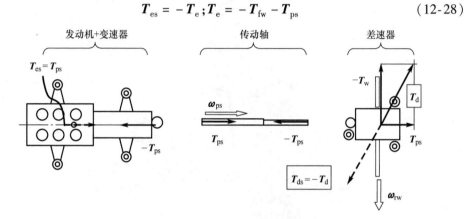

图 12-7 前置发动机和后轮驱动的传动形式

T_{ps}—变速器输出轴作用到传动轴上的转矩　T_{es}—发动机悬置的约束反力
T_w—后轮的整体转矩　T_{ds}—差速器悬置的约束反力
ω_{ps}—传动轴转速　ω_{rw}—后轮转速

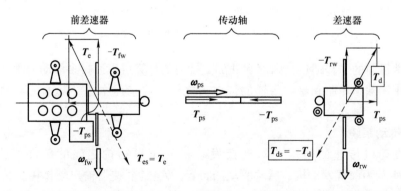

图 12-8 四轮驱动传动系统。符号与图 12-7 相同。T_{fw} 是前轮总力矩。ω_{fw} 是前轮的角速度

3. 安全带

坐椅安全带连接点的局部抗拉强度试验用来验证在认证规则设定的载荷作用

下，永久变形量是否在一定范围内。读者可以参考上卷中相关内容。

4. 面载荷

除了路面引起的载荷，还有多种载荷必须考虑，如作用在车上的推力或车辆倾斜产生的力，或由于大气环境的作用（如雪和冰雹）产生的力。

车身与手指或偶然接触产生的载荷相关的特性可以通过使用推力器逐步施加局部载荷直至最大值来体现。负载被释放后，要验证没有永久变形发生。这些测试应用在车门、发动机罩、行李箱门和侧围上。

图 12-9 所示为侧门利用非线性有限元模型仿真的结果。仿真包括加载和卸载循环，涉及的装卸使用一个直径 80mm 的球体来仿真的。在卸载阶段，表面如有一个小的永久变形（约 0.5mm），就意味着材料易于屈服。

在车顶上进行类似的测试来模拟积雪层的压力。在这种情况下，可以通过使用沙袋施加一个分布的载荷。

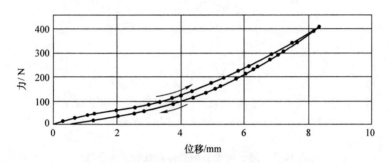

图 12-9　力 - 位移图。使用一个直径 80mm 的球体在表面施加 400N 的最大力。
箭头表示加载和卸载阶段

12.1.5　安全系数

正如前面提到的，可以将动态载荷近似为准静态载荷。为了评估动态载荷，有必要了解其成因（例如路障）、结构特点（质量、刚度、阻尼及其分布）。所以，为了给车辆的动态行为建模，汽车设计必须至少定义其基本单元。

详细阐明动态模型需要许多数据，但这些数据不是设计的第一阶段就知道的，因此，准静态的假设用来大体评估作用在车上的载荷，以完成初始近似设计。随后的验证（精细）步骤是基于车辆日益复杂的动态模型，如此才能考虑与外部激励的相互作用（图 12-10）。

为了考虑由准静态假设引入的近似误差，可以使用一种基于安全系数的方法。这些系数通常是根据经验确定的，且其大小取决于载荷类型。

表 12-1 所示为通过比较不同的作者（参考文献 [29] 和 [30]）得到的主要载荷工况下的安全系数。

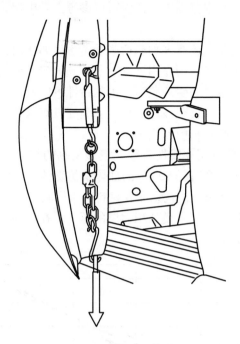

图 12-10　车门受作用于车锁上的特性的验证垂直载荷。为了保证功能和特性不变，永久变形量必须很小（如 0.5mm）

表 12-1　用于考虑载荷动态特性的安全系数

载荷类型	安全系数
障碍	1.4~1.6
制动达到附着极限	1.1~1.8
转向达到附着极限	1.4~1.75
扭转	1.3~1.8

12.2　薄壁结构的特性

由于规范与功能上的限制，底盘的结构布置往往是很复杂的。由于梁和板件的复杂互连（纵向单元、交叉单元和支柱），汽车底盘有较高的不静定水平。因此，除非引入极端近似，否则难以进行应力应变分析。通常是采用有限元数值方法进行结构分析。

然而，为了提供一定的设计标准，有必要了解主要底盘部件的结构功能。因此，可以方便地考虑一些基本的布置：尽管这些布置不能提供精确的定量信息，却被证明有助于解释底盘部件的结构功能。

无论是总布置确定后的概念设计阶段，还是最终设计进行细化的结果分析阶段，理解影响底盘性能的参数都很有用。

本节介绍了对薄壁结构进行应力和应变分析的一些简化方法，例如那些用于汽车底盘的薄壁结构。还将解释最常见的应力特征，包括弯曲、扭转和剪切。

因为壁薄，这些结构易于屈曲。将利用简单的几何形状（梁和板）屈曲现象进行解释。

12.2.1 假设和定义

硬壳式结构厚度与截面尺寸相比很小的结构，例如：折叠的金属片形成的母线相接的筒体。这种结构不适合支撑集中载荷，可能会导致硬壳的局部折叠。

为了承受集中荷载，结构通过加装纵向单元进行加强，称为纵向加强筋，横向的单元，称为横向加强筋。这种结构被称为半硬壳式结构。航空结构是应用半硬壳式结构的典型例子。例如一个机翼就是通过面板加纵向加强筋和横向加强筋形成的。

汽车结构件是由金属薄板构成的，这些金属薄板通过折叠和焊接形成了开口和闭口截面。航空领域采用的把纵向加强筋铆接或粘接到板件上的方法一般不采用。如果需要纵向加强筋，可以通过型材或肋在板上实现，这与纵向加强筋有相同的功能，但花费要少。

集中力连接点通过加厚金属板来解决。同航空结构相似，其功能是分散集中载荷以防止局部变形。

也可以使用半壳式结构的假设来研究汽车骨架结构。

半硬壳式结构的分析基于以下假设：
- 加强部件承受拉伸/压缩。
- 板件承受拉伸和剪切，但不承受压缩。

假定一个压缩板发生屈曲，不能传递压缩载荷。只有与加强件相连的板可以承受压缩载荷。这就是所谓的协作带，其宽度是金属板厚度的 12~15 倍。

下一步应当考虑具有以下简化特性的梁：
- 半硬壳式结构。
- 弹性、均匀、各向同性材料。
- 比截面尺寸长。
- 直线轴。
- 等截面。

最后的两个假设（直线轴，等截面）在汽车结构中没有受到应有的重视。然而，可以结构近似为一组直线轴和等截面的部件通过更复杂的几何部件（通常为节点）连接起来。结果可以用于连接部件。同样，梁的曲率（例如 A 柱）通常小于截面尺寸，因此曲率的影响也很小。

开始分析半硬壳式结构前,为了考虑所有部件不同的结构功能,将其截面离散化。

图 12-11a 所示的梁截面是通过把三个金属部件的上下翻边焊接而成。图 b 则是根据半硬壳式结构假设对同一截面进行的简化。焊接的翻边及其相邻的板件简化为位于重心位置的纵向加强筋。它们只承受拉伸/压缩;截面面积表示为 S_i。板只承受剪切。

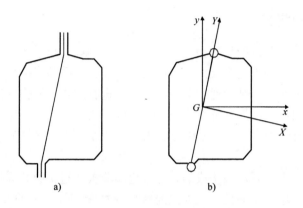

图 12-11 半硬壳式结构截面
a) 实际结构由三个部件通过上下翻边焊接而成 b) 简化:翻边及其相邻的板件简化为位于重心位置的纵向加强筋只承受拉伸/压缩。板只承受剪切

12.2.2 弯曲

根据半硬壳式结构的假设,唯一能承受弯曲的是面积为 S_i 的纵向加强筋,这是仅有的能够产生与截面垂直力的部件。

考虑一个参考系统 xy,坐标原点位于截面质心 G,离散的截面面积特性由惯性矩表示:

$$J_x = \int_S y^2 dS = \sum y_i^2 S_i \qquad (12\text{-}29)$$

$$J_y = \int_S x^2 dS = \sum x_i^2 S_i \qquad (12\text{-}30)$$

$$J_{xy} = \int_S xy dS = \sum x_i y_i S_i \qquad (12\text{-}31)$$

其中 S_i 是承受拉伸和挤压的截面面积(纵向加强筋),其质心坐标是 x_i, y_i。

基于上述假设,当施加弯矩时梁截面保持水平。截面上的应变场是一个与坐标 x, y 相关的线性函数

$$\varepsilon = k'x + k''y \qquad (12\text{-}32)$$

$$\sigma = k_1 x + k_2 y \qquad (12\text{-}33)$$

截面上分布的应力必须平衡外部弯矩，弯矩分量 M_x 和 M_y

$$M_x = \int_S \sigma y \mathrm{d}S$$

$$M_y = \int_S \sigma x \mathrm{d}S \tag{12-34}$$

将式（12-33）代入到式（12-34），得到两个常数 k_1、k_2 和横截面上的应力分布。

$$\sigma = \frac{M_y J_x - M_x J_{xy}}{J_x J_y - J_{xy}^2} x + \frac{M_x J_y - M_y J_{xy}}{J_x J_y - J_{xy}^2} y \tag{12-35}$$

考虑到离散截面，纵向加强筋上的应力

$$\sigma_i = \frac{M_y J_x - M_x J_{xy}}{J_x J_y - J_{xy}^2} x_i + \frac{M_x J_y - M_y J_{xy}}{J_x J_y - J_{xy}^2} y_i \tag{12-36}$$

考虑一个参考系统 GXY，它的轴是主惯性轴（$J_{XY}=0$），这个表达式可以简化为：

$$\sigma = \frac{M_y}{J_Y} X + \frac{M_X}{J_X} Y \tag{12-37}$$

12.2.3 扭转

在以下假设下，梁的应力和应变计算将集中在薄壁梁：
- 直线轴。
- 等截面。
- 弹性、均质、各向同性材料。
- 梁的轴向长度比截面尺寸长。
- 分析截面远离约束。

1. 圆形截面

承受扭转的圆形截面圆柱可以作为参考。如图 12-12 所示，假定梁有实心或空心截面。在后一种情况下壁厚恒定，截面闭合（平行于气缸轴线没有开口）。

由于结构和载荷的对称性，垂直于轴线圆柱截面变形后仍保持为平面。在施加转矩之后，两个相距为 l 的截面相对转过一个角度 θ。作为变形结果，原本平行于轴的材料纤维，转过一个角度 γ。θ 与 γ 之间的关系是

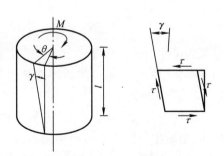

图 12-12　一个圆形截面直轴圆柱转矩。截面实心或空心等厚

$$\theta r = \gamma l \tag{12-38}$$

材料发生剪切变形 τ，可由剪切弹性模量 G 得到

$$\tau = G\gamma \tag{12-39}$$

考虑式（12-38）中 γ 和 θ 的关系，其结果是

$$\tau = G\frac{r}{l}\theta \tag{12-40}$$

切向应力合力必须平衡转矩

$$M_t = \int_0^R 2\pi r^2 \tau \mathrm{d}r \tag{12-41}$$

如果截面上所有点的 θ 是相等的，那么

$$M_t = \int_0^R 2\pi r^2 G\frac{r}{l}\theta \mathrm{d}r = \frac{GJ_p}{l}\theta \tag{12-42}$$

式中，J_p 为该截面极惯性矩。转矩与每单位长度的梁扭转角度 θ' 之间的关系为：

$$\theta' = \frac{\theta}{l} = \frac{M_t}{GJ_p} \tag{12-43}$$

这个结果证实了转角 θ 并不取决于最初的半径 r。

把式（12-43）中的 θ 代入式（12-40）得到截面上的张力分布

$$\tau = \frac{M_t}{J_p}r \tag{12-44}$$

通过式（12-43）和式（12-44）可得到扭曲的直线圆柱的应力和应变状态。只要满足薄壁梁的截面对称条件，这样的结果对薄壁梁及非薄壁梁均有效。重要的是要强调这些结果只有在平面截面保持平面这一假设下才有效。这只适用于圆形截面，因此不能应用到其他形状的截面。如果截面具有不同的形状，它并不保持平面，截面并不是一个相对于其他截面的简单旋转；相反它们将翘曲。在这些情况下，转矩和扭转变形之间的关系式是与式（12-43）相同，但不是截面极惯性矩，而是使用所谓的扭转刚度模量 J_t。

$$\theta' = \frac{\theta}{l} = \frac{M_t}{GJ_t} \tag{12-45}$$

尽管从尺寸上讲，它是一个面积惯性矩，但 $J_t \neq J_p$，其值取决于截面的形状。后面一些典型的汽车案例将会计算参数 J_t。

2. 开口薄壁截面

宽度为 b 和厚度为 t 的实心矩形截面受转矩 M_t 后发生扭曲。它可以切向压力分布相当于在一个具有相同形状的容器中非黏性流体作旋转运动的速度场。由于流量守恒，流速在最长边的中间点取最大值，而在角落里的流体是稳定的，速度约为零。记住这一类比，切向应力的最大值是在外表面，最长边的中间（图12-13）。

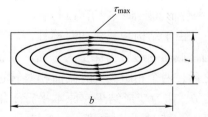

图 12-13 矩形截面梁的转矩：切向张力分布。张力的最大值（τ_{max}）在外表面最长边的中间

最大切向应力（τ_{max}）和单位长度扭转变形由以下公式给出：

$$\tau_{\max} = \alpha \frac{M_t}{bt^2} \tag{12-46}$$

$$\frac{\theta}{l} = \beta \frac{M_t}{bt^3 G}[\,\text{rad}\,] \tag{12-47}$$

该 α 和 β 值由表 12-2 给出，图 12-14 给出 b/t 的比率对其有影响。b/t 的比率高时 α 和 β 趋于一致，几乎等于 3。

表 12-2　长度为 b 厚度为 t 的矩形截面直线梁的抗扭性能。α、β 为计算应力和变形的系数

b/t	1	1.5	2	2.5	3	4	6	8	10	∞
α	4.81	4.33	4.18	4.07	3.88	3.75	3.55	3.34	3.26	3.19
β	7.09	5.10	4.67	4.37	4.02	3.80	3.56	3.34	3.26	3.19

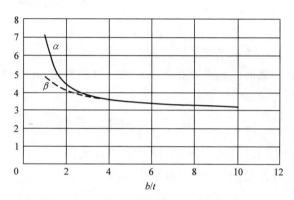

图 12-14　宽度为 b、厚度为 t 的矩形截面梁的转矩。用于计算最大拉应力和变形的系数

比较式（12-47）和式（12-45），矩形梁截面 J_t 值为：

$$J_t = \frac{bt^3}{\beta} \tag{12-48}$$

式（12-46）和式（12-47）也可用于由折叠一个初始截面得到的截面（图 12-15）。这种近似会提高低截面曲率。对于常常用于汽车领域的截面，如 C 形、U 形和 Ω 形梁，其应力和变形的计算以这种方式才有可能进行。

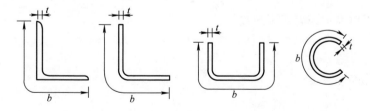

图 12-15　折叠形成的矩形截面的扭转

3. 闭口薄壁截面

前一节介绍了流体动力学模拟，有助于直观地分析一个闭口截面受扭的切向应

力场（图12-16）。因为在每一个截面的流体流量必须不变，应力流也不变，即在本截面的所有点处应力流 q 是恒定的。

$$q = \int_t \tau n \mathrm{d}t = \tau t = 常数 \tag{12-49}$$

其中，n 是单位向量，垂直于流向的基本单元厚度 $\mathrm{d}t$；τ 是相同厚度的平均应力。如果壁厚 t 比截面尺寸小，才可能由平均应力代替应力：

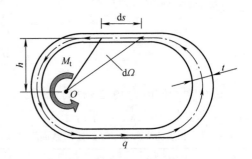

图12-16 薄壁闭口截面受扭。点画线（---中间线）位厚度中间。Ω 代表中间线包围的面积

$$q = \tau t \tag{12-50}$$

注意 q 是常量，切应力随着厚度增加而减小，反之亦然。

剪切流可以通过截面任意点 O 的平衡计算。外部力耦 M_t 必须等于施加在截面上的切向应力的合力矩。

$$M_t = \oint_l h \int_t \tau \mathrm{d}s \mathrm{d}t \tag{12-51}$$

积分是沿着厚度的中间进行的（图12-16 中的点画线）。

考虑到流量 q 是恒定的，$h\mathrm{d}s = 2\mathrm{d}\Omega$，其结果是：

$$M_t = q \oint 2h \mathrm{d}\Omega = 2q\Omega \tag{12-52}$$

其中 Ω 为中线包围的面积。根据一段长 l、体积为 v 的材料所积聚的弹性能可以计算扭转变形

$$U_i = \frac{1}{2} \int_v \tau \gamma \mathrm{d}v \tag{12-53}$$

考虑到所有截面 τ 是相同的，以及相应的材料特性（$\gamma = G\tau$）：

$$U_i = \frac{1}{2} l \oint \frac{\tau^2}{G} t \mathrm{d}s \tag{12-54}$$

切向应力可以表示为剪切流函数 [$\tau = q/t$，式（12-50）]

$$U_i = \frac{1}{2} l \oint \frac{q^2}{Gt} \mathrm{d}s \tag{12-55}$$

从式（12-52）：

$$q = \frac{M_t}{2\Omega} \tag{12-56}$$

可得：

$$U_i = \frac{1}{2} \frac{l}{G} \frac{M_t^2}{4\Omega^2} \oint \frac{1}{t} \mathrm{d}s \tag{12-57}$$

假设的应力–应变关系是线性的，力矩 M_t 为达到变形 θ 所做的功为：

$$U_e = \frac{1}{2} M_t \theta \tag{12-58}$$

根据能量守恒，通过力矩 M_t 所做的功必须等于材料内部的弹性势能的变化。

$$U_e = U_i \tag{12-59}$$

那么：

$$\frac{\theta}{l} = \frac{M_t}{4G\Omega^2} \oint \frac{1}{t} ds \tag{12-60}$$

另外，考虑到式（12-52）

$$\frac{\theta}{l} = \frac{q}{2G\Omega} \oint \frac{1}{t} ds \tag{12-61}$$

式（12-60）与式（12-45）相比，薄壁闭口截面得到的抗扭刚度模量（J_t）：

$$J_t = \frac{4\Omega^2}{\oint \frac{1}{t} ds} \tag{12-62}$$

如果截面的壁厚（t）是常数，则其贡献可以采用积分计算，变为等于截面中线的长度 $s = \oint ds$ 的截面中间线

$$J_t = 4 \frac{\Omega^2 t}{s} \tag{12-63}$$

式（12-52）和式（12-60）给出了闭口管状截面薄壁直轴梁的应力和变形状态，被称为 Bredt 公式，表达式如下：

$$q = \frac{M_t}{2\Omega} \tag{12-64}$$

$$\frac{\theta}{l} = \frac{M_t}{4G\Omega^2} \oint \frac{1}{t} ds \tag{12-65}$$

图 12-17 所示为一个双闭室梁的受扭情况。外部的力矩 M_t 在每个单元产生剪切流动。由两个剪流产生的合力矩必须等于外力矩 M_t。考虑到流量和转矩之间的关系［式（12-64）］

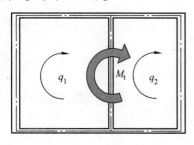
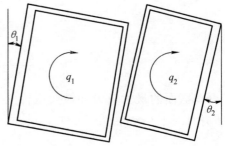

图 12-17　双闭室截面受扭。由于变形一致性，两个闭室的旋转必须相等，$\theta_1 = \theta_2$

$$M_t = 2q_1\Omega_1 + 2q_2\Omega_2 \tag{12-66}$$

其中，Ω_1 和 Ω_2 分别代表通过中线围成的封闭的左右闭室的面积。

式（12-66）不足以确定两个未知剪流。为计算 q_1 和 q_2 必须保证施加在单元处的旋转是相同的。施加变形一致性的条件

$$\theta_1 = \theta_2 \tag{12-67}$$

考虑到式（12-61），两个闭室轴向尺寸相同的事实：

$$\frac{q_1}{2G\Omega_1}\oint_1 \frac{1}{t}ds = \frac{q_2}{2G\Omega_2}\oint_2 \frac{1}{t}ds \tag{12-68}$$

式（12-66）和式（12-68）可以通过变量 q_1 和 q_2 求解。如果两个闭室，无论是在材料和几何条件上都是相同的，则式（12-68）表明这两个剪流是相同的：$q_1 = q_2 = q$。因此，从式（12-66）可得：$M_t = 2q(\Omega_1 + \Omega_2)$。

如果中间壁不存在，则截面表现为一个单室截面。

4. 闭口和开口截面的比较

图 12-18 显示了相同的两个圆形截面尺寸。而左边是闭口的，右边截面在母线的位置有开口，其宽度相对于该切口厚度较小。

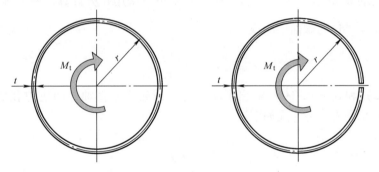

图 12-18　开口圆形截面和闭口圆形截面的受扭比较。
r—厚度中间线的半径　t—壁厚

闭口截面切向应力 τ_c 和变形 θ_c 可通过式（12-64）和式（12-65）评估。考虑到中线所包围的面积 $\Omega = \pi r^2$，$q = \tau_c t$：

$$\tau_c = \frac{M_t}{2\pi r^2 t} \tag{12-69}$$

$$\frac{\theta_c}{l} = \frac{M_t}{2\pi G r^3 t} \tag{12-70}$$

开口截面的最大应力和最大扭转变形可利用式（12-46）计算。考虑到 $b = 2\pi r$，并且对于 $t \ll r$，系数 $\alpha \approx 3$，最大切向应力为：

$$\tau_a = 3\frac{M_t}{2\pi r t^2} \tag{12-71}$$

$$\frac{\theta_a}{l} = 3\frac{M_t}{2\pi Grt^3} \tag{12-72}$$

用相同的力矩和相等的几何尺寸,切向应力之间的比率与变形之间的比率分别为:

$$\frac{\tau_a}{\tau_c} = 3\frac{r}{t} \tag{12-73}$$

$$\frac{\theta_a}{\theta_c} = 3\left(\frac{r}{t}\right)^2 \tag{12-74}$$

由于 $r \gg t$,开口截面受到的应力和变形比闭口截面大得多。例如,假设 $r = 50\text{mm}$,$t = 1\text{mm}$:

$$\frac{\tau_a}{\tau_c} = 3\frac{50\text{mm}}{1\text{mm}} = 150$$

$$\frac{\theta_a}{\theta_c} = 3\left(\frac{50\text{mm}}{1\text{mm}}\right)^2 = 7500$$

对于相同的外形尺寸和材料数量(即重量),与开口截面梁相比,闭口截面梁的刚性高出 4 个数量级,应力低出 2 个数量级。

12.2.4 剪切和弯曲

梁的剪切应力与弯矩的变化有关。考虑到图 12-19 的符号约定,剪切应力 τ 等于沿梁轴的 x 坐标计算的弯矩的导数

$$T = \frac{dM}{dx} \tag{12-75}$$

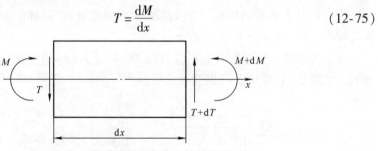

图 12-19 梁受剪切和弯曲的符号约定

由于弯矩的变化,即使正应力 σ 也会在截面上沿轴向坐标变化。参考图 12-20,一个单元沿坐标 y 和该部分梁的上边缘(坐标 y_{max})之间被隔开(A 单元,用灰色标出)左侧,此单元受正应力

$$\sigma = \frac{M}{I_z}y \tag{12-76}$$

其中,I_z 是截面绕中性轴 z 转动的惯性矩,相反,在右侧由于弯矩的变化,正应力是

$$\sigma + d\sigma = \frac{M + dM}{I_z}y \tag{12-77}$$

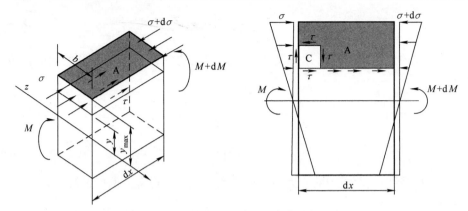

图 12-20 梁单元受到剪切和弯曲时的平衡。
正应力 σ 轴引起的切应力 τ 在内表面沿平行于梁轴线的变化

因此:

$$d\sigma = \frac{dM}{I_z}y \tag{12-78}$$

为了保证梁的纵向平衡（A 单元），需使切向应力 τ 施加在下表面上，使得

$$\tau(y)b(y)dx = \int_y^{y_{max}} b(y')d\sigma dy' \tag{12-79}$$

考虑到式（12-78）以及剪切和弯矩导数之间的关系［式（12-75）］:

$$\tau(y) = \frac{1}{I_z b(y)}\frac{dM}{dx}\int_y^{y_{max}} b(y')y'dy' = \frac{T}{I_z b(y)}\int_y^{y_{max}} b(y')y'dy' \tag{12-80}$$

对于 C 基本单元的均衡（图 12-20 中右侧部分），同样的 $\tau(y)$ 作用在垂直于 x 轴的截面上距中性轴 y 的所有点上。

对于薄壁梁，厚度方向上正应力(σ)和切应力(τ)的变化可以忽略不计。参考图 12-21 的 C—C 截面，可以假设：

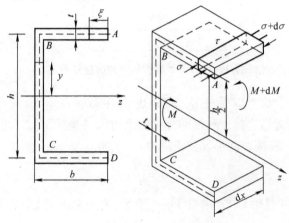

图 12-21 开口薄壁截面受剪切

- 厚度是恒定的，相对于截面尺寸较小。
- 剪应力垂直于 z 轴。

首先考虑正应力在一片长度为 ξ 的上凸缘上的变化

$$\frac{d\sigma}{dx} = \frac{dM}{dx}\frac{h}{I_z 2} = \frac{Th}{2I_z} \tag{12-81}$$

其中，$h/2 = (h_1 + h_2)/4$。此单元的纵向平衡是由该单元与梁的剩余部分的接口处的切应力保证的

$$\tau(\xi) t dx = \xi t d\sigma \tag{12-82}$$

考虑到式（12-81），凸缘内的剪切应力从边缘处的零开始线性增加，在与中心的连接处达到最大值（B 和 C 点）

$$\tau(\xi) = \xi \frac{d\sigma}{dx} = \xi \frac{Th}{2I_z} \tag{12-83}$$

考虑到厚度较小的假设，剪流可以被确定（图 12-22）：

$$q(\xi) = \tau(\xi) t = \xi \frac{Th}{2I_z} t \tag{12-84}$$

作用在凸缘上的剪流合力 T_z 为：

$$T_z = \frac{1}{2} q(b) b = \frac{Th}{4I_z} b^2 t \tag{12-85}$$

不管如何分布，剪流必须在中心处产生一个合力，它等于作用在截面上的剪切应力 $T_y = T$。截面上切向应力的分布等价于力 T 作用于中心和一对杠杆臂为 h 的力 T_z。这个力系等价于力 T 作用于距中心 e 处：

$$Te_T = T_z h \tag{12-86}$$

因此：

$$e_T = \frac{h^2 b^2}{4I_z} t \tag{12-87}$$

对称平面和距离为 e_T 的直线之间的交点被称为截面扭转中心（cdt，图 12-22）。力 T 垂直 z 轴并且只通过截面上引起剪流的扭转中心。

不通过扭转中心的力 T 的效果如图 12-23 所示。力 T 作用在距离 e（图 a）处，与相同的力 T 作用于扭转中心（距离 e_T）加上转置力矩 $M_t = T(e - e_T)$ 是相等的（图 12-23b）。效果（图 12-23c）是作用于扭转中心的 T 产生的纯弯曲（图 c1），加上 M_t 产生的扭转（图 c2）。

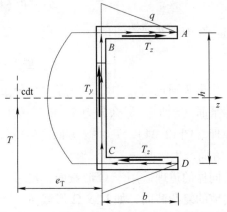

图 12-22 C 形截面的剪切中心。作用在 C 点的剪力矩 T 等于截面上分布的剪切通量 q 产生的力矩

可以通过式（12-46）和式（12-47）确定 M_t 产生的应力和变形。

切应力和剪流在截面中心上的分布（BC 部分）可通过类似于图 12-20 所示得到：

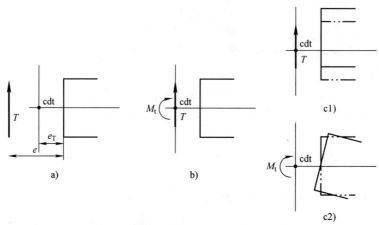

图 12-23　剪切应力不通过剪切中心的效果（cdt）。作用在距离 $e \neq e_T$ 的力 T（图 a），等于施加在剪切中心的力 T 和力矩 $M_t = T(e - e_T)$ 之和（图 b）。T 通过剪切中心是一个纯弯曲效果（图 c1）。力矩 M_t 导致纯扭转

$$\tau(y)t = \int_y^{h/2} \frac{T}{2I_z} ty' \mathrm{d}y' + bt \frac{Th}{2I_z} = \frac{Tt}{2I_z}\left[hb + \frac{1}{2}\left(\frac{h^2}{4} - y^2\right)\right] \quad (12\text{-}88)$$

因此，同一截面上的剪切应力：

$$q(y) = t\tau(y) \quad (12\text{-}89)$$

$q(y)$ 的最大值在截面的对称平面（z 轴）处取得。在中心的边缘（$y = \pm h/2$）和在凸缘边缘处的值相同：

$$q(\pm h/2) = \frac{Tt}{2I_z}hb \quad (12\text{-}90)$$

最后，在中心处剪流的积分等于 T：

$$\int_{-h/2}^{h/2} q(y') \mathrm{d}y' = T \quad (12\text{-}91)$$

如果 T 通过扭转中心，但有一个分量沿截面的对称平面（z 轴），那么分力 T_y 和 T_z 就可以使用叠加原理（图 12-24）。T_y 在 y 方向产生纯弯曲，而 T_z 在 z 方向产生弯曲。

同样的道理适用于 C 形截面，也可以应用于更多受剪的复杂截面，如 L 或 Ω 形截面。

半硬壳式结构的假设，可以用于分析薄壁梁的受剪。根据这种假设，在一个半硬壳式结构中，加固的

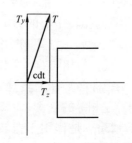

图 12-24　C 形截面受剪应力，其分力分别垂直和平行于对称平面

纵向部件承受纯拉伸和压缩。相反，板承受纯剪应力。

图 12-25 所示为 C 形截面半硬壳式结构梁。截面有 4 个面积同为 S 的纵向加强筋。相对于中性轴的截面惯性矩为：

$$I_z = 4S\left(\frac{h}{2}\right)^2 = Sh^2 \tag{12-92}$$

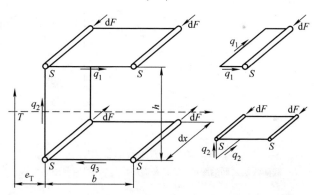

图 12-25　C 形截面半硬壳式结构梁受剪

弯矩的变化引起的正应力的变化：

$$\frac{dF}{dx} = \frac{dM}{dx}\frac{1}{I_z}\frac{h}{2}S = \frac{T}{2h} \tag{12-93}$$

三个平板的剪流可以通过沿 x 方向的平衡方程得到。以右上纵向加强筋和连接它的板为例：

$$dF = q_1 dx \tag{12-94}$$

因此：

$$q_1 = \frac{dF}{dx} = \frac{T}{2h} \tag{12-95}$$

类似地，通过上部两个纵向加强筋和垂直平板沿 x 方向的平衡方程可以得到剪流 q_2：

$$q_2 = 2\frac{dF}{dx} = \frac{T}{h} \tag{12-96}$$

同样可以确定剪流 q_3：

$$q_3 = \frac{dF}{dx} = \frac{T}{2h} \tag{12-97}$$

可以用相同的方式确定图 12-22 中的截面：

$$q_1 bh = Te_T \tag{12-98}$$

结果是，扭转中心位置的距离等于水平凸缘宽度的一半，

$$e_T = \frac{b}{2} \tag{12-99}$$

在计算半硬壳式梁闭口截面剪切应力之前,需要确定作用在受剪弯曲平板(图12-26)上的切向力的合力。

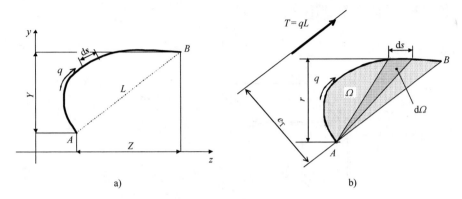

图12-26 受剪平板的合力

L—截面两端之间的距离　Ω—截面中线与AB线所包围的面积

由于剪流q在平板上是连续的,作用于如图12-26a所示宽度为ds的基本单元上的力可分解为沿z轴和y轴的分力:

$$d\boldsymbol{T} = qds = q\boldsymbol{j}dy + q\boldsymbol{k}dz \tag{12-100}$$

其中,$\boldsymbol{j}$和$\boldsymbol{k}$分别为y轴和z轴的反向,在整个平板上积分可得到剪切力的合力,方向沿截面两端之间的连接线。

$$\boldsymbol{T} = q(Y\boldsymbol{j} + Z\boldsymbol{k}) \tag{12-101}$$

为了计算$\boldsymbol{T}$的作用线,有必要计算出作用在截面上每一点的剪切力矩;为方便选取参考点A。其中r表示力qds的作用线与点A之间的距离:

$$M = \int_A^B qrds = q\int_A^B 2d\Omega = 2\Omega q \tag{12-102}$$

其中,Ω为截面中线与AB线所包围的面积。

合力$\boldsymbol{T}$的作用线与点A之间的距离e_t由下式可得:

$$Te_t = M \tag{12-103}$$

因此:

$$e_t = \frac{2\Omega}{L} \tag{12-104}$$

图12-27所示为闭口截面半硬壳式梁。由于只有两个纵向加强筋,梁只能承受沿z轴的弯矩,因此,剪应力沿y方向。为了使梁能够承受各个方向的剪应力和弯矩,需要增加一个与前两个方向不一致的加强筋。

由于绕z轴的转动平衡,两个纵向加强筋的轴向力变化是:

$$h_2 dF = Tdx \tag{12-105}$$

因此:

$$\frac{\mathrm{d}F}{\mathrm{d}x} = \frac{T}{h_2} \tag{12-106}$$

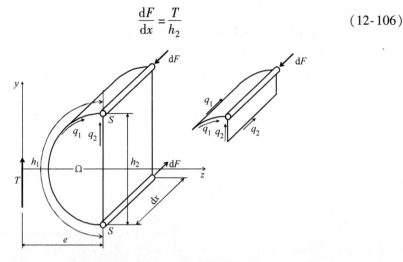

图 12-27　闭口截面半硬壳式梁受剪图
Ω—弯曲平板包围的面积　S—纵向加强筋截面

为保证上部加强筋沿 x 方向的平衡，需要：

$$\mathrm{d}F = (q_1 + q_2)\mathrm{d}x \tag{12-107}$$

考虑到式（12-106）：

$$\frac{T}{h_2} = q_1 + q_2 \tag{12-108}$$

为了计算两个剪流，有必要考虑绕 x 轴旋转的平衡方程。参考下部纵向加强筋：

$$Te = 2\Omega q_1 \tag{12-109}$$

因此：

$$q_1 = \frac{e}{2\Omega}T$$

$$q_2 = \left(\frac{1}{h_2} - \frac{e}{2\Omega}\right)T \tag{12-110}$$

该截面的扭转中心可由使截面不发生变形的 e 值确定。考虑到 Bredt 第二方程 [式（12-65）]，有

$$\theta' = \frac{1}{2G\Omega}\oint\frac{q}{t}\mathrm{d}s = \frac{1}{2G\Omega}\left(\frac{q_1}{t_1}h_1 - \frac{q_2}{t_2}h_2\right) = 0 \tag{12-111}$$

式中，h_1 和 h_2 分别是两个平板的长度。

将式（12-110）代入式（12-111）并设 $e = e_T$，有

$$e_T = \frac{2\Omega}{h_2}\frac{1}{1 + \dfrac{t_2 h_1}{t_1 h_2}}$$

计算图 12-27 剪切应力、扭转变形与截面扭转中心所遵循的程序可以在更复杂截面的情况下重复使用,包括那些含有更多闭室的截面。在这种情况下,剪流也可以根据除移动和旋转的平衡方程外的一致性条件确定。

考虑图 12-28 所示情况,弯矩变化可根据下式由剪切力确定

$$\frac{\mathrm{d}M_z}{\mathrm{d}x} = T_y$$

$$\frac{\mathrm{d}M_y}{\mathrm{d}x} = T_z \tag{12-112}$$

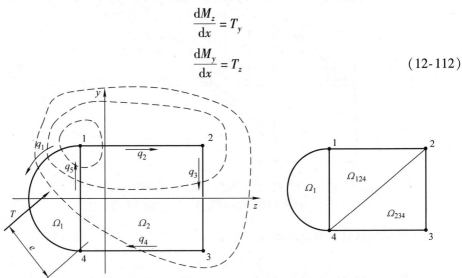

图 12-28 双闭室半硬壳式截面受剪切和弯曲。虚线表示用于写沿 x 方向平衡方程的子系统

纵向加强筋的轴向载荷的变化可以通过式(12-36)计算。

考虑到式(12-112):

$$\frac{\mathrm{d}F_i}{\mathrm{d}x} = S_i \left(\frac{T_z J_z - T_y J_{zy}}{J_z J_y - J_{zy}^2} z_i + \frac{T_y J_y - T_z J_{zy}}{J_z J_y - J_{zy}^2} y_i \right), \quad i = 1, \cdots, 4 \tag{12-113}$$

在有两个纵向加强筋截面的情况下,只能写出一个沿 x 方向的平衡方程(其他方程取决于第一个方程),当有 n 个纵向加强筋时,只可以写出 $n-1$ 个独立方程。在式(12-112)所示的情况下,可写出包含 5 个变量的 3 个方程:

$$\frac{\mathrm{d}F_1}{\mathrm{d}z} = q_5 - q_1 - q_2$$

$$\frac{\mathrm{d}F_1}{\mathrm{d}z} + \frac{\mathrm{d}F_2}{\mathrm{d}z} = q_5 - q_1 - q_3$$

$$\frac{\mathrm{d}F_1}{\mathrm{d}z} + \frac{\mathrm{d}F_2}{\mathrm{d}z} - \frac{\mathrm{d}F_3}{\mathrm{d}z} = q_5 - q_1 - q_4 \tag{12-114}$$

其中,绕 x 轴旋转的平衡方程是第四个方程。

以纵向加强筋 4 作为参考,并考虑平板的剪流产生的力矩[式(12-102)]:

$$Te = -2q_1 \Omega_1 + 2q_2 \Omega_{124} - 2q_3 \Omega_{234} \tag{12-115}$$

最后一个方程是一致性方程。两个闭室的扭转变形必须是相同的:

$$\theta'_1 = \theta'_2 \tag{12-116}$$

考虑式（12-65），

$$\frac{1}{2G\Omega_1}\left(-q_1\frac{h_1}{t_1} - q_5\frac{h_5}{t_5}\right) = \frac{1}{2G\Omega_2}\left(q_5\frac{h_5}{t_5} + q_2\frac{h_2}{t_2} + q_3\frac{h_3}{t_3} + q_4\frac{h_4}{t_4}\right) \tag{12-117}$$

由式（12-114）、式（12-115）、式（12-117）组成的含有 5 个未知量的 5 个线性方程，可以求解确定梁的拉伸状态。给定剪流后，由式（12-117）第一项或第二项可得到变形状态。

12.2.5 梁的屈曲

屈曲是较严重的失效过程之一，其产生剪流的原因是结构的壁厚太小。这种失效往往是由低于材料屈服强度或断裂强度的载荷导致；相应地压缩失稳是影响设计过程的主要失效类型。

屈曲现象除了涉及材料特性，也涉及几何和约束特性。一个常见的例子是直轴梁，如图 12-30 所示。

对于小于临界值 F_{cr} 的压缩载荷，当梁发生较小侧向变形时，由于仍处在梁的弹性范围内，其能恢复为直轴状态。如果载荷超过 F_{cr}，由压力产生的弯矩使梁的侧向位移超过弹性形变的范围。系统因无法达到平衡而崩溃。

临界载荷 F_{cr} 通常用欧拉公式表示：

$$F_{cr} = \frac{\pi^2 EI}{L_e^2} \tag{12-118}$$

式中，E 为材料的弹性模量；I 为绕垂直于失效发生平面的轴的截面惯性矩；L_e 为梁的有效长度，只有当梁在其两端铰支时等于几何长度（$L_e = l$）。图 12-30 所示为不同约束条件时有效长度的值。

在不同的可能弯曲平面中，由具有较小的 I/L_e^2 比值的平面确定临界载荷。

用式（12-118）中的 F_{cr} 除以截面积 A，可获得法向临界应力 σ_{cr}：

$$\sigma_{cr} = \frac{F_{cr}}{A} = \frac{\pi^2 E}{\lambda^2} \tag{12-119}$$

其中，$\lambda = L_e/\rho$ 是梁的长细比，即有效长度和截面的惯性半径 $I = \rho^2 A$ 的比值。

在某一细长比时，因为临界应力超出了屈服应力（σ_y），式（12-119）不再适用。对于短粗梁（钢：$\lambda < 100$，铝：$\lambda < 70$），欧拉公式不再有效。在这种情况下，临界载荷的表达式也需要涉及屈服应力：Johnson（或 Rankine）的表达是最广泛使用的一种，

$$\sigma_{cr} = \sigma_y - \frac{\sigma_y^2}{4\pi^2 E}\lambda^2 \tag{12-120}$$

式（12-119）和式（12-120）的曲线相切，当长细比和 σ_{cr} 的值等于下式时：

$$\lambda^* = \sqrt{\frac{2\pi^2 E}{\sigma_y}}, \quad \sigma_{cr}^* = \frac{\sigma_y}{2} \tag{12-121}$$

图 12-29 所示为临界应力与屈服应力之比与长细比的关系，假定梁是由钢制造的（$\sigma_y = 680\mathrm{MPa}$，$E = 2.1 \times 10^{11}\mathrm{Pa}$）。对于 $\lambda > \lambda^* \approx 80$，它是欧拉临界载荷（$E$ 曲线）。对于 $\lambda < \lambda^*$，由 Johnson（或 Rankine）公式给出的临界载荷（J 曲线）居多。对于非常小的长细比，临界应力与屈服应力是一致的。

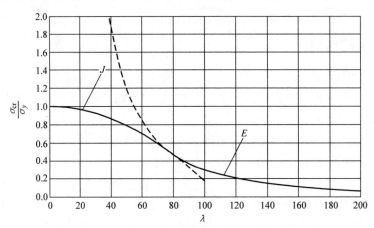

图 12-29 压缩临界正应力（σ_{cr}）与轴压梁长细比的关系。$\sigma_y = 680\mathrm{MPa}$，$E = 2.1 \times 10^{11}\mathrm{Pa}$
E 曲线—欧拉临界应力（E 曲线） J 曲线—短粗梁的临界应力（Johnson–Rankine）

12.2.6 平板的屈曲

与梁相似，平板在受压缩时也会发生屈曲。在发生失效时，平板表面产生波动。沿荷载方向产生的半波数 m 取决于平板的几何形状和约束条件。

将欧拉理论应用（图 12-30）到平板时可以导出一个临界压应力的公式，即正压力与承载边 b 与厚度 t 的比值的平方成反比

$$\sigma_{cr} = k \frac{\pi^2}{12(1-\nu^2)} E \left(\frac{t}{b}\right)^2 \tag{12-122}$$

式中，E 为弹性模量；ν 是材料的泊松系数。

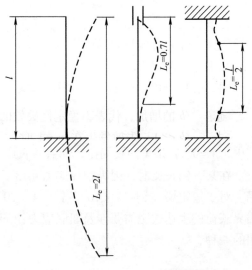

图 12-30 欧拉屈曲。不同约束条件下的有效长度 L_e。l 是几何长度

几何系数 k 取决于载荷作用方向产生的半波数 m（图 12-31）、平板宽高比 a/b（a 是平行于载荷作用方向的边，b 是载荷作用边）和约束边界条件。

当平板所有边简支时

$$k = \left(m\frac{b}{a} + \frac{a}{mb}\right)^2 \quad (12\text{-}123)$$

即系数 k 取决于 a/b 和 m，如图 12-32 所示。图中的各曲线代表不同半波数 m。对于给定的 a/b 值，每个曲线的特征是由 k 值决定的。因此，导致 σ_{cr} 的值不同。由于平板在最小可能载荷时失效，k 的有意义的值是所有线之间的包络线（图中的实线）。

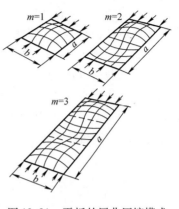

图 12-31 平板的屈曲压缩模式

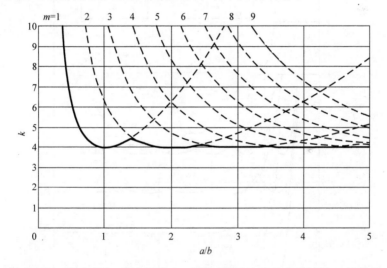

图 12-32 受压平板。所有边简支。形状系数 k 与 a/b 和半波数 m 的关系

随着 a/b 的增加，代表不稳定性失效的半波数也会增加。

对于 $a/b \ll 1$，失效发生在 $m=1$ 时。

从式（12-123）可得 $k \approx (b/a)^2$，代入式（12-122）：

$$\sigma_{cr} = \left(\frac{b}{a}\right)^2 \frac{\pi^2}{12(1-\nu^2)} E\left(\frac{t}{b}\right)^2 = \frac{\pi^2}{12(1-\nu^2)} E\left(\frac{t}{a}\right)^2 \quad (12\text{-}124)$$

临界应力与平板长度的平方成反比。

相反，如果 $a/b \gg 1$，失效发生在 $m \gg 1$ 时，且 $k \approx 4$，不再受 a/b 比值的影响。代入式（12-122）中：

$$\sigma_{cr} = \frac{\pi^2}{3(1-\nu^2)} E\left(\frac{t}{b}\right)^2 \quad (12\text{-}125)$$

临界应力 σ_{cr} 与平板的长度 a 无关，只取决于承载截面的宽高比 t/b。与此相对应的不稳定性被称为局部失稳。

图 12-33 显示了不同的平板约束条件下的式（12-122）中参数 k 的变化趋势。实线是指承载边（b）简支的平板，虚线是指 b 边固支。从图中可以观察到参数 k 是如何随着作用在侧边的约束的增加而增加的。

在这种情况下，可以观察到长板（$a/b > 3 \sim 4$）的 k 值变得几乎恒定。因此 σ_{cr} 主要取决于承载边 b/t 的比值，且发生的屈曲为局部屈曲。

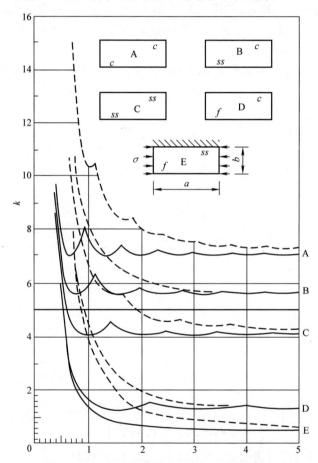

图 12-33　平板受压。形状系数 k 和 a/b 值以及半波数 m 的关系
（实线是指 b 为简支边。虚线是指 b 为固支）

图 12-34 显示了有纵向加强筋框架的平板的 b 侧承载时的压力分布。

直到 $\sigma < \sigma_{cr}$（图 12-34a），载荷均匀地分布在整个平板的宽度内。当 σ 超过 σ_{cr} 时（图 12-34b），平板中间由于屈曲而失效。这部分平板的压缩应力减小到非常低的值。临近垂直加强筋的平板部分由于平板上纵向加强筋约束的影响，反而能

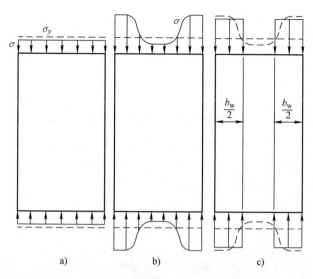

图 12-34 平板受到压缩。所有边简支
a) 对于 $\sigma < \sigma_{cr}$，应力均匀分布 b) 对于 $\sigma > \sigma_{cr}$，板的中间部分变得拱起，它的压缩应力相对于横向带减少 c) 两个协作带的应力分布方式

够支撑所增加的压缩应力。平板的这些部分通常被称为协作带：此时载荷可以增加到达到纵向加强筋自身发生压缩屈曲时的值。压缩载荷平板的应力分布常被简化为如图 12-34c 所示。假定中间部分不承载；相反，两个总宽度为 b_w 的横向条带支撑压缩载荷且可以被认为是纵向加强筋的一部分。回车换行协作带的总宽度 b_w 可被视为能满足如下条件的宽度满足条件，

$$\sigma_{cr} = \sigma_y \tag{12-126}$$

也就是说中间部分因为不稳定则可以忽略，并且平板协作带宽度能够达到屈服而没有不稳定性的失效。

假设平板很长（$a \gg b$），所有边简支，从图 12-33 得 $k = 4$。由式（12-126）和式（12-122）可得

$$\sigma_y = \frac{\pi^2}{3(1-\nu^2)} E \left(\frac{t}{b_w}\right)^2 \tag{12-127}$$

因此：

$$\frac{b_w}{t} = \sqrt{\frac{\pi^2}{3(1-\nu^2)} \frac{E}{\sigma_y}} \tag{12-128}$$

对于钢板 $E = 210\,000\text{MPa}$，$\nu = 0.3$ 和 $\sigma_y = 280\text{MPa}$，则 $b_w/t \approx 50$。
对于铝合金板，$E = 73\,000\text{MPa}$，$\nu = 0.3$ 和 $\sigma_y = 200\text{MPa}$，则 $b_w/t \approx 36$。

12.2.7 复杂形状的屈曲

经常用于汽车上的带有闭口或开口截面的薄壁梁，通常被认为是一组相互连接

的平板。例如，一个 C 形截面可以视为三个彼此约束的平板。作用于各板边缘上的约束取决于相邻板的刚度。在厚度较小 C 形截面的情况下，由于各板的扭转刚度相对于其平面的弯曲刚度较低，一个板和另一个板之间的连接线可视为简支（铰链）。

因此，截面各部分的临界载荷可以采用连续板所对应的约束条件下的 k 值，用式（12-122）计算出。整个结构的临界荷载将是单个部件的最小值。

在这一过程中，关键是正确评价施加在相邻部件平板两侧的约束水平。关于这个问题，可在出版文献中查到一些近似公式，可以在不需要将截面拆分成部件的情况下，得到具有不同形状的薄壁截面的临界载荷。

对于 Z 形或 C 形截面

$$\sigma_{cr} = \frac{k_\omega \pi^2 E}{12(1-\nu^2)} \left(\frac{t_w}{b_w}\right)^2 \quad (12\text{-}129)$$

式中，t_w 和 b_w 分别为截面中间板的厚度和宽度（web）。相反，形状系数 k_ω 为截面尺寸的函数，可由图 12-35 得到。

同样，对于箱形截面：

$$\sigma_{cr} = \frac{k_h \pi^2 E}{12(1-\nu^2)} \left(\frac{t_h}{h}\right)^2 \quad (12\text{-}130)$$

式中，t_h 和 h 分别为截面最长边的厚度和长度。形状系数 k_h 如图 12-36 所示。

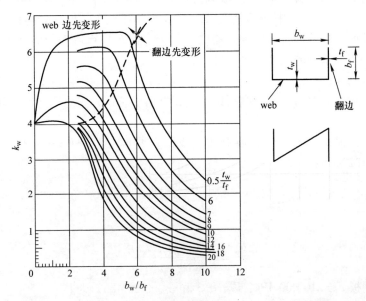

图 12-35 计算 C 形和 Z 形截面的临界压缩应力的形状系数

最后，对 Ω 形截面

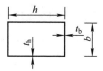
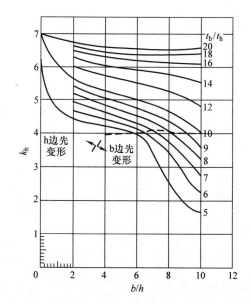

图 12-36　计算矩形薄壁截面临界压缩应力的形状系数

$$\sigma_{cr} = \frac{k_T \pi^2 E}{12(1-\nu^2)} \left(\frac{t}{b_T}\right)^2 \qquad (12\text{-}131)$$

式中，t 为厚度（常数）；b_T 为截面最长边的长度；形状系数 k_T 如图 12-37 所示。

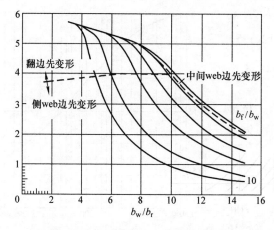
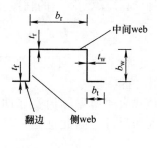

图 12-37　计算 Ω 形薄壁截面的临界压缩应力的形状系数。假设 $t_w = t_f = t_r$

12.2.8　薄壁圆筒的屈曲

硬壳圆筒是指表面没有纵向加强筋或横截面的薄壁圆筒。
分为：
- 短圆筒（可视为平板，边缘约束重要）。

- 中等长度的圆筒。
- 长圆筒，屈曲为钻石形，长度和边缘约束不是那么重要。
- 很长的圆筒，其屈曲类似欧拉梁。

临界应力的计算公式：

$$\sigma_{\mathrm{cr}} = \frac{k_c \pi^2 E}{12(1-\nu^2)} \left(\frac{t}{L}\right)^2 \tag{12-132}$$

式中，t 为壁厚；L 为圆筒的长度；ν 为泊松系数。

对于简支的从短到长的圆筒，形状系数 k_c 可用下式计算出：

$$k_c = \frac{(m^2+\beta^2)^2}{m^2} + 12\frac{Z^2 m^2}{\pi^4(m^2+\beta^2)} \tag{12-133}$$

式中，m 是纵向半波数。

$$\beta = \frac{L}{\lambda} \tag{12-134}$$

式中，λ 为横向半波长度；r 为圆筒的半径。

$$Z = \frac{L^2}{rt}\sqrt{1-\nu^2} \tag{12-135}$$

相反，对于短圆筒：

$$k_c = 4\frac{\sqrt{3}}{\pi^2}Z \tag{12-136}$$

另一种计算短薄壁圆筒的临界应力公式：

$$\sigma_{\mathrm{cr}} = k_p E \frac{t}{r} \tag{12-137}$$

其中，形状系数 k_p 可以根据图 12-38 由 r/t 的比值得到。

该式表明薄壁圆筒受屈曲形式只涉及截面的尺寸。因此这是一种局部失稳现象。

12.2.9 平板的剪切屈曲

在矩形平板承受纯剪切（τ）的应力状态时，其特点是两个主应力方向与平板边呈 45°（图 12-39）。

$$\sigma_1 = \tau$$
$$\sigma_2 = -\tau \tag{12-138}$$

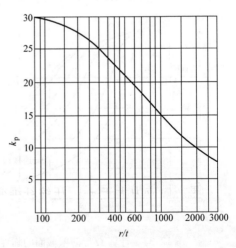

图 12-38 计算薄壁圆筒临界压缩应力的形状系数
r—圆筒半径 t—壁厚

如果假定平板是由两组呈 45°夹角的纤维构成，则那些沿着 σ_1 方向的纤维受拉伸，而其他纤维受压缩。当达到足够高的载荷时，压缩纤维由于屈曲而崩溃。平板表面出现凹凸，其波峰线垂直于 σ_2 方向。

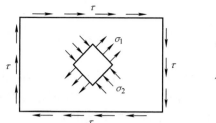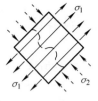

图 12-39 剪切屈曲。$\sigma_1 = \tau$，$\sigma_2 = -\tau$ 为主应力。当压缩纤维屈曲时，$\sigma_2 \approx 0$

这种类型的屈曲被称为剪切屈曲。切向应力决定剪切屈曲，由类似于用于受压缩平板的公式给出 [式（12-122）]

$$\tau_{cr} = k_s E \left(\frac{b}{t} \right)^2 \quad (12\text{-}139)$$

式中，E 为材料的弹性模量；b 为该平板最短边的长度；t 为厚度。形状系数 k_s 取决于平板的宽高比，从图 12-40 可以得到。

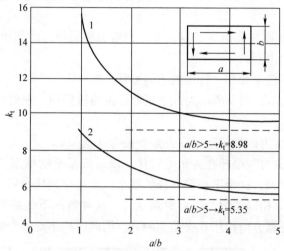

图 12-40 计算平板切向临界应力的形状系数
1—连接边 2—支撑边

如果切向应力大于 τ_{cr}，压缩纤维变得弯曲，则载荷变得可以忽略不计，即 $\sigma_2 \approx 0$。参考图 12-41，为了保证水平方向上的平衡状态，受拉的纤维应力 σ_d 必须是：

$$\sigma_d = 2\tau \quad (12\text{-}140)$$

为了确保在垂直方向上的平衡，法向应力 σ_n 必在平板两侧出现

$$\sigma_n = \frac{\sigma_d}{2} = \tau \quad (12\text{-}141)$$

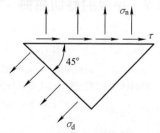

图 12-41 对角应力场。因为切向应力大于 τ_{cr}，压缩纤维不再传递载荷，因此平衡的平板边缘受正应力 σ_n

12.3 简化结构模型

如上卷所说，车身结构可视为由各框架连接而成。对于封闭的车身结构而言，由结构接头和通用部件（如门槛）连接下车身、侧围和顶盖形成中部车身，而发动机和悬架的连接部件从该中部车身的前部和后部凸出来。

每个框架由纵梁和横梁（如地板横梁和侧围立柱）组成。框架各梁之间的空间可以留出来或用平板闭合。例如，地板的纵梁和横梁之间的空间由地板封闭。在侧围框架中，纵梁和立柱包围形成门框，显然不能用平板闭合。

为了研究建立由平面单元构成的结构的不同方面，引入结构面（structural surface）的概念是有用的（参考文献［29］和［30］）。结构面是具有以下特征的平板结构：

- 它可以承受平面内任意方向的作用力，但是不能承受垂直于平面方向的作用力；
- 力只可以作用在夹角（节点）上。只有当施加的力的作用线与侧边一致时，力才可能施加到侧边上。

这个定义并不意味着某一特定的结构形状。

如图 12-42 所示，图 a 所示为一个矩形，由四根杆和一根对角线杆组成。所有的杆在末端铰接。

图 12-42b 所示为四根抗弯梁在夹角处接合（框架）。

图 12-42c 所示为四根杆在夹角处铰接，以形成平板的框架。为了传递平行于平板侧边的剪切应力，这个平板沿着杆的整个长度连接到所有杆上。

图 12-42d 与 a 相同，但是没有对角线杆。这种情况下的结构本身静不定，因此不能够承受沿任意方向作用在夹角上的力。因此，这不是一个结构面。

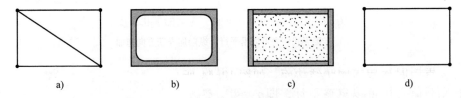

图 12-42　结构面（a，b，c）和非结构面（d）
a）杆和对角线铰接形成的网状结构　b）抗弯梁在夹角处彼此连接形成的框架
c）平板的框架由四根抗拉和抗压的杆彼此铰接而成　d）杆彼此铰接，但是没有对角线杆：这种结构是
静不定结构，不能承受平面内任意方向的载荷

除了图 12-42（a，b，c）所示的结构构造，还可能有混合构造。框架（b）可沿整个内部周边用平板焊接闭合。或者把两个角用对角线进行连接。可以用同样的方式把网状结构用平板闭合或将铰接用焊接替代。由于技术或功能上的原因，汽车

领域的真实结构表面通常是混合型的。

关于施加载荷的方法，图 12-42 所示的例子不都是相同的。网状结构（图 12-42a）是由部件（杆）组成，只可以在夹角处施加轴向加载。

因此只能通过连接节点施加外部载荷。节点不仅是连接元件，也具有分配结构外部载荷的功能（图 12-43a）。在由桁架结构形成的框架中，力的作用点（例如在悬架或发动机连接处）必须与网格节点一致。

图 12-42b 所示的平板用于代替抗弯梁，它也可以承受沿侧边作用的载荷。在这种情况下，每根梁都可以重新分配载荷。

图 12-42c 所示为一个半硬壳式结构的结构表面的例子，它由加强结构（框架）和外壳（平板）组成。该框架将外部集中荷载，转化分配为纵向加强筋上的轴向力和平板边缘上的剪切力。

事实上，平板不能承受作用在任意单一节点上的集中载荷。例如，如果一张纸从边缘上的一点被沿平行于表面的方向拉伸，它在被撕坏前只能承受很小的载荷（几牛顿）。另一方面，如果沿整个侧边施加分布载荷，纸张则可以承受更高的载荷（在数百牛顿的量级）。

回到图 12-43c，力 F_v 可以沿垂向加强筋作用在任意一点上，而 F_h 可以沿水平方向作用在任意一点上。由于加强筋具有可忽略不计的弯曲刚度，不可能施加如图 12-43b 所示的力。可忽略不计的弯曲刚度允许水平分力成为作用在平板上的集中载荷，使其破坏。

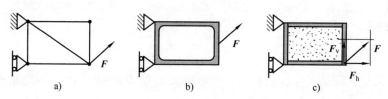

图 12-43　作用于不同类型结构面上的力
a）网状结构：力作用于节点　b）框架：力可以施加于侧边，它可以在平面内抵抗弯曲
c）半硬壳式：力可以沿平行于纵向加强筋方向施加

垂直力 F 作用于网状结构面，如图 12-44 所示，使对角线杆承受拉力。相反，下面的水平杆承受压力。考虑杆件只受拉或压，根据杆件方向将外力进行分解，这些力的计算将会较为简单。

如图 12-45 所示，同样的垂直力 F 作用在框架结构面。既然它是静不定结构，梁应力分析计算除考虑每个单元的平衡外还必须考虑它们的刚度。在两个水平梁具有相同刚度，且两个垂直梁也具有相同刚度的情况下，计算可以简化为：实

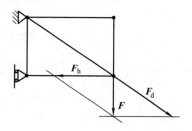

图 12-44　网状结构面。对角线杆受拉，下方水平杆受压

际上结构对称，加载反对称。

图 12-45b 高亮显示部分的平衡涉及两根水平梁的剪切。由于对称性，这两根梁具有相同的垂直刚度；因此，力 F 在它们之间平分：

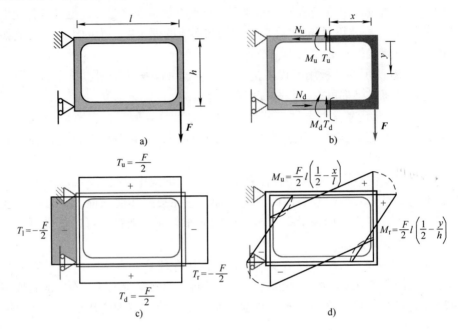

图 12-45 框架结构面。梁的应力特性分析。在板上的梁受剪切和弯曲。最大应力点在角处产生

$$T_u = T_d = \frac{F}{2} \qquad (12\text{-}142)$$

由于符号之间的关系，剪切力和弯矩的关系是 $T = -\mathrm{d}M/\mathrm{d}x$；因此水平方向的弯矩是距离 x 的线性函数：

$$M_u(x) = M_d(x) = -T_u x + M_u(x=0) \qquad (12\text{-}143)$$

式中，下标 u、d 分别是指上梁和下梁。由于对称性，变形后形状的曲率在每个梁的中间部分为零（$x = l/2$ 和 $y = h/2$）。这导致在这些点上弯矩为零（弯矩正比于曲率）。

在这种条件下，可以计算积分常数 $M_{u,1}(x=0) = Fl/4$；因此：

$$M_{u,1}(x) = \frac{F}{2} l \left(\frac{1}{2} - \frac{x}{l} \right) \qquad (12\text{-}144)$$

最后，根据图 12-45 高亮显示结构的整个部分的旋转平衡能够计算正应力：

$$N_u = N_d = \frac{F}{2} \frac{l}{h} \qquad (12\text{-}145)$$

给出水平梁的应力特性（T，N，M），由平移和旋转平衡可以确定垂直梁的应力特性：

$$T_r = T_l = -\frac{F}{2}\frac{l}{h} \qquad (12\text{-}146)$$

$$M_r = -M_l = \frac{F}{2}l\left(\frac{1}{2} - \frac{y}{h}\right) \qquad (12\text{-}147)$$

$$N_r = N_l = \frac{F}{2} \qquad (12\text{-}148)$$

除了数值大小，图 12-45 还可以看出：
- 所有梁承受正应力、剪应力和弯矩。
- 弯矩在夹角处达到最大值，要求它们有足够的刚度抵抗弯曲。

图 12-46 所示为半硬壳式结构面以前面两种方式加载时的内部载荷分布。

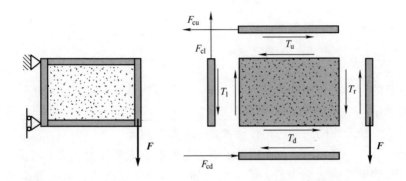

图 12-46　半硬壳式结构面。构件受力分析。
纵向加强筋受拉/压。平板受到纯剪切（假设它不受剪切屈曲影响）

假设加强筋具有以下特点：
- 刚性拉伸/压缩，并彼此铰接。
- 只传递剪切力到平板。

则结构为静定结构。

由右侧垂直加强筋的平移平衡，可得平板垂直边的剪切力 T_r：

$$T_r = F \qquad (12\text{-}149)$$

由平板在垂直方向上的平衡可得到平板右侧垂直边上的剪切力：

$$T_l = T_r = F \qquad (12\text{-}150)$$

考虑到垂直边的长度为 h，相关的剪流为：

$$q_l = q_r = \frac{F}{h} \qquad (12\text{-}151)$$

由水平方向的平衡和平板的旋转平衡，可得水平边上剪应力为：

$$T_u = T_d = F\frac{l}{h} \qquad (12\text{-}152)$$

其中，l 为水平边的长度。相应的剪流为：

$$q_u = q_d = \frac{1}{l} F \frac{l}{h} = \frac{F}{h} \qquad (12\text{-}153)$$

得出的结论是，所有平板边上只有一个剪流。在每一个边的方向保证平移和旋转时的平衡

$$q = q_u = q_d = q_l = q_r = \frac{F}{h} \qquad (12\text{-}154)$$

给出了平板各边的剪切应力，那些纵向加强筋上剩余的应力也可以得到，从而得到相应的约束反力 F_{cu}、F_{cd}、F_{cl} 为

$$F_{cu} = F_{cd} = F \frac{l}{h} \qquad (12\text{-}155)$$

$$F_{cl} = F \qquad (12\text{-}156)$$

上、右、左纵向加强筋被拉伸，而下部被压缩。

12.3.1 方盒模型（Box Model）

这一节的目的是采用结构面方法分析一些简单方盒结构的弯曲和扭转特性。待分析的案例是一个完全由结构面封闭的方盒，和一个顶部打开的方盒。前者可以被想象为一个非常简化的两厢轿车，后者是一个敞篷汽车。

在上一节中，已表明结构面内部的应力分布在很大程度上取决于其构型，而从外部载荷和约束反应方面来看，其特性是相同的。所以以后它将一般被称为结构面，不再考虑其构型。

1. 封闭式方盒

（1）弯曲

图 12-47 所示为一个由结构面构成的封闭式方盒。外部载荷 F 作用在盒子内部的中间平面上。此负载不可直接施加于地板，因为作为结构面本身，它不能承受垂

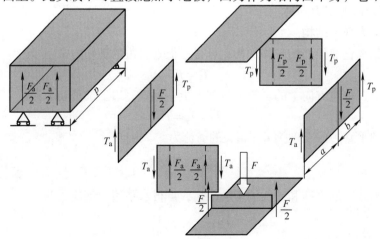

图 12-47 一个由结构面组成的方盒的弯曲。横梁用于施加外部载荷 F，地板和车顶没有加载

直于其平面的载荷，所以横梁的功能是将载荷 F 分配到两个侧边框架上。

图 12-47 左上角显示的一般约束类型和约束反力，以及显示内力的爆炸视图。计算这些力可以从承受外部载荷的一个构件开始（例如横梁）。

中间横梁平衡需要等效载荷 $F/2$ 作用在其垂直边上。这些载荷通过侧边框架产生。为能够与横梁连接，侧边框架可以有一个中间纵向加强筋。目的是将垂直力 $F/2$ 均布在组成侧边框架的两个结构面上。

根据侧边框架垂直平移和旋转平衡可得反作用力 T_a 和 T_p 为：

$$T_a = \frac{b}{p}\frac{F}{2}; \quad T_p = \frac{a}{p}\frac{F}{2} \tag{12-157}$$

这些力可分别通过前平面和后平面实现平衡。这些平面的平衡可通过约束反力得到：

$$F_a = \frac{b}{p}F; \quad F_p = \frac{a}{p}F \tag{12-158}$$

在弯曲的情况下，车顶和地板不承载，因此把它们从方盒里移除不会影响平衡。

（2）扭转

图 12-48 所示为同一方盒承受扭矩作用。载荷 F_{at} 作用在前表面的右侧，需要一个大小相等方向相反，作用于前约束上的反力与之平衡。力 F_{at} 的力偶由作用在后侧的大小相等、方向相反的力偶平衡：

$$F_{at}c_a = F_{pt}c_p \tag{12-159}$$

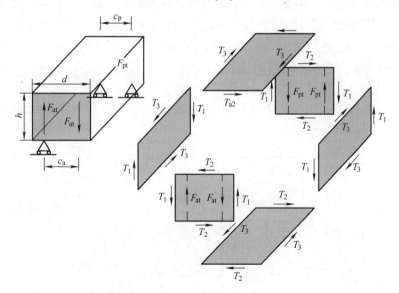

图 12-48　一个由结构面组成的封闭式方盒受到扭转。所有的侧面受剪应力

根据如图所示的方案，前侧的平移和旋转需要力 T_1 和 T_2 来平衡。T_1 和 T_2 的力偶不能仅仅通过可用的旋转平衡方程确定：该结构的静不定特性要求了解方箱其他表面的刚度，以估算 T_1 和 T_2。在另一侧面为半硬壳式的情况下，可以使用 Bredt 第一方程来计算平板的剪流：

$$q = \frac{M_t}{2\Omega} = \frac{F_{at}c_a}{2hd} \tag{12-160}$$

因此：

$$T_1 = hq; \quad T_2 = dq \tag{12-161}$$

此时，侧面上的作用力可以通过考虑旋转和平移的平衡来估算。这意味着，相同结构面的相对边受到大小相等、方向相反的力。用这种方式产生的力偶由另一个作用在另两个垂直边上的大小相等、方向相反的力偶来平衡。

考虑右侧面必须满足：

$$T_3 h = T_1 p \tag{12-162}$$

T_1 是给定的，通过方程可以确定 T_3。

图 12-48 表明，在扭转的情况下所有的结构面被加载。特别是，侧面承受剪切应力。这是由于把所有力都汇聚到结构面的两个对角上了。另一方面，作用在前后面上的力的方向表明其不受剪应力。

2. 敞开式方盒

（1）弯曲

在封闭式方盒弯曲情况下，顶部和地板不承受载荷。对于弯曲载荷来说，敞开式方盒的工作原理与图 12-47 所示的封闭式方盒一样。同样，对于没有侧面的方盒（图 12-49）来说，唯一连接前后表面的部件是地板。地板承受垂直于其表面的载荷，不是作为受弯框架的结构面。

（2）扭转

由于没有顶盖，侧面的上边缘不承受载荷。因此所有作用于侧面的力相互抵消。

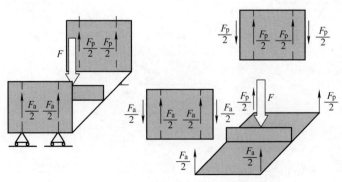

图 12-49　一个没有顶盖和侧面的方箱受到弯曲。底部受弯

图 12-50 所示为左边框的例子。由于没有单元可以施加作用在上侧边的力，下部也不承受载荷。为保证转动平衡，这两边不受力意味着垂直边也不受力。

前面和后面的平衡只能由地板来保证。在这种情况下地板不是结构面，而是承受扭矩的框架。

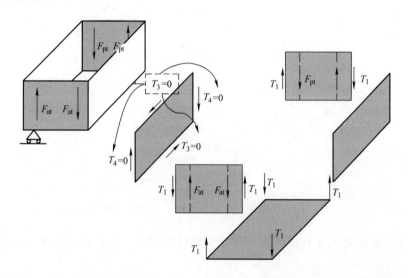

图 12-50 敞开式方盒的扭转。由于缺少顶盖，侧面框架的上部边缘不承受载荷。因此，所有其他作用在侧面框架上的力相互抵消。前后表面的平衡只能由地板来保证

12.3.2 车身底板结构形式

前一节已经说明，在敞开式方盒的例子中，地板需要承受弯曲和扭转。本节旨在分析一些简单的地板结构形式来了解其部件功能和所承受的应力类型。弯曲和扭转将被视为载荷。

I 形车架

由一根中间梁与两根横梁刚性连接而成，横梁通过四根纵向杆与悬架相连（图 12-51）。中间梁单元为车架提供弯曲和扭转刚度。忽略横梁和纵向连接杆的作用，抗扭刚度可通过中间梁的变形方程计算出：

$$\frac{\mathrm{d}\theta}{\mathrm{d}x} = \frac{M_\mathrm{t}}{GJ_\mathrm{t}} \tag{12-163}$$

式中，J_t 为梁截面的扭转刚度模量；M_t 为作用到车架上的转矩。如果 p 是梁的长度，则扭转刚度 K_t 为：

$$K_\mathrm{t} = \frac{M_\mathrm{t}}{\theta} = GJ_\mathrm{t}\frac{1}{p} \tag{12-164}$$

这种情况下采用闭口截面梁非常重要：事实上，在相同面积的情况下，闭口截

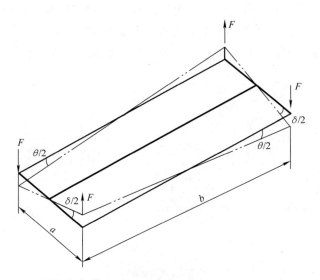

图 12-51　I 形框架。弯曲和扭转刚度是由中间梁给定

面（如闭口截面管）比开口截面（例如裂纹管）具有更高的扭转刚度模量。

优势：
- 扭转刚度与质量的比值较高。
- 可将中间梁集成到地板通道。
- 结构简单。

劣势：
- 没有门框下部结构。
- 具有闭口截面的中央地板通道不能安装排气或传动部件。
- 前横梁是脚部区域的障碍。

1. X 形车架

由两根梁对角布置并在中间节点处连接（图 12-52）。当车架发生扭转时，由这两根梁承受弯曲。因为对称，所以中间节点不会移动或改变方向，就像半对角梁的刚性约束一样。

假设力施加在自由端且中心节点那端固定，扭转刚度可以通过每个半对角梁的变形来估算。

力 F 作用下的梁在中心节点与自由端之间的弯曲变形为

$$\frac{\delta}{2} \frac{a}{2} = \frac{(d/2)^3}{3EI} F = \frac{d^3}{24EI} F \tag{12-165}$$

式中，I 为绕中性轴的对角截面惯性矩，$d = \sqrt{a^2 + b^2}$ 是每个对角线的长度。因此，车架的扭转刚度为

$$K_t = \frac{Fa}{\delta} = \frac{6EI}{d^3} a^2 \tag{12-166}$$

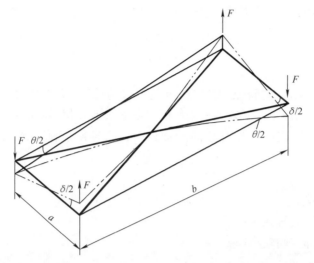

图 12-52 X形车架。即使车架承受扭转，两根对角梁也承受弯曲

对角线上的应力是纯弯矩，因此这种情况下可采用开口的截面形状。

优势：
- 结构简单。
- 质量轻。

劣势：
- 门框没有下部结构。
- 这个解决方案很难与纵向安装的部件如排气和传动系统集成，因为会增加离地间隙。

2. H形车架

由两根纵梁和一根中间横梁连接而成（图12-53）。在这种情况下，纵梁提供

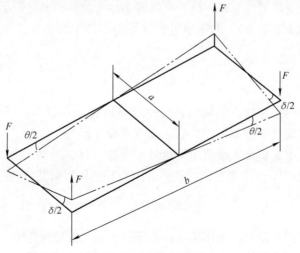

图 12-53 H形车架。由两根纵梁和一根横梁组成

弯曲刚度，横梁提供扭转刚度。忽略纵梁弯曲，扭转刚度可以通过横梁产生的形状变形计算出：

$$K_\mathrm{t} = GJ_\mathrm{t}\frac{a}{b^2} \tag{12-167}$$

式中，J_t 为横梁截面的扭转刚度模量；a 为横梁的长度，b 为纵梁的长度。

即使在这种情况下，必须通过采用闭口截面才能在相同质量时获得，高扭转刚度。式（12-167）表明，具有相同的轴距时，扭转刚度随着横梁长度的增加而增加。

优势：
- 结构简单。
- 横梁可以放置在座椅下。
- 占用脚部空间较小。

劣势：
- 扭转刚度和质量之间的比值较低。

3. 矩形车架

由两根纵梁和两根横梁构成的矩形结构（图 12-59）。提供弯曲刚度的是纵梁和部分横梁。另一方面，只有两根横梁提供扭转刚度。假设，
- 不考虑纵梁的前、后端不与横梁相连的情况。
- 纵梁和横梁不产生弯曲变形。
- 相比于纵梁的扭转刚度，横梁的扭转刚度可以忽略不计。
- 结构相对于 xz 和 yz 平面对称。

两个横梁在受转矩作用后绕 x 轴旋转，以保持本身直线。

每根纵梁末端之间的两根横梁之间的相对转动是相同的。此外，如果与纵梁相比，横梁的扭转变形可以忽略不计，则纵梁不会弯曲，因此它们承受的压力是纯扭转产生的（就像 I 形车架）。J_tl 表示每根纵梁的扭转刚度模量，总扭转刚度是两根纵梁的总和：

$$K_\mathrm{t} = 2\frac{GJ_\mathrm{tl}}{b} \tag{12-168}$$

另一方面，若与横梁相比，纵梁的扭转刚度可以忽略不计，扭转后纵梁绕 y 轴旋转，以保持其直线（即根据假设，它们没有弯曲变形）。

在这种方式中，横梁末端截面就像 H 形车架一样，转动了一个角度 φ。在这种情况下，扭转刚度等于 H 形车架的 2 倍，因为有两根横梁其扭转刚度模量 J_tt：

$$K_\mathrm{t} = 2GJ_\mathrm{tt}\frac{a}{b^2} \tag{12-169}$$

如果横梁有两根以上，该车架被称为梯形车架，量产汽车中。

当两个纵梁与横梁的变形只有扭转而没有弯曲时，可以用一个简单的方式计算

梯形车架的扭转刚度。当纵梁和横梁都是开口截面形状时，这种没有弯曲的假设是成立的。

图 12-54 所示为一个量产汽车车架的扭转试验。纵梁和横梁都采用 C 形截面。为确认假设正确，可以观察到纵梁发生了明显的扭转却没有任何弯曲。

图 12-54　梯形车架承受扭转。纵梁保持直线轴。无论是纵梁还是横梁都承受扭转

在图 12-55 所示梯形车架承受扭转的框图。该模型基于以下假设：
- 纵梁和横梁有直轴和恒截面。
- 矩形模量（即平行于纵梁和横梁）。
- 横梁都是一致的（即相同截面、长度和材料）。
- 纵梁都是一致的（即相同一截面、长度和材料）。
- 两根横梁位于纵梁的前部和尾部。
- 截面扭转中心与其重心相同。
- 横梁位于相对于纵梁中部对称的位置。
- 外部转矩作用到与悬架连接的横梁上。第二根和第四根横梁位于中间轴的

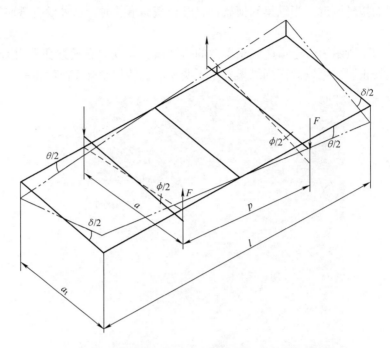

图 12-55 梯形车架承受扭转。p 是轴间距。l 是车架长度。d 是悬架与车架连接点之间的距离

两侧。纵梁之间的距离 a_t 是固定的,并且 a_t 比悬架连接点之间的距离 a 更短。

在转矩的作用下,变形后的结构如图 12-55 所示,其中双点画线代表变形后的结构。每根纵梁绕 y 轴旋转一个角度 $\theta/2$(其中 θ 是纵梁间的相对转动角)。相应地,横梁绕纵轴(x)旋转。横梁的转角随着与车架中间截面的距离增加而增加。

如图 12-55 所示的例子中,中间横梁不绕 x 轴旋转;第一根和最后一根横梁的转角($\delta/2$)比第二和第四横梁的转角($\varphi/2$)大。

假设纵梁和横梁构件保持直线,角 δ 和 φ 可以表示为 θ 的函数。

$$\varphi = \frac{p}{a}\theta$$

$$\delta = \frac{l}{a}\theta \tag{12-170}$$

车架的扭转刚度可以从纵梁和横梁贡献的总的弹性势能 E 的表达式计算出:

$$E = n_t \frac{1}{2} K_t \theta^2 + 2 \frac{1}{2} K_l \delta^2 \tag{12-171}$$

式中,K_t 和 K_l 分别为横梁和纵梁的扭转刚度;n_t 为横梁数量。

由于纵梁有两根,因此弹性能表达式中的第二项需要乘以 2。另一方面,弹性势能可以表达为车架的扭转刚度 K_ϕ 与轴相对应的两个截面间的旋转角度(ϕ)之间的函数:

$$E = \frac{1}{2}K_\phi \phi^2 \tag{12-172}$$

由式（12-171）和式（12-172）给出的能量相等，得：

$$n_t \frac{1}{2} K_t \theta^2 + 2 \frac{1}{2} K_l \delta^2 = \frac{1}{2} K_\phi \phi^2 \tag{12-173}$$

考虑角度 ϕ、δ 和 θ 之间的关系[式（12-170）]，有

$$K_\phi = \left(\frac{a}{p}\right)^2 \left[n_t K_t + 2K_l \left(\frac{l}{a}\right)^2\right] \tag{12-174}$$

根据直轴和恒截面的假设，纵梁和横梁的扭转刚度可以表达为：

$$K_t = \frac{GJ_{tt}}{a}$$

$$K_l = \frac{GJ_{tl}}{l} \tag{12-175}$$

式中，J_{tt} 和 J_{tl} 分别为横梁和纵梁截面的扭转刚度模量。把式（12-175）代入式（12-174）：

$$K_\phi = \frac{Ga}{p^2}\left(n_t J_{tt} + 2J_{tl}\frac{l}{a}\right) \tag{12-176}$$

车架的扭转刚度正比于纵梁和横梁的刚度模量。宽度 a 和轴距 p 为已知，括号中的第二项表明刚度随纵梁长度的增加而增加，这可以通过分析图 12-55 和式（12-170）来理解。

对于一个给定的角度 φ，纵梁的扭转变形随着纵梁长度的增加而增加。因此，形变能也在增加。事实上，纵梁的刚度反比于其长度，同时纵梁对扭转刚度[式(12-174)]的贡献正比于其长度的平方。定性的现象与图 12-56 的铰接杆的情况相同。杆的扭转刚度正比于弹簧刚度和半径 r 的平方：

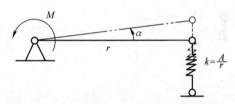

图 12-56 即使弹簧刚度 $k = A/r$ 随着 r 的增大而减小，扭转刚度 $k = M/\alpha = Ar$ 却随着 r 的增加而增加

$$K_\alpha = \frac{M}{\alpha} = kr^2 \tag{12-177}$$

因为刚度 $k = A/r$ 是反比于半径 r，刚度 K_α 正比于半径 r，所以

$$K_\alpha = Ar \tag{12-178}$$

对于有关刚度的假设仅适用于由开口截面横梁和闭口截面纵梁组成的车架（或反之亦然），这在实际中很少发生。在所有的采用闭口截面异形梁的情况下，静不定导致车架内应力计算十分复杂，而且与梁的扭转变形相比，梁的弯曲变形是不可忽略的。

应力和变形状态的计算基于以下假设：

- 矩形车架。
- 纵梁和横梁为直轴和恒截面。
- 扭转中心与截面重心重合。
- 通过对车架四角施加力获得纯扭转应力。

在这些假设下，结构是对称的，载荷也是对称的，其变形因而也是一致的（图 12-57）。特别地，纵梁的中间截面不发生位移和扭转。

可以利用车架的对称性，只分析其四分之一，其他结构用铰链代替，如图 12-58a 所示。约束反力由外力 F 作用后产生，分别是截面 1 和 2 上的垂直力 F_{1A} 和 F_{1B} 以及转矩 M_{1A} 和 M_{1B}。由于垂直方向的平衡以及绕 x、y 轴的转动平衡：

$$F = F_{1A} + F_{2A}$$

$$M_{1A} = F_{2A}\frac{a}{2}$$

$$M_{1A} = -F_{1A}\frac{b}{2} \tag{12-179}$$

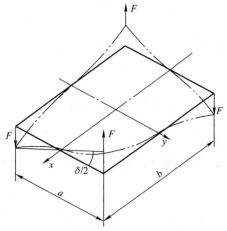

图 12-57 矩形车架承受扭矩。结构对于 xz 和 yz 平面是对称的

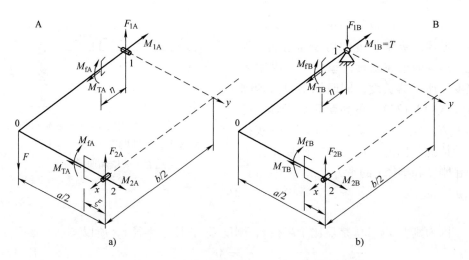

图 12-58 受扭的矩形车架的应力与变形状态分析

因为四个约束反力必须从三个平衡方程确定，其结构是静不定的。第四方程利用虚功原理得到。因此，除了静不定系统 A，辅助系统 B 认为在截面 1 上用球形铰链代替圆柱铰链后变为静定结构。因此：

$$L_{eAB} = L_{iAB} \tag{12-180}$$

式中，L_{eAB} 为由于系统 A 的变形引起的系统 B 外力所做的虚功；L_{iAB} 为由于系统 A 的变形引起的系统 B 内力所做的虚功。

假设系统 B 在 x 轴上的点 1 处承受任意转矩 $M_{1B} = T$，由于系统 A 的点 1 不能绕纵梁的 x 轴旋转，力矩 M_{1B} 在系统 A 变形时所做的功为 0，即

$$L_{eAB} = 0 \tag{12-181}$$

假设该结构只受弯曲和扭转变形（忽略剪切），则

$$L_{iAB} = \int_{102} \left(\frac{M_{fA} M_{fB}}{EI} + \frac{M_{TA} M_{TB}}{GJ_t} \right) dl \tag{12-182}$$

积分扩展到点 1、0 和 2 之间的结构。

对于系统 A，纵梁和横梁的弯矩和转矩等于：

$$\text{分段 } 1-0: M_{fA} = F_{1A} \eta, \quad M_{TA} = M_{1A} \tag{12-183}$$
$$\text{分段 } 0-2: M_{fA} = F_{2A} \xi, \quad M_{TA} = M_{2A}$$

对系统 B，有

$$\text{分段 } 1-0: M_{fB} = F_{1B} \eta, \quad M_{TB} = T$$
$$\text{分段 } 0-2: M_{fB} = F_{2B} \xi, \quad M_{TB} = M_{2B} \tag{12-184}$$

由于结构 B 是静定的，系统 B 的约束反力可以通过平衡方程计算：

$$F_{2B} = \frac{2T}{a}$$

$$F_{1B} = F_{2B} = \frac{2T}{a}$$

$$M_{2B} = F_{1B} \frac{b}{2} = T \frac{b}{a} \tag{12-185}$$

把式（12-183）和式（12-184）中的力矩代入式（12-182）的内功 L_{iAB} 的表达式中，考虑式（12-181）中的约束反力，可以得到：

$$L_{iAB} = F_{1A} \left(\frac{b^3}{3EI_1} + \frac{ab^2}{GJ_{tt}} \right) - F_{2A} \left(\frac{a^3}{3EI_t} + \frac{a^2 b}{GJ_{tl}} \right) \tag{12-186}$$

式中，I_1 和 I_t 分别为纵梁和横梁截面绕它们中性轴的惯性矩；J_{tl} 和 J_{tt} 分别为纵梁和横梁的扭转刚度模量。

内功和外功相等 [式（12-180）]，考虑到外功是 0 [（式12-181）]：

$$C_1 F_{1A} = C_2 F_{2A} \tag{12-187}$$

其中：

$$C_1 = \frac{b^3}{3EI_1} + \frac{ab^2}{GJ_{tt}} \tag{12-188}$$

$$C_2 = \frac{a^3}{3EI_t} + \frac{a^2 b}{GJ_{tl}} \tag{12-189}$$

式（12-187）可以和式（12-179）一起求解得到约束反力：

$$F_{1A} = \frac{C_2}{C_1 + C_2}F, M_{1A} = -\frac{aC_1}{2(C_1 + C_2)}F \qquad (12-190)$$

$$F_{2A} = \frac{C_1}{C_1 + C_2}F, M_{2A} = -\frac{bC_2}{2(C_1 + C_2)}F \qquad (12-191)$$

考虑外部力矩 F_a 所做的功等于结构的弹性变形能，可求得车架的扭转变形 δ（图 12-57）。由于车架包括 4 个等效部件，弹性能等于图 12-58 中 1－0－2 部分的变形能的 4 倍。

$$\frac{1}{2}Fa\delta = 4\frac{1}{2}\int_{102}\left(\frac{M_{fA}^2}{EI} + \frac{M_{TA}^2}{GJ_t}\right)dl \qquad (12-192)$$

将约束反力[式（12-190）和式（12-191）]代入应力特性[式（12-183）]，有

$$Fa = 2a^2\left(\frac{1}{C_1} + \frac{1}{C_2}\right)\delta \qquad (12-193)$$

车架的扭转刚度是施加的力矩（Fa）与首尾截面间的相对转角 δ 之间的比值：

$$K_t = \frac{Fa}{\delta} = 2a^2\left(\frac{1}{C_1} + \frac{1}{C_2}\right) \qquad (12-194)$$

括号中的两项代表所施加的力 F 与其作用点的位移 $a\delta/2$ 之间的比值：$\frac{F}{a\delta/2} = \frac{1}{C_1} + \frac{1}{C_2}$

$\frac{1}{C_1}$ 和 $\frac{1}{C_2}$ 表示两个并联的刚度。这些[式（12-188）和式（12-189）]包括了两个纵梁和横梁的贡献。

如果假定纵梁和横梁在弯曲时刚度无穷大（$I_l = I_t = \infty$），则横梁在扭转时变形无穷大（$J_{tt} = 0$）。

$$C_1 = \infty \qquad (12-195)$$

$$C_2 = \frac{a^2 b}{GJ_{tl}}$$

通过代入式（12-194）得

$$K_t = 2\frac{GJ_{tl}}{b} \qquad (12-196)$$

这正好与先前在分析相同的极限情况时得到的表达式一致[式（12-168）]。

反之，如果纵梁假定为可发生无限扭转变形（$J_{tl} = 0$），则

$$C_1 = \frac{ab^2}{GJ_{tt}}$$

$$C_2 = \infty \qquad (12-197)$$

再次代入式（12-194）得：

$$K_t = 2GJ_{tt}\frac{a}{b^2} \qquad (12-198)$$

与式（12-169）一致。

在实际情况中，给定一个确定的尺寸（给定 a 和 b），有必要设计一种具有高扭转刚度质量比的结构。为此，纵梁和横梁应当采用闭口截面，以使所有截面获得高的扭转刚度，从而提高整体的扭转刚度。

具有闭口截面异形梁的矩形车架（图12-59）优点如下：

- 乘客舱空间大。
- 一根横梁可以安装在后排座位下。
- 地板可以很平。
- 纵梁可以是侧围下部结构。

缺点是：

- 会妨碍踏板区。
- 难以实现前后外伸梁。

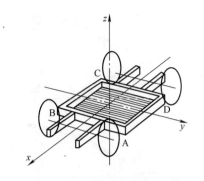

图 12-59 矩形车架。它是由两个纵梁和放置在纵梁两端的横梁构件组成。悬架通过悬垂梁连接到横梁构件上

4. 整体式车架

图 12-60 的底盘结构可以认为是梯形车架和矩形车架的集成；梯形车架位于地板下面，矩形车架环绕梯形车架。在这种情况下，前横梁构件主要传递垂直载荷，所以它的扭转刚度可以稍低；另一方面，高的弯曲刚度允许梁可以承受扭转，并为踏板区域提供更大的空间。由于前横梁构件的载荷处于垂直平面，其功能可以通过防火墙结构面来实现。中部和后部的横梁构件可以用闭口截面以增加扭转刚度。

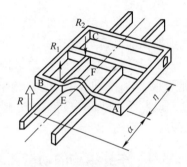

图 12-60 整体车架方案

12.3.3 车身中部模型

这节旨在分析车身中部结构的弯曲和扭转性能。通过采用结构面法可以使分析得以简化，从而了解各部件的应力类型。

1. 弯曲

悬架施加的外力 F（图12-61）等效于由作用在防火墙的力 F 和纵向力偶 $F_1 = Fd/l$（图12-61a）形成的合力。防火墙承受作用于其平面上的力 F（图12-61c）。相反，纵向力 F_1 对地板纵梁和侧围施加应力。受力的部件有侧框围、防火墙和地板，而车顶和前风窗玻璃不受力。

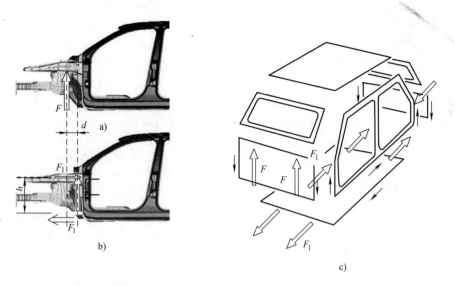

图 12-61 中部受弯应力。所有部件都模拟为结构面

2. 扭转

传递到防火墙的力矩被传递到侧围架、前风窗玻璃和车顶。类似于一个闭合的方盒,所有的结构面都受应力。特别是图 12-62 的车顶、地板和前风窗玻璃都受到剪切力。

12.3.4 车身结构的功能要求

除了单个部件要具备的人机工程学和可达性相关的结构功能外,与单一的车架结构相比,车身结构需要很高的弯曲和扭转刚度。

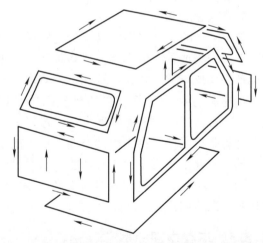

图 12-62 中部受扭应力。所有部件都模拟为结构面

车身在载荷作用下会发生变形,因此车身需要高刚度。变形会影响移动部件(门、发动机罩、行李箱门……)的空间,这类部件因为不受力而倾向于保持不变形。这会在移动部件与车架之间产生一个相对位移,从而产生如下的问题:

- 运动件上的密封件的蠕动会产生"吱吱"声。
- 使密封和隔断气动噪声的功能失效。
- 门锁功能失效

门锁功能失效是由于汽车领域的门锁只能承受两部件间 1~2mm 的位移量。当位移进一步增大时,门锁可能卡住或者堵塞。为了避免这种情况,可以插入一个

垫片。

图 12-63 所示为发生扭转时的示意图。门框产生了一个角 θ 的变形，并用虚线表示。在变形过程中门没有受力，所以它的结构（C_1、C_2、S_p）与门框结构件相比，变形是可以忽略不计的。相应地位移 δ 发生在连接车门的门锁部分（S_p）和连接立的门锁部分柱（S_m）之间。因为 $\delta_{max} \approx 2\mathrm{mm}$，$l \approx 1\mathrm{m}$，那么最大转角是 $\theta_{max} \approx 2 \times 10^{-3} \mathrm{rad}$。

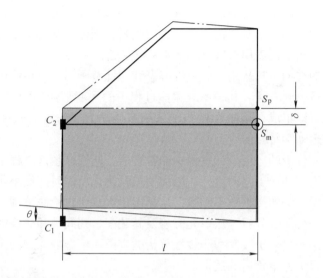

图 12-63 门框变形框图。未变形的框图（实线）和变形后的框图（虚线和阴影区域）

门框的扭曲现象在车身扭转的情况下特别重要。为了保证门锁功能，车身结构的扭转刚度必须足够高（紧凑型轿车通常至少为 500kN·m/rad）。

12.4 结构分析的数值模型

汽车的功能众多、在一个相对狭窄的空间内各部件高度集成以及与生产相关的需求等，只是导致车身结构复杂的因素中的一部分。结构本身必须满足越来越多的需求，从准静态性能如弯曲和扭转刚度，到动态特性如噪声和振动，再到在正常和超载时的可靠性。在过去的几十年中，对汽车被动安全要求的重视提出了额外非常重要的要求，推动了对新构造和设计标准的探索。近年来，能源问题又在不能影响其他要求的前提下，对汽车重量和尺寸提出了更高的要求。

直到 20 世纪 70 年代后期，结构部件的设计一直依赖于简单的分析设计工具，如采用结构面法和其他方法来分析薄壁结构。主要采用实验方法对相对简单的关键部件进行更深入的分析，如悬架和动力总成的连接点。这种近似设计方法需要原型车和预生产车辆的试验。这种迭代设计需要制造新的原型车，因此需要昂贵的费用和大量的时间，在某些情况下，需要修改已有的生产工具。

目前需要最大限度地减少新车型投产所需的时间，甚至完全原型车的设计迭代。在过去的30年里，一方面是在合理成本范围内的计算能力越来越高，另一方面是有限元代码与CAD软件的整合，使得几乎对所有汽车车身结构单元进行深入的结构分析成为可能。从设计过程的早期阶段到生产配置的验证阶段都可以采用这种方法。

在初始阶段，对于给定的边界条件、设计约束和载荷工况，集成优化工具的有限元代码可以帮助选择车身结构构造。考虑到来自于生产和其他子系统的额外的大量约束，选定的构造还需用CAD和FEM工具来迭代完善。

结构分析的类型包括从用于研究准静态和弹性范围内小位移假设情况下的动态特性的线性分析，到车辆和其子系统碰撞过程中的大变形使用的完整非线性分析。有限元模型也可以集成在用于车辆和子系统多体动力学仿真的软件中（典型的应用是悬架弹性运动学特性的研究）。

今天有限元分析的应用设计过程中非常普遍，同样在生产过程中也是如此。非线性分析程序用于冲压工艺的设计，以便使模具优化所需时间最小化。

关于有限元方法的文献数不胜数，这超出了本章所讨论的范围，本章主要对一些重要的问题进行深入分析，从单元方程及其装配，到线性和非线性求解方法。本章的目的是提供一个用于线性和非线性分析的有限元模型的课程的主要简介，帮助读者理解这些解决方案背后的逻辑。

第一部分是有限元方法用于结构分析的应用简介，然后重点介绍车身线性和非线性模型的主要类型。

12.4.1 形状函数和自由度

作用在结构的载荷和约束使材料产生变形、应力和应变场。在 t 时刻发生变形的形状可由未变形结构上的点坐标 (x, y, z) 构成的位移矢量 $\boldsymbol{u}(x, y, z, t)$ 描述。

$$\boldsymbol{u}(x, y, z, t) = u(x, y, z, t)\boldsymbol{i} + v(x, y, z, t)\boldsymbol{j} + w(x, y, z, t)\boldsymbol{k} \qquad (12\text{-}199)$$

式中，$\boldsymbol{i}$，$\boldsymbol{j}$，$\boldsymbol{k}$ 是直角坐标系的单位矢量；$u(x, y, z, t)$、$v(x, y, z, t)$ 和 $w(x, y, z, t)$ 分别为沿各方向的位移。由于结构的连续性，应该在该结构的任意一点均给出位移矢量 $\boldsymbol{u}(x, y, z, t)$。换句话说，该结构具有无限自由度。

结构分析的有限元方法的基本步骤是将结构分成部分，称为单元，通过几何上简单的边界来分隔。每个元素与结构的其他部分通过被称为节点的少数点交换力和位移。即使材料的一个单元与结构其他部分之间的相互作用发生在边界上的无限点，节点是唯一使每个单元与其相邻单元交换能量的。

每个单元的位移场可近似为节点位移的线性组合：

$$u(x,y,z,t) \approx N(x,y,z)q(t) \qquad (12\text{-}200)$$

列矩阵 $u(x,y,z,t)$ (3×1) 对应于矢量 $u(x,y,z,t)$ 的分量，节点 n 的位移对应于 $n\times1$ 的列向量 $q(t)$。

$$u(x,y,z,t)=\{u(x,y,z,t),v(x,y,z,t),w(x,y,z,t)\}^{\mathrm{T}} \qquad (12\text{-}201)$$

$$q(t)=\{q_1(t),\cdots,q_n(t)\}^{\mathrm{T}} \qquad (12\text{-}202)$$

$3\times n$ 矩阵 $N(x,y,z)$ 包括形状函数。这些是给定点坐标的已知函数可将该点位移近似为节点位移的函数。

式（12-200）表明：

- 单元包括矢量 $u(x,y,z,t)$ 的无限自由度，可近似为矢量 $q(t)$ 的 n 个节点自由度。
- 常用形函数来考虑与每个点的坐标 x,y,z 的相关性。时刻 t 的相关性完全归因于节点位移 $q(t)$。这里隐含的假设是，它可能使空间和时间不相关，如单元内一点的位移 $u(x,y,z,t)$ 只是节点位移矢量 $q(t)$ 的函数，而不是时间的函数。

形函数是单元内已知点的位置函数。即使是任意的，在某种程度上，它们必须满足一些性质：

- 它们必须在单元节点位置有单位值，所以矢量 $u(x,y,z,t)$ ［式（12-202）］降阶为节点处矢量 $q(t)$ 包含的节点位移。
- 形函数 $N(x,y,z)$ 必须是空间可微的直到可以确定单元内部的应变场。
- 式（12-200）应能描述不涉及势能变化的单元刚体运动。
- 变形后每个单元的边界应与相邻单元一致。由两个单元共享边界应保持两个单元变形后既不重叠也不分离。

12.4.2 运动方程

形函数使单元中的位移场近似为节点位移的函数；然后作为单元配置参数：即，这些变量可以定义给定时刻单元配置（与状态不同，还包括有关速度的信息）。从动能和势能开始，单元的运动方程可以通过拉格朗日方法得到。

1. 动能

单元的一个通用点 $P=\{x_p,y_p,z_p\}^{\mathrm{T}}$ 的位置 $U(x,y,z,t)$ 可以在惯性系（XYZ）中表示为

$$U(x,y,z,t)=U_0(t)+R(t)[P+u(x,y,z,t)] \qquad (12\text{-}203)$$

式中，$U_0(t)$ 为单元参考坐标系（$Oxyz$）的原点位置；$R(t)$ 是考虑到不同的坐标系 XYZ 和 $Oxyz$ 之间一致性的旋转矩阵；$u(x,y,z,t)$ 是影响点 P 在非惯性坐标系的位移矢量。点 P 在非惯性参考坐标系中的速度是式（12-203）对时间的导数：

$$\dot{U}(x,y,z,t) = \dot{U}_0(t) + \omega(t)[P + u(x,y,z,t)] +$$
$$R(t)\dot{u}(x,y,z,t)$$

矩阵 $\omega(t) = \dot{R}(t)$ 考虑了单元的角速度。

位移 $u(x,y,z,t)$ 现在可以通过形函数与式（12-200）的节点位移来表示：

$$\dot{U}(x,y,z,t) = \dot{U}_0(t) + \omega(t)[P + N(x,y,z)q(t)] + R(t)N(x,y,z)\dot{q}(t)$$
(12-204)

动能 T 是通过每个微元的体积 dv 在单元全部体积下积分所得。矩阵形式为：

$$T = \frac{1}{2}\int_v \rho \dot{U}(x,y,z,t)^T \dot{U}(x,y,z,t)\,dv \qquad (12\text{-}205)$$

其中，上标 T 表示矩阵的转置。考虑式（12-204），利用位置和时间变量可简单化表示为：

$$T = \frac{1}{2}\int_v \rho (\dot{q}^T N^T N \dot{q} + 2\dot{q}^T N^T R^T \omega N q + q^T N^T \omega^T \omega N q + 2\dot{q}^T N^T R^T \omega P$$
$$+ 2\dot{q}^T N^T R^T \dot{U}_0 + 2q^T N^T \omega^T \omega P + 2q^T N^T \omega^T \dot{U}_0 + 2\dot{U}_0^T \omega P$$
$$+ P^T \omega^T \omega P + \dot{U}_0^T \dot{U}_0)\,dv$$

这与式（11-57）相同。第一行中的三项用来考虑节点速度和位移的二阶贡献。第二和第三行包括一阶和零阶的贡献，如果 ω 和 $\dot{U}_0$ 是常数，则这些项对于拉格朗日方程没有贡献。回到第一行中各项，它们可以被写为：

$$T = \frac{1}{2}\dot{q}^T m \dot{q} + q^T n \dot{q} + \frac{1}{2}q^T k_i q$$

式中，m 是单元的质量矩阵：

$$m = \int_v \rho N(x,y,z)^T N(x,y,z)\,dv \qquad (12\text{-}206)$$

n 为考虑陀螺力和科里奥利（Coriolis）力的矩阵：

$$n = \int_v \rho N(x,y,z)^T R^T \omega N(x,y,z)\,dv \qquad (12\text{-}207)$$

k_i 为非惯性贡献

$$k_i = \int_v \rho N(x,y,z)^T \omega^T \omega N(x,y,z)\,dv \qquad (12\text{-}208)$$

假设每个单元体的惯性矩可以忽略不计，则可得到实体单元的上述矩阵。板或梁单元不满足这个假设,因为每个单元体是该单元的全厚度切片,惯性力矩不可忽略。这种情况下的表达更为复杂,但它们的整体结构相同。

2. 弹性势能

如果该材料具有保守性,每单位体积的势能由应力 – 应变曲线包围的面积给出

$$\frac{dU}{dvol} = \int_0^\varepsilon \boldsymbol{\sigma}(\boldsymbol{\varepsilon}')^T d\boldsymbol{\varepsilon}' \tag{12-209}$$

式中,矩阵 $\boldsymbol{\sigma}$ 和 $\boldsymbol{\varepsilon}$ 包括列为每列的应力和应变张量的所有分量。对于该材料的非耗散假设的证据是只依赖于应力 $\boldsymbol{\sigma}$ 和应变 $\boldsymbol{\varepsilon}$,而不是例如导致材料产生应变的改变。

此外,如果该材料具有线弹性,其应力应变曲线变成一条直线,单位体积的能量变为三角形的面积:

$$\frac{dU}{dvol} = \frac{1}{2}\boldsymbol{\sigma}(\boldsymbol{\varepsilon})^T \boldsymbol{\varepsilon} \tag{12-210}$$

在这种情况下,应力和应变关系通过弹性系数矩阵 E 由虎克定律确定:

$$\boldsymbol{\sigma}(\boldsymbol{\varepsilon}) = \boldsymbol{E}\boldsymbol{\varepsilon} \tag{12-211}$$

应变张量 $\boldsymbol{\varepsilon}$ 的分量可以利用差分算子 D 由位移场得到:

$$\boldsymbol{\varepsilon}(x,y,z,t) = \boldsymbol{D}\boldsymbol{u}(x,y,z,t) \tag{12-212}$$

位移可以表示为节点自由度和形函数式(12-200)的函数:

$$\boldsymbol{\varepsilon}(x,y,z,t) = \boldsymbol{N}'(x,y,z)\boldsymbol{q}(t) \tag{12-213}$$

其中:

$$\boldsymbol{N}'(x,y,z) = \boldsymbol{D}\boldsymbol{N}(x,y,z) \tag{12-214}$$

式(12-211)和式(12-213)的应变和应力可以替代式(12-210)的势能密度,单元体积积分后,单元势能最后表示为:

$$U = \frac{1}{2}\boldsymbol{q}(t)\boldsymbol{k}_e\boldsymbol{q}(t) \tag{12-215}$$

其中,k_e 是单元刚度矩阵:

$$\boldsymbol{k}_e = \int_v \boldsymbol{N}'(x,y,z)^T \boldsymbol{E} \boldsymbol{N}'(x,y,z) dv \tag{12-216}$$

3. 等效节点力

作用在单元上的拉格朗日力通过外力 $f(x,y,z,t)$ 作用在单元上的功 $\delta\mathcal{L}$ 和虚位移场 $\delta\boldsymbol{u}(x,y,z)$ 计算得出

$$\delta\mathcal{L} = \int_v \delta\boldsymbol{u}(x,y,z)^T \boldsymbol{f}(x,y,z,t) dv \tag{12-217}$$

虚位移可以被认为是拉格朗日坐标虚拟变分的结果,即节点位移变分 $\delta\boldsymbol{q}$。考虑式(12-200)可以得出:

$$\delta\boldsymbol{u}(x,y,z) = \boldsymbol{N}(x,y,z)\delta\boldsymbol{q} \tag{12-218}$$

把式(12-218)代入虚功式(12-217),虚功表示为节点位移变分的函数:

$$\delta L = \delta q^{\mathrm{T}} \int_v N(x, y, z)^{\mathrm{T}} f(x, y, z, t) \mathrm{d}v \qquad (12\text{-}219)$$

拉格朗日力 $f(t)$ 是节点力,它与虚位移 δ 产生的虚功,与物理力 $f(x,y,z,t)$ 和相同虚位移产生的虚功相同

$$\delta q^{\mathrm{T}} f(t) = \delta q^{\mathrm{T}} \int_v N(x, y, z)^{\mathrm{T}} f(x, y, z, t) \mathrm{d}v \qquad (12\text{-}220)$$

因此,拉格朗日力为:

$$f(t) = \int_v N(x, y, z)^{\mathrm{T}} f(x, y, z, t) \mathrm{d}v \qquad (12\text{-}221)$$

4. 单元的运动方程

单元的运动方程可以通过拉格朗日方程获得。结果与式(11-69)的形式一样:

$$m\ddot{q}(t) + g\dot{q}(t) + (k_e + k_i)q(t) = f(t) \qquad (12\text{-}222)$$

质量矩阵 m、弹性矩阵 k_e 和非惯性刚度矩阵 k_i 是对称和半正定的,反对称矩阵 g 为

$$g = n - n^{\mathrm{T}}$$

考虑陀螺力和科里奥利(coriolis)力。

上述单元方程已经忽略耗散的贡献。它们通常是在单元矩阵组装后添加到结构上。

5. 结构(单元组装)的运动方程

描述结构性能的方程可以通过每个单元的动态方程获得。这种从每个单元矩阵到结构矩阵的操作称为组装。该操作基于以下考虑:

(1)一致性

当两个或多个单元共享相同的节点时,所有单元在该节点的位移必须是相同的。其结果是该结构可以通过离散化(通常叫做网格)中的所有节点位移的集合来描述:

$$q_s = \{q_1, \cdots, q_n\}^{\mathrm{T}} \qquad (12\text{-}223)$$

矢量 q_s 包括结构的所有节点的位移。它是整个结构的拉格朗日坐标系的向量。例如,如果节点 i、j 属于单元 a,节点 j、k 属于单元 b,则这两个单元可通过下面的自由度描述:

$$q_a = \begin{pmatrix} q_i \\ q_j \end{pmatrix}, \quad q_b = \begin{pmatrix} q_j \\ q_k \end{pmatrix} \qquad (12\text{-}224)$$

由于节点 j 是单元 a 和 b 的共同节点,由这两个单元组成的结构通过以下自由度描述:

$$q_s = \begin{Bmatrix} q_i \\ q_j \\ q_k \end{Bmatrix} \qquad (12\text{-}225)$$

(2) 平衡和能量

由达朗贝尔原理可知,所有的力(弹性力、惯性力和外部力)作用于一个节点的合力必须是零。如果两个单元共享同一节点,该节点上的弹性力和惯性力是内力,彼此为零;合力则是外部力。要理解作用在组装上的平衡方程的影响,最简单的方法是考虑单元的能量。由于能量是标量,每个单元的贡献相加在一起得到结构的能量是:

$$T_s = \frac{1}{2}\dot{\boldsymbol{q}}_s(t)\boldsymbol{M}\dot{\boldsymbol{q}}_s(t) \tag{12-226}$$

$$U_s = \frac{1}{2}\boldsymbol{q}_s(t)\boldsymbol{K}\boldsymbol{q}_s(t) \tag{12-227}$$

每个单元矩阵添加到结构的质量矩阵($\boldsymbol{M}$)和刚度矩阵($\boldsymbol{K}$)的位置在对应于该单元结构自由度的位置。

例如,如果 M_a 和 M_b 是之前例子的单元 a 和 b 的质量矩阵

$$\boldsymbol{M}_a = \begin{bmatrix} m_{aii} & m_{aij} \\ m_{aji} & m_{ajj} \end{bmatrix}, \quad \boldsymbol{M}_b = \begin{bmatrix} m_{bii} & m_{bij} \\ m_{bji} & m_{bjj} \end{bmatrix} \tag{12-228}$$

结构质量通过每个单元的组装获得,每个节点的贡献相加得:

$$\boldsymbol{M} = \begin{bmatrix} m_{aii} & m_{aij} & 0 \\ m_{aji} & m_{ajj}+m_{bii} & m_{bij} \\ 0 & m_{bji} & m_{bjj} \end{bmatrix} \tag{12-229}$$

组装并不改变结构的运动方程。因此,结构由适用于每个单元的同一动态方程所决定:

$$\boldsymbol{M}\ddot{\boldsymbol{q}}_s(t) + \boldsymbol{K}\boldsymbol{q}_s(t) = \boldsymbol{f}_s(t) \tag{12-230}$$

12.4.3 车身结构的有限元模型

本节的目的是对主要类型的有限元模型做简单介绍并突出其相对的优点和缺点,这些模型主要可用于汽车车身结构性能的研究。

1. 详细模型

对于任何一种结构,可以通过将各部件车身有限元模型,因此可以用六面体或四面体单元来划分网格。然而,汽车车身的大部分部件都具有几何复杂性和厚度小的特点,在这种情况下需要使用大量的单元和节点。虽然计算能力在不断提高,这种类型的网格而显著降低仍然需要很长的时间,甚至对于完整车身的模拟时间不可接受。节点和单元网格的复杂性可以通过考虑车身结构大部分部件具有较小厚度的特点而显著降低,即采用壳体单元代替实体单元。在这种情况下,薄板部件的网格在厚度上只包括一个单元(节点),取代了实体网格的两个或两个以上的节点层。汽车车身结构的特点是,薄板部件是通式点焊或其他焊接方式焊接在一起的。该焊接区域可以用大部分商业有限元软件中的特定单元模拟,当两个部件之间的相对位

移趋于重叠时，接近焊接区域的部件可采用单侧接触单元来建模。这种类型的单元必须小心使用，因为求解这些单元的非线性接触问题的计算时间很长。

无论其尺寸大小，目前的趋势是在汽车车身设计的各个阶段更多地采用详细模型，其原因如下：

● 从 CAD 几何模型建立这些模型现在几乎是自动的，因此不需要借助有限元进行特别的结构建模。即使几何零件的复杂性导致了多自由度问题，也可以通过计算能力的增加来补偿。

● 有限元模型及其 CAD 绘图之间非常接近的几何相关性也适用于小细节。类似的详细程度也适用于不同部件之间的材料特性和界面条件。这可以得到可靠预测，不仅是位移，也包括结构中局部的应变和应力状态。然后，可以分析失效模式，例如非常敏感的应力集中，如疲劳失效或裂纹扩展。类似地，利用详细模型可以得到高阶动态性能的可靠预测，包括声波范围内的局部、高频模态。

相反地，详细模型也有一些缺点：

● 需要详细的几何参数，这在早期设计阶段可能无法得到。几何定义的不完整可能需要大量 CAD/CAM 与 FEM 之间的迭代以定义最后的配置。这些迭代可以通过专用的优化软件来简化，在任何情况下，需要较长的时间和经验来正确设置边界条件和优化目标。有时基于之前模型的设计方法可以减少设计早期阶段的未知量，有助于减少概念阶段所需时间。

● 几何复杂性涉及的许多参数有时隐藏了很明显的经验性的宏观问题。例如定义立柱横截面的许多细节会掩盖一些全局属性，如截面面积和转动惯量。存在为求解问题而修改大量参数，导致损失重要参数灵敏度的潜在风险。

2. 综合模型（梁和板）

建立车身结构有限元模型的另一个完全不同的策略是将模型参数数量最小化。目的是简化主要结构参数定义中的灵敏度分析。在这种情况下的有限元模型（图 12-64）更接近于解析模型，用来了解简单结构的性能，例如，简单结构面法（见 12.3 节）以及桁架和框架的分析。

这类模型有时称为综合模型。利用它们可以合理预测给定外部载荷和约束时的变形和一些应力。

图 12-64 车身结构的详细有限元模型。大多数网格为板和壳单元

综合模型中常用的基本单元有（图 12-65）：

● 梁：纵梁、横梁和立柱可用梁单元来离散化。网格中的每个节点代表截面的 6 个自由度：空间中的 3 个位移和 3 个旋转。连接两个节点的单元的特征在于截

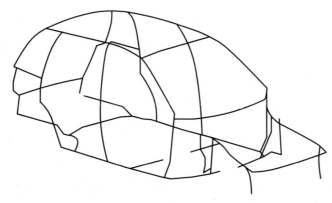

图 12-65 车身结构的综合模型。立柱、纵梁和横梁采用梁单元，
结构表面采用板单元，结构节点采用等效刚度矩阵来模拟

面的宏观参数，如面积（A）、关于单元坐标系的转动惯量（I_1、I_2、I_{12}）、转动惯量（J_t）、相对于同一单元坐标系的截面质心位置、材料属性（密度 ρ、杨氏模量 E 和泊松比 ν）。与定义同一截面几何形状相比，这些参数非常少。

● 结构节点：模拟连接纵梁和横梁或立柱的物理部件，是综合模型的重要部分，需要认真对待。一般采用以下两个不同的选择：

——刚体连接：梁的端点在结构节点相交，共享有限元网格的同一节点。这使单元的端截面在节点相交，具有相同的位移和转角，就像结构实现了刚体连接。实验结果表明，结构的这些部件远不是刚体结构，它们的变形占整体变形很大一部分。刚体的选择会导致高估整体刚度，必须谨慎采用。

——柔性连接：结构节点是一种子结构，由相邻梁的相交截面确定其边界（B 柱和门槛之间的 T 形节点有三个相交截面：两个是门槛部分的截面，一个是 B 柱的截面）。其特征是刚度矩阵，与作用在相交截面上的广义力（3 个力和 3 个力矩）及相对应的广义位移（3 个位移和 3 个旋转）有关。例如，图 12-66 的结构节点代表 A

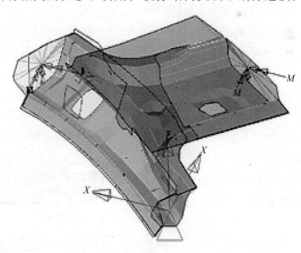

图 12-66 用于评估其等效刚度结构节点的详细模型。
每个相交横截面上的所有节点与位于截面质心处的独立节点通过刚体约束（RBE 单元，刚性单元）相连接。然后这些节点用于连接划分结构其他部分网格的梁单元

柱、车顶纵梁和前风窗玻璃上方的横梁之间的连接。这部分结构的刚度是由其详细的有限元模型计算出来的。三个相交截面在每一个截面质心处有一个节点。该节点与位于横截面有限元网格上的所有节点刚性连接（通过所谓的"多点约束"或"刚性"单元）。这些相交节点用于将结构节点的详细模型与用于对结构其他部分进行网格划分的梁单元相连接。与结构其它部分相比，结构节点的质量不可忽略，它的性能可通过 3 个相交截面（每个截面有 6 个自由度）确定的一个 18×18 的刚度矩阵来计算。

- 表面：通过板壳单元来模拟。板或壳单元可能有梯形形状（4 或 8 节点）或三角形形状（3 或 6 节点）。类似于梁单元，每个节点有 6 个自由度（3 个位移和 3 个旋转自由度）。

综合模型的优点：

- 可以用于评估全局响应，如弯曲和扭转刚度以及低阶固有频率和振型。
- 数量相对较少，参数易于设计灵敏度分析，且可以在一组约束条件下确定一系列参数以匹配设计目标。
- 通过移动节点和连接梁易于实现外表面的改变从而满足造型需求。梁截面属性或任何其他参数的改变可以容易地实现。
- 模型简单结构，可以在给定响应条件下研究每个部件或参数的敏感度。例如，单根梁的刚度如何影响整体扭转刚度。其他响应也是如此，如固有频率和振型。

综合模型的缺点包括：

- 综合模型不能用来研究与局部响应关系较大的方面，例如，应力和应变分布。这些响应可以利用更接近于真实几何构造的模型来研究，以考虑局部的影响，如圆角、半径、点焊、孔、连接点等。
- 结构节点的柔度对车身的整体变形影响很大，因此在综合模型中必须进行考虑。对这些部件刚度矩阵的正确评价是主要难点之一，这会影响建模方法。可以选择从同一节点的详细有限元模型开始确定这个信息；也可以选择对物理样机进行实验的方法得到。这两种情况的前提条件是节点已完成详细设计。一方面有限元方法可以允许一些参数的修改，而这很难在实验时进行修改。另一方面，实验数据可以解决建模的不确定性。
- 虽然综合模型尺寸较小，几乎可以实时运行，但它们需要大量的专业知识。在其基础上实现自动化很困难，且结果的不可靠风险高。与解析法相似，它们主要用于初步设计阶段。

3. 综合模型的构建

在最初的设计阶段，关于新结构的有效信息是非常少的。有些数据只涉及系统级参数，如轮距和轴距、悬架结构、车载部件（如下车身、悬架和动力总成）。内表面和外表面的初步版本可能已按造型和人机工程学以及开口部件的一般形状的孔（车门、发动机盖、行李箱盖）和内饰完成定义。这些信息可以利用 CAD/CAS

（计算机辅助造型）软件提供数字格式。

利用综合模型开始新结构设计之前，应提供以下可用数据：
- 利用 CAS 或 CAD 软件定义的外表面。
- 各车载子系统的详细有限元模型。
- 利用前期车型与竞争车型对标设计的主要截面的草图。

建立综合模型的主要步骤：
- 定义车载部件与相应表面的相对位置。
- 根据新的轮距和轴距修改车载部件。
- 定位结构节点，绘制其形状。
- 定位结构节点之间的梁的轴线。
- 确定主要截面参数如面积、转动惯量，并将它们特性施加到结构部件上。
- 定位主要结构表面（车顶、防火墙、地板、侧围板）。
- 施加合适的边界条件和载荷。

4. 板壳模型的优化设计（图 12-67）

一方面是可用的参数化绘图工具（CAD），另一方面是网格软件，这可以实现自动执行大量的迭代设计。因此可以直接使用板壳模型，从而减少以梁和板为基础的综合模型的使用。

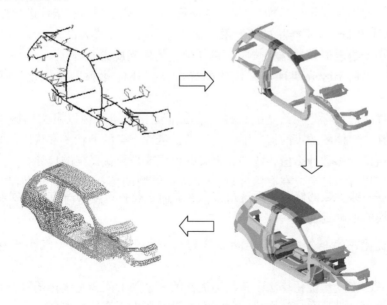

图 12-67 增加有限元模型的细节

这个过程是基于给定的时间间隔的一组设计变量的定义。对于每组数据，CAD 软件都会生成结构图，然后自动绘制网格并在所需载荷工况下分析并寻找必须要优化的结构响应。CAD 软件的灵活性允许探索在结构绘制过程中几乎所有的参数，例如从纵梁的截面厚度到截面尺寸几何（圆角、纵横比……），以及其位置和轴的形状。

迭代可以手动（很少）或自动进行。优化过程与综合模型的优化过程相似，但它可以避免一些局限性。迭代是基于详细模型进行的，与结构节点刚度相关的未知参数等这样的关键方面，在一开始就被解决了。它也可以考虑响应来优化结构，这些响应超出了梁和板的综合模型的适用范围，例如应力和应变分布、在疲劳载荷下的可靠性、在碰撞过程中的性能。

由于迭代是在详细模型上直接进行的，所需的选择数量和涉及的假设数量是较少的，分析经验在获得可靠的结果中并不起非常重要的作用。

这种方法的风险是大量的设计参数在一些情况下会掩盖一小部分数据的作用（典型的例子：截面的转动惯性 J_t 代替了定义相同截面的多个几何尺寸）。

5. 结构优化

结构优化的主要目的在于性能与成本（广义的包括生产成本、维修、重量……）之间进行折中从而提高设计水平。这种折中意味着在优化过程中普遍涉及以下两个因素：

① 必须进行优化的函数，这可能涉及一个或多个参数，如刚度、碰撞过程中的性能、固有频率、重量。由于必须被优化的参数的数量很多，有必要定义一个包括所有参数的函数（设计目标）。该函数最简单的形式是对所有指标进行加权。

② 设计约束，即不能超过的界限。这些边界可以设置为设计变量（例如梁的尺寸必须小于给定值）或结构响应（例如给定的极限应力）。

这几乎是用于区分两种类型优化的标准：拓扑优化和形貌优化（或形状优化）。

拓扑优化的目标是在给定的边界的情况下优化给定目标以定义结构单元的形状。例如在给定体积约束的情况下给出发动机悬置支架的形状。形状优化的目的是决定给一组设计参数什么值，例如，板梁的厚度或矩形截面梁的尺寸。

优化代码可以被集成在有限元软件（这是典型的拓扑优化）里或者它们可以自动处理运行多个程序，从 CAD 模型的定义到有限元网格的划分，再到相关的结构响应计算（形状优化）。

结构优化在汽车领域的应用涵盖从相对较小的部件到整个汽车车身结构的设计。

在所有的多变量优化算法中，结构优化的一个关键问题是优化函数可能是局部最小值。风险是设计在空间中只考虑一点而没有考虑更合适的点。

原则上，结构优化可以通过分析工具执行，假设结构响应可以通过分析工具与一组设计变量联系起来。对于简单结构如梁和板，这可以通过合理的简单边界条件来完成。在汽车应用中，分析得结构响应的可能性仅限于非常简单和理想化的结构（例如可以通过结构面法模拟的车架或结构）。在大多数实际情况下，几何、载荷和边界条件是复杂的，只能通过数值方法（如有限元法）来求解。在这种情况下，优化只能通过数值方法。目前有很多商业软件可用，有的是与有限元法集成在一起（Altair Optistruct、MSC Patran/Nastran、Ansys 等），有的软件工具只执行优化任务通过管理所有步骤，这些步骤通过特定的软件单独运行：从利用给定的数据生成几何模型（CAD 软件），到网格划分和有限元分析（有限元软件）。

6. 拓扑优化

在给定载荷、约束和允许的设计空间的情况下需要定义结构形状时，在初步设计阶段，拓扑优化是强有力的工具。

出发点是设计空间、载荷、约束条件或与其他部件的界面的定义。设计空间是被均质材料填满的并被划分为有限元网格。该结构的有限元法分析可以找到设计空间中对结构响应影响较小的区域。例如，如果优化变量为刚度，不重要的区域是那些低应力区域。这些区域的材料属性（杨氏模量、质量密度）降低，这种操作通常表示为密度降低。密度等于 1 代表材料具有名义特性，零密度表示材料的力学特性可以忽略不计。

用新的材料属性在体积内重复进行有限元分析，直到密度分布收敛。其结果是在开始阶段定义的相同设计空间却具有非均匀密度。密度图表明哪些材料可以删除，哪些材料可以保留。通常这个过程是通过只绘制高于设定的材料密度阈值的那些单元来完成。

由于现在结构表面是由最初与删除单元相连的单元组成，因此其结果是一个不规则的形状。

得到的几何是部件的设计基础，其可以利用传统的有限元分析进行验证。在某些情况下，在一个较小的空间内可能会执行一个新的优化。

7. 形状优化

形状优化的目标是在给定设计的情况下优化几何参数。这些单元的最简单形式可以通过移动预定义的网格节点获得，或者利用有限元方法通过参数化 CAD 迭代得到。每一步都会产生一个具有新参数的 CAD 模型，划分网格，并进行有限元方法分析以找到结构响应。

与拓扑优化的主要区别是，在这种情况下设计变量是给定形状的几何参数。例如目标可以是寻找地板形貌以优化其刚度和固有频率。在这种情况下，优化软件修改形貌以找到哪里添加加强筋更有效。在这种情况下优化通过设计限制来约束（加强筋不能高于设定值或不能在一些区域出现）。

12.5　车身刚度的测量

在车辆的使用寿命期间，作用在车身上的载荷组合可能是非常复杂的。除了碰撞和滥用的情况，这些载荷中的大多数不会导致结构永久变形，因此它们可作为有限数量载荷的线性组合，其中的扭转和弯曲载荷可能是最多的。

车辆底盘的扭转和弯曲变形分析有不同的方法，从数值模型（FEM）到实验测试。形状变形的分析可以确定整体挠度以及各结构单元对变形的贡献。然后就可以确定单元或部分结构在更高变形下的影响，其可以重新设计，不仅增加整体刚度，也提高使用过程中结构受到疲劳载荷作用下的可靠性。

这种分析可以在车辆不同的装配阶段重复：从白车身到带有传动系统、悬架系统和内饰的整车。这有助于了解单元的结构贡献如前风窗玻璃、仪表板、座椅和车身外板。

扭转和弯曲载荷工况通常由每个制造商按照试验装置、载荷施加和约束条件进行了标准化。扭转试验用于模拟车辆只有一个车轮停放在人行道上时的载荷，而弯曲试验用于模拟乘客、行李和垂直加速度产生的载荷。

用于这两种载荷工况的实验装置几乎是相同的，扭转和弯曲试验可在同一车身结构上进行，而不需要对汽车和实验台进行重大的改变。

12.5.1 测试装置

测试装置（图12-68和图12-69）用于扭转刚度和弯曲刚度的测量，包括非常坚硬的（相对于车身）带有可移动立柱的基础结构。这些立柱用于支撑汽车车身结构和施加载荷。

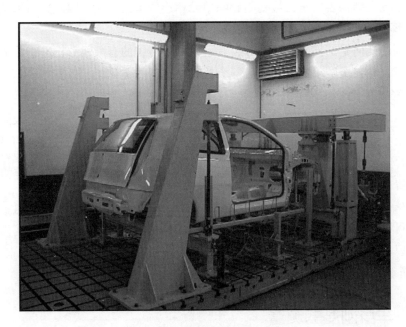

图12-68 扭转刚度测量试验台

图 12-69　弯曲刚度测量试验台

12.5.2　测试车辆

通常，测试是在白车身装配阶段进行的，没有内饰（仪表板、座椅）、动力总成（发动机和变速器、排气系统）、电气和液压连接、保险杠和车轮。其他测试在部件的不同组装阶段反复进行以确定"非结构"单元如前风窗玻璃、仪表板和活动部件的贡献。安装悬架系统，但所有柔性单元（弹簧、橡胶衬套）都用刚性连接取代。例如，安装刚性支柱而不是减振器。基本思想是，悬架必须实时将作用在车轮上的载荷传递到车身结构上，如同正常行驶时的传递方式。所有的柔性单元由刚性元件代替，以避免在试验中车身的刚体运动。当用刚性元件代替悬架部件时，避免引入额外约束很重要，否则将导致虚增一个刚度。双摇臂悬架、麦弗逊悬架和多连杆悬架应在连接过程中保持其均衡性。不太明显的选择对于超静定连接是必要的，如悬挂副车架和车身结构之间的连接。

下文将仅介绍一种测试方法，因为它被不同整车厂都采用。

将轮毂刚性地连接在非常硬的两根横梁上，其两端连接到试验台立柱上。利用立杆进行连接。车身和两根横梁构成被测件，受至少三根立杆的约束，仍有三个刚性自由度（沿 x 和 y 方向的运动、绕 z 轴的旋转）。这些自由度通过不同方式约束，例如通过约束一个轮毂在 x 和 y 方向的位移（除了被立杆约束的 z 方向）和另一个轮毂在 x 或 y 方向的位移。

12.5.3 弯曲载荷

连接轮毂的 4 根横梁的所有端部用立杆连接到测试台的立柱上。尽管是超静定，这种约束可以使车身与对应于车轴的两根横轴铰接。垂直载荷通常施加到轴距中间，通过一根横梁在门槛上加载，该横梁带有橡胶块或木块以均布载荷，避免应力集中。

12.5.4 扭转载荷

连接轮毂的后横梁被约束以避免一端的所有位移和另一端的垂直位移。这可以使该梁绕 y 轴旋转。前横梁的一端约束以避免垂直位移和其他位移（x 或 y）。该横梁的另一端是自由端，允许其绕 x 轴旋转。外部载荷通过施加加载器到前横梁的自由端。

12.5.5 刚度测量

汽车车身上至少安装四个位移传感器以测量四个轮毂的垂直位移。额外的传感器可安装在悬架安装点，即在前悬架支撑塔和纵梁上对应于后轴（图 12-70）的点上，并沿着架（图 12-71）。

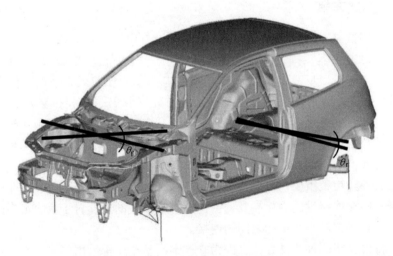

图 12-70 扭转刚度的测量

扭转刚度定义为转矩 M_t 和前后轴之间的相对转角 $\Delta\theta$ 之间的比值，在对应于轮毂的点计算：

$$K_t = \frac{M_t}{\Delta\theta} = \frac{M_t}{\theta_f - \theta_r} \quad (12\text{-}231)$$

其中，θ_f 和 θ_r 分别是前、后轴的转角。为了比较不同尺寸的车辆的扭转刚度，通

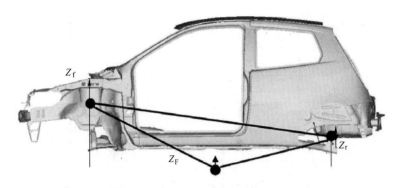

图 12-71 弯曲刚度的测量

常会计算扭转刚度与一个特征长度如轮距或总长之间的比值。另一个描述结构设计质量的指标是扭转刚度与底盘质量之间的比值。

弯曲刚度可以通过计算施加的垂直力 F 与车轴上力作用处的位移变化量 Δz 之间的比值：

$$K_\mathrm{f} = \frac{F}{\Delta z} = \frac{F}{z_\mathrm{F} - (z_\mathrm{f} b + z_\mathrm{r} a)/\omega_\mathrm{b}} \qquad (12\text{-}232)$$

其中，z_F 是用于施加垂直载荷的横梁的垂直位移；z_f 和 z_r 是前轴和后轴的垂直位移；a 是前轴和垂直力 F 之间的纵向距离；b 是力 F 和后轴之间的纵向距离。前面公式中考虑前、后轴的位移是为了消除试验台柔性的影响。

位移传感器沿着门槛或其他纵梁安装（前和后纵梁、地板纵梁），以确定弹性挠度的分布。沿车辆纵轴绘制这些位移可以找到对变形贡献较大的结构部分（图 12-72 和图 12-73）。这些曲线斜率的局部变化表明结构的该部分有较大的柔度。这可能是由于生产过程或结构设计中的问题产生的。有时挠度曲线的不连续性可能是由于局部结构问题，如一些测量点的翘曲或局部变形。

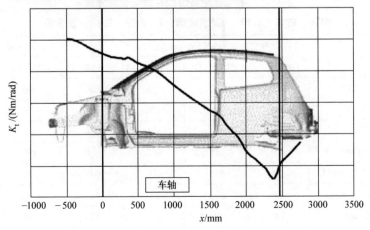

图 12-72 沿车辆纵轴的扭转变形分布

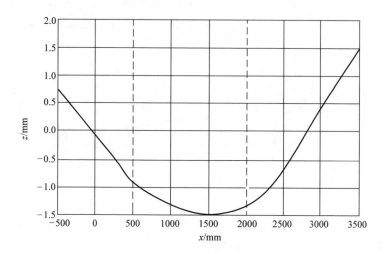

图 12-73 沿车辆纵轴的弯曲变形分布

为得到可以传送到玻璃表面的潜在的大应力（粘合玻璃如前风窗玻璃和一些侧围玻璃），在粘合玻璃框架处安装传感器来测量其变形。这种情况下，简单的方法是在这些框架的对角处安装高分辨率位移传感器。类似地，可移动部件如车门、发动机罩、行李箱盖的框架也可以测量扭转和弯曲载荷引起的变形。

这种情况的目的是避免过度变形，其可能会导致噪声（尖叫）、密封件的泄漏，以及门锁和铰链系统失效。通常这些变形受每个制造商具体的内部设计要求约束。

大型结构的贡献可以通过玻璃和其他部件安装到白车身结构上，利用不同装配阶段的变形进行确定。从白车身阶段通过加装玻璃内饰和车门的不同阶段，对使刚度增加贡献最大的是玻璃，见表 12-3。

表 12-3 不同装配阶段的扭转和弯曲刚度。
BIW：白车身；FG：固定玻璃；I：内饰、车门、仪表板

车型	扭转刚度/(kN·m/rad)			弯曲刚度/(N·m/rad)		
	BIW	BIW + FG	BIW + FG + I	BIW	BIW + FG	BIW + FG + I
菲亚特 Punto MY94 5D	573	701	796	630	640	670
雷诺 Clio MY90 5P	540	740	770			
菲亚特 Uno MY90 5D	342	404	478	430	445	475
福特 Fiesta MY89 5D	420	515	655	350	355	385
奥托比安西 Y10 MY85	445	556	678	635	675	760
雪铁龙 Ax MY87	455	635	690	455	500	570
标致 205 3D	390	500	588	320	355	385

(续)

车型	扭转刚度/(kN·m/rad)			弯曲刚度/(N·m/rad)		
	BIW	BIW + FG	BIW + FG + I	BIW	BIW + FG	BIW + FG + I
菲亚特 Punto MY94 3D	578	728	834	595	620	630
菲亚特 Uno MY90 3D	336	423	486	445	460	480
标致 106 3D	567	730	820	570	590	640
欧宝 Corsa 3D	410	540	690	490	500	510
日产 Micra 5D	300	370	510	480	490	
大众 Polo MY94	550	660	790	410	420	
大众 Polo MY82 3D	360	380	435	490	500	525
雷诺 5 3D	340	480	530	425	450	475
菲亚特 Palio HB 5D	428	579	683	580	600	620
蓝旗亚 Y	583	735	835	680	690	720

第13章 被动安全性

13.1 生物力学

13.1.1 生物力学方法

本章将详细介绍汽车与外部障碍或另一辆汽车碰撞时,怎样才能减轻汽车乘员损伤的安全理念。该理念基于碰撞和由碰撞导致的伤害都有可能发生的假设条件。

该假设条件表明该安全理念和概率相关。因此,该方法是考虑某一种类型的突发事故中的汽车安全问题,而不是追求设计完全安全的汽车。此外,对于这些不同的突发事故,不是避免而是合理减轻对汽车的损坏,尤其是对乘员的损伤。

汽车的被动安全最初是指保持驾驶员座舱的完整性,这样在规定的静态和动态载荷情况下,以及规定的空间限制内,汽车车身将被视为一个壳体,能够保护乘员但是可以变形。这样,在碰撞时汽车车身可以为乘员提供较好的保护。

该安全方法被确定为几何学方法。由此方法而起,建立起一系列的规定,其中一部分沿用至今。例如,汽车正面碰撞测试中,转向轮向后的位移必须小于12.7cm,同时汽车侧碰中,入侵量不能超过特定的几何值。

几年后,可以很明显地看出此方法不够完善,由于其并没有考虑由事故导致的创伤所引起的人类的容许界限。因此需要使用生物力学标准计算一辆汽车的安全性能,验证在事故中乘员所受的压力小于人类的容许界限,这就是生物力学方法。如图13-1所示,根据此方法定义安全标准的逻辑图是多学科的。

在详细地检验此表示法之前,需要知道,根据欧洲法律,在事故发生过程中,一辆汽车内的所有成员都将遭受各种等级的危险,这与碰撞的类型和严重程度相关。然而只有正确使用汽车提供的约束系统的人才能受益于该法规的条例。此外还需要阐明如图13-1中所示的如下术语的意义。

损伤:在一起事故中,损伤是指由机械应力引起的生理学上的变化。由急救医生检测和判断损伤严重程度。

损伤标准:是一个物理参数(加速度、力、变形),建立起损伤程度和人体之间相关关系,尤其考虑到关键人体部分损伤的严重程度。例如,如果对于一个系安

第13章 被动安全性

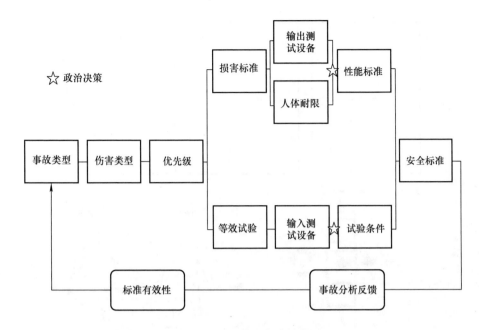

图 13-1　生物力学方法示意图

全带的乘员在正面碰撞过程中,胸部损害(肋骨骨折)的严重性随着挤压不断增加,那么胸部挤压是胸部的一个损伤标准。为了确定损伤指标以及人体容忍碰撞的强度,需要使用尸体进行测试。因此这种类型的活动主要存在于法医学研究所。

性能标准:指由生物力学方法获得的损伤标准的值,并且不能超过此值。该值通过在碰撞测试中在汽车中放置假人而测量得到。性能标准的选择关系到立法。

生物力学方法结合三种类型的活动和学科,并促成一项与生物力学规范相关的规定的制定:

- 事故分析:必须定义干涉的优先级和确定规格的功效。
- 测试条件的定义:为了使汽车车身和真实事故中承受一样的压力等级。
- 性能/防护标准的定义:以生物力学形式表示。

此处对三种不同的方面都进行更加详细测试。

1. 事故分析

事故详细分析是由多学科的团队进行的,需要建立起基础信息以确定研究的方向。尤其是确认最重要的事故的类型、严重性以及对身体部分进行细分。图13-2所示为该分析结果的总结。

需要决定:

- 事故伤害和死亡数(例如,分为正面碰撞、侧面、追尾以及翻滚等)。
- 能够表示碰撞严重性的参数(例如,车速、汽车的损坏等)。
- 乘员受伤情况(例如,身体部位以及损伤的原因)。

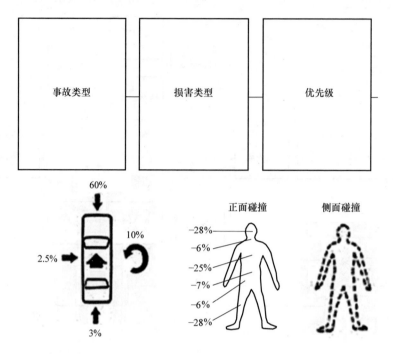

图 13-2 事故分析示意图

事故分析必须提供需要优先考虑的行为，并验证发布的规格的正确性。

2. 测试条件

首先需要设计一种基于实际事故的等效试验。通常一个等效试验涉及撞击器和障碍物的定义，以及碰撞区域和角度的定义。这样就可以定义汽车的测试工具或部件以及测试条件，如图 13-3 所示。

测试条件严重性（碰撞的速度、障碍物的质量）的定义是立法者的责任，必须确定能够充分保护乘员所要求的限值。

3. 性能标准

当确定任一类型的事故中所必须保护的身体部位时，必须决定每个身体部位可测的物理参数（IC，损害标准），该参数和损伤严重性（IS）相关。例如，胸部的弯曲程度增加就会导致肋骨断裂的数目的增加，胸部弯曲程度就可以作为胸部损害标准，如图 13-4 所示。

一旦定义了损伤指标，就需要开始确定人体所能承受的最大值（H，人体耐受度）。这些值和损伤定级（AIS，简明损伤定级标准）相关联。

同时需要合适的仿真人体模型以测量碰撞中的损伤标准。

这些工具可能很复杂（如假人，使用可测量的不同身体部位制成，以测量不同的损伤标准，如胸部挤压损伤）或相对简化（例如，一个具有头部拟人特征的碰撞块，用于确定仪表盘的能量损耗）。

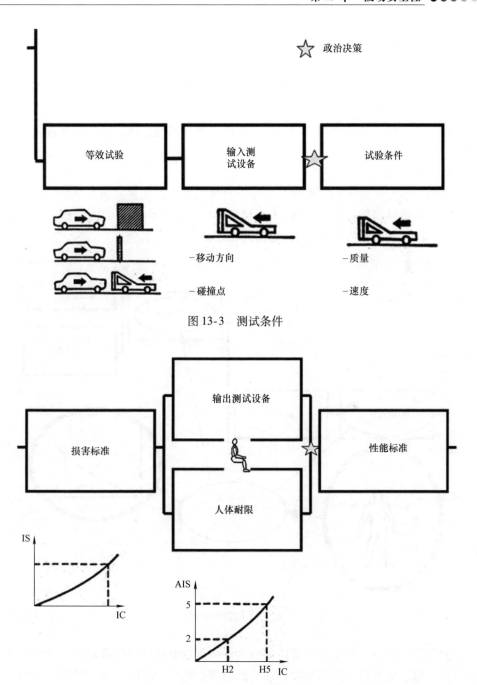

图 13-3　测试条件

图 13-4　性能/保护标准

这些是用来计算测试中汽车的被动安全性的典型测量工具。需要强调的是如图 13-4 所示,可接受值的定义,即性能指标,是立法者的责任,他们确定了需要保护的人（例如标准中包含的人的百分比）以及可接受的损伤程度。这两方面由针对不同测试条件的 ID（损伤分布）总结。

4. 安全标准

利用生物力学方法可以得到测试条件以及性能标准，用来确定被动安全中重要的标准——安全标准。

在总结生物力学简介和不同身体部位的损伤标准的测试之前，需要确定损伤机制和损伤程度。

5. 损伤机制

生物力学方法的逻辑是假设对于每个身体部位的损伤是如何发生的，可以独立地确定一个绝对损伤标准，如图 13-5 所示。当损伤是由不同的机械造成时，这种方法是不可行的；随后会介绍一个有关颈部损伤的典型案例。

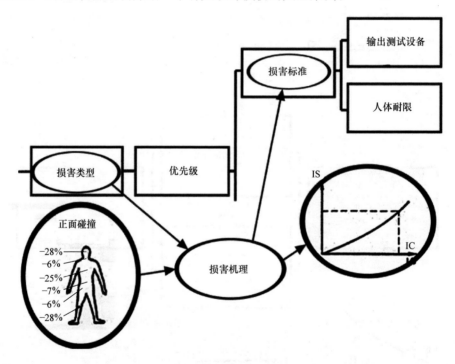

图 13-5　损伤机制

如今我们知道，对于一个身体部位需要确定与损伤原因的数量相同的损伤标准的数量。对于每个单一损伤标准，这些机制的相互作用将决定不同的值。如何确认不同损伤机制之间的相互作用的结果是如今生物力学的主要问题。

6. 损伤等级

损伤等级主要有三种类型：

- 组织等级：对于导致组织上的改变的损伤，通过组织分类、损伤形式以及严重性的形式描述损伤。组织等级对损伤本身进行分类,而不是损伤的结果,最常用的是简明损伤定级标准(AIS)。

- 生理等级:根据损伤引起的功能变化,描述伤员的生理上的状态。该状态以及损伤严重性的值在治疗中不断变化,因此和组织等级不同,后者对于一个特定的伤害中只有一个单一的损伤等级。格拉斯哥昏迷指数是生理等级的一个例子,它把损伤严重性归类于大脑,基于三种指标:瞳孔扩散程度、动作反应以及言语反应。

- 特殊严重等级:不是损伤本身的严重性,而是以社会成本或长期后果进行分类。例如,分配到每种伤害的损伤严重度评分(IIS),其早已由 AIS 进行分类,指受到影响的身体可能的功能性损伤的程度。

生理和严重损伤等级仅用于活人。组织等级是唯一可以用于确定尸体的损伤严重性以及身体各部分的损伤标准。

(1)简明损伤定级标准

AIS 使用包含七个数字的数字代码对损伤进行确定。最后一位数字对应碰撞中受到撞击的每个身体部位的损害。最后一位数有六个等级(1~6)。等级 1 是指刚刚超过能够感到疼痛的临界值的损害,例如,青肿或血肿,而等级 6 表示致死程度的损害;等级 5 表示损伤有 50% 的可能致命;2、3 和 4 级是渐进的中间级其他损伤。图 13-6 所示为 AIS 码的构成。

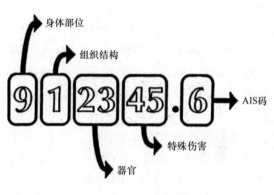

图 13-6　AIS 码

AIS 码是在汽车领域中使用的通用方法。其能提供真实碰撞中的汽车乘员的创伤性后果的客观可重复的评估,并且可用于单一伤害。

如果没有记录的组织病变,但有记录关于意识丧失的信息,则 AIS 值定义为伤员失去意识的时间:

少于 1h:AIS 2。

1~6h:AIS 3。

6~24h:AIS 4。

超过 24h:AIS 5。

(2)伤害度评分(IIS)

ISS 是用于受到多伤害的乘员的全面的严重性指标,其基于 AIS 的单一伤害的计算,并且定义为三处影响最严重的身体部位的最高 AIS 值的平方和。

通常和值为 75 时表示致命伤害：
$$\text{ISS} = \text{AIS}_1^2 + \text{AIS}_2^2 + \text{AIS}_3^2$$
很明显地，损害 AIS 值达到 6，ISS 值自动达到 75。

13.1.2 损伤标准

本节将讨论欧洲和美国法规所采用的针对身体不同部位的损伤标准。

1. 头部

头部伤害标准（HIC）是普遍使用的头部损伤的标准，该指标也称为 HPC（头部性能标准，用于行人碰撞），并基于头部重心的合成加速度来表达。

HIC 表示为：
$$\text{HIC}_{\max} = \left\{ \left[\frac{1}{t_2 - t_1} \int_{t_1}^{t_2} a(t) \right]^{2.5} (t_2 - t_1) \right\} < 1000$$

式中，$a(t)$ 是瞬时合成加速度，单位为 g；t_1、t_2（$t_2 > t_1$）为定义瞬时窗口的宽度的两个时刻，其沿着时间间隔，包含着头部的加速度脉冲。

在 $a(t)$ 曲线上使用的是一个具有可变宽度的非固定瞬时窗口（沿着时间轴）。对于每个窗口结构都能相应得到一个 HIC 值；通过这个方法得到的最大值就是 HIC 值。其极限值为 1000，是人类容忍值（AIS < 3）和性能标准。

此外明确 HIC 定义中的积分得到的是 $t_2 - t_1$ 窗口的平均值，如此能够减少峰值的影响。

为了更好地理解 HIC 的极限值，这时可以引入 HIC 的一个短的历史报告。

关于 HIC 最初的研究是在 1930 年的底特律韦恩州立大学。最开始的研究中，计算了刚性墙碰撞中头盖骨的反应（例如，导致了在很短时间内的很高的加速度）。尤其是为了表示头部的损伤程度，计算了头盖骨中的线性骨折存在与否。使用骨折来作为伤害指标以及危及生命的指标。通过这些初始数据说明得到了典型的双曲线趋势，图 13-7 中曲线的第一部分所示。

首次结果引用到 1950 年使用动物和志愿者进行的实验测试得到的随着时间变化的数据（较长时间间隔、较低的加速度）。通过这些测试能够得到在图 13-7 所示曲线上第二部分的一系列点。

当使用半对数进行标绘时，构成该曲线的这些点非常接近直线。将这些点拟合后就可能得到一个非常简单的公式：
$$a^{2.5} t = 1000$$

综上，极限值 HIC = 1000 和一个直线公式相关联，其代表了头盖骨线性骨折存在和不存在之间的边界区的趋势线。该直线置于以时间为横坐标、加速度为纵坐标的对数图中，由前述的实验所获得的。

需要注意的是，只有当头部受到碰撞并与内部部件或安全气囊作用时 HIC 才有意义。

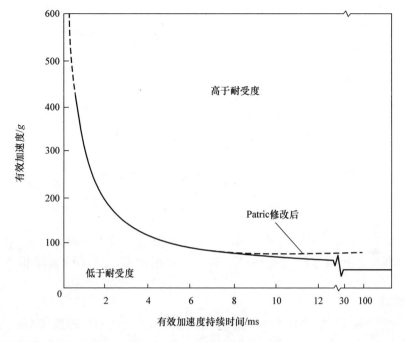

图 13-7　头部损伤标准

当前，对于 HIC 的计算，使用的是 $t_2-t_1<36\text{ms}$ 的可变窗口宽度。该指标的最大值是在振幅的范围中得到的（使用头部碰撞现象典型的时间间隔）。

极限值 36ms 的实际解释是假设加速度在整个 t_2-t_1 时间间隔中为恒定值（并不是非常现实但相对简单），间隔 36ms，对应于加速度 $60g$ 时的 HIC 为 1000。

近期，美国的 NHTSA（国家公路交通安全管理局）提出了减少 H3 型第 50 百分位男性假人的头部性能标准 HIC $15 \leqslant 700$。该值与 31% 伤害可能性 AIS $\leqslant 2$ 相一致。Δt 从 36 到 15ms 的减少依据的是 54 起头部碰撞中的与最大 HIC 相一致的 Δt 都没有超过 2ms。所以对于头部碰撞 HIC 15 相当于 HIC 36。

相应地，考虑 HIC 值从 1000 减少到 700，HIC 值为 700 只具有统计学意义。标绘在图 13-7 上的曲线建立了边界值（1000），所以曲线的最大最小距离并不一定相当于主要的或次要的损伤程度。

此外，从 2003 年开始 NHTSA 扩展生物力学规范至全部 H3 型假人。由于没有有效实验的生物力学数据，NHTSA 采用尺度分析从这些第 50 百分位男性假人中得到相应数据（图 13-8）。

如今生物力学方法不再仅限于第 50 百分位男性假人，而是进一步用于所有有危险的人（1、3、6 岁的小孩，第 5 百分位女性假人，第 95 百分位男性假人）。

这样遇到的问题是缺少明确的生物力学实验数据。因此最近有采用技术评估与尺度分析技术相结合的趋势。

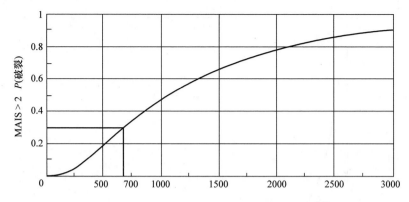

图 13-8 已知 HIC 值 54 第 50 百分位男性假人头部碰撞曲线

该技术始于已知的假人家族（如，H3 型第 50 百分位男性假人）的性能指标，能够得到其他未知假人的性能标准。然而需要明确与一些基础实体相关的缩放因子。

2. 颈部

对于颈部伤害，事故分析的结果说明严重损伤的比例相对较低（AIS<3），而次要损伤的比例比较高。日本人 Koshiro Ono（IRCOBI）的研究表明在追尾事故中 93% 的颈部损伤被归类为 AIS 1 级。颈部的严重伤害仅发生在非常严重的碰撞中，并且通常也有其他身体部位（例如，头部、胸部等）的严重伤害。颈部的次要伤害主要发生在不严重的碰撞中且通常不会有其他损伤。

从损伤严重性的角度看，尽管颈部损伤不是最严重的，但是由于数量多，经济角度看来还是具有重要意义。由此，中等和次要伤害的减少同样具有重要意义。

就损伤标准而言，目前尚未统一，并且在研究领域以外还没有法规或假人。

不过可以将颈部损伤分为三类：
- 基于单一损伤机制的标准。
- 基于损伤机制之间相互作用的标准。
- 流体动力学标准。

（1）单一损伤机制的标准

即使没有轴向碰撞，颈部仍然在 xz 平面内受到压力。20 世纪 70 年代早期，对五种损伤机制进行了调查，如图 13-9 所示。

- 弯曲和拉伸，由向前或向后的头部旋转引起。
- 拉伸和压缩，在沿 z 轴的载荷下，由向前和向后的头部旋转引起的。
- 切变，在沿 x 轴的载荷下，由头部和胸部之间的相对位移引起的。

这几种情况下所使用的损伤标准是 NIC（颈部损伤标准）。正如欧洲指令 D1996/97 定义，在拉伸中弯矩 M_y 不能超过 57N·m，同时剪切力 F_x 和轴向力 F_z 必须遵守一些限制曲线。

目前对于弯矩还没有应用限制（即使190N·m 被假定为未来的法规限制）。

这些损伤机制的人体耐受值的定义要追溯到 20 世纪 70 年代，基于一些实验测试，并且这些值被上述的指令和美国法规的 208 标准采纳作为性能指标。

对于可接受的力的限制值而言，这些曲线是累积的。例如，对于每个力的值，曲线表明它们施加的最大时间。如图 13-10 所示，这些曲线按照由大到小排序。

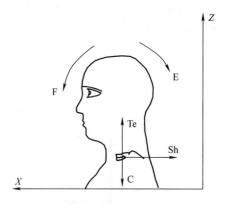

图 13-9 颈部损伤标准

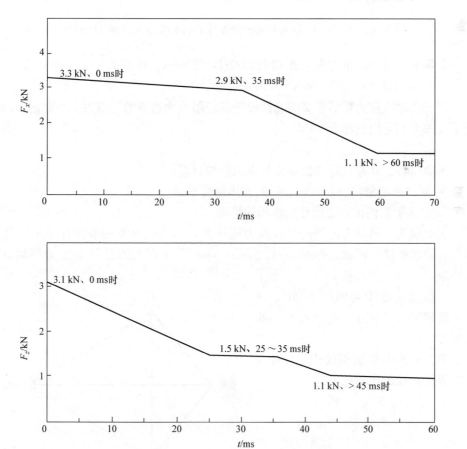

图 13-10 颈部性能标准随时间变化的函数，高于剪切标准，低于拉伸标准

例如，如果剪切力大于 1.5kN、$\Delta t > 25$ms，且力最大值小于 3.1，那么性能标准不能通过。

将性能标准绘制在力/力矩平面，能得到与第 50 百分位男性假人符合的区域，如图 13-11 所示。

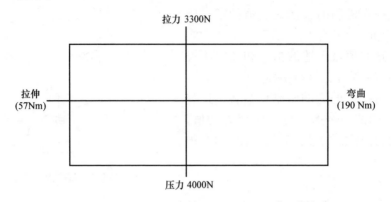

图 13-11　和单一标准相关的性能标准的平面 xz 上的整合区域

实际上当前的规范在假人测量到的拉力 $<3300\text{N}$，伸直力矩 $<57\text{N}\cdot\text{m}$，压力低于 4000N 以及弯矩低于 $190\text{N}\cdot\text{m}$ 时才有效。

图上通过力和力矩值定义的点被置于以极限值为边界的区域内。需要记住该标准不考虑力和力矩的综合作用。

总结：
- 20 世纪 70 年代定义的损伤标准值不再可靠。
- 同时施加轴向力和力矩会降低人体耐受水平。

（2）基于损伤机制之间相互作用的标准

实验说明，同时考虑轴向力（拉力或压力）和力矩（弯曲和拉伸力矩）能够降低人体耐受度。因此，如图 13-12 所示，对 $x-z$ 平面上的力/力矩整合区域进行了修改。

该概念应用于美国标准 208，除了不能超过最高值外，还引入了 N_{ij} 损伤标准。

该指标为测量值相较于人体相应的临界值标准的比率：

$$N_{ij}=\left(\frac{F_z}{F_{zC}}\right)+\left(\frac{M_{\text{OCR}}}{M_{yC}}\right)$$

式中，F_{zC} 和 M_{yC} 为取决于施加的力或力矩类型标准值。

碰撞中的轴向力 F_z 可以是拉力或压力，同时枕骨区域的力矩（M_{OCR}）可以是弯曲或拉伸。

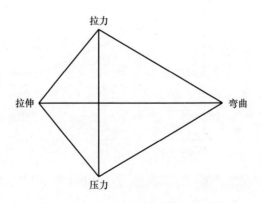

图 13-12　同时考虑轴向力（拉力或压力）和力矩（弯曲和拉伸力矩）时减少的整合区域

所有四种不同的载荷工况都可以用 N_{ij} 描述：
- 拉力—拉伸（N_{te}）；
- 拉力—弯曲（N_{tf}）；
- 压力—拉伸（N_{ce}）；
- 压力—弯曲（N_{cf}）。

为了拟合每一个瞬时点，四种工况中只有一种能够发生，因此计算 N_{ij} 值时使其他三种载荷工况的值为 0。在碰撞中任一时刻，四种 N_{ij} 工况都不能超过 1.0。

在追尾事故中颈部（鞭梢性伤害）的运动可以分为四个阶段，如图 13-13 所示。

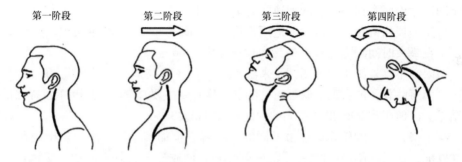

图 13-13　鞭梢性伤害过程

- 阶段 1，在碰撞的开始时刻都在正常的驾驶位置。
- 阶段 2，在座位靠背的推动下，胸部开始向前移动。由于惯性，头部表面上仍保持在初始位置，颈部呈现 S 形。
- 阶段 3，头部向后转动，颈部向后弯曲。
- 阶段 4，头部旋转到最大位置，同时颈部产生最大弯曲，该阶段的拉力和拉伸应力达到最大值。

然而之前的损伤标准和阶段 4 的损伤机制有关，由瑞典查尔姆斯理工大学的研究员开发的流体动力学和阶段 2 的损伤机制有关。

当快速地从阶段 1 到过渡阶段 2 以及从阶段 2 过渡到阶段 3 时，颈椎（背部的上部）展现了血液流动方向倒置的椎管的部分变化。结果导致主要神经系统中的部分点的过压，有可能导致外围神经组织的微创。

NIC 损伤标准也考虑了流体动力学标准，其通过在猪身上的测试而确定。实际上，对于已定的目标，NIC 的分析表达式确定了主要神经系统的最大压力与加速度以及头部和颈部之间相对速度平方有关。

性能标准的第一次评估和人体容忍度 AIS 小于 2 相一致的是 NIC $< 15 m^2/s^2$。

性能标准是通过一个 RID（追尾事故假人）假人进行评估的，至今仍在进行测试。

3. 胸部

传统的胸部损伤的研究被分为正面和侧面碰撞工况。

(1) 正面碰撞

胸部损伤可以分为两种类型:

- 内脏损伤,最常发生的以及最危险的是和心脏相连的动脉。
- 肋骨,一些情况下可能引起内脏穿孔。

由于第一种损伤是质量惯性引起的,所以应采用基于加速度的损伤标准。第二种类型是由于胸部变形,因此需要采用基于胸部变形的损伤标准,其使用单一测量很难在尸体上测量,就导致其对真实胸部变形不具有代表性。由此,很多研究员是基于同时考虑两个损伤机制的加速度的单一标准。

确定的损伤机制是加速度的适用长度(以 ms 为单位)。在本文中,标准 2008 规定了在最大时间间隔 3ms 下的最大加速度值为 $60g$。

该限制不仅来源于尸体测试还来源于志愿者(特技车手,军人),并且包括与自由下落事故相关的数据。胸部重心的加速度 $60g$ 主要是 Mertz 于 1971 年提出的研究结果。该值用作 50% 男性假人的性能标准 AIS≤3。

接下来,胸骨的压碎标准由不同的人类容忍度而确定,取决于集中载荷(例如在欧洲,通过在胸部上的三点式安全带施加)或分布载荷(例如在美国,通过与安全气囊接触施加),这些标准实施如下:

- 对于 AIS≤3 的 50% 男性假人:分布载荷≤76.2mm(美国)。
- 对于 AIS≤3 的 50% 男性假人:分布载荷≤50mm(欧洲)。

接下来引入黏性标准,其是在 20 世纪 80 年代末由通用汽车的两名研究员研发的。该标准考虑了具有黏弹性特征的人体对于更高载荷导致侵入速度增加的同等穿透的反应。表明对于同样的入侵对人体的影响增加了,因此导致更多的严重的损伤。

损伤标准适用于胸部软组织的损伤(心脏、肺以及血管)。正如尸体研究中表明的,这些损伤除了由于胸部的大位移外,还由胸部小位移下的高碰撞速度引起(例如,发生在子弹冲击防弹衣的过程中)。

因此胸部的有效危险指标是胸部变形的瞬时速度和瞬时压力的乘积的时间函数的最大值。对于正碰和侧碰,胸部的压迫有两种模式,从而有两种 VC 指标。

正碰的 VC 定义为:

$$VC_{max} = \left[1.3 \frac{D(t)}{0.299} \frac{dD(t)}{dt}\right]$$

式中,$D(t)$ 为胸骨的位移,单位为 m。

该表达式与侧碰的不同之处只在于引用常量,$VC(t)$ 的最大值就是以 m/s 为单位的损伤标准。

例如,在对动物和尸体进行的正面碰撞的案例中,研究表明 1.3m/s 的 VC 值的碰撞会有50%的可能性造成严重的胸部损伤。

VC 值为 1m/s 时,损伤可能性降到 25%,该值被法规 D96/97 引用作为极限值。

如图 13-14 所示,绘制所有合理的实验结果(胸部压缩比例 - 变形速度)能确定造成损伤(AIS≥3)和没有损伤(AIS<3)之间的分离曲线。通过这些值能够确定人体容忍度以及 K = 0.299m 的 H3 型第 50 百分位男性假人的性能标准。

(2)侧面碰撞

侧碰的关键特性不仅取决于频率和重力,还取决于车身侧围部件与乘员的限制位移。

欧洲和美国进行了各种确定侧碰中胸部的损伤标准的研究,因此有两种损伤标准的定义和两种不同的假人。

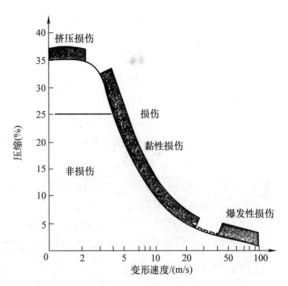

图 13-14　胸部损伤标准

在欧洲,侧面碰撞中的胸部容忍度研究是使用新鲜尸体水平下降撞击可变刚度的装有测力计的平板。作为可能的损伤标准考虑了不同的物理参数,其中,挠度是评价损伤严重性的最佳参数。

因此,在欧洲研制了用来测量胸部 y 方向挠度的假人。

胸部位移损伤标准是来源于胸部弯曲 AIS<3≤30%,第 50 百分位男性欧洲假人的 42mm 的胸部弯曲的实验数据。

在美国,为了测定损伤值,最初使用的是带有 12 个位于尸体和假人胸部上指定位置的加速计的标准仪器。同时利用滑车和撞击器对尸体和假人进行了大量的实验测试。

通过对实验得到的数据进行分析,得到了胸部创伤指数 TTI:

$$TTI = 1.4AGE + 0.5(RIBY + T12Y)\frac{MASS}{Mstd}$$

式中,AGE 指测试目标的年龄;RIBY 是肋骨横向加速度的最大绝对值;T12Y 是胸部脊椎的 12 个横向加速度的最大绝对值;MASS 是目标的质量;Mstd 是 75kg 标准质量值。

由上式可知,该指标代表了基于在受撞击的肋骨和脊柱上测量的沿 y 方向的加速度平均值的损伤标准。

TTI 公式是对实验数据使用回归分析技术得到的。TTI 特有的优势在于能够建立特有人群在危险时损伤的危险率。实际上，该算法包含了受测人群的体重和年龄。

侧面碰撞中乘员保护的美国标准需要使用具有以下胸部性能标准的 US – SID 假人：

- $\leqslant 85g$（对于四门车）。
- $\leqslant 90g$（对于两门车）。

非常重要的一点是，TTI 反映的是一种纯统计方法而不是物理情景。例如，没有能够关联 TTI 和胸部损伤机制的物理基础。

最后，对于侧碰也要考虑作为损伤标准的黏性标准。实际上，侧碰的分析表达式和正面碰撞的一样，只是使用不同的常数。

对于该损伤标准还制作了一个特定的假人（BIOSID），能够测量侧碰中肋骨的位移 $X(t)$。就正面碰撞而言：

$$VC_{\max} \leqslant 1 \mathrm{m/s}$$

由 BIOSID 假人得到的 $VC_{\max}$ 标准被引入欧洲，作为对欧洲假人的补充规范。

这种情况下的 VC 公式为：

$$VC_{\max} = \left[\frac{D(t)}{0.140} \frac{\mathrm{d}D(t)}{\mathrm{d}t} \right]$$

式中，$D(t)$ 是肋骨的位移，单位为 m。

4. 腹部和骨盆

和胸部一样，腹部和骨盆的损伤也分为正面碰撞和侧面碰撞。

（1）正面碰撞

该类型碰撞发生的损伤类型通常是由安全带腹部位置部分对骨盆的错误约束引起的。当安全带腹部位置的部分上升到骨盆的髂骨位置（滑脱现象），并对腹部的柔软部位施加了约束时，就发生该类损伤。

对于该损伤机制，以作用于安全带上的最大力的形式定义了损伤标准。对应于该值，定义了穿入值。人体容忍度通过以下值确定：

$$F_{\max} < 3.5 \mathrm{kN}$$

$$穿入值 < 39 \mathrm{mm}$$

该标准还没有应用在任何法规中，然而对于限制该类型的损伤的研究集中在损伤起因，以及如何防止安全带越过髂骨。

（2）侧面碰撞

侧面碰撞中，腹部的损伤主要是由于汽车内部侧边的凸出件（如扶手）造成的。由碰撞引起的侵入，这些部件可能穿入人体的侧面。在尸体坠落测试的限制值的基础上，以不同刚度的部件穿入腹部，根据腹部穿入的比例确定了最大力损伤标准（外部测量）。人体容忍度确定为：

$$F_{\max} < 4.5\text{kN}$$

穿入值 < 28%（50% 男性假人：40mm）

该标准已经应用于欧洲，并且性能标准适应于欧洲的假人工具：

$$F_{\max} < 2.5\text{kN}$$

穿入值 < 49mm

考虑侧碰中的骨盆损伤时主要是曲骨的破裂（两根肠骨之间的关节）。该工况下的损伤标准也是由应用的力的最大值表示。第 50 百分位男性假人的人体容忍度：

$$F_{\max} \leqslant 10\text{kN}$$

该标准也应用于欧洲法规且性能标准适应于欧洲假人：

$$F_{\max} \leqslant 6\text{kN}$$

5. 大腿骨

正面碰撞中的腿上部的损伤通常由膝盖和仪表板之间的碰撞引起。这是由乘员下半身部分的向前滑动引起的（滑脱现象）。

大腿骨的损伤标准值是在碰撞过程中不能超过的最大载荷值，并且反映了由尸体测试获得的试验结果，该测试集中于确定造成股骨骨折的力的水平。

一段时间后应用了不同的限制值，由最初提出的 5.43kN（1200lb）的限制值逐渐增加到如今的标准 208 的 10.19kN。

最大力可以作为股骨骨折的限制值，虽然在该值下一般膝盖股骨以及股骨髋部关节会发生骨折。此外，由于无法确定造成上述骨折的股骨上的力的确切值，因此该值被假定为全局指标。

实际上，如果对每个部分都进行载荷评估，不同部位的骨折载荷都会造成不同的结果（在假人的发展过程中，也研究了在股骨上的其他位置的载荷的评估）。

在欧洲法规中，股骨上的损伤标准是以力的时间累积极限曲线的形式给出的。

同时也是在该种情况下，美国和欧洲的法规对于性能标准是不同的，其原因是在美国并不是所有州都必须配备安全带。

美国：对于 H3 型第 50 百分位男性假人，性能标准为 $F_{\max} \leqslant 10\text{kN}$。

欧洲：对于 H3 型第 50 百分位男性假人，性能标准为 $F_{\max} \leqslant 9.07\text{kN}$。

在美国从 2003 年就有第 5 百分位女性假人的性能标准：

$$F_{\max} \leqslant 6.8\text{kN}$$

该值是应用缩放技术获得的，该技术始于 H3 型第 50 百分位男性假人。

6. 胫骨

正面碰撞时，欧洲法规对乘客的保护是采用与 H3 型第 50 百分位男性假人的胫骨的生物力学特性有关的三种性能标准。然而，由于这些标准没有得到生物力学的验证，所以这里不讨论这些性能标准和人体容忍度。

这三个性能标准是：

- 胫骨压力，$F_z \leqslant 8\text{kN}$；

- 胫骨伤害指标，TI≤1.3；
- 胫骨/股骨相对位移≤15mm。

胫骨的伤害指标 TI（胫骨指标）由下列公式表示：

$$TI = \left[\frac{M_r}{(M_C)_r}\right] + \left[\frac{F_z}{(F_C)_r}\right]$$

该指标计算每个胫骨的顶端和低端；然而轴向挤压力只能由（Hybrid Ⅲ型假人）两点中的一点（下端）测得，且将测得的值用来计算顶端和低端的胫骨指标。相反，两个弯矩 M_X、M_Y 是由两个点测得的：根据 D96/79，TI 值在两个端点都不能超过 1.3（上述的）。

作为欧洲法规采用的主要标准，TI 代表了基于两种损伤机制（弯矩以及轴向压力）、相互影响的标准的首例。现在尚未在美国法规中应用。

13.2 碰撞的简化模型

13.2.1 冲击模型：全重叠碰撞

汽车碰撞中主要参数的作用可通过一阶近似研究，采用下述的简化方法，该方法认为碰撞发生的时间极短，大约为 100ms。这就产生了所谓的冲击模型。撞击（Bullet）车辆（BV）和被撞（Target）车辆（TV）之间的力非常大，产生了所谓的两车之间的其他作用力与碰撞力相比可以忽略。因此在正常行驶或限速行驶时的主要载荷，如由轮胎和空气动力学引起的力可以忽略不计。在碰撞过程中，由两车组成的系统可以近似为独立的，例如忽略作用在两车上的内部力。因此可以将由两车组成的系统的总动量视为恒值。

图 13-15 简要描绘了全重叠碰撞，两车的速度方向相同并且通过重心。上图表示碰撞开始（时间 t_1），下图表示结束（时间 t_2）。假设碰撞前后两辆车恒速行驶，而碰撞过程中都减速。

如果 d 是两车重心距离，且两车速度为 V_{BV} 和 V_{TV}，则相对速度 V_{REL} 为：

$$V_{REL} = V_{TV} - V_{BV} \quad (13-1)$$

下标 1 表示碰撞开始，此时两车的速度开始变化，下标 2 表示结束。

追尾碰撞通常指在碰撞前 V_{TV} 和 V_{BV} 是同向的，而正面碰撞是反向的。惯例

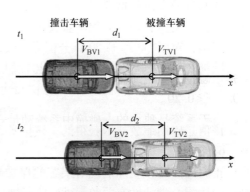

图 13-15 两车全重叠碰撞
（t_1 为开始时间，t_2 为结束时间）

上当距离 d 随着时间减少时，V_{REL} 是负值；相反，距离增加时，为正值。图 13-16 中的虚线表示在正面碰撞中相对速度的定性变化，而实线表示相对距离 d。在碰撞的开始，d 为最大，然后在第一阶段其减少到最小值（时间 t_i），在最后阶段，d 又开始增加直至碰撞结束。最后效果是由于两结构之间有一定程度的弹性恢复导致的。变形量由某时刻 $d(t)$ 和初始时刻 d_1 的距离差给出：

$$S(t) = d(t) - d_1$$

回弹系数 r 通常定义为：

$$r = -\frac{V_{REL2}}{V_{REL1}} = \frac{V_{TV2} - V_{BV2}}{V_{BV1} - V_{TV1}} \tag{13-2}$$

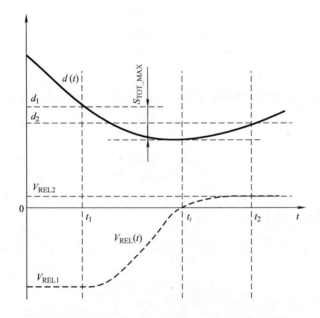

图 13-16　全重叠碰撞时（图 13-15）的速度变化

因此，在完全非弹性碰撞中，碰撞后的相对速度为零且 $r = 0$；相反地，在完全弹性碰撞中，碰撞后的相对速度 $r = 1$；在实际情况中是介于弹性和非弹性之间，$0.05 < r < 0.20$。

由于系统是独立的，碰撞中系统动量守恒：

$$m_{BV} \cdot V_{BV1} + m_{TV} \cdot V_{TV1} = m_{BV} \cdot V_{BV2} + m_{TV} \cdot V_{TV2} \tag{13-3}$$

弹性变形消耗两车部分动能，因此：

$$E_{C1} > E_{C2} \tag{13-4}$$

式中

$$E_{C1} = \frac{1}{2}(m_{BV} V_{BV1}^2 + m_{TV} V_{TV1}^2)$$

$$E_{C2} = \frac{1}{2}(m_{BV}V_{BV2}^2 + m_{TV}V_{TV2}^2) \tag{13-5}$$

碰撞中的能量消耗可用两车系统质心速度和回弹系数 r 的函数表示。

两车质心坐标 x_G 为：

$$mx_G = m_{BV}x_{BV} + m_{TV}x_{TV} \tag{13-6}$$

式中，$m = m_{BV} + m_{TV}$，为总质量。

质心速度（V_G）可由对式（13-6）进行时间求导而得到：

$$mV_G = m_{BV}V_{BV} + m_{TV}V_{TV} \tag{13-7}$$

由于系统独立，动量守恒[式（13-3）]，因此质心速度恒定：

$$mV_G = m_{BV}V_{BV} + m_{TV}V_{TV} \tag{13-8}$$

考虑式（13-1），V_G 可表示为两车相对速度 V_{REL} 的函数：

$$mV_G = m_{BV}V_{BV} + m_{TV}(V_{REL} + V_{BV}) \tag{13-9}$$

$$mV_G = m_{BV}(V_{TV} - V_{REL}) + m_{TV}V_{TV} \tag{13-10}$$

这使得撞击车辆和被撞车辆的速度可以表示为质心速度和相对速度的函数：

$$V_{BV} = V_G - \frac{m_{TV}}{m}V_{REL} \tag{13-11}$$

$$V_{TV} = V_G + \frac{m_{BV}}{m}V_{REL} \tag{13-12}$$

将式（13-11）和式（13-12）中的 V_{TV} 和 V_{BV} 带入式（13-5）中，可得到碰撞前后的动能。考虑到质心速度恒定，有

$$E_{C1} = \frac{1}{2}m\left(V_G^2 + \frac{m_{BV}m_{TV}}{m^2}V_{REL1}^2\right)$$

$$E_{C2} = \frac{1}{2}m\left(V_G^2 + \frac{m_{BV}m_{TV}}{m^2}V_{REL2}^2\right) \tag{13-13}$$

最后，碰撞后的相对速度可由式（13-2）中定义的回弹系数表示。则耗散能量为：

$$E_D = E_{C1} - E_{C2} = \frac{1}{2}\frac{m_{BV}m_{TV}}{m}(1-r^2)V_{REL1}^2 \tag{13-14}$$

该能量是质量为 M_{eq}、速度为 V_{eq} 的汽车在碰撞中消耗的全部动能。

$$M_{eq} = \frac{m_{BV}m_{TV}}{m} \tag{13-15}$$

$$V_{eq} = V_{REL1}\sqrt{1-r^2} \tag{13-16}$$

正如预期的一样，耗能最大的是完全非弹性碰撞，例如 $r = 0$。相反地，在完全弹性碰撞（$r = 1$）中并没有能量消耗。

撞击无限质量的刚性壁障（图13-17）的正面碰撞可认为是靶车辆质量无限（$m_{TV} = \infty$）的极限工况。这种工况下，相对速度与碰撞车辆速度相同，$V_{REL} = $

V_{BV}，且质心速度为零，即 $V_G = 0$。碰撞开始时的距离 d_1 是保险杠最前端与汽车质心之间的距离（图 13-18）。设 $m_{TV} = m = \infty$，由式（13-14），碰撞中的能量损失是汽车速度乘以因子 $1 - r^2$。

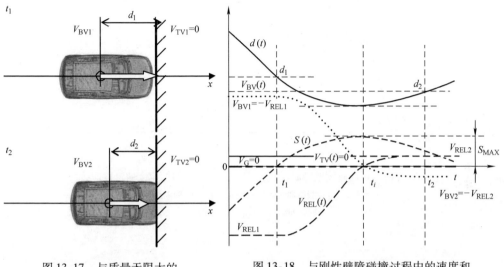

图 13-17　与质量无限大的刚性壁障碰撞

图 13-18　与刚性壁障碰撞过程中的速度和距离变化曲线

现在更重要的是建立碰撞前后运动的关系，而不考虑时间间隔 t_1 和 t_2 之间的情况。解决该问题最重要的两个参数是传导力和加速度。撞击壁障过程中的传导力可以由壁障上安装的测力元件测得，其结果是结构的折叠过程中杂乱无序的峰值，而结构折叠之后是发动机舱内零件碰撞引起的一些零件的弯曲和破裂及其他影响而导致的陡峭的波谷。

在测量汽车上没有直接参与碰撞的部分（如座椅导轨）的加速度时发现具有相似的情况。图 13-19 所示为该加速度的定性曲线。同一图上的曲线 b 是由实验数据（曲线 a）的最佳拟合差值采用 McMillan 曲线得到的 McMillan 曲线只是低频加速度的半经验表达式。

$$a(t) = C \frac{t}{t_2} \left(1 - \frac{t}{t_2}\right)^\beta \tag{13-17}$$

式中，系数 C 为振幅系数；指数 β 为形状系数。它们能够通过式（13-17）对实验数据进行曲线拟合确定。

13.2.2　约束系统的作用

为了理解在碰撞中约束系统的作用，需要使用两辆相同的车以相同的初始速度 50km/h 进行减速，减速度不同。第一种工况：驾驶员脚踩制动踏板直至汽车停止，距离为 X（图 13-20）。第二种工况：汽车撞向刚性壁障（图 13-21）。

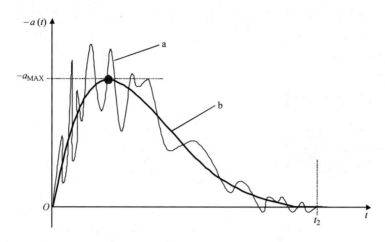

图 13-19　正面碰撞壁障时测量得到的座椅导轨的加速度的定性曲线
a—实验测试曲线　b—Mc Millan 半经验曲线

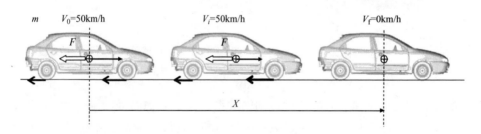

图 13-20　由初始速度 50km/h 进行制动减速至完全停止

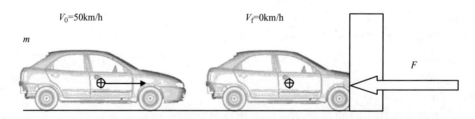

图 13-21　汽车与刚性壁障碰撞由初始速度 50km/h 减速至完全停止

两种工况下的开始和减速最后时的汽车动能相同；而达到完全停止的阶段有很大的差别。第一种工况利用产生在轮胎和道路表面之间的合力 F 制动使汽车减速。根据牛顿第二定律，冲量等于动量的变化量，即对合力 F 在初始 t_0 和终止 t_1 之间进行时间积分：

$$m(V_0 - V_f) = \int_{t_1}^{t_2} F(t) \, dt \quad (13\text{-}18)$$

随着汽车的运动，阻力所做的功（力乘以距离）减少动能直至汽车完全停止。

在第二种工况中,汽车撞向固定壁障几乎瞬时就停止下来,和前面工况相似,从壁障传递到汽车的力的时间积分是一样的。不同的是,由于时间间隔非常短,力就相应更高。

碰撞和正常制动的第一个不同点在于汽车从一定的速度到停止所需要的时间间隔。由式(13-18)可知,由于冲量相同,正常制动的时间相对长,因此力小于发生在极短时间间隔内的碰撞。

第二点不同是能量的消耗方式。在正常制动过程中,轮胎和道路表面之间的力消耗了全部动能。相反地,在和刚性壁障碰撞过程中,由于壁障不能移动,作用在汽车上的力不消耗能量。动能转变成为汽车前段结构的塑性变形。

这些对于汽车有效的思考同样可以应用于乘员。在正常制动过程中,每位成员都会经受从座椅、安全带、脚以及身体上其他与汽车一些部件接触部分传来的力。这些力在制动空间上移动它们的作用点。和作用在汽车轮胎上的滑移力类似,施加于乘员身上的这些力也会使动能减少。如果动能没有转变为乘员体内的内能,而转变为其他能量,那么在此过程中就不会对乘员造成伤害。

在碰撞过程中,如果乘员有约束,则能量会由约束系统产生的力消耗。这种情况下除了作用在人体上的力的种类外,在能量消耗上和正常制动情况不会有实质的区别。

但如果乘员没有约束那么就完全不同了。该情况下当汽车由于其结构的塑性变形而减速时,乘员将继续运动直至其碰撞到内部表面(仪表盘或乘员前方的转向盘)。在碰撞中的极短的时间(0.1s)内,使乘员无法做出任何有意识或无意识的反应。和内部表面的碰撞将发生在几乎恒定的速度下(如50km/h)。汽车在同样的时刻完全停止,结果是高刚度内部表面在极短的时间使乘员停下来且表面本身只有很小的变形。这种情况下乘员的能量转化为内能,就会导致严重伤害。

相应地,很容易理解约束系统的主要作用,就是在汽车变形过程中减少乘员的动能。其作用点的移动防止了向人体内能的转变以及物理损伤。

13.2.3 速度—时间图

代表碰撞中作为时间函数的速度的图已被证明是理解所涉及的不同部件(如约束系统和吸能结构)的作用的有效工具。

除了速度,其他物理量也可由这些图表示,如加速度和距离。如果速度是由相对固定在地面的参考系统测得的,那么加速度是该图的斜率,同时相对于地面的距离由时间轴和速度曲线之间的面积表示。此外,在物体相对运动的情况中,相对位移是它们速度曲线之间的面积。

图13-22所示为正常制动而没有碰撞时的速度时间图。在时间 $t=0$,速度为 14m/s(~50km/h)时,开始制动。制动强度足以产生 5m/s^2 (0.5g) 的恒定减速度以使汽车减速至停止,所需时间为

$$\frac{14\mathrm{m/s}}{5\mathrm{m/s^2}} = 2.8\mathrm{s}$$

制动距离是速度曲线下方的面积。由于减速度恒定,三角形的面积为

$$\frac{1}{2} \times 14\mathrm{m/s} \times 2.8\mathrm{s} = 19.6\mathrm{m}$$

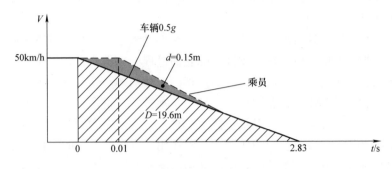

图 13-22 制动过程速度 – 时间图

如果约束系统是刚性的,则减速中的乘员的速度与车速相等,且两条速度—时间曲线将会重叠。相反地,如果约束系统延时 0.01s 起作用,则乘员的速度曲线和汽车的将不会重叠。两曲线间的面积是约束系统允许乘员相对车架移动的位移 d。

图 13-23 所示为没有乘员约束系统时,撞击刚性壁障的速度 – 时间图。如果只涉及车身结构前部的变形,车身中部(安全空间)的位移等于前部变形的总量,即 0.625m。此外,如果:①和前种工况相同,碰撞前速度为 50km/h,②碰撞中的减速度恒定,则碰撞中的减速度可由速度 – 时间曲线下的面积等于前部结构的变形总量得到

$$\frac{1}{2} \times 14\mathrm{m/s} \times \Delta t = 0.625\mathrm{m}$$

碰撞的持续时间为

$$\Delta t = 0.09\mathrm{s}$$

加速度为

$$a = \frac{14\mathrm{m/s}}{0.09\mathrm{s}} = 157\mathrm{m/s^2} = 16g$$

图 13-23 中的实线表示车身中部的速度。没有约束系统的乘员(虚线)保持其速度 14m/s 直至其撞击转向轮或仪表板。如果乘员和转向盘(或仪表板)之间的初始距离等于汽车前部的变形总量(0.625m),乘员将在汽车停止时撞击到这些部件。乘员相对于地面的总位移为 1.25m(0.625m + 0.625m)。

预测汽车减速度的方法同样可以用于乘员。假定乘员撞击的表面为刚性的且身体的位移为 7cm。结果是乘员停止所需要的时间为 0.01s,相当于 140g 的平均加速度。该变形量,加之较短的时间和非常高的加速度,意味着非常严重的致命伤害。

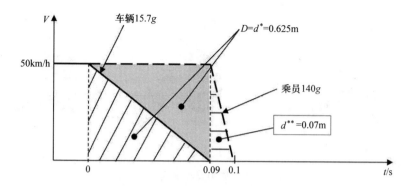

图 13-23　乘员没有约束系统时撞击刚性壁障的速度 – 时间图

图 13-24 所示为相同的碰撞而乘员有约束系统的速度 – 时间图。如果约束系统允许的反弹距离为 $d^* = 0.156\text{m}$，则该距离内乘员从碰撞开始以恒速继续运动 0.045s。如果约束系统在接下来的 0.045s 时间内能够使乘员停止下来，那么加速度为：

$$\frac{14\text{m/s}}{0.045\text{s}} = 280\text{m/s}^2 = 28.5g$$

该工况下乘员和汽车在碰撞开始的 0.09s 后同时停止。在约束系统起作用的阶段，乘员相对于汽车位移 0.156m（图 13-24 中的 d^{**}），乘员相对于地面的总位移为 0.937m（0.625m 是汽车位移，0.156m 是反弹位移，0.156m 是约束阶段）。

如果在初始时乘员和转向盘（或仪表板）之间的距离为 0.625m，碰撞最后时仍会有 0.312m 的剩余距离。这可以用来减少乘员加速度，如图 13-24 中的虚线所示。结果是约束系统的力大大减少，从而减少对乘员造成伤害的可能性。

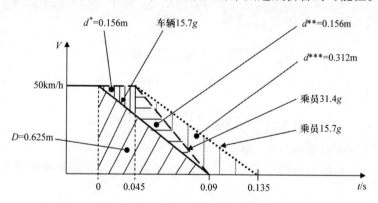

图 13-24　乘员有约束系统时的碰撞速度 – 时间图

图 13-25 所示是碰撞中有约束系统的乘员。假设乘员没有内能（相关损伤）的增加，其初始动能必须在碰撞过程中完全由汽车消耗，该能量损耗可分为两类：

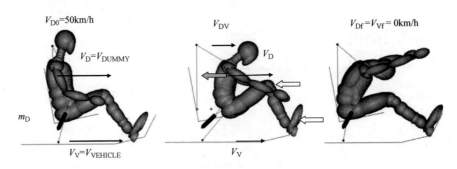

图 13-25　碰撞中有约束系统的乘员

- 撞击能量（E_{RD}），由汽车作用在约束系统上的力和相当对于地面附着点的位移所做的功。另外一个是汽车直接作用在乘员上的力，例如足部。所有这些能量通过乘员传递到汽车（速度 V_V）最后由塑性变形消耗。
- 约束系统能量（E_{RS}），由约束系统以及座椅作用在乘员上的力和乘员和汽车结构之间的相对位移（速度 V_{DV}）所做的功。

撞击能量可以用功率时间积分计算，功率为作用在乘员身上的惯性力和汽车速度 V_V 的乘积

$$E_{RD} = \int_{t_1}^{t_2} m_D a_D V_V \mathrm{d}t \qquad (13\text{-}19)$$

式中，m_D 为乘员的质量（下标 D 表示假人）；a_D 为其加速度。由于乘员不是刚性体，该积分应该分为几部分（头部、身体上部、腿、臂……），每部分对应身体的一部分。

相似地，约束系统能量也是功率的时间积分，功率为作用在乘员身上的惯性力和乘员与汽车的相对速度 V_{DV} 的乘积

$$E_{RS} = \int_{t_1}^{t_2} m_D a_D V_{DV} \mathrm{d}t \qquad (13\text{-}20)$$

综上，了解了约束系统的作用，并考虑损伤指标，就有可能概述一些约束系统设计的通用准则。

- 使约束系统作用下的乘员移动距离最大。
- 使反弹距离最小，减小乘员加速度。
- 使乘员身体关节移动、变形及变形速度最小，因为这些参数的增加会加重伤害程度。
- 使约束系统的接触面积最大以减少接触压力，从而较少损伤。
- 在骨骼（股骨、臀部、胸部、肩膀、头部）而不是软组织区域施加约束力，因为骨骼可以承受更高的载荷，且变形速度对骨骼的影响较小，但对软组织有非常严重的潜在危害。

13.3 碰撞吸能器

碰撞吸能器是将碰撞中的动能转化为其他类型能量的系统。理论上,能量是守恒的,因此能量应该以某种形式储存起来,如气体中的压力或弹簧中的弹性能,或者能够通过一些机制消耗掉。

一方面,即使是低速碰撞也有可观的能量,另一方面需要限制汽车的重量和尺寸。当前吸能器是利用结构材料的塑性变形来消耗动能的。

塑性材料的圆柱形试样的拉伸断裂的单位能量 $\varepsilon_d(J/m^3)$ 等于应力应变曲线下的面积。图 13-26 所示为深拉钢的定性曲线(如,Fe P04)。断裂伸长率大($\varepsilon_r = 0.4$),同时屈服强度 $\sigma_y = 228MPa$ 和极限强度 $\sigma_r = 330MPa$ 之间的差值小,表明该材料应力应变形为的弹塑性近似。

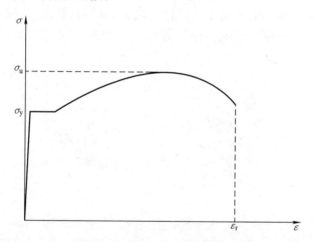

图 13-26 深拉钢的定性应力应变曲线。曲线下方的面积代表使材料拉伸断裂所消耗的能量

忽略样品中累积的弹性能,在破裂前损耗的能量密度为

$$\varepsilon_d \approx \sigma_y \varepsilon_r = 132 MJ/m^3 \tag{13-21}$$

质量为 $m = 1200kg$、速度为 $v = 56km/h$ 的汽车的动能为

$$E_c = \frac{1}{2}mv^2 = 145kJ \tag{13-22}$$

要使构成吸能器的所有塑性材料(如 Fe p04)接近破裂,所需材料的体积为:

$$V_{abs} = \frac{E_c}{\varepsilon_d} = 0.0011 m^3 \tag{13-23}$$

这相当于质量为 8.6kg。

塑性材料的高吸能密度意味着可以通过使用塑性变形来设计在碰撞中消耗动能的结构。为了提高吸能效果,碰撞发生后吸能器的大部分材料的变形应处在塑性范

围内。

常用的解决方案是在薄壁结构的不稳定压缩过程中采用复杂变形。这些变形经常表现为压溃，以区分发生在细长结构全局不稳定压缩过程中的相对简单的变形（屈曲）。

一些在碰撞吸能器中最常使用的压溃机制有：
- 沿主轴加载的等截面管状结构。
- 沿主轴加载的锥截面管状结构。
- 垂直于轴加载的管状结构。
- 蜂窝材料。
- 金属或塑料泡沫。
- 夹层材料。

图 13-27 所示为 1/4 等截面梁压溃过程中的两种可能的变形模式。如图 13-27a 所示，增加轴向变形，AC 段减少的同时 CD 段增加同样长度，因此拐角 ACD 的长度不变。由于在中间厚度处的截面的变形可以忽略，该变形模式被认为是非延展的。

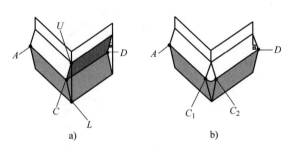

图 13-27　矩形截面梁在压碎过程中变形模式
a）非延展模式　b）可延展模式

相反地，图 13-27b 所示为中间厚度处的截面变形，拐角 $A-C_1-C_2-D$ 的长度由于压缩变形增加而增加。特别地，延展变形集中在 C_1-C_2 段。因此该变形模式被认为是可延展的。

在不可延展的模式中，塑性变形是由于塑性铰（$U-C-L$）向左变形。由于厚度的影响，铰线在材料周围的位移引起了板的大幅度弯曲和相关的塑性变形。从铰线上看从左到右流动的板垂直于拐角处，流过拐角的板首先在一个方向内弯曲然后向另一个方向弯曲，因此最后其又变得平坦。这意味着材料的每一部分都是从塑性延展到塑性压缩或与之反之的周期。

图 13-28 所示为厚度不可忽略的板的非延展变形模式。由于固定板的塑性铰 $U-C_1-C_2-L$ 向左移动，$A-C-D$ 变形如同画在圆环面上一般（图 13-28b）。正如前面所提及的，其结果是产生弯曲然后再消失。再加之穿过板的塑性铰的位移，

梁的压缩使拐角 $A-C-D$ 产生大幅度的弯曲，因此角 $U-C-L$ 减小。如图 13-28 所示，在拐角 $U-C_1-C_2-L$ 处还有随着非延展变形附加的延展变形。矩形截面薄壁梁弹性失稳如图 13-29 所示。

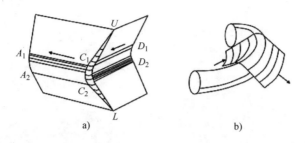

图 13-28　塑性铰移动时的变形。压缩过程中塑性铰 $U-C_1-C_2-L$ 向左移动，在塑性铰上移动的平面像是画一个环形表面

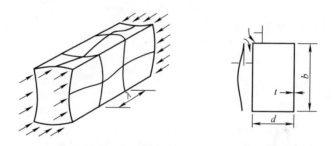

图 13-29　矩形截面薄壁梁弹性失稳。每一面都是包含相邻面边界条件的平板，因此每个角都可以看做是一个铰链

13.3.1　矩形截面梁

发生在压缩矩形截面薄壁梁过程中的第一种不稳定类型通常是其侧面面板的不稳定。面板的不稳定会引起梁的全局不稳定（图 13-30b 所示的压弯）或局部不稳定。最后一种是以一系列的压溃和折叠行为特征（图 13-30a 所示的折叠），其轴仍然是直线但是长度变小。

从能量消耗角度（图 13-31）折叠模式是最有效的，因为其引起大部分材料的塑性变形。相反地，在全局不稳定情况下，直轴梁弯曲成一定的角度（像膝盖一样，如图 13-30b 所示）。由于弯曲部分的塑性变形有限，耗能要低很多。

导致矩形截面梁的局部不稳定的压力（临界压力）可由将每一面看做一个面板来计算。由于具有更小的厚宽比（t/b），两个更宽的面板首先发生不稳定。另外两个可以看作约束以防止垂直于面板方向的变形，同时允许对拐角处的旋转。如果 l 是梁承载方向的长度，b 和 d 是截面的边，t 是小厚度（$t \ll b, d$），则临界压力为：

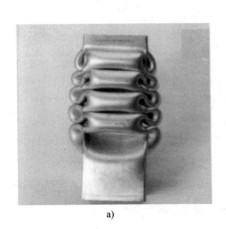

a)　　　　　　　　　　　　　　b)

图 13-30　大变形导致的压缩失稳

a）轴向折叠，轴仍然是直的　b）全局不稳定，塑性变形被"膝盖"和末端限制。
梁在"膝盖"处弯曲成一个角

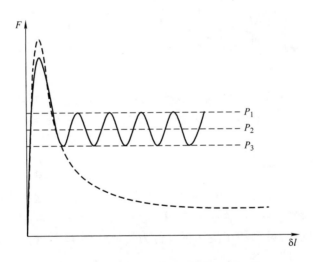

图 13-31　力 – 位移特性：折叠稳定压溃
（实线）和全局不稳定（虚线）之间的定性对比

$$\sigma_{cr} = k \frac{\pi^2 E}{12(1-\nu^2)} \left(\frac{t}{b}\right)^2 \tag{13-24}$$

式中，k 为横截面长边和比率 $\lambda = l/m$ 的函数；m 为沿加载方向（l 边）在失稳后的半波数：

$$k = \left(\frac{mb}{l}\right)^2 + p + q\left(\frac{l}{mb}\right)^2$$

$$= \left(\frac{b}{\lambda}\right)^2 + p + q\left(\frac{\lambda}{b}\right)^2 \tag{13-25}$$

式中，p 和 q 为两个无量纲系数，取决于截面 b/d 的比值。对于正方形截面或所有边都是铰链边界条件面板：$p = q = 1$。

通过使 $\partial\sigma_{cr}/\partial\lambda = 0$，可得临界压力的最小值。

结果是：

$$\lambda = \frac{l}{m} = \frac{b}{q^{1/4}} \tag{13-26}$$

对于正方形截面（$q = 1$），半波长等于截面边长 $\lambda = b$。对于矩形截面，短边限制长边。因此当一边向梁内部弯曲时，对面的一边向外弯曲。截面扭曲是重心转移。由于梁的轴不再是一条直线，可能发生全局不稳定。全局不稳定可以由局部不稳定引起，尤其是对于厚宽比 t/b 非常小以至于引起在弹性范围内的局部不稳定的情况（$\sigma_{cr} < \sigma_y$）。

通过增加厚度 $t(\sigma_{cr} < \sigma_y)$ 可以使临界压力超过弹性范围。在这种情况中，必须对式（13-24）进行修改以考虑塑性变形。

用割线和切线模量（E_s 和 E_t）代替弹性模量 E，方程的结构和矩形截面的相同。

$$\sigma_{cr} = \frac{\pi^2 E_s}{9}\left(\frac{t}{b}\right)^2\left\{\left(\frac{1}{4} + \frac{3}{4}\frac{E_t}{E_s}\right)\left(\frac{mb}{l}\right)^2 + 2 + \left(\frac{l}{mb}\right)\right\} \tag{13-27}$$

和弹性情况相似，半波长为：

$$\lambda = b\left(\frac{1}{4} + \frac{3}{4}\frac{E_t}{E_s}\right)^{1/4} \tag{13-28}$$

λ 值小于弹性情况时，如果是理想塑性材料，$E_t = 0$，则

$$\lambda = b\left(\frac{1}{4}\right)^{1/4} = 0.707b \tag{13-29}$$

低碳钢的半波长介于弹性和理想塑性值之间：

$$\lambda \approx 0.8b \tag{13-30}$$

对于矩形截面半波长也是截面长宽比 q 的函数：

$$\lambda = b\left[\frac{1}{q}\left(\frac{1}{4} + \frac{3}{4}\frac{E_t}{E_s}\right)\right]^{1/4} \tag{13-31}$$

对于低碳钢，有

$$\lambda \approx 0.8\frac{b}{q^{1/4}} \tag{13-32}$$

超过临界压力，面板的横向位移相对于截面不再是较小的，因此基于弹性或塑性不稳定的结论不再有效，且非线性的影响在压力和位移的计算中不可忽视。

另外一个结果是，由于较大的位移，压力在截面处不再是恒定值。靠近拐角处，由于压力更高且接近或超过屈服应力，弯曲面板的中间部分所承受的载荷较

小。这与发生在超过临界弹性应力的受压平板有效宽度中的情况相似。

13.3.2　稳定压溃：变形力学

本节的目标是介绍图 13-30a 所示的梁在稳定压溃过程中折叠结构所涉及的运动学。

图 13-32 所示为矩形截面梁的一部分的基本结构。未变形的两个相对的面在压溃过程中保持不变，得到了只考虑初始长度等于弹性不稳定模型半波长的 1/4 截面的简化图示。

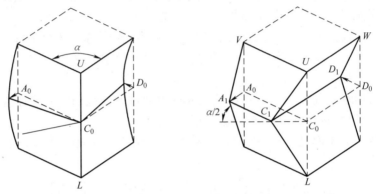

图 13-32　折叠过程涉及的运动学示意图，$A_1C_1D_1$ 长度不变，因此是不可延展模式

失稳后，基准线 $A_0C_0D_0$ 绕拐角 UC_0L 旋转。轴向位移的增加使该拐角变成一个沿角 α 的等分线方向移动的塑性铰。变形过程中，ACD 线保持恒定长度和良好的近似关系（$A_0C_0D_0 = A_1C_1D_1$），因此两个垂直对称的面上 A 和 D 的位移相等（$A_0A_1 = D_0D_1$）。

面板上由塑性铰 UCD 扫过的部分属于非延展变形。如图 13-28 所示，板弯曲后接下来再伸直恢复其平面状态。

图 13-33 所示为圆柱梁的塑性铰的运动。增加塑性铰 UCL 的轴向位移至一个更大的距离，如点 C 之间增加的距离。

由于连续性，图 13-32 所示折叠运动会牵连相邻的部分。考虑两个相邻面，如果一个向外运动，另一个将向内运动。因此，面 A_1C_1UV 的向外运动引起过 VU 线的面的向内的运动。相似地，C_1D_1WU 面引起过线 UW 的面的向外移动。

如果位移足够大并使点 U 和 L 接触，则第一次折叠结束。相邻部分的位移引起第二次折叠且该过程周期性重复。如图 13-34 所示，其代表图 13-32 的结构的更长的部分，其轴向位移足够大以产生两次折叠（图 13-35）。

如图 13-36（顶视图）所示为 1/4 截面梁的两次折叠的历程，图 a 所示为第一次折叠，图 b 所示为第二次。塑性铰 C_1D_1（图 13-32 和图 13-33）的向内位移 l_f 使截面由正方形变成矩形，其短边为：

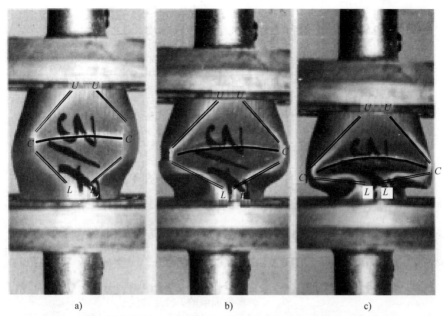

图 13-33 圆柱梁折叠发展示例。直线显示了塑性铰 UCL 不同的运动

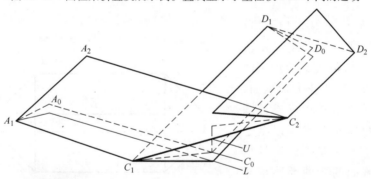

图 13-34 相邻折叠运动学。直线 UC_0L 在压溃之前为直角,在左右面上交替形成向外的折叠

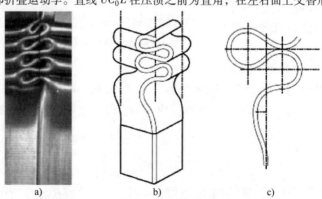

图 13-35 稳定轴向压溃过程中的折叠
a) 试验图 b) 示意图 c) 与两个折叠接触面垂直的剖面

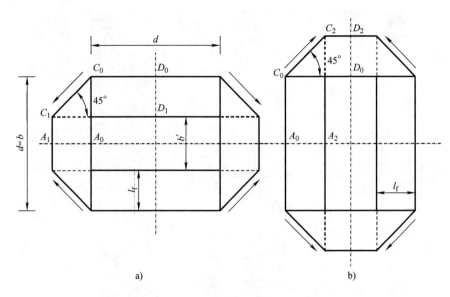

图 13-36 正方形截面梁的折叠运动学
a) 第一次折叠：CD 边向内移动 b) 第二次折叠：CD 边向外移动

$$b' = d - 2l_f \quad (13\text{-}33)$$

折叠幅度 l_f 和半波长 λ 值相关，反过来，λ 是正方形截面边 d 的函数。对于正方形截面，第一次折叠在较长边形成（图13-37），距离 b' 非常小以至于两个相对的折叠接触。这种情况下，梁截面的弯曲惯性矩非常小，可能导致梁产生全局失稳性失效。这发生在比率 $d/b > 0.584$ 时。

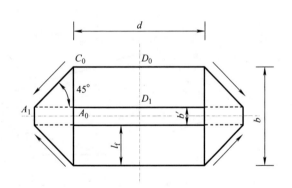

图 13-37 矩形截面梁的折叠运动学。如果 $d/b > 0.584$，面向内部的折叠将会有接触，导致全局不稳定

矩形或正方形截面梁的压溃过程中的位移-力特性如图 13-38 所示。如果厚度使梁的边的不稳定在塑性范围内，对应于最大载荷 C 的应力可由屈服应力 σ_y 和弹性临界应力（σ_{cr}，式13-24）计算：

$$\sigma_{max} = \frac{P_{max}}{A} = \sigma_y \left(\frac{\sigma_{cr}}{\beta \sigma_y} \right)^n \quad (13\text{-}34)$$

式中，n 与截面形状有关，对于矩形截面，$n = 0.43$。参数 β 与厚宽比 t/b 以及材料的极限应力 σ_u 相关：

$$t/b \leq 0.016, \beta = 1$$

$$0.016 \leqslant t/b \leqslant 0.035, \quad 1 \leqslant \beta \leqslant \frac{\sigma_u}{\sigma_y}$$

$$t/b \geqslant 0.035, \quad \beta = \frac{\sigma_u}{\sigma_y} \tag{13-35}$$

对于小厚宽比 $t/b < 0.016$,失稳发生在弹性范围且 $\beta\sigma_y = \sigma_u$。

相反地,对于大厚宽比 $t/b > 0.035$,$\beta\sigma_y = \sigma_u$,如图 13-39 所示。

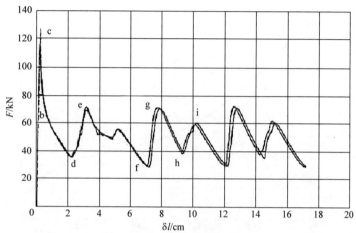

图 13-38 矩形或正方形截面梁的压溃过程中的位移-力特性,字母代表以下压溃阶段,b:弹性失稳开始;c:最大载荷;d:第一次折叠结束;e:压缩失稳和第二次折叠开始;f:第二次折叠结束……

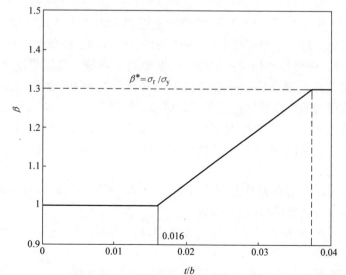

图 13-39 系数 β 是厚宽比的函数。如果 $t/b < 0.016$,压溃在弹性范围内,如果 t/b 大于 0.035,压溃在塑性范围内

式（13-34）的第一部分说明 $\sigma_{\max}$ 实际上是截面上的平均应力。实际上是最大压力（$P_{\max}$）和截面面积 A 的比值。把式（13-24）带入式（13-34）：

$$\sigma_{\max} = \sigma_y \left[\frac{k_p (t/b)^2 E}{(1-\nu^2)\beta\sigma_y} \right]^n \tag{13-36}$$

式中，k_p 为断裂系数，其值如图 13-40 所示，是截面高宽比 $\alpha = d/b$ 的函数。

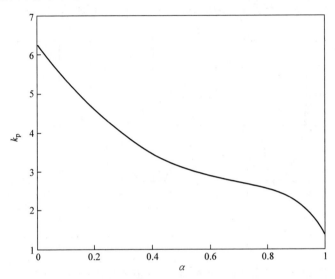

图 13-40　箱形梁结构（矩形截面）断裂系数 k_p 是高宽比 $\alpha = d/b$ 的函数，d、b 分别是截面的较短边和较长边

如图 13-41 所示为式（13-34）的塑性范围的最大压力和式（13-24）的弹性临界压力的对比。对于小厚宽比 t/b，弹性失稳发生在低于弹塑性不稳定性载荷处。增加厚宽比 t/b，弹塑性不稳定占主导。很重要的一点是，当压溃发生在弹性范围时，稳定性比较差且梁最后可能会全局失稳（破碎），只吸收了很少的能量。相反，弹塑性范围内的压溃更加稳定且吸能更多。因此需要设计梁的厚度以使临界载荷在弹塑性范围。由此可知屈服强度也十分重要。如图 13-41 所示，对于 $t/b \sim 0.015$，选择更大屈服强度的材料会使稳定的弹塑性失稳变成弹性失稳，可能引起破碎（全局失稳）。

厚截面的极限压力在弹性范围内。如图 13-41 所示，如果 $\sigma_y = 160 \text{MPa}$，则非密实（Non compact）截面 $t/b < 0.0085$。

厚实（compact）截面的极限压力在弹塑性范围内，若 $\sigma_y = 160 \text{MPa}$ 其厚宽比一定为 $t/b > 0.085$。

如图 13-38 所示，在峰值（c）后出现第一次折叠且增加了其深度，由于折叠提高了结构柔度，因此对应的载荷急剧下降。当第一次折叠在 d 点结束时，箱形梁的刚度基本回到初始值。载荷再次增加直至面板在第一次折叠外的部分发生新的失

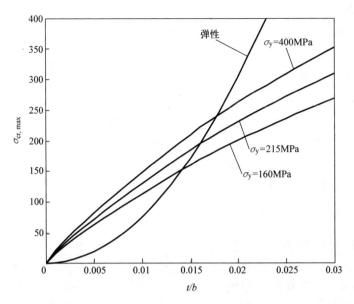

图 13-41 弹性范围和弹塑性范围内的压溃得到的临界压力对比（断裂强度）。对于一个给定的屈服应力（σ_y），弹塑性压溃（稳）发生在其压力低于弹性的时候，这在厚宽比（$t/b > 0.016$）足够大的时候发生

稳（e）。载荷再次减小直至新的折叠结束（f）。

在厚实（compact）截面箱形梁结构中，这个过程会以载荷增加和减少的稳定顺序重复几次。由于该过程是不可逆的，力-位移特性曲线下方面积代表的能量被消耗掉了。相反地，在非厚实结构中，折叠过程不稳定，结构全局失稳。

实验测量表明，第一次失稳（点 c）时的力大于后面失稳时的力，这说明了碰撞初始的较大加速度的不利影响，可以通过在箱式结构上增加压溃触发器（参考文献 [31]）避免，其作用是减少第一次失稳的载荷，以及允许压溃过程的载荷振荡的幅度基本保持不变。

设计碰撞吸能器重要的是要估计载荷振荡的幅度及其平均值（参考文献 [32]），这可由和式 (13-36)（可以得到点 c 处的最大载荷）非常相似的表达式确定，除了几何系数 k_i 对括号内的项有不同影响：

$$\sigma_i = \sigma_y \left\{ \frac{k_i (t/b)^2 E}{(1-\nu^2)\beta\sigma_y} \right\}^n \quad i = 1,2,3 \tag{13-37}$$

即使在这种情况下，对于矩形截面箱形梁，$n = 0.43$。系数 k 是截面高宽比（$\alpha = b/d$）的函数，如图 13-42 所示。对比图 13-40 和图 13-42，可知 $k_p > k_i$。正如预期的一样，对应第一次峰值的压力大于其后的峰值（图 13-38 中的点 e、g、i）。

参考 Wierzbicki 和 Abramowicz（参考文献 [33]），多边形截面梁的平均载荷

（图 13-38 中的力 F_2）可由基于塑性变形运动学的方法来估算。该方法也可以用于计算正方形截面的箱形结构的平均载荷，该结构边长 b、厚度 t，且由弹塑性材料构成。

$$F_2 = 9.56 \sigma_y t^{5/3} b^{1/3}$$
(13-38)

该公式可以替换式（13-37）。

13.3.3 触发器

图 13-38 中的位移 – 力特性曲线上点 c 的最大载荷大于其后的峰值（点 e、g 及其后，相当于式 13-37 中的强度 σ_1），平均载荷（σ_2）也是这样。点 c 的载荷产生以下不利影响：

● 汽车和乘员主要部位的加速度峰值。

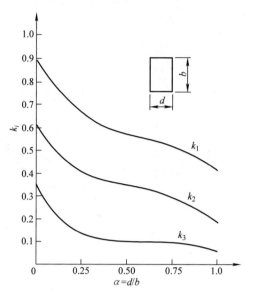

图 13-42 几何系数，用来估计由式（13-37）所得的密实型箱形梁弹塑性压溃过程中的最大（k_1）、平均（k_2）以及最小（k_3）载荷

● 支撑结构全局压缩失稳的风险。为了避免风险有可能需要增大其尺寸，结果导致当它作为吸能器时产生过多的载荷，进而使乘员承受更大的加速度。

如图 13-38 所示，对应于 c 点的变形和能量相对较低。为了降低加速度，对于给定的吸收能量，载荷应该恒定。然后特性曲线上的第一个载荷峰值应该和其后峰值有同样程度的减少。通过在梁的表面增加一些缺陷（通常指触发器或压溃引发器）以降低第一次临界载荷，使其低于后续的临界载荷。结果导致第一次折叠发生的载荷更低，且不会影响后续的吸能过程。

如图 13-43 所示，在边长为 50mm，厚度为 2mm 的正方形截面铝制箱形结构的力 – 位移曲线上的不同类型的触发器的作用。没有触发器的曲线1）和曲线2、3、4（有触发器）的对比表明，触发器可以明显降低第一次峰值，并保持基本恒定的平均载荷（图 a）且吸收的能量为位移的函数（图 b）。

图 13-44 所示为由冲压或打孔得到的触发器。作为一阶近似，触发应该位于半波 λ 的最大变形点，半波在侧板的第一次失稳后将增加。这相当于图 13-32 中的线 UW。在正方形截面的箱形结构中，该位置可由式（13-28）近似或（参考文献 [33]）：

$$\lambda = 2H_{\text{fold}} = 0.983 \sqrt[3]{\left(\frac{a+b}{2}\right)^2 t}$$
(13-39)

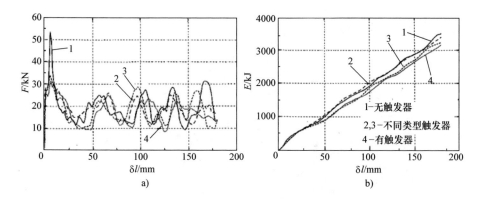

图 13-43 触发器效应
a) 力-位移特性 b) 能量-位移特性

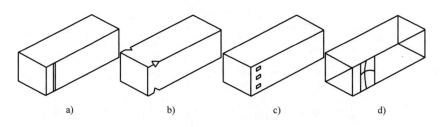

图 13-44 触发器示例

如果梁的端面是沿其轮廓以铰接方式安装的，那么梁的四个面可以绕其边自由转动，那么该位置是正确的。如果端面被焊接在一个固定端，那么梁的四个面就不能自由转动，在这种情况下，半波长增加且应该考虑触发器的位置。

13.3.4 梁的全局压缩失稳

至今为止，关注点一直在局部失稳发生在低于欧拉（或全局）失稳载荷的短梁。如果短梁可以看作密实型，压溃在一系列折叠和高能量耗散下是稳定的。

长梁（其长度值相对于其截面很高）可能会发生全局失稳，且吸收的能量显著降低。这种情况下式（13-36）的抗压强度必须进行修正，以考虑长度的影响：

$$\sigma'_{max} = \sigma_{max} - \frac{\sigma_{max}^2}{4\pi^2 E}\left(\frac{l}{p}\right)^2 \tag{13-40}$$

式中，ρ 为垂直于弯曲平面的截面的惯性半径；σ_{max} 由式（13-36）给出。

图 13-45 所示为箱形梁（矩形截面），对于长度和截面边比值 $l/b > 10$ 以及 $l/b > 50 \sim 70$，欧拉失稳变成主要失效模式，长度的作用是明显的。为了避免碰撞载荷的传递中发生的梁的全局失稳，在设计阶段必须考虑这些。

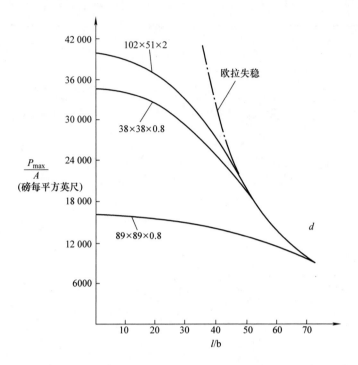

图 13-45　临界载荷是梁的长度的函数。只有短梁压溃是发生在塑性范围内

13.3.5　弯曲失稳

截面形状和位置的不确定性的存在,结合轴向载荷,引起了不可避免的弯曲部件,其经常造成全局弯曲失稳成为主导压溃模式,而取代稳定的轴向模式。结果是更低的能量消耗,因此碰撞吸能器的设计目标是防止全局不稳定。

弯曲失稳会使梁的某部分形成塑性铰,而其他部分基本保持不变。塑性铰的类型以及损耗机制和梁截面的几何形状相关。较厚或较深材料的截面从外表面开始屈服。屈服部分随着载荷增加而增加直到所有材料塑化。

图 13-46 所示为塑性铰部分的应力分布。极限弹性载荷相当于一个三角形的应力分布,其外表面屈服应力为 σ_y。如果载荷增加超过该值,材料开始屈服。增加载荷,从外表面向内到弹性轴(截面上零压力的线)截面塑化的部分增加。在这个过程中弯矩不断增加,即使不是很明显,随着和弹性轴的距离越来越小,压力不断增加。最大弯矩发生在截面的所有材料在拉伸或压缩的屈服载荷下。图 13-46 代表假定材料是理想弹塑性材料的截面的压力分布简图。

在薄壁梁中,截面的几何形状是导致塑性铰形成的主要原因,而非仅由屈服所决定,因为塑性铰总是在梁的厚度尺寸和高度尺寸较大时形成。压溃从受到压缩载荷的面板的失稳开始。

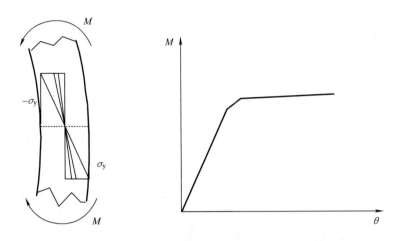

图 13-46 应力分布（左）；对于由理想弹塑性材料构成的截面梁，弯矩是相对弯曲角 θ 的函数（右）

与之前已经提及的相似，对于薄壁梁和板的压溃，第一次失稳可由式 (13-36) 获得。面板的失稳降低截面的惯性矩，结果是可应用的弯矩 M 的进一步降低。图 13-47 （参考文献 [35] 和 [36]）定性地说明了增加弯曲挠度 θ 可以降低弯矩。对于压缩面板的更小的厚宽比（t/b），降低的更多。降低该比值（t/b），临界压力 σ_{cr} 降低，且相应的压缩面在压弯过程中的压力也降低（式 13-34）。

图 13-47 定性地描述了薄壁梁弯曲，图 a 为弹性失稳，图 b 为塑性失稳。压缩的面板的失稳发生在 AB 段。增加载荷压缩的面板的变形增加，直至载荷达梁的最大强度，如 BB' 段所示，增加点 B' 上的变形，所需的载荷增加。

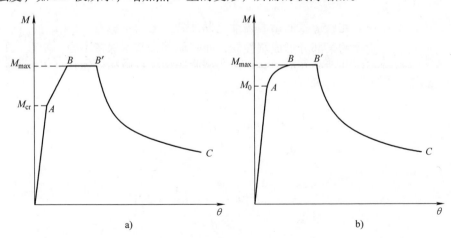

图 13-47 薄壁梁弯矩 M – 弯曲变形 θ 特性。AB：压缩边失稳。超过 B' 点，弯矩随着变形 θ 的增加减少
a）弹性失稳工况 b）塑性失稳

和轴向压溃相似，对于非紧实截面（$t/b < 0.0085$），压缩面板的失稳发生在弹性范围且耗散的能力低于紧实截面（$t/b > 0.0085$），以受压缩边的塑性失稳为特征。在后者中，压缩面板在失稳后保持确定的载荷容量，并允许一定量的能量耗散。

和受压面板的有效宽度类似，失稳后的中央部分的承载能力由于压弯而降低。靠近边的部分保持一个较高的达到屈服极限的承载能力。通过假设作用在有效宽度上的屈服强度产生的载荷等于作用在整个面板宽度的最大平均应力，可以得到有效宽度 b_e：

$$\sigma_y b_e t = \sigma_{max} bt \tag{13-41}$$

因此，有效宽度为：

$$b_e = \frac{\sigma_{max}}{\sigma_y} b \tag{13-42}$$

最大平均应力 σ_{max} 可以通过式（13-36）计算：

$$b_e = b \left\{ \frac{k_p \left(\frac{t}{b}\right)^2 E}{(1-\nu^2)\beta \sigma_y} \right\}^n \tag{13-43}$$

对于有效宽度，介绍了可供选择的表达式。

对于该物理量，Kekman 指出：

$$b_e = b \left(\frac{0.7 \sigma_{cr}}{\sigma_y} + 0.3 \right) \tag{13-44}$$

式中，σ_{cr} 为弹性临界应力。由式 13.24 可得，其几何系数 k 为：

$$k \approx 5.23 + 0.16 d/b \tag{13-45}$$

而美国钢铁协会指出：

$$b_e = 1.9 t \sqrt{\frac{E}{\sigma_y}} \left(1 - \frac{0.415 t}{b} \sqrt{\frac{E}{\sigma_y}} \right) \tag{13-46}$$

在弹塑性失效前的最大弯矩 M_{max} 可由三种不同的表达式计算，取决于临界应力 σ_{cr} 相对于屈服应力 σ_y 的值：

$$M_{max} = \begin{cases} M'_{max} \\ [M'_p + (M_p - M'_p)(\sigma_{cr} - \sigma_y)]/\sigma_y \\ M_p \end{cases} \tag{13-47}$$

式中，

$$M'_{max} = \frac{\sigma_y t d \left[2b + d + b_e \left(\frac{3a}{b} + 2 \right) \right]}{3(d+b)}$$

$$M'_p = \sigma_y t d \left(d + \frac{b}{3} \right) \tag{13-48}$$

$$M_p = \sigma_y t [b(d-t) + (d-2t)^2/2]$$

图 13-30b 所示为弯曲失稳中的梁的形态。材料只有相对较小的一部分属于塑性变形,而其他部分在弹性范围内。因此吸收的能量远低于轴向折叠压溃吸收的能量。

由于弹性变形耗散的能量低于塑性变形的(图 13-47b),可以忽视特性曲线的第一部分。

尽管屈曲现象具有复杂性,塑性铰的几何形状相对简单。图 13-48 所示为矩形截面梁的弯曲失效过程中出现的塑性铰。弯矩与截面宽度相关。

弯矩可以通过能量守恒定律计算,假设由弯矩 M 和变形速度 $\dot{\theta}$ 产生的功率等于梁耗散的功率 $\dot{W}_{\text{int}}$:

$$M\dot{\theta} = \dot{W}_{\text{int}} \tag{13-49}$$

功率 $\dot{W}_{\text{int}}$ 由塑性铰屈服线消耗:

$$\dot{W}_{\text{int}} = \dot{W}_A + \dot{W}_D + \dot{W}_{AD} + 2(\dot{W}_{FE} + \dot{W}_{EL} + \dot{W}_{AE} + \dot{W}_{AL} + \dot{W}_{LM}) \tag{13-50}$$

在塑性铰屈服线 A 和 D 上材料流过曲面,表明线 AD、EA、AG 的伸长以及线 AL、BK 的收缩。这和图 13-48 所示的线 AE、AL、AG 等的变化相似,其后当 EF、EL、LM、GH 等固定时是运动铰。

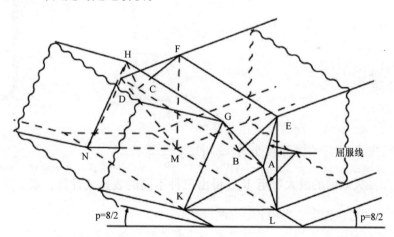

图 13-48 应力导致的失稳屈曲运动。图中线表示固定和运动的塑铰性

长度为 l,绕其轴旋转速度为 ψ(rad/s)的固定塑性铰的能量消耗为

$$\dot{W}_f = M_p\, l\, \dot{\psi} \tag{13-51}$$

式中,M_p 为厚度为 t、单位宽度的理想塑性面板的弯矩:

$$M_p = \sigma_y \left(\frac{t}{2}\right)^2 \tag{13-52}$$

相反地,运动铰线的耗散功率为:

$$\dot{W}_\mathrm{m} = 2M_\mathrm{p} \frac{\dot{A}_\mathrm{r}}{r} \tag{13-53}$$

式中，r 为塑性铰曲率半径；A_r 为塑性铰运动过程中扫过的面积。

运动旋转速度 ψ 和运动铰的长度是假定一个给定的部分的塑性变形内的运动下的变形速度 $\dot{\theta}$ 的函数。该方法经常被用作塑性破坏的运动学方法。屈服线的功率耗散公式为：

$$\dot{W}_\mathrm{int} = \Gamma(\theta)\dot{\theta} \tag{13-54}$$

由式（13-51）和式（13-54）可得：

$$M = \Gamma(\theta) \tag{13-55}$$

由于函数 $\Gamma(\theta)$ 是一个相当复杂的公式，此处就不明确给出了。通常通过使用专用的软件工具来计算，如 DEEPCOLLAPSE、SECOLLAPSE 和 CRASH – CAD。

13.3.6　圆形截面管的破裂

利用不同模式的破裂（参考文献[38]），圆形截面管可以用作碰撞吸能装置：
- 翻转。
- 裂开。
- 横向压弯。
- 横向压扁。
- 轴向压溃。

如图 13-49 所示，翻转是使用柔软的材料制成的圆形薄管的内部向外或外部向内。翻转过程中，材料在径向面弯曲时延圆周方向的拉长（或收缩）。该弯曲在恢复直线结构之前首先形成半径 r 的弯曲。

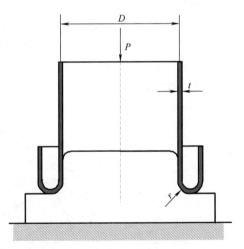

图 13-49　圆形截面管的翻转（翻转管）

该模式有时被称为翻卷，其特性是恒定载荷和高能量密度。相反地，对圆角半径 r 的灵敏度高。如果 r 值较小，则引起一种折叠模式的压溃（如箱形梁）；反之，如果 r 值太大，则材料会在直径面上裂开（图 13-50）。

如果管开裂成条状，则能量耗散是由于使材料达到极限应力中大变形引起的。在该工况下的载荷也是相对稳定的。

一个在端部用铰链连接的管承受横向分布的载荷时会发生侧面凹陷（图 13-51）。横向的载荷首先造成一个凹坑，对于直线轴没有相关的影响。然后轴弯成 V 形。屈服是相当受限的，且集中在承载区域附近，因此能量耗散量低。由于这个原因，该模式很少用于能量吸收器。然而它是一个梁承受横向冲击的主要模式，如保险杠撞击一个障碍物（一个杆）。

圆形或椭圆形截面的柱体（图 13-52）的横向压扁的能量耗散大于横向压弯的能量耗散。对圆管进行合理排布可以产生边界条件，从而增加塑性铰的数量，提高耗散能量密度。图 13-52a 中的圆筒特点是两个径向上的四个塑性铰（已经加载的与垂直于它的）。图 13-52b 中的框架涉及单个圆筒内的大量铰接点，其增加了耗散的能量。

图 13-50　管裂开现象。如果图 13-49 中的模口半径 r 小于给定值，则管裂开呈条状，这些条可以是平的或卷起来的

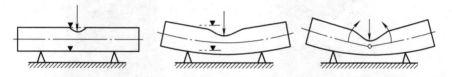

图 13-51　横向压弯。当屈服发生在少量材料中时，能量耗散很少

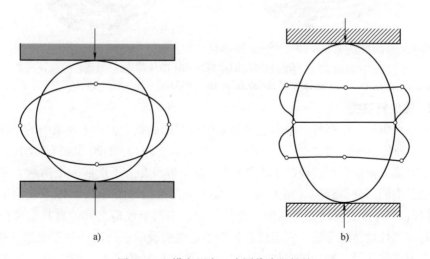

图 13-52　横向压扁。小圆代表塑性铰
a）没有拉力支撑　b）有拉力支撑

13.3.7 圆管的轴向压溃

截面为圆形的管可以有两种具有高能量耗散的轴向压溃模式（图13-53）。圆管类型可用不同的直径（D）与厚度（t）的比值区分。

对于相对较小的 $D/t < 50 \sim 100$，管由固定塑性铰形成一系列轴对称波纹，其结果是一种"波纹管"（波纹管模式）。每个铰链表现为一个局部轴对称不稳定模式。当一个铰链完全压缩，一个新的铰链开始并再一次重复这个过程。由于每个波纹的直径和管的直径不同，波纹管模式包含外延的铰链。

对于较大的直径厚度比 $D/t > 100$，变形不是轴对称的。一些塑性铰出现在表面的对角线方向形成类金刚石的外形（金刚石模式）。该情况的塑性铰是非外延的。

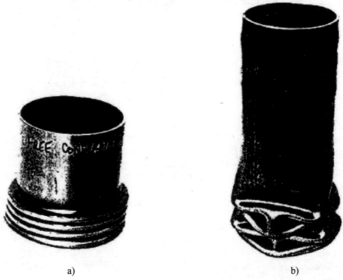

图 13-53　圆形截面圆筒的压溃
a）轴对称压溃（波纹管）　b）非轴对称压溃（金刚石）

1. 波纹管模式

一旦克服第一个高峰，轴向载荷是轴向位移的函数，会产生一系列的振动，如图13-31所示。可以通过由 Alexander（参考文献［39］）在20世纪60年代提出的运动学方法近似得到该阶段的平均载荷$\overline{P}$。基本假设是为了形成一个褶皱，必须施加的功是由两部分得到的（图13-54）：要求使塑性铰弯曲（W_1）以及使两个接头之间材料（W_2）沿圆周方向拉伸。此外，假设当两个铰链之间的材料是纯拉伸或压缩时，塑性铰是纯弯曲。实验结果证明了这些假设的正确性（参考文献［40］）。

考虑这些假设，增加轴向位移、铰链 c_1 和 c_3 旋转角度 $d\theta$，而铰链 c_2 旋转角度为该值2倍。该变形的功为：

$$dW_1 = 2dW_{c1} + dW_{c2} \tag{13-56}$$

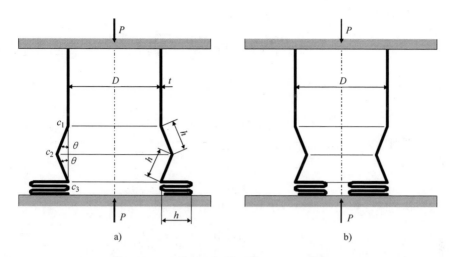

图 13-54 圆管轴向压溃运动学:波纹管模式

铰链和变形的功由塑性铰单位圆周长度的弯矩 M 获得:

$$dW_{c1} = M\pi D d\theta \tag{13-57}$$

$$dW_{c2} = M\pi(D + 2h\sin\theta)2d\theta \tag{13-58}$$

代入式(13-56)可得:

$$dW_1 = 2M\pi D d\theta + 2M\pi(D + 2h\sin\theta)d\theta = 4M\pi(D + h\sin\theta)d\theta \tag{13-59}$$

对于矩形截面的窄梁,材料本质上是在平面应力条件下变形。将材料视为硬质塑料,一半的厚度取决于抗拉屈服强度,另外一半取决于压缩。平面应力条件下的单位长度的弯矩是:

$$M = \sigma_y \frac{t^2}{4} \tag{13-60}$$

由于变形的圆柱对称性,压曲的圆柱管上的每一条可以视为一个非常宽的梁上的一部分。这意味着,材料受制于平面应变,而不是在沿圆周方向的零应变($\varepsilon_c = 0$)的一个平面应力。此外,如果厚度很小,则各处的垂直于厚度的应力($\sigma_t = 0$)可以忽略,应力和应变矩阵关系为:

$$\begin{pmatrix} \varepsilon_a \\ \varepsilon_c \end{pmatrix} = \frac{1}{E} \begin{bmatrix} 1 & -\nu \\ -\nu & 1 \end{bmatrix} \begin{pmatrix} \sigma_a \\ \sigma_c \end{pmatrix} \tag{13-61}$$

式中,σ_a 和 σ_c 分别为轴向和圆周方向的应力,而 ε_a 和 ε_c 为对应的应变。

增加 $d\theta$,忽略圆周方向应变的变化,且通过式(13-61),可以得到:

$$\sigma_c = \nu\sigma_a \tag{13-62}$$

式中,σ_a 和 σ_c 为主应力。通过冯·米塞斯等效应力可以获得屈服强度:

$$\sigma_y = \frac{1}{\sqrt{2}} \sqrt{(\sigma_a - \sigma_c)^2 + (\sigma_a - \sigma_t)^2 + (\sigma_c - \sigma_t)^2} \tag{13-63}$$

代入式（13-62）和式（13-63）可得：

$$\sigma_y = \frac{\sigma_a}{\sqrt{2}}\sqrt{2(1+\nu+\nu^2)} \approx \frac{\sqrt{3}}{2}\sigma_a \tag{13-64}$$

然后塑性铰的轴向应力为

$$\sigma_a = \pm \frac{2}{\sqrt{3}}\sigma_y \tag{13-65}$$

最后平面应力条件下的单位圆周长度的弯矩为：

$$M = \frac{2}{\sqrt{3}}\sigma_y \frac{t^2}{4} \tag{13-66}$$

这样就可以计算出由塑性铰引起的功的增量贡献：

$$dW_1 = \frac{\pi}{\sqrt{3}}\sigma_y t^2 (2D + h\sin\theta) d\theta \tag{13-67}$$

在两个铰链之间延伸材料产生的功的增量 dW_2 可以通过轴向应变来计算。

考虑在铰链 c_1 和 c_2 之间同等距离的纤维，周向长度等于 $D + h\sin\theta$。增量 $d\theta$ 相当于周向长度的变化，因此周向应变为：

$$d\varepsilon_c = \frac{\pi[D + h\sin(\theta + d\theta)] - \pi[D + h\sin\theta]}{D + h\sin\theta} = \frac{\pi h\cos\theta d\theta}{D + h\sin\theta} \tag{13-68}$$

如果材料在圆周方向也屈服，对应 $d\varepsilon_c$ 单位体积功的增量为：

$$dW_2 = \sigma_y d\varepsilon_c \tag{13-69}$$

考虑两个铰链之间材料的体积 $[2(D + h\sin\theta)th]$

$$dW_2 = 2(D + h\sin\theta)th\sigma_y d\varepsilon_c = 2(D + h\sin\theta)th\sigma_y \frac{\pi h\cos\theta d\theta}{D + h\sin\theta} = 2\pi\sigma_y th^2\cos\theta d\theta \tag{13-70}$$

对角 θ 从 0 到 $\pi/2$ 积分可以得到一个压褶压溃的总功：

$$W = \int_0^{\pi/2}(dW_1 + dW_2) \tag{13-71}$$

$$= \sigma_y \int_0^{\pi/2}\left[\frac{\pi}{\sqrt{3}}t^2(2D + h\sin\theta) + 2\pi th^2\cos\theta\right]d\theta \tag{13-72}$$

该（内）功等于平均载荷 $\overline{P}$ 在轴向位移（$2h$）上所做的功，相当于一个压褶的压溃，得到：

$$\overline{P} = \pi\sigma_y t\left[\frac{t}{\sqrt{3}}\left(\frac{\pi D}{2h} + 1\right) + h\right] \tag{13-73}$$

未知的半波长可由最小化变形所需的功获得：

$$\frac{\partial \overline{P}}{\partial h} = 0 \tag{13-74}$$

因此

$$h = k\sqrt{Dt} \tag{13-75}$$

式中

$$k = \sqrt{\frac{\pi}{2\sqrt{3}}} = 0.952 \tag{13-76}$$

将式（13-75）和式（13-76）中的半波长代入式（13-73），可以确定当圆筒直径形成压褶时的平均压溃载荷（下标 o）

$$\overline{P}_o = \pi\sigma_y t\left(2k\sqrt{Dt} + \frac{t}{\sqrt{3}}\right) \tag{13-77}$$

如果压褶是在圆筒的内部形成而不是外部形成的（下标 i），则

$$\overline{P}_i = \pi\sigma_y t\left(2k\sqrt{Dt} - \frac{t}{\sqrt{3}}\right) \tag{13-78}$$

在实验测试过程中，未变形圆筒的直径在压溃的压褶的内径和外径之间（参考文献 [41] 和 [42]）。等效平均载荷是式（13-77）和式（13-78）所得值的均值

$$\overline{P} = 2\pi\sigma_y t^{3/2}(\sqrt{D}) = K\sigma_y t^{3/2}\sqrt{D} \tag{13-79}$$

这相当于假设压溃圆筒的平均直径与未变形圆筒的平均直径相同。参数 K 可由式 13.25 得到的 k 值计算得到：

$$K = 2\pi k = 5.984 \tag{13-80}$$

该值稍微低于实验所得到的的值：

$$K_{\text{exp}} = 6.2 \tag{13-81}$$

实验和数值结果的差值低于 4%，由此可以证明两者是近似的，尤其在考虑了压褶平均半径和给定半波长 h 的情况时。

其他作者还介绍了另一种计算圆筒平均压溃载荷的表达式，和实验结果有良好的相关性，例如 Abramowicz（参考文献 [43]）：

$$\overline{P} = \sigma_y t \frac{6\sqrt{Dt} + 3.44t}{0.86 - 0.57\sqrt{t/D}} \tag{13-82}$$

2. 金刚石模式

Pugsley（参考文献 [44]）通过和 Alexander 波纹管模式中采用的近似的运动学方法，计算得到了金刚石模式中轴向压溃的平均载荷。平均载荷是沿圆周的金刚石的数量 n 的函数。该数量随着直径和厚度比值 D/t 的增加而增加：

$$\overline{P} = 2.286n^2\sigma_y t^2 \tag{13-83}$$

另一作者提出明显依赖 D/t 值的表达式，例如：

$$\overline{P} = 18.15(D/t)^{1/3}\sigma_y t^2 \tag{13-84}$$

13.3.8 应变率的影响

塑性材料的应力应变曲线通常是在应变率非常低的实验中获得的。测试表明，

对于大变形速度，不能忽略应变率对材料特性的影响。由于大变形速度，与吸能器相关的计算中需要考虑应变率。

相关的影响是随着应变率的增加而屈服应力增加。该相关性的半经验公式为：

$$\sigma_{yd} = \sigma_y \left(1 + \left(\frac{\dot{\varepsilon}}{c}\right)^{\frac{1}{\rho}}\right) \qquad (13\text{-}85)$$

式中，σ_y 为屈服应力的准静态值；系数 c 和 ρ 为材料类型的函数。例如，对于深冲压的低碳钢，$c = 40.4 \text{s}^{-1}$，$\rho = 5$。

在圆管的轴向压溃过程中，平均应变率随着圆管变形速度的增加而增加，随着直径 D（作第一近似值）的增加而降低。

在波纹管模式中，应变率可以近似为：

$$\dot{\varepsilon} = \frac{V}{2D\left(0.86 - 0.568\sqrt{\frac{t}{D}}\right)}$$

在金刚石模式中，近似为：

$$\dot{\varepsilon} = 0.74 \frac{V}{D} \qquad (13\text{-}86)$$

对于应变硬化材料例如高强度钢，应变率的影响是很大的，而对于塑性材料（深拉低碳钢和低电阻率铝合金）很小。在这种情况下，屈服强度会增加大约10%。

应变率的另一个效应是变形速率的增加造成惯性力的增加。这个影响很小，直到达到某个临界值。低于该临界值，当前一个压褶完全压溃时形成后一个压褶（连续的压溃）；高于临界值时，所有的压褶几乎同时出现（同时压溃）。

13.3.9 结构泡沫

结构泡沫在汽车领域碰撞保护方面有广泛的应用，可用于保险杠、仪表板以及侧撞保护。其压缩过程中的应力应变特性对于碰撞吸能十分有利（图 13-55）（参考文献 [45] ~ [47]）。该特性显示出小的线性部分（最大变形的5%），随后是几乎恒定应力的平直部分。在这个阶段，构成材料的单元由于弹性屈曲，塑性屈服或脆性破坏开始坍塌，而且该坍塌在材料中是在几乎恒定的应力下进行的。当大部分单元由于对应面接触而坍塌（密实化）时，应力急剧上升。

除了基材（例如聚氨酯、聚丙烯或聚苯乙烯），泡沫的力学性能主要受密度的影响，密度取决于材料中空气。

密度对于应力应变曲线有很大的影响，如图 13-55 所示，增加密度时，对于给定的变形的应力随之增加，但是密实化发生在较低的应变下。

变形中单位体积吸收的能量（W）等于应力应变曲线下的面积。大部分能量被耗散在应力几乎恒定不变的平台区域。能量计算为：

$$W(\varepsilon) = \int_0^\varepsilon \sigma(\varepsilon') \text{d}\varepsilon' \qquad (13\text{-}87)$$

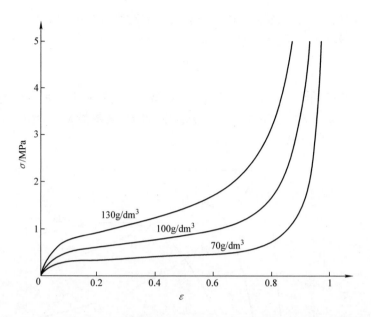

图 13-55　结构泡沫应力应变特性（EPP 47）。不同曲线代表不同的密度 ρ

对于给定的必须被耗散掉的能量，必须最小化最大的力，以降低乘员的加速度。图 13-56 所示为单位体积相同能量的三种不同的工况。密度（ρ_1）较小的材料达到高应力值的密实化，密度较大的仍然保持在平直区域，但其最大应力却高于中等密度的材料。密度适中的材料是最适当的，是由于对于给定的耗散能量其能够使力最小。

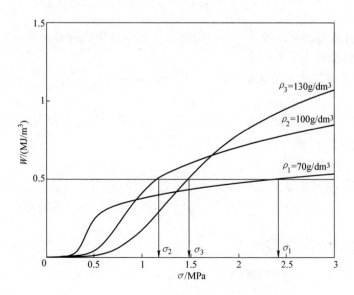

图 13-56　由图 13-55 曲线得到的单位变形能

另一个量化泡沫性能的参数是达到最大应力时吸收的能量和该最大应力的比值。效率 E 定义为：

$$E = \frac{\omega(\varepsilon)}{\sigma(\varepsilon)} \tag{13-88}$$

图 13-57 中的曲线表示了效率是和图 13-55 和图 13-56 相同的材料的最大应力的函数。由图可见，对于给定的最大应力，密度能使效率最大。例如，中间密度值的最大效率为 1~1.7MPa。

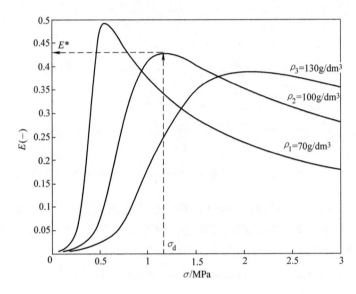

图 13-57　结构泡沫的效率是不同密度的最大压力的函数

简单的计算方法是，假设一个给定截面 A 的圆柱形吸能器，必须使质量为 m、动能为 T 的物体停止下来。

① 如果允许的最大加速度是 a_{max}，则相对应的最大力为：

$$F_{max} = ma_{max} \tag{13-89}$$

② 最大力和截面面积 A 能够确定最大设计应力。需要选择泡沫密度以便最大化应力为 σ_d 时的效率。对应的单位体积能量值是

$$\omega = E^* \sigma_d \tag{13-90}$$

③ 根据能量密度 w 和必须耗散掉的动能 T 可以确定碰撞吸能器的体积：

$$V = \frac{T}{w} \tag{13-91}$$

④ 因此，轴向长度 l 为

$$l = \frac{V}{A} \tag{13-92}$$

13.4 前端结构设计

汽车碰撞设计是一个反复的迭代过程，从一般目标细分解为具体目标（目标分解）开始。这个起始点是结构设计阶段的输出。

这种过程考虑了碰撞行为的不同方面，且可以被视为潜在的不同解决方案的初始分析，其适于随后完善（甚至考虑其他学科的所有约束条件）完成目的（目标）和最佳折中办法。该方法涉及并联系了被动安全的两个主要方面：乘员的生物力学响应和汽车的结构响应。

从碰撞角度看，汽车设计的好坏是通过碰撞测试实验中假人的生物力学反应来计算的，很明显能够看出从这个方面设计是如何发展的。因此必须占据该结构设计阶段的中间位置，这意味着已经能够激活基于加速度分布图的生物力学研究的数值计算工具，此加速度分布图是由不同类型碰撞中的简化模型估算得到的。在这个阶段，采用的是一阶近似的碰撞模型。随后，仿真细节的水平逐渐增加至整车的碰撞性能的仿真。重要的一点是对于各种类型的可能的碰撞（正碰、后碰……），法规同时规定了不同的碰撞类型。

用这种方式可以确定一个项目结构设计的流程，其能够根据初始要求事先确定可能的不一致性，使得子系统对其可能的边界/临界有一个正确的定义。

一辆新车的定义需要确定其配置及其依据期望（反映市场调查的结果）的最终结果的一般性能，这些规范要求中与主要和被动安全相关的有：

- 乘客的生物力学响应，同时要考虑符合认证的法规限制和在标定试验中能够达到的结果。
- 满足的碰撞测试的类型（刚性或可变形壁障，以不同的速度，汽车和壁障100%或部分重叠等）
- 必须采用的约束系统类型（带张紧装置的安全带、有或没有载荷限制器、安全气囊、可折叠的转向柱等）
- 车身内部布置的几何尺寸和配置（座椅、仪表板、转向盘、乘客姿势等）
- 整车质量和整车构型（车身分块、结构和底盘的类型、发动机舱的布置等）

车辆结构会根据其结构响应产生一个相对应的加速度分布图。在一定范围内，该加速度分布图可由简单的曲线来描述，与经典的设计参数有关，如变形量以及用于碰撞能量吸收的单元的压溃载荷。

车身加速度分布图是计算乘员生物力学响应的输入参数（例如，通过程序如RADIOSS、MADYMO 和 OPTIMUS），通过接口定位系统—驾驶员座舱。

通过从加速度分布图的选择开始，且达到生物力学响应的迭代，可以确认汽车的目标载荷 - 位移曲线。这是设计碰撞吸能系统的规范（又取决于结构类型）。

这些确定的规范要求使得截面和结构的尺寸能够通过一阶近似模型定义，首先仅考虑碰撞吸能系统（前纵梁）。随后，整车模型 FEM 数值模拟的使用提高了计算的精度。这些计算的步骤必须安排在设计过程的每个阶段，以便从开始就指出潜在的临界状态。

随后，将会根据正碰和后碰对吸能结构的设计进行分析。

目标加速度分布图如下所述。

目标加速度分布图以及由此得到的汽车的载荷-位移特性的可以使用简化的加速度分布图定义，其可以用来评估不同类型的碰撞测试。

实际上在这个阶段应该同时考虑不同类型的碰撞（USA FMVSS、US/EURO NCAP 等）。同样类型的结构产生不同的加速度分布，因此与不同的壁障碰撞会导致不同的生物力学反应。最终解决方案将是不同类型碰撞最优配置的折中。

两种高速碰撞类型的例子分别为：
- 正面 100% 重叠刚性壁障高速碰撞试验（或者能够覆盖汽车前部所有部分的壁障，如 USA FMVSS 208 标准或 US NCAP 中的案例）。
- 偏置可变形壁障碰撞试验，也就是说，壁障与汽车纵向对称面（XZ）偏置一段距离，使汽车前部与壁障部分重叠（例如旧 AMUS 标定试验）。

第一种情况，在与壁障碰撞的过程中，包括前面所有部件的汽车结构的变形是对称的。由于正面碰撞时所有吸能元件同时起作用，该测试类型所记录下的减速曲线通常非常精确。这种情况下，乘员约束系统必须限制乘员上部（头部、颈部和胸部）的损伤。汽车整个前部结构从碰撞开始就起作用，因此驾驶员座舱的入侵减少。

由于初始碰撞速度（US NCAP 和 AMUS 测试工况）和由此得到的初始动能相同，汽车前方部件和障碍物的偏置碰撞（例如 AMUS 碰撞工况中的 50% 偏置）意味着结构只有部分作为吸能器。事实上，位于另外一侧的结构元件不吸收能量，意味着受到碰撞的结构部分不得不通过更大的变形来消耗动能。加速度曲线没有那么精确，对于造成更严重乘员损伤的较大的侵入，尤其是对于下肢，偏置碰撞更加关键。

为了更好地理解这些，可以对汽车前端部件的载荷-变形特性做一个直线近似（图 13-58）。为了解该结构的特性，可以通过对结构施加压力且相应地测量得到载荷来实现变形。增加变形，位移不断增加直至达到最大值 F_{max}，与最大变形 d_{max} 对应（特性曲线 0-1 部分）。从点 1 减少变形，在载荷降至零点前有一个弹性恢复阶段（1-2）。

0-1-2 包围面积代表加载-卸载循环过程中消耗的能量，而 1-2-2′ 包围面积代表恢复的弹性能。假设变形过程中恢复的弹性能是可忽略的，如特性曲线 1-2 是垂直的，那么能量耗散可以看作是最大载荷和最大变形的函数：

$$E_d = \frac{1}{2} F_{max} d_{max} \tag{13-93}$$

必须强调的是，即使考虑势能，能量 E_d 也被耗散掉了，而不会在卸载阶段中恢复。

相似地，最大载荷和最大位移的比值可以代表消耗型"弹簧"的一种类型，这是由于是其变形所需的能量是完全被消耗掉的，而不是像一般弹簧一样的被储存起来。

很明显，该特性是对碰撞吸能中真实结构的粗略的近似，且简单地用于简化计算以及强调现象的基本物理方面。

图 13-59 代表相同汽车和刚性壁障的完全重叠壁障（全重叠）以及部分重叠（偏置）的碰撞。后者的重叠率为：

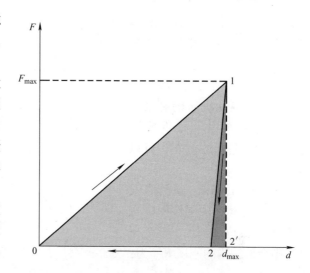

图 13-58 碰撞吸能器结构载荷－变形特性的一阶近似

$$\frac{w_{\text{offset}}}{w} \tag{13-94}$$

式中，w 为车身的宽度；而 w_{offset} 为车身和障碍物重叠的宽度。

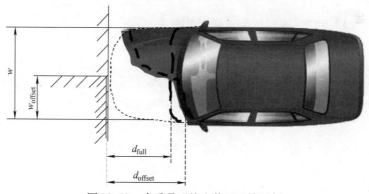

图 13-59 全重叠碰撞和偏置碰撞示例

由于偏置碰撞中汽车只有较少部分参与碰撞，对于相同的变形量，施加的力更小。两种工况的载荷－变形特性曲线如图 13-60 所示。偏置碰撞刚度 K_{offset} 和全碰撞刚度（K_{full}）与偏置率成比例近似，如下：

$$K_{\text{offset}} = a \frac{w_{\text{offset}}}{w} K_{\text{full}} \tag{13-95}$$

系数 a 考虑了在偏置碰撞中即使没有直接参与障碍物碰撞的部分也有很大的变形的实际情况，因此也消耗了能量。该结构的整体刚度高于只考虑 $K_{\text{offset}}/K_{\text{full}}$ 比值的整体刚度。由于没有直接参与和障碍物碰撞的部分而增加的刚度取决于汽车前部是如何布置的（变形的传递过程中，发动机以及发动机舱的剩余空间的布置的作用十分重要）。对于发动机横置的汽车，可以假设 $a = 1.3$。

根据图 13-59，以及假设结构设计是承受与刚性壁障以速度 V_{full} 和位移 d_{offset} 的全碰撞，则全部结构的刚度 K_{full} 为：

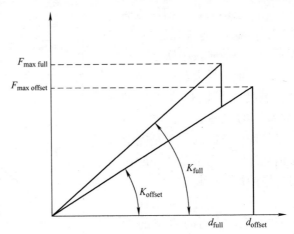

图 13-60　正面全碰撞和偏置碰撞力

$$\frac{1}{2}mV_{\text{full}}^2 = \frac{1}{2}K_{\text{full}}d_{\text{full}}^2 \qquad (13\text{-}96)$$

因此

$$K_{\text{full}} = m\left(\frac{V_{\text{full}}}{d_{\text{full}}}\right)^2 \qquad (13\text{-}97)$$

速度 V_{offset} 的偏置碰撞的最大变形为

$$\frac{1}{2}mV_{\text{offset}}^2 = \frac{1}{2}K_{\text{offset}}d_{\text{offset}}^2 \qquad (13\text{-}98)$$

考虑式（13-95），得到的偏置碰撞变形为

$$d_{\text{offset}}^2 = \frac{m}{a\dfrac{w_{\text{offset}}}{w}K_{\text{full}}}V_{\text{offset}}^2 \qquad (13\text{-}99)$$

作为全碰撞的例子，下列数据可以作为初始值：

$$\begin{aligned} V_{\text{full}} &= 56\text{km/h} \\ d_{\text{full}} &= 100\text{mm} \\ m &= 1000\text{kg} \end{aligned} \qquad (13\text{-}100)$$

由此可以得到：

$$\begin{aligned} E_{\text{full}} &= 121\text{kJ} \\ F_{\text{max full}} &= 484\text{kN} \\ K_{\text{full}} &= 968\text{N/mm} \end{aligned} \qquad (13\text{-}101)$$

对于相同的结构，在下列条件下的偏置碰撞：

$$\begin{aligned} \frac{w_{\text{offset}}}{w} &= 0.5 \\ V_{\text{offset}} &= 55\text{km/h} \end{aligned} \qquad (13\text{-}102)$$

能够得到取决于设计选择的最大变形和最大力，假设 $a=1.3$，能够能到：

$$E_{\text{offset}} = 117\text{kJ}$$
$$K_{\text{offset}} = 629\text{N/mm}$$
$$F_{\text{max offset}} = 383\text{kN} \quad (13\text{-}103)$$
$$d_{\text{offset}} = 609\text{mm}$$

可以很明显地看出偏置碰撞比全碰撞的最大力更小，变形更大；由此可知，与碰撞加速度相比，驾驶员座舱的入侵量显得更加关键。

载荷 – 位移线性特性只是用于碰撞吸能的结构的特性的一阶近似模型。如之前所述，结构利用了薄壁管结构塑性范围内压溃的优势。这种结构呈现的基本上是矩形载荷 – 变形特性。通过连续地设置管状单元，在压溃过程中承受逐渐增加的载荷，可以得到一个阶梯形载荷特性，每个阶段的载荷对应结构不同部分的压溃。该阶梯形特性的优势是吸收同样的能量时最大载荷降低，因此可以降低汽车乘员的加速水平。

图 13-61 所示为全碰撞和 50% 偏置碰撞的汽车的后部的载荷 – 位移特性曲线。两种工况都是和刚性平面障碍物碰撞。

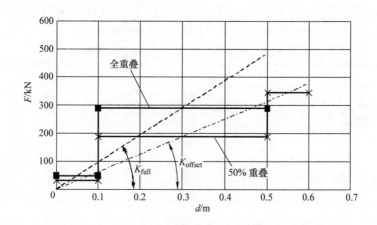

图 13-61　前碰撞的载荷 – 位移曲线

第一级载荷水平对应 100mm 的变形量，代表保险杠碰撞。下一级载荷水平对应 400mm 的变形量，该级别的变形足以使 100% 重叠碰撞的汽车停下。最后一级 100mm 变形量对应的载荷水平是用于吸收 50% 偏置碰撞中的剩余能量的。

结构塑性变形的有效长度取决于结构的类型，例如汽车布置和碰撞类型。一旦长度决定了，碰撞所涉及的部分结构的大小也要考虑其他功能，除了碰撞保护，也要考虑整车。

乘员舱结构必须尽可能保持不变形以保护乘员，尤其是避免机械部件造成的防火墙变形，以最小化乘员受伤的危险。

可以指出，对于相同的结构会表现出相似的碰撞吸能水平，即使汽车的造型和/或分块不一样。因此这些吸能水平可以看作结构初步设计标准。

在这个阶段，可以考虑和刚性平面障碍物的正面全碰撞（US NCAP）以及偏置碰撞（AMUS）。

为了理解这个现象，和固定刚性障碍物的碰撞测试有利于得到只源于汽车本身的损害。结构必须耗散掉的能量等于其初始动能。

为了估算和可变形障碍物碰撞的状况，必须考虑其载荷-变形特性。事实上一部分能量是由障碍物本身所消耗。两车相撞的情况更加复杂，每辆车都有不同的载荷-变形特性，另外在碰撞过程中，由于动力学定律，每辆车的速度是变化的。

图13-63所示为如今大部分汽车上常用的典型三载荷线布置。该布置能够使得发动机舱合理布置，提高能量的吸收性，同时基本消除乘员舱的侵入。

对于两种碰撞类型，由于障碍物是刚性的，初始速度基本相同（US–NCAP：56 km/h；AMUS：55 km/h）。两种工况下的能量耗散水平名义上是相等的。

表13-1所示为能量吸收元件。US–NCAP碰撞工况中，记录的总量涉及全部前端部件［因此，前纵梁（5）的60%吸能量是由两个贡献30%的和给出的，且每部分提供的和全碰撞的对称性一致］。另外在AUMS碰撞工况中，能量是通过与障碍物碰撞中所涉及前方部件的一半中的大部分元件耗散的。

表13-1 和刚性壁障碰撞过程中的吸能量

部件	吸能	
	全重叠（≈US–NCAP）	50%偏置（≈AMUS）
前纵梁（5）	60%	40%
上纵梁（2）	6%	10%
副车架（6）	20%	30%
碰撞吸能盒（3）	10%	5%
保险杠横梁（4）	4%	15%

可以通过低载荷线记录两种工况中大部分能量是怎样被耗散的。例如，通过前纵梁（碰撞吸能盒3，保险杠横梁4，前纵梁5）以及保险杆横梁和副车架（6）使破坏向没有受到碰撞的一侧传递。

虽然组成前上方横梁的载荷线吸收的能量不高，但由于位于汽车质心的上方，有助于防止汽车碰撞过程中的俯仰运动。作用是稳定汽车以及防止乘员舱的弯曲压溃，防止车顶和地板中央部分破裂。

图13-62所示为汽车左侧保险碰撞工况中的前端结构的变形。

碰撞中的碰撞吸能盒的变形基本是轴向的（图13-63），而两个前方横梁没有发生相关的变形。在这种情况下，对损害的修复仅包括前部横梁组件。而且，如果机械组件适当地安装在以支撑碰撞吸能盒的法兰盘后方，那么它们在碰撞中就不会受到损伤。

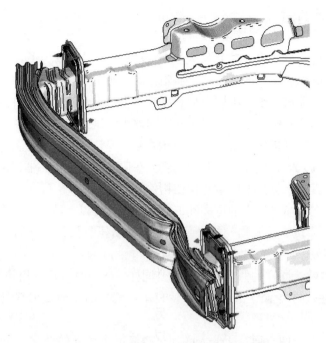

图 13-62　汽车左侧保险杠碰撞后的保险杠横梁变形

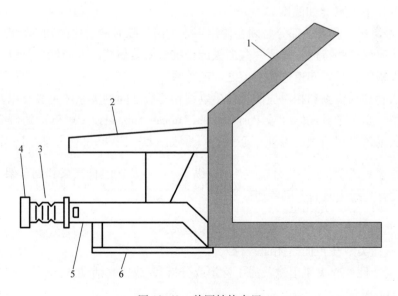

图 13-63　前围结构布置
1—不可变形的乘客舱　2—上纵梁　3—吸能盒
4—保险杠横梁　5—前纵梁　6—副车架

13.5 车辆测试

第一个碰撞测试假人（仿真假人）是 1949 年美国空军为了计算通过弹射座椅施加在脊柱上的加速度时的人体响应而制作的。20 世纪 60 年代中期开始在汽车工业中应用，以计算汽车承受不同类型碰撞时的生物力学响应。现在这些假人在汽车安全性评价中起到基础作用，是汽车鉴定和评级测试的基础。

假人是一个仿真机械系统，包括金属质量、弹簧、阻尼器、关节以及聚合物覆盖物，用来仿真人体在碰撞工况时的响应。在假人内部有传感器以测量在相同碰撞条件下发生在真实乘员身上的生物损伤相关的物理量。

为了保证在碰撞测试中的可靠性，假人应该具有以下特性：

- 生物仿真度：涉及损伤标准（例如，当挤压是损伤标准时，如果胸部挤压和人类胸部相似，那么它具有高生物仿真度）。
- 可重复性：同样的假人在多次承受同样的压力时必须有相等的响应。
- 再现性：同类型的不同假人即使在不同的实验室承受同样的载荷，必须有相同的响应。
- 敏感性：分两方面：①假人必须对碰撞严重程度的变化（如测试速度）以及/或对采取的防护措施（如被撞部分的刚度的变化）高度敏感。②另一方面，其对环境变化不敏感（如温度）。
- 寿命长：假人各部分必须在使用中表现出不随时间变化的物理特性。

为了确保这些特性，需要一些假人的校准和安装规范。性能标准可以不同于人类容忍度极限，只要知道这两个值之间的关系。

假人物理量检测和相对应的人体生物损伤等级之间的关系的定义，以及相同假人的调整，是源于对尸体（或 Post Mortem Human Subjects，PMHS）的研究，通过数量有限的该类型测试的专业中心进行（例如，美国韦恩州立大学，INRETS – F, Heidelberg – D）。

如表 13-2 所示，假人的特性取决于碰撞类型以及假人所代表的乘员类型。

- 年龄，如果是儿童。
- 性别（男/女）以及百分位，如果是成人。
- 碰撞类型（正面，侧面，行人）。
- 复杂性：取决于用途，为了检定或分析和/或研究活动。
- 标准规范。

1. 正面碰撞假人

第 50 百分位 Hybrid Ⅲ 型假人（图 13-64）是正面碰撞测试中最常用的假人，采用美国成年男性的平均尺寸、惯性特性以及动态刚度。通用汽车公司在 20 世纪

70 年代从事假人的研发，1971~1976 年，制造了四代不同的假人，直至 Hybrid Ⅲ（在 Hybrid Ⅰ，Hybrid Ⅱ 以及 ATD 502 之后）。

表 13-2 碰撞测试的假人类型及其用途

碰撞类型	前碰			侧碰		后碰	行人	
性别（男/女）	男	男	女	男	女	男	男	
百分位	95	50	5	50	5	50	50	
Hybrid Ⅲ	×	×	×					前碰标准假人
EU – SID 1				×				侧碰标准假人
EU – SID 2				×				EU – SID 1 改进，用于 Euro – NCAP 测试
SID Ⅱs					×			侧碰最新的假人
US – SID				×				符合 214 标准规定
BIOSID				×				更高级的假人
SID FMVSS 201				×				身体：US SID，头部：Hybrid Ⅲ
THOR		×						Hybrid Ⅲ 改进
WORLDSID				×				EU – SID 2 改进，正在研制
TNO 10		×						ECE 16 测试不需要使用仪器
OCATD5			×					用于验证安全气囊是否失效
PED.							×	
POLAR Ⅱ							×	和 Honda 合作研发的
TRID						×		改进颈部的 50% Hybrid Ⅲ 假人，用于追尾模拟

（续）

碰撞类型	前碰		侧碰		后碰	行人	
性别（男/女）	男	女	男	女	男	男	
RID2					×		基于新的颈部和躯干的Hybrid Ⅲ假人，用于鞭梢性伤害模拟
BIORID					×		由Volvo、Saab、Autoliv以及查尔姆斯工业大学研发，非常复杂的椎和颈部模型
RID3D					×		基于RID 2，用于评估鞭梢性伤害
虚拟孕妇假人		×					由Volvo研发，用于评估女性及胎儿损伤

对于假人，正确的人体测量学是需要考虑的很重要的因素。实际上，"碰撞测试"结果或多或少是根据假人所呈现的人类典型的人体测量学特征的程度。尤其是各种各样的外形，关节的位置，重心以及以坐立的姿势时组成假人的部件的重量，代表了决定碰撞测试过程中其行为的关键因素，Hybrid Ⅲ是假设在车内的一个坐立的男性的自然的典型姿势。

头部是由铝制头骨制成，上面覆盖一层厚度足够的皮肤，以确保在和坚硬表面碰撞时头部的生物力学保真以及响应的可重复性。在头部的重心位置正交设置了三个加速度传感器以测试三轴的加速度。

颈部是一个柔性部件，其具有刚度以及阻尼特性，在弯曲和伸展方面有高生物仿真度。它是由三个刚性颈椎盘构成，材

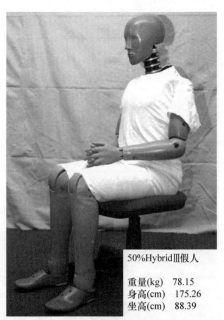

50%Hybrid Ⅲ假人
重量(kg)　78.15
身高(cm)　175.26
坐高(cm)　88.39

图13-64　正面碰撞假人：50% Hybrid Ⅲ假人

料为铝，中间有弹性元件。沿着颈部中间有一根钢丝绳穿过以保证较高的轴向刚度。按照生物力学数据的要求，颈部的横断面是不对称的，确保头部向前运动（弯曲）时的刚度大于向后运动时的刚度（伸展）。

合适的传感器用于测量连接头部的上方关节（后头突）的剪应力、轴向应力

以及弯矩，以及第一胸椎，这最后一个连接是通过可调式托架使头部在驾驶员座舱中平衡以及正确定位。

Hybrid Ⅲ胸部对脊椎和胸腔进行模拟，且覆盖一层可去掉的保护套。压载需要获得正确的重量分配。胸部是刚性的，且包含一个轴向加速度传感器置于重心。一个旋转电位计固定在分叉的一端，分叉连接一侧的腰椎和连接着另一侧胸骨的连杆，以测量胸部压碎。

胸腔模型能够允许 90mm 的挠度。弯曲的腰椎使得假人置于汽车座椅上时可以不是完全直立的，这样就和人类的姿势类似，同时由于假人没有被迫置于一个特定的位置，还允许在初始位置的高重复性。

Hybrid Ⅲ的腹部、骨盆以及腿部实质上是从前一版本的假人（ATD 502）那里借用的，且为了更好地平衡腿部的重量，提升膝盖覆盖物的改进以及不同部件的可靠性，进行了一些小修改。

Hybrid Ⅲ脚踝系统没有用机械装备；踝包括带有范围限制器的球面关节，它能够限制不同方向的最大足部偏移，和人体类似；然而 Hybrid Ⅲ无法对下肢下部的损害类型进行完整研究。

图 13-66 所示为假人上设置的测量装备。为得到相对较多的信号以及碰撞现象中的高速度，要求使用复杂的数据采集和分析系统。

2. 侧碰假人

EuroSID – 2（图 13-65）是在欧洲用于评估侧碰中乘员生物力学响应的假人。1998 年，EuroSID – 1 在美国 NHTSA 的试验测试中存在问题，EuroSID – 2 对前一代 EuroSID – 1 进行了改进。

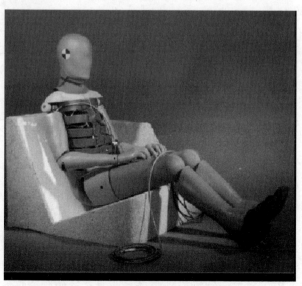

图 13-65　侧面碰撞的 EuroSID 假人

EuroSID-2 代表第 50 百分位男性假人，没有手臂的下部。头部和 Hybrid Ⅲ 相同，而腿部是 Hybrid Ⅱ 的。胸部由三根相同的肋骨制成，且可以装在脊椎上，通过一些同等布置在左右两侧的弹性和阻尼元件，能够使碰撞测试用于各碰撞配置（以及允许其用于右座驾驶汽车以及确定驾驶员和前座乘客的行为）。

腹部是由铸造金属制成，由聚氨酯泡沫塑料混合橡胶元件覆盖，具有确定的重量和曲度。骨盆是人类骨骼部分典型形状，尤其是侧碰相关的点以及座椅和安全带相互作用中涉及的点。

骨盆和肋骨-阻尼组合使机构降低了由肋骨压缩运动产生的摩擦。两个髂骨由特殊的聚氨基塑料制成且可移动。腰椎是直立的，同时一个弹性材料的"夹克"覆盖在胸部、手臂的上部和骨盆的下方区域。

图 13-66 所示为假人上设置的测试装置的类型和数量。

作为一个全球性标准，WorldSID 项目是为了研究和发展单一假人的更换，基本总结了目前使用的侧碰假人的不同类型。

3. 其他类型假人

其他用于特殊应用和碰撞类型所发展的假人如下所示：

• BioRID：用于后碰撞中的假人，主要目的是研究鞭梢性伤害，以及帮助设计师发展更高效的头部和颈部控制方案。就脊椎结构而言 BioRID 比 Hybrid 更先进。24 个脊椎模拟器使得 BioRID 能够呈现坐姿，其更加自然且能演示正确的颈部运动以及和后碰相关的配置。

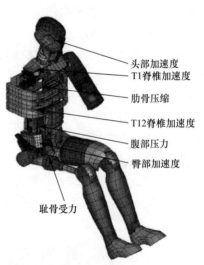

图 13-66 EuroSID-2 的测试装置和可测量的量

• CRABI：儿童假人，用于测试儿童固定装备的作用，包括儿童座椅，安全带以及气囊。有三种 CRABI 模型分别模拟 6 个月、12 个月和 18 个月的儿童。

• THOR：一种先进的男性假人，是 Hybrid Ⅲ 的升级，有更加"人类"的脊椎和骨盆，且面部布置了一定数量的传感器以分析面部碰撞，具有其他假人无法实现的一定程度的准确性。THOR 中的传感器的数量和灵敏度远高于 Hybrid Ⅲ。

4. 虚拟假人

需要记住的是，碰撞中汽车的质量的评估本质上是通过实验碰撞测试中的假人的生物力学响应获得的，因此在 CAE 方法中虚拟假人模型的重要性也很明显。

这些虚拟假人用于汽车的结构设计阶段，此时系统的碰撞吸能特性需要实现乘员的安全水平目标。

虽然物理碰撞测试假人提供了关于人体在碰撞过程中如何反应的很有价值的数据，以及促进了结构设计的改进，但是一辆汽车只能用于一次物理碰撞测试，不能够以相同的方式重复试验。

物理假人的第二个问题是只能对一些代表性人类近似，而且设置在Hybrid Ⅲ上的传感器仍然只是远程再现一定数量的活人身上的敏感元件，并且内部器官的模拟仍然是处于最基本的水平。

目前试验测试中使用的假人的虚拟模型能够建立并改善，以精确再现物理碰撞。除了模拟完整乘员外，可以从更高水平的细节上研究单一部分的损伤，结果可靠有效。

正面碰撞、侧面碰撞的有限元模型如图13-67和图13-68所示。丰田开发的THNUMS仿真如图13-69所示。

相较于物理测试，虚拟碰撞仿真的潜在重大意义很明显。一个虚拟汽车碰撞一旦可以成功修改，例如安全带的配置，那么碰撞可以重复。由于每个变量都可控以及每个项目可重复，将大幅度降低物理测试的需求和成本。

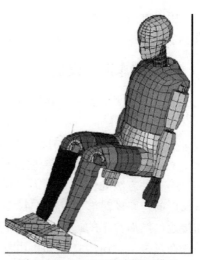

图13-67　正面碰撞有限元模型

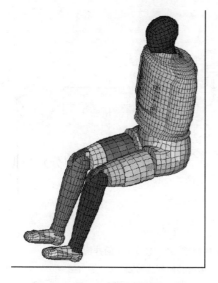

图13-68　侧面碰撞有限元模型

图13-69　丰田开发的THNUMS（Total Human Model for Safety）用以提高仿真测试响应的精度

13.6 碰撞测试设备

用于碰撞测试的设备主要有两种类型：用于整车的及用于汽车系统或简单部件或子系统的测试。

13.6.1 整车测试设备

整车碰撞测试需要将其撞向一个合适的障碍物以研究其反应。使汽车撞向障碍物有两种方式：

- 利用汽车上的发动机，使用设备在接近障碍物的过程中远程控制汽车。
- 使用合适的发射系统使汽车加速（此时发动机关闭）撞向障碍物。

第一种方法的优势是不需要昂贵的固定设施（只需要在障碍物前方有一段合适长度的道路就足够了），并且因为发动机在碰撞的时刻工作，所以和真实情况更加接近。然而汽车的远程控制很复杂，且有着火的危险可能会危及测试。虽然这个系统在过去一直使用（例如，由德国 AMUS 杂志进行的 AMUS 碰撞）且至今仍然适用，但是目前已经被安全测试中心中与测试导轨集成到一起的电缆发射系统大规模替代（图 13-70）。

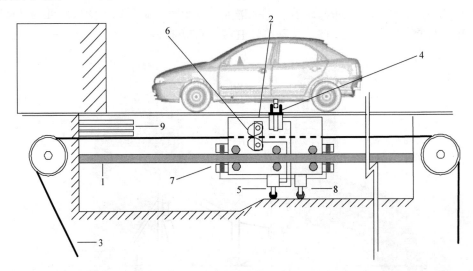

图 13-70　汽车测试设备：工作原理
1—导轨　2—转向架　3—安装在滑轮上的拖链　4—拖拽汽车的挂钩
5—释放拖链转向架的设备　6—拖链转向架连接器
7—转向架制动器　8—制动器控制　9—紧急碰撞吸能器

实际上，在跑道的中央和道路的下方有一个导轨（1），里面通过由发电机带动的电缆系统（3）拖动一个转向架（2）。转向架有一个合适的上钩（4）透过沿着整个跑道中心的沟槽伸出道路表面，通过这个汽车被拖向障碍物。

挂钩有一个开启装置（5），当在适当的时间开启时，便会释放汽车使其撞向障碍物。最后转向架挂上电缆，通过一个和缆车类似的夹紧机构（6），按设计的发射速度移动。很明显地，该系统在转向器制动（7）前是分离的，由系统（8）控制。

首先激活分离结构和分开拖索机构，然后是制动装置，是通过转向架的特殊配置控制，当接近障碍物时激发适当的开关。

汽车通过焊接在平台上的特殊的横向刚性杆和转向架的挂钩连接（在前后轴之间），或通过电缆或链条连接在合适的位置（如前悬吊支架）。

发射跑道必须足够长以达到撞击障碍物的最大速度（是发电机功率和测试中汽车质量的函数）。测试车从静态发车开始，有一个不是很高的加速度以允许碰撞前的短暂情况的消失，保持最大加速度直到碰撞。

13.6.2 部件测试：HYGE 台车

HYGE 台车是设计用于仿真加速和减速碰撞效果的测试设备。它提供极端可重复性和可重现的加速度脉冲，因此可以每次不破坏整车的情况下，完成驾驶员座舱部件（如座椅）的碰撞工况的精确的实验仿真。

该系统运行了超过 30 年，共 15000 次测试，证明了其具有高重复性，其结果离散性大约 2%。全国汽车制造商使用 HYGE 台车以测试设备，如乘员安全系统（如安全气囊）儿童保护系统，安全带以及一些部件包括座椅、门锁、前风窗玻璃和油箱。

HYGE 台车接收强有力的、可重复的推力，推力来源于不同压力作用于气缸中的活塞上时两种气体的作用。使用滑轨系统，HYGE 台车（图 13-71）沿两个轨道移动大约 30m 的距离。整车、车身或使用安全带固定假人的座椅都可以安置在台车上。活塞直径的校准取决于需要移动的质量。

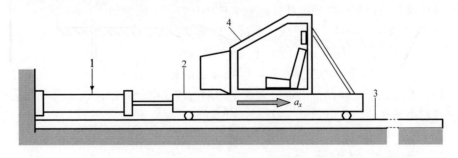

图 13-71　HYGE 台车方案
1—气动液压活塞　2—转向架　3—导轨　4—被测部件

测试开始时，与活塞表面接触的台车通过合适的滑轨轻微地固定，以防止启闭动作。当活塞移出台车，测试结束。从那时起通过制动系统使台车减速。

HYGE 台车（图 13-72）是模拟纵向减速工况的理想手段。在这种情况下，乘员在汽车中承受正面碰撞；通过与现实情况相反方向移动测试中的系统来对该工况进行仿真。

图 13-72 HYGE 台车

在真实碰撞的前一刻，汽车和乘员以恒定速度移动。在碰撞时刻它们承受和移动方向相反的减速度，非常快地停止下来。这些工况通过在 HYGE 台车上的测试进行仿真，从静止开始，将需要测试部件安装在与移动方向相反方向的台车上并使其加速。

静止起动工况模拟的是碰撞前匀速工况。相继地，台车加速移动子系统进行测试，提供一个响应，和汽车开始以匀速移动承受快速减速产生的响应相对比。对于乘员碰撞的仿真，假人向后放置。因此乘员的肩膀和台车移动的方向相同，所以承受减速度。另外，对于后碰撞，假人面朝移动的方向。

对比整车撞击障碍物的破坏性试验，HYGE 台车的优势如下：
- 成本效益：一旦系统建成，测试可以重复多次且没有额外成本。
- 可重复性：加速度分布图的定义十分精确。
- 模块化：由于不需要整车，可以在非常早期的阶段对子系统进行测试。

另一方面，使用该设备很难精确重复相同的加速度分布图，以及所有汽车在后碰撞过程中承受的二次运动。

13.7 非线性有限元分析

为了描述动力系统，需要一个非线性一般方程，式中内力 F 和外力 R 的平衡通过惯性力保证。惯性力可以写作质量矩阵和加速度向量 $\ddot{q}$ 的乘积。该乘积等于内外力的平衡（参考文献 [48] 和 [49]）。

内力通常取决于材料某时刻（时间 t 的函数）的刚度和阻尼特性以及位移和速度值（向量 q 和 $\dot{q}$）：

$$M\ddot{q} = R(q,\dot{q},t) - F_{\text{internal}}(q,\dot{q},t) \tag{13-104}$$

而且，连接内力表达式和变量 q、$\dot{q}$ 以及 t 的函数一般是非线性的，质量矩阵 M 是随系统时间变化的函数。

另外，当系统的行为可以看做线性时，式（13-104）可以写作：

$$M\ddot{q} + C\dot{q} + Kq = R(t) \tag{13-105}$$

式中，内力为弹性力和阻尼力的和。使用更简单的函数，使力和位移、速度通过矩阵 C 和 K 相关联，在最简单的不随时间变化的工况中表现为线性函数（即不是 q 的函数）。

13.7.1 非线性静态问题的求解

在求解非线性问题时，如果载荷随着时间变化与系统动力学相比非常缓慢，这样的系统可以定义为准静态，系统方程中的加速度向量为零：

$$\dot{q} = \ddot{q} = 0 \tag{13-106}$$

另外，一些非线性特征取决于载荷的施加方式，因此一般需要探讨载荷随着时间增加到最终值的工况。设加速度向量为 0，代表车身的系统的平衡情况可以表示为：

$$R_t(q,t) - F_t(q,t) = 0 \tag{13-107}$$

式中，矢量 R 代表施加的外力，矢量 F 代表内部弹性力。

此外，该关系代表变形工况时在时刻 t 的系统平衡，包含所有非线性特征。式（13-107）必须满足时刻 t 变化时的每一时刻。

在非线性等式的一般情况中，内力向量 F_t 是时间和位移的函数

$$F_t = F_t(q,t) \tag{13-108}$$

在非线性问题中，材料的刚度随着变形不变的常数。对于某一确定时刻，材料的刚度特性类似于图 13-73 中的 $F(q)$ 刚度特性，其中 q 表示位移。

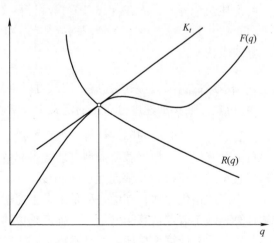

图 13-73 非线性静力问题中的内力 F 和外力 R 之间的平衡点的确定

如果刚度矩阵一直等于材料变形的变量，对于拉伸和变形工况，可以把该问题看作线性的，且可以获得适用于限定范围工况的刚度特性的一个线性特征。对于该类型的每一个运算，可以获得一个刚度矩阵 K_t，称为切线刚度矩阵。在非线性领域内的 K_t 矩阵需要针对会改变刚度特性的材料的每个拉伸和变形情况重新计算，且取决于时刻 t。

因此为了获得在特性曲线一个确定的点的材料性能，可以选择使用下列公式：

$$F(q,t) = K_t \cdot q \tag{13-109}$$

前面也提到过，该公式只是用于指定的时刻 t。

该类型问题的求解减少到求解满足平衡方程（13-107）的变形向量 q，即求解在时刻 t 对应 R_t 和 F_t 交集的 q。

典型的递增法假设某确定时刻 t 的解已知，并且目标是求另一时刻 $t + \Delta t$ 的解，这里 Δt 是选择的合适的时间增量。

对于时刻 $t + \Delta t$，有

$$R_{t+\Delta t} - F_{t+\Delta t} = 0 \tag{13-110}$$

假设内力向量 R 和变形无关，由于时刻 t 的解已知，那么：

$$F_{t+\Delta t} = F_t + F \tag{13-111}$$

式中，F 是节点力在时刻 t 和 $t + \Delta t$ 之间的增量。该向量可以由切线刚度矩阵近似，通过在时刻 t 的线性化计算：

$$F = K_t q \tag{13-112}$$

式中，q 为节点位移向量；K_t 为切线刚度矩阵。

$$K_t = \frac{\mathrm{d}F_t}{\mathrm{d}q_t} \tag{13-113}$$

将上述两个等式带入式（13-107），可得：

$$K_t q = R_{t+\Delta t} - F_t \tag{13-114}$$

显式表达 q 为

$$q_{t+\Delta t} = q_t + q \tag{13-115}$$

由于使用了线性刚度矩阵，上式是一个近似。

对时刻 $t + \Delta t$ 的位移只进行近似计算，只能获得应力的近似值和对应的节点力，然后进行下个时间间隔的计算。然而，由于近似是由于切线质量矩阵的使用，结果可能会有误差，根据载荷类型可能会引起数值不稳定性。为了减少误差需要不断迭代直至式（13-107）满足足够的精度。

有不同的迭代方法，其中一种是来自于递增技术的 Newton – Raphson 方法。该方法计算是基于节点位移的增量，以确定总位移的新的矢量，使用计算得到的位移作为起始点重复计算增量解，并且不再是 t 时刻的。

Newton – Raphson 方法使用的等式如下（$i = 1, 2, 3$）：

$$K_{t+\Delta t}^{(i-1)} \Delta q^{(i)} = R_{t+\Delta t} - F_{t+\Delta t}^{(i-1)} \tag{13-116}$$

$$q_{t+\Delta t} = q_{t+\Delta t}^{(i-1)} + \Delta q^{(i)} \tag{13-117}$$

初始值：
$$q_{t+\Delta t}^{(0)} = q_t \tag{13-118}$$

$$K_{t+\Delta t}^{(0)} = K_t \tag{13-119}$$

$$F_{t+\Delta t}^{(0)} = F_t \tag{13-120}$$

对于第一次迭代，系统等式为：
$$K_q = R_t - F_t \tag{13-121}$$

且

$$q_{t+\Delta t} = q_t + q \tag{13-122}$$

在连续迭代过程中，每次节点位移的估算值作为下次迭代起始，以计算拉力和位移，甚至用于刚度矩阵的线性化。$R - F$ 称为由单元拉力引起的不平衡载荷矢量，通过这种方法平衡，其带有的误差在每次迭代过程中不断减少。

13.7.2 非线性动态问题的特点

非线性动态问题的解必须将所有模型参数进行处理成为与时间有关的参数，需要对所有 FEM 模型自由度进行时间积分。模型参数变化的速度非常重要，区分要使用的各种类型的模型和积分时间间隔。

对于结构部件（此处考虑的），Belitschko 指出，与反射和衍射相关的问题并不重要，由于和压力波穿过结构的时间相比，结构的响应时间很长，因此结构问题被称为"惯性的"。

根据动态方程的写法不同，有多种不同的方程积分方法：有时可以在一个时刻将速度和位置值表示为上一时刻的函数，而在其他情况时则不可以。

因此迭代技术可以分为显式和隐式的。

1. 显式代码

建立动态系统的方程且忽略阻尼矩阵的影响，可以得到：

$$M \ddot{q}_t = R_t - F_t \tag{13-123}$$

该方程的求解需要选择加速度 $\ddot{q}$ 的计算方法。显式方法需要建立 $t + \Delta t$ 时刻的平衡方程以计算 t 时刻的位移。

这时经常使用中心差分法。利用时刻 t 的表达式，q 和 $\dot{q}$ 的导数写作它们上一时刻的函数，或者作为 $q_{t+\Delta t}$ 和 $\dot{q}_{t+\Delta t}$ 而不是 q_t 和 $\dot{q}_t$ 的函数。使用这种方法，加速度 $\ddot{q}_t$ 结果为：

$$\ddot{q}_t = \frac{\dot{q}_{t+\Delta t} - \dot{q}_t}{\Delta t} \tag{13-124}$$

代入式（13-123），并且以相同方式表达速度：

$$\begin{cases} M \dfrac{\dot{q}_{t+\Delta t} - \dot{q}_t}{\Delta t} = R_t - F_t \\ \dot{q}_t = \dfrac{q_{t+\Delta t} - q_t}{\Delta t} \end{cases} \quad (13\text{-}125)$$

式中，$F = F(q_t, t)$ 是一个非线性表达式。

在这个系统中 $q_{t+\Delta t}$ 和 $\dot{q}_{t+\Delta t}$ 是仅有的未知量，且都可以通过显示方法使用其自己的方程计算。因此可以计算时刻 $t + \Delta t$ 的系统行为，作为时刻 t 的条件的函数。

此外，只有质量矩阵 M 可以转置时，显式方式运算才可以计算每一时刻的加速度 $\ddot{q}$，是作为上一时刻的函数。幸运的是，从数值计算方面看，这种转置一般情况并不是特别得难，这是由于可以假设质量是集中的，且质量矩阵是对角线型的，使得矩阵转置更加简单。

使用显式技术和中心差分方法的主要优势涉及时间间隔长度（时间步长）的限制，由于时间间隔必须是较高的临界值以获得一个稳定算法：

$$\Delta t_{\text{cr}} = \frac{T_n}{\pi} \quad (13\text{-}126)$$

式中，T_n 为有限元模型的最小周期。

该间隔经常定义为穿过模型中最小单元的（压力）弹性波使用的间隔。因此线性技术只是有条件稳定，其稳定性服从于积分步 Δt 的长度，且稳定性界限由时间间隔长度表达。

此外，在线性分析中，材料或几何条件的变化也涉及矢量 F_t 的定义。因此在整个现象中，T_n 值不是恒定的，且积分间隔必须适应材料特性，尤其是简化的。如果材料变得更加坚硬，要确保每个时间间隔都能保持式（13-126）条件。

显式求解利用在一个固定值范围内的积分间隔，可能需要很多计算，虽然并不是很复杂。一般该步骤最适用于由很快的时间演变的相对较短的现象。

2. 隐式代码

$t + \Delta t$ 时刻的加速度可以写作：

$$\ddot{q}_{t+\Delta t} = \frac{\dot{q}_{t+\Delta t} - \dot{q}_t}{\Delta t} \quad (13\text{-}127)$$

$t + \Delta t$ 时刻的动态方程，计算 $t + \Delta t$ 时刻的 q：

$$\begin{cases} M \dfrac{\dot{q}_{t+\Delta t} - \dot{q}_t}{\Delta t} = R_{t+\Delta t} - F_{t+\Delta t} \\ \dot{q}_{t+\Delta t} = \dfrac{q_{t+\Delta t} - q_t}{\Delta t} \end{cases} \quad (13\text{-}128)$$

式中，

$$F_{t+\Delta t} = F(q_{t+\Delta t}, t + \Delta t) \quad (13\text{-}129)$$

是时间和位移 q 的非线性表达式。

系统求解可以通过将 $\dot{q}_{t+\Delta t}$ 表达式代入到第一个等式，得到：

$$M\frac{\frac{q_{t+\Delta t}-q_t}{\Delta t}-\dot{q}_t}{\Delta t}=R_{t+\Delta t}-F_{t+\Delta t} \qquad (13-130)$$

因此，该工况的问题简化到和上述的非线性静态求解相似，有一个和式（13-107）相似的等式。

在式（13-130）中，$F_{t+\Delta t}$ 也是 K 刚度矩阵的函数。因此，为了计算 $q_{t+\Delta t}$，需要对刚度矩阵转置并且使用非线性静态系统的迭代解，例如使用式（13-116）和式（13-117）中的方法（Newton-Raphson），但是在第一个方程中插入了质量矩阵和加速度向量 $\ddot{q}$ 的乘积。

此外，因为在每个非线性问题中的解高度受制于施加载荷历程，限制每个时刻解计算的误差十分重要；这种情况下的迭代比静态求解重要得多。

隐式格式去除了时间间隔的最大长度，不仅需要 t 时刻的值，还要 $t+\Delta t$ 时刻的值来计算在 $t+\Delta t$ 时刻的动态量。

在结构问题中，隐式迭代产生可靠解，使用高于显式方法（对比最简单的方法）的稳定性限制一个或两个数量级的时间间隔值，但是响应的预测随着积分步长增加而变差。

3. 隐式方法步长的选择

当选择步长值时需要考虑三个因素：
- 施加载荷的变化速率。
- 刚度和阻尼特性的非线性复杂度。
- 结构的自然周期振荡。

一般来说，得到可靠结果的好的规则是被周期分割的时间间隔的最大值必须符合以下条件：

$$\frac{\Delta t}{T}<\frac{1}{10} \qquad (13-131)$$

4. 最优方法的选择

在显式和隐式中选择更加合适的迭代技术取决于：
- 显式法的稳定性界限（需要一个很小的时间间隔）。
- 非线性方程通过隐式方法求解更加简单。
- 相较于显式的稳定性界限，时间增量的相对长度在隐式法中产生可接受的精度。
- 模型尺寸。
- 外部载荷的变化速率。

一些有限元求解器可以利用显式和隐式方法（ABAQUS，RADOSS）求解非线性动态问题，而其他软件只利用两种方法中的一种（例如，显式：MARC 和 LSDYNA；隐式：ANSYS 和 PAMCRASH）。

参考文献

[1] Toffetti, A., Nodari, E., Zoldan, C., Rambaldini: Il carico mentale nell'interazione guidatore veicolo. In: Atti Del Convegno Nazionale Sulla Sicurezza Stradale, Torino (2002)

[2] Demontis, S., Giacoletto, M.: Prediction of car seat comfort from human-seat no. 2002-01-0781 interface pressure distribution. SAE Transactions (2002)

[3] Andreoni, G., Santambrogio, G.C., Rabuffetti, M., Pedotti, A.: Method for the analysis of posture and interface pressure of car drivers. Applied Ergonomics 33, 511–522 (2002)

[4] Andersson, G.: Loads on the Spine During Sitting. In: The Ergonomics of Working Posture, pp. 309–318. Taylor & Francis, London (1986)

[5] Akerblom, B.: Standing and Sitting Posture with Special Reference to the Construction of Chairs. PhD thesis, A. B. Nordiska Bokhandeln, Karolinska Institutet, Stockholm (1948)

[6] Reed, M.P., Schneider, L.W., Eby, B.A.H.: The effects of lumbar support prominence and vertical adjustability on driver postures. tech. rep., University of Michigan - Transportation Research Institute - Bioscience Division, 2901 Baxter Road, Ann Arbor, Mi, 48109-2150, March 31 (1995)

[7] Rebiffé, R.: The driving seat: Its adaption to functional and anthropometric requirements. In: Proceedings of a Symposium on Sitting Posture, pp. 132–147 (1969)

[8] Porter, J.M., Gyi, D.E.: Exploring the optimum posture for driver comfort. International Journal of Vehicle Design 19, 255–266 (1998)

[9] Grandjean, E., Hunting, W., Pidermann, M.: VDT workstation design: Preferred setting and their effects. Human factors 25, 16–175 (1983)

[10] Porter, J.M., Case, K., Marshall, R., Gyi, D., Olivier, R.S.N.: 'beyond jack and jill': Designing for individuals using HADRIAN. International Journal of Industrial Ergonomics 33, 249–264 (2004)

[11] Head contour. In: SAE Handbook, vol. 4, pp. 34.XXX–34.YYY. Society of Automotive Engineers, Inc., Warrendale (1994)

[12] Motor vehicle dimensions. In: SAE Handbook, vol. 4, pp. 34.85–34.103. Society of Automotive Engineers, Inc., Warrendale (1994)

[13] Hubbard, R.P., Haas, W.A., Boughner, R.L., Canole, R.A., Bush, N.J.: New biomechanical models for automobile seat design. SAE Technical Paper Series, vol. 930110 (1993)

[14] Park, S.J., Kim, C.B.: The evaluation of seating comfort by the objective measures. SAE Technical Paper Series, vol. 970595 (1997)

[15] Na, S., Lim, S., Choi, H.-S., Chung, M.K.: Evaluation of driver's discomfort and postural change using dynamic body pressure distribution. International Journal of Industrial Ergonomics 35, 1085–1096 (2005)

[16] Griffin, M.J.: Handbook of Human Vibration, pp. 404–408. Academic Press, London (1990)

[17] Describing and measuring the driver's field of view. In: SAE Handbook, vol. 4, pp. 34.157–34.167. Society of Automotive Engineers, Inc., Warrendale (1994)

[18] Vetri di sicurezza e materiali per vetri sui veicoli a motore e sui loro rimorchi, Tech. Rep. 92/22, Direttiva del Consiglio delle Comunità Europee (March 31, 1992)

[19] ASHRAE Handbook Fundamentals (1993)

[20] Alfano, G., D'Ambrosio, F.: La Valutazione Delle Condizioni Termoigrometriche Negli Ambienti Di Lavoro: Comfort e Sicurezza. Cuen (1987)
[21] McIntyre, D.: Indoor Climate. Architectural Science Series (1980)
[22] Fanger, P.: Thermal Comfort. McGraw-Hill Book Company, New York (1972)
[23] I. 9920, Ergonomics of the thermal environment - estimation of the thermal insulation and evaporative resistance of a clothing ensemble (1995)
[24] I. 8996, Ergonomics - determination of metabolic heat production (1990)
[25] Genta, G.: Vibrazioni Delle Strutture e Delle Macchine. Springer, Torino (1996)
[26] Meirovitch, L.: Dynamics and Control of Structures. Wiley-Interscience, Hoboken (1990)
[27] Crandall, S.H., Mark, W.D.: Random Vibration in Mechanical Systems. Academic Press, New York (1963)
[28] Crandall, S.H.: The role of damping in vibration theory. Journal of Sound and Vibration 11, 3–18 (1970)
[29] Pawlowski, J.: Vehicle Body Engineering. Business Books (1969)
[30] Brown, J.C., Robertson, A.J., Serpento, S.T.: Motor Vehicle Structures. Butterworth Heinemann, Oxford (2003)
[31] Lee, S., Hahn, C., Rhee, M., Oh, J.: Effect of triggering on the energy absorption capacity of axially compressed aluminum tubes. Materials and Design 20, 31–40 (1999)
[32] Mahmood, H.F., Paluszy, A.: Design of thin walled columns for crash energy management - their strength and mode of collapse. SAE Transactions, no. 811302, pp. 4039–4050 (1982)
[33] Wierzbicki, T., Abramowicz, W.: On the crushing mechanics of thin-walled structures. ASME Journal of Applied Mechanics 50, 727–734 (1983)
[34] Witterman, W.J.: Improved Vehicle Crashworthiness Design by Control of the Energy Absorption for Different Collision Situations. PhD thesis, Technische Universiteit Eindhoven (1999)
[35] Drazetic, P., Payen, F., Ducrocq, P., Markiewicz, E.: Calculation of the deep bending collapse response for complex thin-walled columns i. pre-collapse and collapse phases. Thin-Walled Structures 33, 155–176 (1999)
[36] Markiewicz, E., Payen, F., Cornette, D., Drazetic, P.: Calculation of the deep bending collapse response for complex thin-walled columns II. post-collapse phase. Thin-Walled Structures 33, 177–210 (1999)
[37] Automotive Steel Design Manual. American Iron and Steel Institute Auto/Steel Partnership, Southfield (1996)
[38] Alghamdi, A.A.A.: Collapsible impact energy absorbers: An overview. Thin-Walled Structures 39, 189–213 (2001)
[39] Alexander, J.M.: An approximate analysis of the collapse of thin cylindrical shells under axial load. Quarterly Journal of Mechanics Applied Methematics 13, 10–15 (1960)
[40] Avalle, M., Belingardi, G.: Experimental evaluation of the strain field history during plastic progressive folding of aluminium circular tubes. International Journal of Mechanical Science 39, 575–583 (1997)
[41] Belingardi, G., Avalle, M.: Investigation on the crushing of circular tubes: Theoretical models and experimental validation. In: Crashworthiness and Occupant Protection in Transportation Systems, Proceedings of ASME Int. Mech. Eng. Congress, San Francisco, USA, November 1995. AMD, vol. 210, pp. 129–141 (1995)
[42] Avalle, M., Belingardi, G., Vadori, R.: Analisi teorica e sperimentale del collasso plastico progressivo di tubi a sezione circolare in alluminio. In: Atti Del XXII Congresso Nazionale AIAS (Forlì), pp. 347–354 (1993)

[43] Abramowicz, W., Jones, N.: Dynamic axial crushing of circular tubes. International Journal of Impact Engineering 2, 263–281 (1984)
[44] Pugsley, A.G.: On the crumpling of thin tubular struts. Quarterly Journal of Mechanics and Applied Mathematics 32, 1–7 (1979)
[45] Gibson, L.J., Ashby, M.F.: Cellular Solids: Structures and Properties, 2nd edn. Cambridge University Press, Cambridge (1997)
[46] Avalle, M., Belingardi, G., Montanini, R.: Characterization of polymeric structural foams under compressive impact loading by means of energy-absorption diagram. International Journal of Impact Engineering 25, 455–472 (2001)
[47] Avalle, M., Belingardi, G., Ibba, A.: Mechanical models of cellular solids: Parameters identification from experimental tests. International Journal of Impact Engineering 34, 3–27 (2007)
[48] Belytschko, T., Liu, W.K., Moran, B.: Nonlinear Finite Elements for Continua and Structures. Wiley, New York (1997)
[49] Bathe, K.J.: Finite Element Procedures. Prentice Hall, Englewood Cliffs (1996)